CW01642608

M. Triaz.

LA DERNIÈRE REINE
VICTORIA 1819-1901

PHILIPPE ALEXANDRE

Gaston Defferre, Solar, 1964
Le Président est mort, Solar, 1965
L'Élysée en péril, Fayard, 1969
Le Duel de Gaulle-Pompidou, Grasset, 1970
Chronique des jours moroses, Solar, 1971
Exécution d'un homme politique, Grasset, 1973
Le Roman de la gauche, Plon, 1977
Vie secrète de Monsieur Le, Grasset, 1982
Marianne et le pot au lait, en collaboration avec Roger Priouret, Grasset, 1983
En sortir ou pas, en collaboration avec Jacques Delors, Grasset, 1985
Paysages de campagne, Prix Aujourd'hui 1988, Grasset, 1988
Mon livre de cuisine politique, Grasset, 1992
Plaidoyer impossible pour un vieux président abandonné par les siens, Albin Michel, 1994
Nouveaux Paysages de campagne, Grasset, 1997

BÉATRIX DE L'AULNOIT

Un pantalon pour deux, Stock, 1984
Un homme peut en cacher un autre, Stock, 1985
Gorby passe à l'Ouest, Stock, 1988
Les Rochambelles, Lattès, 1992
Le triangle de Tokyo, Denoël, 1998

PHILIPPE ALEXANDRE
BÉATRIX DE L'AULNOIT

LA DERNIÈRE REINE
VICTORIA 1819-1901

ROBERT LAFFONT

© Éditions Robert Laffont, S.A., Paris, 2000
ISBN 2-221-09064-0

ASCENDANCE PATERNELLE

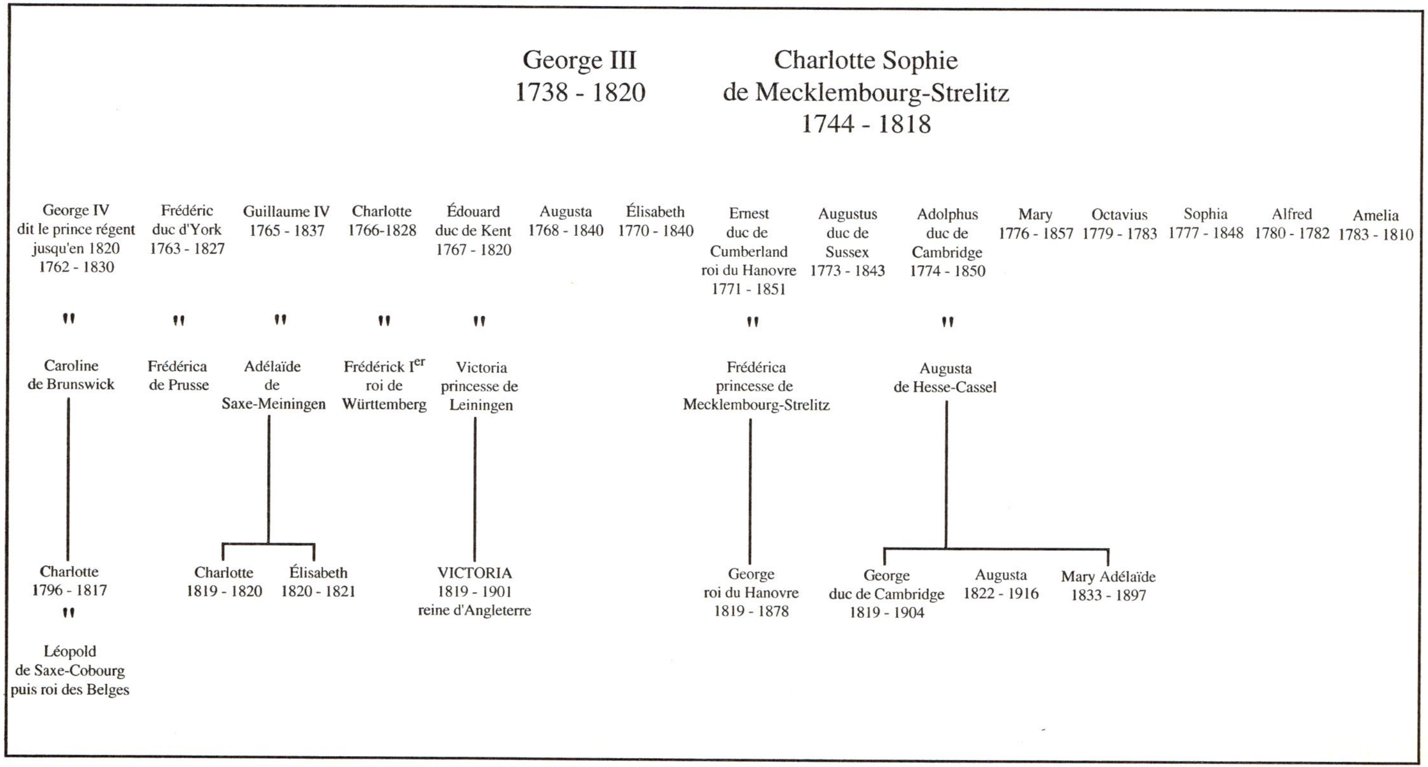

ASCENDANCE MATERNELLE

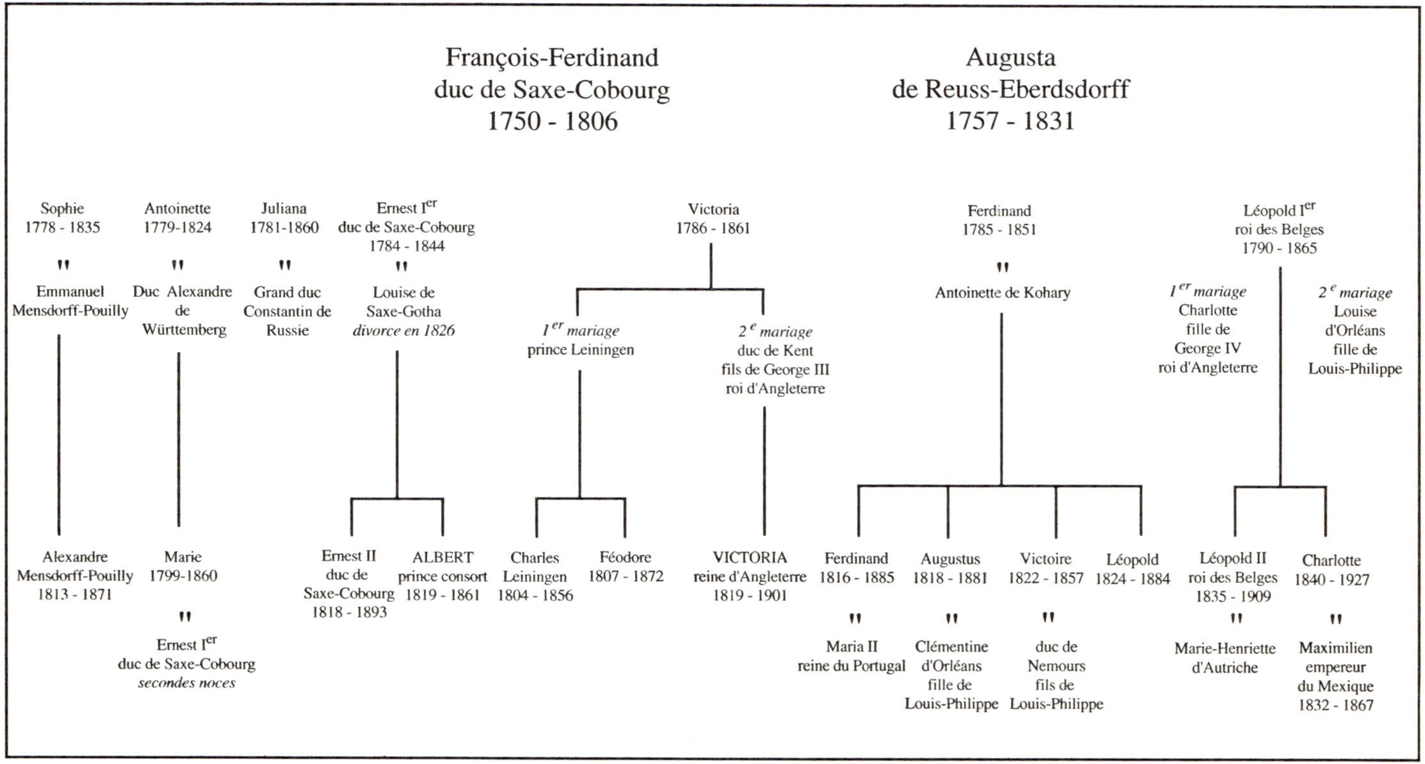

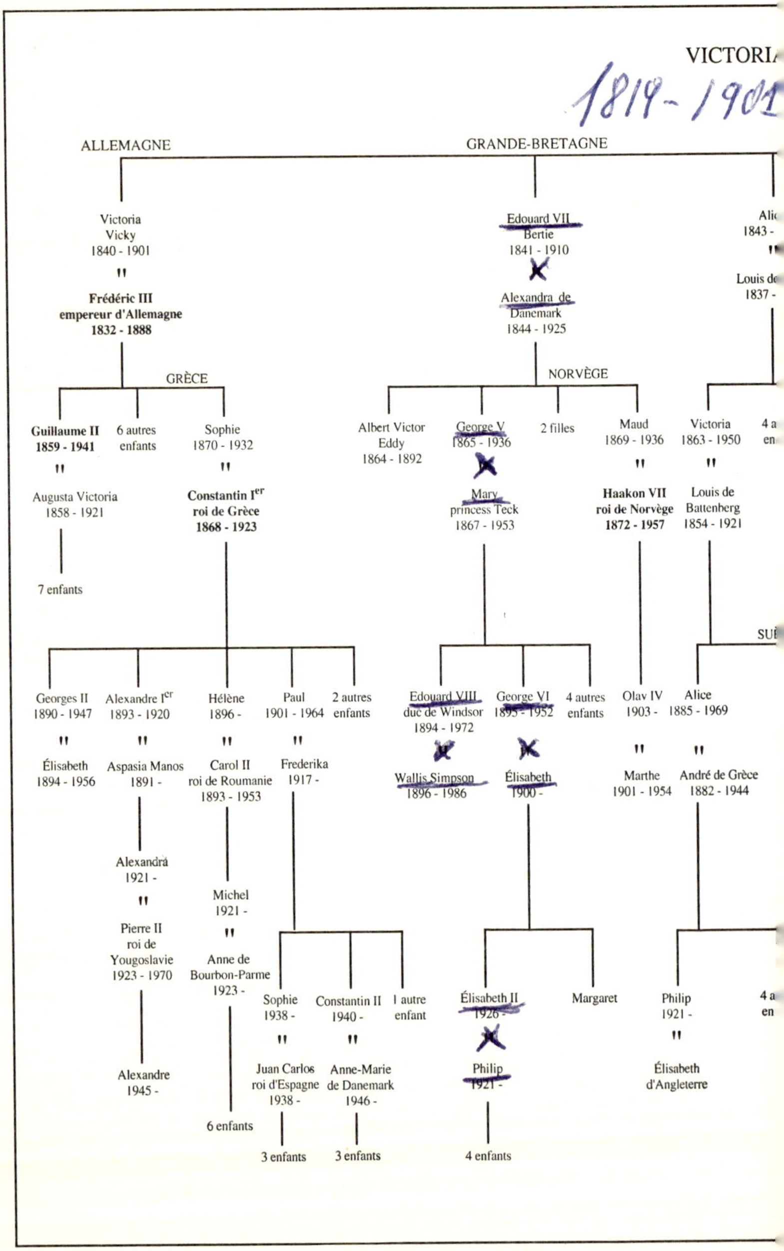
VICTORI
1819 - 1901
ALLEMAGNE
GRANDE-BRETAGNE
Victoria
Vicky
1840 - 1901
Frédéric III
empereur d'Allemagne
1832 - 1888
Edouard VII
Bertie
1841 - 1910
Alexandra de
Danemark
1844 - 1925
Ali
1843 -
Louis de
1837 -
GRÈCE
NORVÈGE
Guillaume II
1859 - 1941
6 autres
enfants
Sophie
1870 - 1932
Augusta Victoria
1858 - 1921
Constantin Ier
roi de Grèce
1868 - 1923
7 enfants
Albert Victor
Eddy
1864 - 1892
George V
1865 - 1936
2 filles
Maud
1869 - 1936
Mary
princess Teck
1867 - 1953
Haakon VII
roi de Norvège
1872 - 1957
Victoria
1863 - 1950
Louis de
Battenberg
1854 - 1921
4 a
en
SUÈ
Georges II
1890 - 1947
Élisabeth
1894 - 1956
Alexandre Ier
1893 - 1920
Aspasia Manos
1891 -
Hélène
1896 -
Carol II
roi de Roumanie
1893 - 1953
Paul
1901 - 1964
Frederika
1917 -
2 autres
enfants
Edouard VIII
duc de Windsor
1894 - 1972
Wallis Simpson
1896 - 1986
George VI
1895 - 1952
Élisabeth
1900 -
4 autres
enfants
Olav IV
1903 -
Marthe
1901 - 1954
Alice
1885 - 1969
André de Grèce
1882 - 1944
Alexandra
1921 -
Pierre II
roi de
Yougoslavie
1923 - 1970
Alexandre
1945 -
Michel
1921 -
Anne de
Bourbon-Parme
1923 -
6 enfants
Sophie
1938 -
Juan Carlos
roi d'Espagne
1938 -
3 enfants
Constantin II
1940 -
Anne-Marie
de Danemark
1946 -
3 enfants
1 autre
enfant
Élisabeth II
1926 -
Philip
1921 -
4 enfants
Margaret
Philip
1921 -
Élisabeth
d'Angleterre
4 a
en

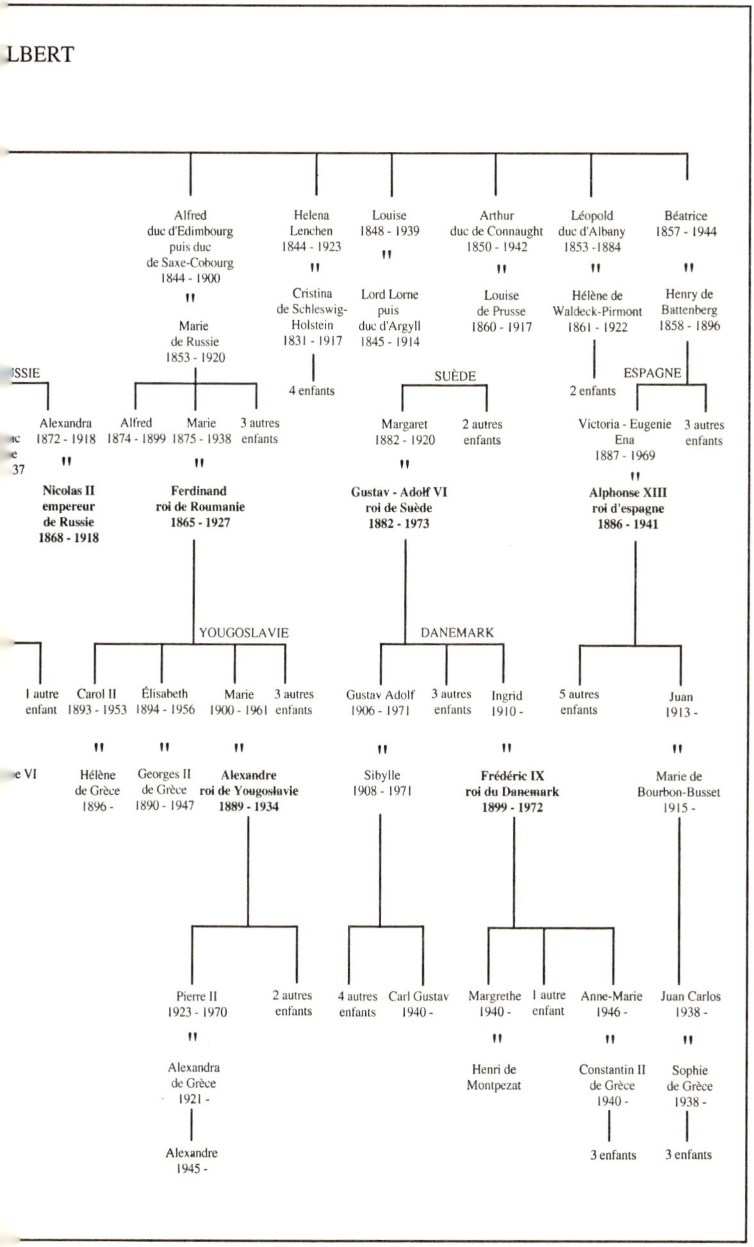
LBERT
Alfred
duc d'Edimbourg
puis duc
de Saxe-Cobourg
1844 - 1900
"
Marie
de Russie
1853 - 1920
Helena
Lenchen
1844 - 1923
"
Cristina
de Schleswig-
Holstein
1831 - 1917
4 enfants
Louise
1848 - 1939
"
Lord Lorne
puis
duc d'Argyll
1845 - 1914
Arthur
duc de Connaught
1850 - 1942
"
Louise
de Prusse
1860 - 1917
Léopold
duc d'Albany
1853 -1884
"
Hélène de
Waldeck-Pirmont
1861 - 1922
2 enfants
Béatrice
1857 - 1944
"
Henry de
Battenberg
1858 - 1896
ISSIE
ac
e
37
Alexandra
1872 - 1918
"
Nicolas II
empereur
de Russie
1868 - 1918
Alfred
1874 - 1899
Marie
1875 - 1938
"
Ferdinand
roi de Roumanie
1865 - 1927
3 autres
enfants
SUÈDE
Margaret
1882 - 1920
"
Gustav - Adolf VI
roi de Suède
1882 - 1973
2 autres
enfants
ESPAGNE
Victoria - Eugenie
Ena
1887 - 1969
"
Alphonse XIII
roi d'espagne
1886 - 1941
3 autres
enfants
YOUGOSLAVIE
1 autre
enfant
e VI
Carol II
1893 - 1953
"
Hélène
de Grèce
1896 -
Élisabeth
1894 - 1956
"
Georges II
de Grèce
1890 - 1947
Marie
1900 - 1961
"
Alexandre
roi de Yougoslavie
1889 - 1934
3 autres
enfants
DANEMARK
Gustav Adolf
1906 - 1971
"
Sibylle
1908 - 1971
3 autres
enfants
Ingrid
1910 -
"
Frédéric IX
roi du Danemark
1899 - 1972
5 autres
enfants
Juan
1913 -
"
Marie de
Bourbon-Busset
1915 -
Pierre II
1923 - 1970
"
Alexandra
de Grèce
1921 -
Alexandre
1945 -
2 autres
enfants
4 autres
enfants
Carl Gustav
1940 -
Margrethe
1940 -
"
Henri de
Montpezat
1 autre
enfant
Anne-Marie
1946 -
"
Constantin II
de Grèce
1940 -
3 enfants
Juan Carlos
1938 -
"
Sophie
de Grèce
1938 -
3 enfants

1.

À Londres, rien n'est incroyable sauf le soleil. En ce 22 juin 1897, la foule scrute le ciel gris avec anxiété. Les canons de Hyde Park annoncent que le carrosse de la reine vient de franchir la grille de Buckingham, et par enchantement, les nuages se dissipent, le soleil apparaît, une lumière d'été comme on n'en voit guère dans la capitale britannique. Massés sur les balcons et jusque sur les toits, les Londoniens crient au miracle : « le temps de la reine ! », « le temps de la reine ! »...

Il n'y a pas que ce ciel d'azur providentiel qui s'offre à Victoria en ce jour glorieux du jubilé de diamant. La foule, la capitale pavoisée, la City, les armées venues du monde entier, l'empire peuplé de trois cent cinquante millions d'êtres humains en liesse, oui, tout est à Victoria. Jamais Londres n'a connu, ne connaîtra une telle splendeur. Elle règne depuis soixante ans et son jubilé s'achève dans un paroxysme de puissance et de gloire. Même Louis XIV, qu'elle admire tant, n'a pas connu cette apothéose. Depuis des mois, des médailles, des pièces de monnaie ont été frappées, des statues érigées dans toutes les villes, des timbres imprimés que les gamins collectionnent avec ferveur aux quatre coins de l'empire. Dans les boutiques du Strand et de Piccadilly, on s'arrache les assiettes, les tasses, les mouchoirs, les cannes à l'effigie de la reine, les théières, les encriers et les cuillers surmontées d'une couronne. Les vitrines des librairies débordent d'ouvrages à sa gloire et les boîtes à musique chantent sans fin *God save the Queen*. Personne ne doute que la grandeur du royaume est l'œuvre de cette grand-mère rondelette au caractère d'acier, vêtue de noir comme une humble veuve.

Les arcs de triomphe, les bannières qui pavoisent les maisons répètent inlassablement : « Nos cœurs sont ton trône. » Dans la foule, une voix s'exclame : « La vieille dame, elle a bien travaillé ! »

Assurément, elle a bien fait travailler ses sujets. Atelier du monde, la Grande-Bretagne est la première puissance industrielle de l'histoire de l'humanité. Et son commerce équivaut à ceux additionnés de la France, de l'Allemagne et de l'Italie. Mais surtout, la souveraine a imprimé au cœur de chacun de ses sujets cette fierté britannique dont elle est le symbole. La Grande-Bretagne a conquis le cinquième de la surface terrestre. Sa marine domine les océans. Londres est la première place financière, la plus belle ville du monde.

Avant de quitter le palais, la reine a pressé un bouton électrique pour télégraphier son message de jubilé dans tout l'empire : « Du fond du cœur, je remercie mes peuples bien-aimés. Que Dieu les bénisse ! » C'est elle qui a réclamé son titre d'impératrice et, avec la foule, elle aime à penser que sur cet empire, le soleil ne se couche jamais.

Des visages sont en larmes. Surtout parmi les plus démunis qui la vénèrent comme une icône. Pour l'apercevoir ils envahissent les pelouses, s'accrochent aux grilles, grimpent aux arbres, s'agrippent aux réverbères décorés de bouquets de fleurs.

Les uniformes où le rouge le dispute à l'or, les drapeaux, les tentures cramoisies, les brocarts, les cuivres des trompettes : de la fenêtre de son hôtel, Claude Monet qui peint et repeint avec délices la ville dans son cocon de brume est médusé par cet incendie de couleurs.

Pour ne rien rater du spectacle, beaucoup ont dormi dans les parcs. Ils acclament maintenant les régiments qui incarnent la puissance et la gloire de l'empire : soldats du Canada, de Jamaïque, de Malte, de Ceylan, de Guyane, de Lagos, du Cap, de Chypre, du Natal, d'Australie... Policiers de Hong Kong, sikhs venus d'Inde et Haoussas d'Afrique occidentale... Un millier d'hommes, trois cent cinquante cavaliers dont les uniformes exotiques arrachent des exclamations. Et enfin, les plus flamboyants, les plus applaudis, les lanciers du Bengale en dolman rouge et or, coiffés d'un turban rehaussé d'une pierre précieuse.

Le cortège doit parcourir dix kilomètres. Le carrosse de Victoria est tiré par huit alezans crème et précédé de vingt autres landaus où ont pris place la famille royale et les hôtes étrangers. Dans le premier sont assis côte à côte le nonce apostolique, l'envoyé spécial de l'empereur de Chine et trois ou quatre maharadjahs. Dans les voitures suivantes paradent dignitaires étrangers et dames d'honneur. Neuf landaus sont réservés aux princesses, escortés par les princes de la famille à cheval et en grand uniforme, puis par le commandant en chef des armées portant l'ordre de St. Patrick et enfin, tel un écrin, le carrosse de la reine encadré de postillons vêtus de rouge qui trottent au pas des chevaux.

Les troupes défilent depuis une heure, enfin elle apparaît : « On comprend alors, écrit Mark Twain, que Victoria est la procession à elle seule. Tout le reste n'est que fioritures. » Le carrosse débouche dans Constitution Hill, l'avenue qui mène à Hyde Park et où, jeune mariée, la reine a subi sa première tentative d'assassinat. Aussitôt les clameurs la submergent. « Je crois que personne n'a jamais reçu une ovation comme celle qui m'a accompagnée... La foule était absolument indescriptible et son enthousiasme véritablement merveilleux et profondément émouvant. » Et la reine, jamais à court de superlatifs, ajoute : « Les acclamations étaient assourdissantes et tous les visages semblaient réellement remplis de joie. »

Elle répond d'un simple frémissement des doigts. La foule l'a toujours effrayée. Lors de son premier bal donné pour ses dix-huit ans, elle s'étonnait déjà d'être acclamée. Le lendemain, elle avait noté dans son journal : « Le peuple était très anxieux d'apercevoir ma sotte petite personne... »

Aujourd'hui, en son honneur, la journée a été déclarée chômée et la population de Londres a doublé. On compte bien deux millions de visiteurs. Cinquante mille hommes ont été mobilisés, haie de vestes rouges et de casques étincelants qui contiennent difficilement l'enthousiasme populaire. Des galeries ont été érigées sur tout le trajet jusqu'à la cathédrale St. Paul. De richissimes Américains ont payé jusqu'à un millier de livres pour retenir une place sur les gradins de Whitehall ou de la National Gallery et avoir une chance d'apercevoir en chair et en os la souveraine mythique et presque octogénaire dont les apparitions en public sont exceptionnelles.

À son habitude, et malgré les doléances de ses ministres, la reine a obstinément refusé de porter couronne et manteau d'apparat. Mais sa sempiternelle robe de veuve en soie noire est brodée d'argent, son bonnet de dentelle noire surmonté d'une branche d'acacia blanc et d'une aigrette de diamants. Elle a tenu à attacher à son cou un collier de diamants offert par les plus jeunes de ses neuf enfants. Mélange de magnificence et de simplicité à l'image de Victoria, de son règne, de la Grande-Bretagne. Certaines mauvaises langues se moquent de son esprit bourgeois, elle n'y prête jamais attention. Elle a toujours cordialement méprisé l'aristocratie britannique dispendieuse et débauchée. Les journaux l'appellent parfois la « reine républicaine » : elle ne s'en indigne pas. Son sens de l'économie la met à l'unisson de son peuple.

En face d'elle, la ravissante princesse de Galles, tout en satin lilas, le chapeau orné de fleurs, et Helena, dite Lenchen, la troisième de ses filles. L'aînée, Vicky, a pris place dans un autre carrosse tiré par quatre chevaux noirs caparaçonnés de rouge, son rang d'impératrice d'Allemagne lui interdisant d'être assise contre le derrière des chevaux. À gauche de Victoria caracole le prince de Galles et à sa droite son cousin, le duc de Cambridge, en tunique rouge et bicorne à panache blanc. Derrière le landau royal, son troisième fils, le prince Arthur, duc de Connaught, ferme la marche.

Il y a dix ans, pour le jubilé d'or, ses petits-enfants, ses cousins, rois et reines du continent étaient tous venus. Cette fois, aucune tête couronnée ou presque n'a été invitée. Grand maître des cérémonies, le ministre des Colonies Chamberlain, l'un des plus virulents adversaires de la monarchie quelques années plus tôt, a souhaité que ce jubilé de diamant soit exclusivement consacré à la gloire de l'empire. Dans le cortège, on n'aperçoit ni sa petite-fille, la tsarine de Russie, ni son petit-fils, le kaiser Guillaume II d'Allemagne. Ce qui n'a pas chagriné la reine. Elle lui reproche d'être orgueilleux, brutal et méprisant avec sa mère.

Les cris redoublent pour ne former qu'une gigantesque clameur, à l'entrée de la City où le lord-maire en robe d'hermine s'agenouille devant Victoria pour lui offrir les clefs de la ville posées sur un coussin rouge. Puis, sous un soleil maintenant éclatant, le carrosse s'immobilise devant la cathédrale St. Paul. Les troupes coloniales impeccablement alignées dans leurs uniformes chatoyants, les évêques en chapes d'or et les princes de la famille royale forment une haie d'honneur. La reine a voulu une cérémonie courte. Elle a toujours eu des relations simples avec la religion et Dieu n'a pas exagérément compliqué son existence. Le lendemain, le *Daily Mail* écrira qu'elle est allée rendre hommage au seul Être qui soit « plus majestueux qu'elle ».

L'évêque de Londres et l'archevêque de Cantorbéry entonnent un *Te Deum* et un « Notre Père », suivis du cantique *The Old Hundredth* dont les strophes ont été modifiées en l'honneur du jubilé :

Dans les années à venir, quoi qu'il arrive,
Dans la joie ou la peine, le bien ou le mal,
Puisse-t-elle, ô Seigneur, voir Ta bonté
Garde-la, défends-la et guide-la toujours...

Des paroles entonnées au même instant dans tout l'empire par des millions de poitrines tandis que les cloches de St. Paul sonnent à toute volée. D'émotion, la reine ne peut retenir quelques larmes, elle remercie les évêques avant de reprendre son trajet en direction des quartiers populaires du South End où, de sa vie, elle n'a jamais mis les pieds.

Elle ne peut se rendre compte de la formidable métamorphose de cette partie de la capitale et surtout de la disparition des taudis. Il y a soixante ans, les rives de la Tamise étaient pratiquement inaccessibles, livrées aux bandits, aux prostituées, aux indigents que la société condamnait aux privations et aux tortures dans des *workhouses*. À côté des hôtels élégants de Mayfair, Londres restait un cloaque aux puanteurs de marécage qui épouvantait l'Europe.

Première souveraine de l'histoire à chérir les pauvres plus que les riches, elle a voulu offrir ce jubilé à son peuple. Et ce peuple est au rendez-vous, plus nombreux, plus bruyant qu'elle n'a pu l'imaginer. À nouveau, il lui vient des larmes aux yeux, des grosses larmes qui roulent sur ses joues alors que la princesse de Galles lui étreint les mains. Elle ne cesse de s'étonner et de répéter : « Comme ils sont gentils, comme ils sont bons ! » C'est pourtant le dernier compliment dont on puisse gratifier ce peuple anglais, violent, brutal, insulaire et chauvin qui n'a jamais daigné adopter le prince consort, originaire de Cobourg, une petite principauté allemande. Son Albert bien-aimé que les nobles lords accusaient de n'avoir rien d'un *gentleman* britannique.

Mais en cet après-midi de jubilé, au milieu de tant de ferveur et d'amour, elle oublie les critiques, les sarcasmes des politiques ou de la presse qui lui reprochaient naguère d'ouvrir les sessions du Parlement uniquement lorsqu'elle avait des dotations à solliciter pour ses enfants. Le pays, lui, n'oublie pas que Victoria a consolidé une monarchie constitutionnelle qui, avant elle, tanguait de monarques étrangers en rois fous, débauchés et dépensiers. La royauté n'était pas seulement ruinée au sens propre du mot, elle était discréditée et même détestée. La reine a donné à l'Angleterre un ensemble de valeurs lui assurant à la fois une prospérité et une paix sociale enviées par tous les pays civilisés.

Il fait chaud tandis que le carrosse franchit la Tamise, incroyablement chaud, une chaleur digne du midi de la France où Victoria se rend désormais chaque printemps. Si chaud que, dans le cortège, lord Howe est pris de malaise et tombe de son cheval. La souveraine se contente d'ouvrir sa légère ombrelle de chantilly noire doublée de dentelle blanche. Sur son nuage de gloire, elle ne sent pas la chaleur étouffante, elle qui adore les courants d'air et fait régner une température polaire dans tous ses palais. « La reine n'a nullement souffert de fatigue durant la cérémonie », annoncera quelques heures plus tard un communiqué de la cour. Dix jours plus tôt, à

Balmoral, elle a pourtant confié à son médecin qu'elle craignait de ne pas supporter ces cérémonies, qu'elle était épuisée « avec tant de pensées en tête qu'elle ne pouvait pas se reposer ». Depuis la mort d'Albert, elle passe sa vie à gémir sur ses souffrances du corps et du cœur. Les lettres dont elle inonde sa progéniture débordent de douleurs et de larmes. Et elle accuse ses Premiers ministres de vouloir la tuer en la forçant à rester à Londres, cette capitale invivable, noyée de brouillards qui déchirent les poumons, dépriment les âmes et ont tué son époux adoré.

Mais peut-être n'est-ce là qu'une manifestation de son formidable égoïsme, une maladie imaginaire, une comédie qu'elle se joue à elle-même et aux autres. Dans les allées de Windsor ou de Buckingham, elle se déplace uniquement en voiture à cheval ou à âne mais en 1890, elle a encore dansé un quadrille à Balmoral avec son petit-fils Eddy, l'héritier de la couronne : « Je m'en suis très bien tirée », a-t-elle noté fièrement le soir même dans son journal.

Surtout, elle a réussi à retrouver la sérénité, à se détacher d'Albert, ce « cher ange » dont, après sa mort, elle étreignait la robe de chambre pour s'endormir. Les journaux montrent des photos d'elle souriante, ce qui était impensable il y a encore quelques années. Dans une critique théâtrale, Bernard Shaw, pourtant socialiste, ne tarit pas d'éloges à son égard : « Songez à la jeune personne d'il y a soixante-dix ans, à qui sa famille, ses préceptrices, les ecclésiastiques, les serviteurs, tout le monde mentait systématiquement et pieusement... Chacun des portraits de la "Reine enfant" de 1837 que l'on peut voir dans les vitrines doit donner envie à la Reine de 1897 de bondir hors de sa voiture pour écrire dessous : rappelez-vous, s'il vous plaît, qu'il n'y a pas aujourd'hui une employée de bureau à vingt-quatre shillings par semaine qui ne soit dix fois plus instruite que cette malheureuse, à l'époque où la couronne lui tomba sur la tête, et qui dut régner guidée par sa seule intelligence. Croyez-moi, on ne saurait vivre soixante-dix-huit ans sans découvrir des choses dont les Reines ne parlent jamais dans les mélodrames de l'Adelphi Theatre. »

Alors que le carrosse regagne Buckingham, un homme tombe d'un arbre sur son passage, seul accident de cette extraordinaire journée. À plusieurs reprises la reine a écrit à son ministre de l'Intérieur. Elle tremblait de voir se produire des catastrophes comme la bousculade de Moscou pour les fêtes du couronnement d'Alix et de Nicolas II durant lesquelles trois mille Russes ont été piétinés ou plus récemment celle de l'incendie du Bazar de la Charité où deux cents personnes ont péri brûlées vives à Paris.

Son peuple chéri ne doit pas souffrir de la moindre égratignure et, dès son retour au palais, Victoria prend des nouvelles du blessé. Il y a maintenant une vraie communion entre la souveraine et ses sujets. Rares sont les foyers où l'on ne trouve pas sa photo. Lady Ampthill de retour d'Écosse dans le luxueux wagon privé de la reine a eu la surprise de découvrir le long des voies au petit matin une foule de gens qui s'étaient déplacés pour venir contempler le train : « … des gens qui savaient qu'ils ne pourraient pas voir leur Reine bien-aimée, mais qui étaient contents de regarder le train qui l'emportait. Les hommes ôtaient leurs chapeaux, les femmes levaient leurs mouchoirs ou parfois envoyaient des baisers : nulle part on ne poussa la moindre exclamation car les sujets de Sa Majesté respectent son repos ».

En ce soir de jubilé, tous les hameaux du royaume attendent les milliers de feux d'artifice tirés à dix heures précises et annoncés cinq minutes à l'avance par des coups de canon. Danses, orchestres, pétards, la foule célèbre sa souveraine à Londres où, pour la première fois, Piccadilly Circus et St. James Street sont éclairés à l'électricité. Des milliers d'ampoules décorent la cathédrale St. Paul. Elles sont vertes et rouges sur l'immeuble des banquiers Benson, dorées sur la façade de l'agence Cook. Et sur Mansion House, elles tracent en lettres de feu *God save our Queen.* Dernière fête d'un siècle au long duquel l'Angleterre n'a guère connu que le bonheur et la paix, dernière valse avant les horreurs des temps modernes.

La veille, des lanternes vénitiennes, des lampions chinois illuminaient les bateaux et les bords de la Tamise à Windsor où les cérémonies ont commencé avec une retraite aux flambeaux et la présentation des cadeaux, somptueux, innombrables. Victoria a été particulièrement touchée par un bracelet dessiné par sa dernière fille, la princesse Béatrice. Les diamants, les saphirs et les rubis étroitement mêlés symbolisent les liens entre le royaume et son empire. Seul contretemps fâcheux : quelques jours avant son départ, le nizam d'Hyderabad s'est fait voler le diamant de trois cent mille livres qu'il se proposait d'offrir à la reine-impératrice. Elle en sera à peine chagrinée : elle possède des bijoux fabuleux, notamment le Koh-i-Noor, le plus gros diamant du monde, et un bracelet orné de quatre énormes brillants dont deux ont appartenu à Marie-Antoinette, un à sa cousine, la princesse Charlotte, et un à la malheureuse Marie Stuart.

Victoria a toujours aimé les bijoux et l'or. En son honneur, on vient d'ouvrir, en Afrique du Sud, la « Mine d'Or du Jubilé ». Au grand dîner d'apparat donné, la veille du défilé, au palais de Buckingham, elle a consenti à délaisser ses vêtements de deuil pour un sari d'or fin confectionné aux Indes. Sur la table étincelait la vaisselle en or des rois d'Angleterre. L'énorme flacon d'or pris à l'Invincible Armada trônait au milieu d'une montagne d'orchidées venues de tout l'empire.

« Bernoise à l'impératrice », « caille à la d'Uzelle », « timbale à la Monte-Carlo », « canapés à la princesse »... à l'exception du « roast beef », comme d'habitude, le menu de treize plats était rédigé en français par le chef français. Et les quatre-vingt-dix convives ont dû poser leur fourchette lorsque Sa Majesté a avalé sa dernière bouchée.

Pour héberger les invités que la reine ne peut recevoir, Londres a construit le plus grand hôtel du monde, l'hôtel Cecil : mille deux cent cinquante chambres entièrement éclairées à l'électricité. Victoria en a réservé soixante-cinq, l'ambassade de Chine trente et le rajah de Kapurtalah plusieurs dizaines. L'établissement a son bain turc, son bureau de poste et une douzaine d'ascenseurs desservant les treize étages. Le grand hall, où s'affairent deux cents serveurs, peut accueillir mille couverts.

Le lendemain du défilé, la souveraine reçoit, au cours de quatre cérémonies différentes, les quelque mille deux cents lords et députés membres des deux assemblées parlementaires, les présidents des conseils de comté, puis quatre cents maires et prévôts, chacun porteur d'une supplique. Une telle multitude que le protocole est débordé. Une bonne moitié des Lords et les trois quarts des Communes ne peuvent arriver jusqu'à la reine qui devra organiser deux grandes garden-parties pour calmer les frustrations.

Lorsque, en fin de journée, la souveraine quitte le palais de Buckingham pour la gare de Paddington, la foule, nullement fatiguée par sa nuit blanche, est plus dense que jamais, impatiente d'admirer le nouveau train royal aux voitures couleur chocolat, aux fenêtres décorées de perles d'acajou. Le salon de la reine est en boiseries, les sièges et canapés, en acajou gravé de lions d'or, sont tendus de satin vert et blanc assorti au tapis. Toutes les lampes en argent massif diffusent, innovation inouïe pour l'époque, une lumière électrique réglable à volonté.

À son arrivée à Windsor, ce sont à nouveau des suppliques, des *God save the Queen* et pour finir les écoliers d'Eton bordant la route du château et entonnant des chansons. Avant de repartir, les troupes coloniales offrent, elles aussi, à Sa Majesté une grande parade. Lord Roberts, chef des armées, et lord Methuen marchent de part et d'autre de sa voiture en nommant chacun des contingents à l'oreille de la reine. Devant les sikhs, elle prononce quelques mots d'hindoustani que lui a enseignés son serviteur indien favori, le

Munshi, et elle ne peut s'empêcher de constater qu'ils sont de « forts beaux hommes ». Tout au long de sa vie, Victoria a été sensible au physique masculin. À Balmoral, elle s'émerveillait devant les genoux de ses *ghillies* écossais. Et elle aimait voir Albert et ses fils porter eux aussi le kilt traditionnel.

Parades, revues navales, garden-parties, bals, réceptions, dîners se succèdent durant quinze jours dans le royaume et l'empire où les loyaux sujets de Sa Majesté ne manquent jamais de terminer leurs innombrables libations par des hourras et des toasts « à la reine ». En France, à l'Hôtel de la Plage de Berneval, sur la côte normande, un gros Anglais aux vêtements raffinés, Mr. Melmoth, a invité les notables du canton, le curé, le postier et l'instituteur de la commune ainsi que les enfants de l'école. La salle à manger de l'hôtel est décorée de lampions et de drapeaux britanniques. Les invités se gavent de fraises à la crème et de mousse au chocolat. Arrive alors un énorme gâteau sur lequel est écrit en sucre rose et en français : « Jubilé de la Reine Victoria ». Mr. Melmoth donne le signal des applaudissements puis il porte un toast à la souveraine bien-aimée tandis que le propriétaire de l'hôtel lève à son tour son verre en l'honneur du généreux Anglais qui remet un cadeau à chacun des enfants.

Melmoth est le nom d'emprunt sous lequel réside en France Oscar Wilde depuis qu'il est sorti de sa cellule de Reading, un mois plus tôt, le 19 mai, à six heures du matin, après avoir effectué les deux ans de détention auxquels il a été condamné pour « sodomie », ainsi nomme-t-on l'homosexualité dans la prude Grande-Bretagne. En prison, il a été soumis à des traitements que « l'on n'oserait pas, dit-il, infliger à des animaux ». Il a souffert de la faim, de l'insomnie, de la maladie. Il n'a eu le droit ni de lire, ni d'écrire. Il a maigri de dix kilos. Il mourra d'ailleurs des suites de ces mauvais traitements. Mais il a voulu célébrer Victoria qui est pour lui, avec Napoléon Ier et Victor Hugo, l'un des trois « grands hommes » du siècle. Il l'aime. « Elle a l'air, explique-t-il, d'un rubis monté sur jais. »

Oscar Wilde n'est pas rancunier. C'est le 24 mai 1895, jour de l'anniversaire de la reine, dans une atmosphère de ferveur patriotique et morale, qu'il a été condamné pour ses relations honteuses avec lord Douglas, second fils de lord Queensberry. En prononçant son réquisitoire, le procureur s'est exclamé : « C'est la pire affaire que j'aie jamais jugée », déclenchant les bruyantes approbations de la salle. Le lendemain, la presse entière a applaudi au verdict. Seul le *Daily Chronicle* a manifesté quelque compassion envers le plus grand auteur dramatique de son époque. Pendant un mois, Wilde a subi la torture du « moulin de discipline », après quoi son ami

Alfred Douglas a adressé à la reine une supplique en faveur du condamné. Mais le ministre de l'Intérieur « a regretté de ne pouvoir conseiller à Sa Majesté d'accéder à cette requête ».

Wilde, pourtant, n'est pas n'importe qui pour Victoria. La première fois que le prince de Galles a emmené sa mère au théâtre, vingt ans après la mort d'Albert, la pièce intitulée *Le Colonel* était une satire contre Oscar Wilde. Six ans plus tard, Wilde a demandé à la reine d'écrire un poème pour son journal, *The Ladie's World.* Victoria a refusé, mais l'ensemble de la publication lui a bien plu.

Wilde s'est entêté à vouloir être jugé car « s'il devait être immolé, l'époque le serait aussi », disait-il. En dénonçant son homosexualité, la société britannique révélerait sa propre hypocrisie. Wilde soupçonnait le ministre des Affaires étrangères, lord Rosebery, dont la reine se sentait très proche, d'avoir des relations homosexuelles avec son secrétaire particulier qui n'était autre que le frère aîné de Douglas. Rosebery s'est d'ailleurs proposé d'intervenir en faveur de l'accusé au début du procès, mais son collègue Balfour l'en a dissuadé : « Si vous faites cela, vous perdrez vos élections. »

Pour l'Histoire, la reine Victoria a donné son nom à un puritanisme exacerbé qui a emprisonné la société britannique et les peuples de l'empire. Pourtant la souveraine n'a pas lancé cette contre-révolution culturelle. Elle l'a comprise, accompagnée, peut-être même « modérée » comme l'affirme le *Times* le matin de son jubilé. Son avènement a coïncidé avec un fulgurant réveil des méthodistes qui prêchent la respectabilité avec des accents dignes de l'Inquisition. Magnifique revanche sur une aristocratie débauchée, « la plus débauchée d'Europe », la renaissance de l'esprit religieux est venue, au moins dans les classes moyennes et populaires, donner sa marque aux temps nouveaux.

Sous son règne se sont multipliées ces abominables écoles privées où, de *Jane Eyre* à *David Copperfield*, le roman a planté son décor. On y inculque aux enfants le mépris d'une chair périssable, « cette guenille indigne d'aucuns soins ». Brûlants d'un feu sacré, des révérends aux visages glabres professent que légèreté, rire et amusements sont autant de chausse-trapes glissées sous nos pieds par le Malin. Le dimanche tavernes et commerces sont fermés. Toute forme de travail interdite. La crainte de Dieu est le commencement de la sagesse. La mort, le thème favori des peintres. Le repos est exclusivement consacré à la lecture du meilleur des livres, la Bible. Elle forge des âmes de bronze que rien n'effraye, rien ne rebute, rien n'abat. Elle réclame des épouses calmes et soumises à la volonté divine, vêtues de robes noires ne laissant rien deviner de leur féminité.

C'est aussi la philosophie d'Albert, prince allemand, cérémonieux, méticuleux, travailleur, mortellement sérieux. La reine et le prince se sont mariés à vingt ans. Victoria, follement amoureuse, a d'emblée adhéré aux principes inflexibles de son époux. Pour le jeune prince, angoissé par les révolutions qui balayaient les cours d'Europe, seule une extrême rigueur morale pourrait sauver la couronne britannique. Veuve, Victoria a respecté à la lettre l'héritage politique de son mari : « En toutes choses, ses souhaits, ses plans, ses vues doivent être ma loi et aucune puissance au monde ne m'écartera de la ligne qu'il a tracée », a-t-elle écrit le 24 décembre 1861, dix jours après la mort du prince-consort.

Ses ministres ne l'ont jamais contrariée dans cette voie, bien au contraire. Whigs ou tories, ils étaient convaincus que la puissance et la prospérité britanniques reposaient sur le prestige de la monarchie. Pour Gladstone comme pour Disraeli, la politique n'était que « l'exaltation des valeurs ». Quelles valeurs ? Travail et piété bien sûr, mais en premier lieu respect de la famille. Albert avait même interdit qu'une femme divorcée parût à la cour. Lors d'un séjour à Biarritz en 1889 dans la villa du duc de La Rochefoucauld, Victoria fit savoir qu'étant chef de l'Église d'Angleterre elle ne pouvait recevoir à sa table la duchesse, divorcée d'un premier mariage. L'insistance du duc appelant à sa rescousse les *Maximes* de son ancêtre ne put fléchir la souveraine d'Angleterre.

Pourtant, cette vieille dame en noir qui terrorise le monde d'un regard ne diffère pas autant qu'on pourrait le croire de la jeune fille passionnée, naïve et enjouée qui, lors de son accession, aimait galoper à cheval, danser jusqu'à l'aube et dont le plus grand plaisir était de voir le soleil se lever sur la Tamise après un bal.

Parlant de son fils aîné, le prince de Galles, qui aime Paris, les femmes et le jeu, elle n'a pas honte de dire : « Ce pauvre Bertie est ma caricature. » Avant d'ajouter : « Comme il aurait fait souffrir son pauvre papa. » Après la mort d'Albert, sa vie personnelle n'a d'ailleurs pas été exempte de scandales. L'intimité qu'elle a affichée pendant vingt ans avec son serviteur écossais, John Brown, a déclenché de violentes campagnes de presse. Même à l'étranger, on l'appelait « Mrs. Brown », surnom qui, en Angleterre, lui est resté jusqu'à la fin du XXe siècle. À la mort de Brown, elle écrit à son petit-fils : « Ta grandmamma a perdu son meilleur ami. »

À la fois impitoyable et compréhensive, économe et prodigue, monstrueusement égoïste mais aussi capable d'attentions inattendues, son caractère contrasté a, tout au long de sa vie, déconcerté ceux qui pénétraient son intimité. Sur les conseils d'Albert, elle n'a cessé de faire des efforts pour contrôler sa nature, violente parfois jusqu'à la folie. Mais, avec l'âge, il lui arrive de plus en plus rarement de casser des objets sous l'emprise de la colère comme elle l'a fait, quelques jours avant le jubilé, lorsque la cour lui a suggéré d'éloigner pendant les cérémonies son Munshi, qu'elle veut toujours voir à la place d'honneur.

Grand-mère de l'Europe, Victoria a gouverné sa famille presque mieux encore que son pays. Les maris de ses petites-filles sont ou seront roi de Norvège, roi de Grèce, roi de Suède, roi de Roumanie, roi d'Espagne, tsar de Russie. Les autres sont presque toutes mariées à des princes de sang. Ces alliances sont son œuvre. Elle en éprouve une grande fierté sans jamais pourtant relâcher sa vigilance. Elle bombarde les uns et les autres de lettres avec des réprimandes, des conseils pour les plus petites choses de la vie. Elle leur témoigne son affection sous un déluge de superlatifs. Elle n'oublie pas une fête, pas un anniversaire heureux ou malheureux. Et ne manque jamais d'offrir à chacun un cadeau. Parfois royal mais sans jamais encourager le gaspillage. Vicky a demandé qu'on lui envoie à Berlin une nouvelle assiette chauffante pour le dîner des enfants ? Oui, mais qu'elle rende l'ancienne qui pourra toujours servir à Windsor. Peu à peu le modèle bourgeois d'une famille calme, pieuse, unie, s'est installé à la cour et imposé à toute la société.

Comme Emily Brontë, Victoria s'est écriée à dix-huit ans : « Je n'épouserai qu'un homme que j'adore. » Elle y est parvenue sans rien sacrifier de la raison d'État. Ses neuf enfants ont fait eux aussi des mariages d'amour. La reine y tenait. Le miracle, c'est qu'en dépit des conflits politiques et des guerres qui parfois les opposent, ils forment une famille unie. Leurs responsabilités de pouvoir n'excluent pas une affectueuse solidarité. Et les Anglais qui n'ont pas connu d'autre monarque devinent que cette smala pléthorique et heureuse a sauvé la couronne. Une couronne qui, à l'avènement de Victoria, était la risée du monde et la honte du pays.

2.

« Napoléon est vaincu ! », « L'ogre a piteusement abdiqué à Fontainebleau ! », « À Paris, les Alliés réinstallent Louis XVIII sur le trône de France ! » Les Anglais se ruent sur les journaux, osent à peine croire les gros titres du *Times* ou du *Courrier* qu'ils s'arrachent en ce printemps 1814. La guerre si longue ! Enfin la paix ! L'Empereur en exil à l'île d'Elbe !

Ces nouvelles qui font frissonner Londres de fierté, hurler de joie les trois quarts de l'Europe, ne laissent de marbre qu'un seul homme : le roi d'Angleterre. George III a pourtant toujours considéré l'usurpateur corse comme son ennemi personnel. Mais à soixante-quinze ans, sa longue barbe blanche couvrant une robe de chambre mauve, tel le roi Lear, il arpente les salons de son château de Windsor, aveugle et presque sourd. Sa Majesté passe en revue les arbres du parc en les prenant pour des grenadiers, écoute le chant des anges, affirme apercevoir son royaume de Hanovre à travers un télescope et veut sauver Londres d'imaginaires inondations.

L'horrible vision de Napoléon décimant les troupes russes à Friedland en 1807, de Napoléon signant la paix de Tilsit et se partageant l'Europe avec le tsar Alexandre, n'est pas son seul cauchemar. George III reste obsédé par la perte des colonies d'Amérique, qu'il considère comme sa propriété personnelle et dont il a été forcé de reconnaître l'indépendance en 1783. Il déteste aussi les Irlandais, ces papistes qui réclament d'être maîtres chez eux alors que lui, roi d'Angleterre, a juré solennellement lors de son couronnement de défendre les intérêts de l'Église anglicane.

Depuis un quart de siècle, il est atteint de porphyrie variegata. Cette maladie héréditaire, qui touche aussi bien les femmes que les hommes, se traduit par des lésions cutanées, une coloration rouge des urines et surtout des crises de folie suivies de rémissions. Le diagnostic a été établi pour son ancêtre, le roi Jacques d'Écosse, par le docteur Turquet de Mayenne.

La première crise de démence de George III remonte à 1788. Si violente qu'il a fallu lui enfiler la camisole de force. Depuis 1811, l'infortuné monarque est officiellement déclaré fou. Et le Parlement s'est résigné sans enthousiame à confier la régence à son fils George, l'impopulaire prince de Galles, qui dispute au comte d'Artois le titre de « premier gentleman d'Europe », mais n'est qu'un fat, un débauché, un ivrogne surnommé le gros *Prinny*, le gros « Paon ».

Le prince régent adore les fêtes. Il a le goût du faste et n'a pas laissé passer l'occasion de célébrer le plus joyeusement cette victoire tant attendue sur Napoléon. Sa résidence de Carlton House a aussitôt été décorée d'un immense motif lumineux à la gloire de Louis XVIII qui, depuis 1807, a trouvé refuge en Angleterre. « Vivent les Bourbons », tout en chandelles, éclaire des fleurs de lys.

Un peuple en délire applaudit, défile toute la nuit dans les tavernes où circulent les chopes, où roulent les tonneaux de bière. Le 25 juin, Wellington, de retour d'Espagne, est accueilli en héros à Douvres. Son voyage jusqu'à la capitale n'est qu'une marche triomphale, la foule de Londres finissant par dételer ses chevaux pour tirer elle-même sa voiture. Tout est bon pour oublier les rigueurs du blocus continental. L'Angleterre triomphe mais elle est ruinée. Les navires obstruent la Tamise, les ballots de sucre, de thé, de cotonnades s'entassent dans les docks, les objets manufacturés ne sortent plus des fabriques. Avec les progrès du machinisme, le chômage s'étend, aggravé par les deux cent mille soldats et matelots que la victoire rend brusquement à la vie civile.

L'aristocratie, elle, respire. Elle a échappé à la révolution, aux guillotines thermidoriennes, à ce flot de sang qui semblait ne jamais devoir cesser de couler. Napoléon n'a pas débarqué en Angleterre et les lords n'ont rien perdu de leurs prérogatives. Encore moins de leurs richesses. Ils gouvernent le pays dont ils possèdent les quatre cinquièmes des terres. Les malheurs de la noblesse française leur ont permis d'acquérir à bas prix meubles et tableaux dont ils décorent fastueusement des châteaux de soixante pièces qu'ils occupent l'été et surtout l'automne à la saison de la chasse.

Les invités y sont accueillis avec un luxe inouï. Dans son domaine de Petworth, lord Egremont entretient trois cents chevaux. À Belvoir, chez le duc de Rutland, la musique du régiment ducal joue nuit et jour dans le hall des invités tandis que cent couverts sont mis dans la salle des domestiques. À Chatsworth, le duc de

Devonshire se promène dans sa campagne en calèche traînée par six chevaux et accompagné de huit postillons en livrée. Sa maison de Londres est « digne d'un empereur ».

Avec Melbourne House et Holland House, Devonshire House est l'une des trois forteresses intellectuelles du parti whig, dont la réputation n'est plus à faire. Les cristaux des grands candélabres, les lumières des bougies se reflètent multipliés à l'infini dans les miroirs. Après Waterloo, les bals succèdent aux bals : « une mer étincelante de pierreries, de plumes, de perles et de soie ». Le champagne, le bordeaux, le porto coulent à flots et, chaque jour, à l'aube, quatre mille privilégiés sont encore debout à boire du sherry et à danser le quadrille à l'heure où les ouvriers se rendent aux fabriques.

Cette aristocratie frivole séjourne en ville dès février pour l'ouverture du Parlement dont elle occupe presque tous les sièges. C'est le début de la saison londonienne avec les grands raouts pour marier les filles. La vie politique n'a rien de harassant. Le matin, les nobles lords trottent dans le parc. En sortant de la Chambre, ils passent à leur club, se rendent à sept heures à leurs dîners et, s'il n'y a pas bal, se montrent au théâtre ou à l'opéra avant de retourner à leur club qu'ils ne quittent qu'au petit matin.

La mode commande aux hommes de boire. Un convive qui n'est pas capable de vider deux bouteilles pendant un dîner est un médiocre compagnon. On commente les performances : « C'est un homme de quatre bouteilles... de cinq bouteilles... » Lord Panmure, lord Dufferin ont acquis une certaine célébrité parce qu'ils sont hommes de six bouteilles. Et l'on voit parfois le hautain et respecté lord Grey arriver au Brook's Club « ivre comme un lord », selon la formule consacrée.

Le jeu n'est pas moins en honneur. Au XVIIIe siècle, lord Holland donnait de grosses sommes à son fils, Charles John Fox, âgé de quinze ans, « pour lui permettre de faire convenablement son apprentissage de joueur ». Autour des tapis verts, de jeunes héritiers perdent ou gagnent des fortunes sans se départir d'un flegme mélancolique. À l'hippodrome de Newmarket, où la bonne société se retrouve trois fois par an, vient de s'adjoindre celui d'Ascot. On joue aussi dans les clubs, au White's, au Watier's, à l'Almack's. Parfois, la partie se termine par un duel au pistolet ou un pugilat. Dans Bond Street, Jackson et Angelo, idoles de la jeunesse dorée, enseignent l'art nouveau de la boxe.

Avec la fin de la guerre, une folie plus ou moins douce s'empare de la bonne société. À Brighton, le régent se fait construire, par l'architecte John Nash, un « pavillon » oriental, surmonté de dômes et de minarets, avec un salon de musique rouge où il se prélasse sur des coussins tel un satrape. Dans son château de Newstead, lord Byron, oncle du poète, prend plaisir à s'allonger à même les dalles de la cuisine et à organiser sur son propre corps des courses de grillons que Sa Seigneurie fouette avec des brins de paille quand ils sont trop lents. Nul ne s'étonne d'apprendre que lady Holland a fait changer ses invités de place au cours d'un grand dîner. Encore moins de voir l'illustre Wellington enfourcher un cheval de bois dans une fête foraine ou s'atteler à un tapis sur lequel est étendue jambes battantes une charmante créature que le duc de Fer traîne à travers les corridors.

Le riche banquier Thomas Coutts, lui, se promène en clochard. Capitale de l'élégance masculine depuis le dernier tiers du XVIIIe siècle, Londres est pourtant en proie à une « rage de la mode ». Les *dandies* y font assaut d'extravagance. Le jeune lord Palmerston raffole des gants verts. Lord Byron monte à cheval en chapeau blanc et manteau gris clair. Campé des heures devant sa glace, Brummell chiffonne les bandes de mousseline ou de batiste amidonnée que lui tend son valet, à la recherche de l'arrangement exact qui en fera une cravate.

En revanche, il n'est nullement contraire à l'élégance de tenir, en présence des dames, des propos salés voire carrément grossiers. Tout gentleman a sa ou ses maîtresses avouées dans la bonne société ou le demi-monde. Un jeune pair doit savoir boire et jouer certes, mais aussi courtiser l'épouse de son voisin puis, après avoir eu sa part d'aventures, se marier avec une héritière ou une riche veuve. Les adultères sont nombreux et personne ne s'en choque dans cette aristocratie amoureuse de la Renaissance italienne. Lord Grey a quinze enfants illégitimes et tous les fils de lady Oxford ressemblent aux plus beaux amis de son mari.

À l'inverse de cette tradition, le fou George III est le premier roi à n'avoir jamais trompé sa femme. Il a eu d'elle quinze enfants. Sept fils et cinq filles sont toujours vivants. L'avenir de la dynastie semble donc largement assuré ! Hélas quatre d'entre eux seulement sont mariés et seul le régent a une fille légitime. Décidé à pourvoir la couronne de dignes héritiers George III les a tous fait élever sans un sou, à la dure, par des précepteurs allemands. Peine perdue : perclus de dettes, les ducs mènent grand train avec leur maîtresse dont ils ont parfois des enfants illégitimes. Tous se détestent cordialement et la vie politique souffre de leurs querelles, de leurs sautes d'humeur, de leurs caprices.

Le régent est tombé fou amoureux d'une veuve catholique, Maria Fitzherbert, avec laquelle il se serait marié secrètement.

Rumeur qu'il a toujours fait démentir. Il a quatre cent mille livres de dettes et, pour obtenir de nouveaux subsides du Parlement, il a accepté de prendre officiellement comme épouse, en mars 1795, une de ses cousines allemandes, Caroline de Brunswick, sans l'avoir jamais rencontrée. La princesse est grasse avec un menton volontaire, une poitrine imposante, et ne se lave pas. « Je me sens mal, donnez-moi un verre de cognac », s'est exclamé le prince en l'apercevant la première fois. Il n'éprouve pour elle que de la répugnance. La princesse elle-même avoue que leur relation maritale n'a duré qu'une seule nuit. Nuit unique mais couronnée de succès : neuf mois plus tard, le 7 janvier 1796, elle met au monde la princesse Charlotte, seule héritière du trône, dont la naissance consomme la rupture du couple.

Second fils de George III, le duc d'York est le préféré de son père. Cultivé, sérieux, promu commandant en chef lors des guerres napoléoniennes, il s'est montré médiocre voire totalement incompétent. En revanche, il a tenté de réorganiser l'armée qui était en pleine gabegie. Malheureusement il a été compromis dans un trafic de décorations par sa maîtresse Anna Clarke. Il n'a pas d'enfant avec son épouse légitime, Frederika, qu'il trompe ouvertement, ce qui provoque des réactions bizarres de la duchesse : « Elle se couche rarement et jamais plus d'une heure ou deux. Elle s'habille et prend son petit déjeuner à trois heures du matin puis sort avec tous ses chiens et ne revient presque jamais avant l'heure du déjeuner. »

Le troisième, William, duc de Clarence, s'est engagé dans la marine à treize ans. « Je veux qu'il soit traité sans égards particuliers », avait exigé son père. En 1790, il est tombé amoureux d'une actrice, Dorothea Jordan, dont il a dix enfants illégitimes qui portent le nom de Fitzclarence et avec lesquels il vit criblé de dettes à Bushey House.

Le quatrième, le duc de Kent, futur père de Victoria, est « un des moins mauvais de la bande, mais il n'est guère sympathique ». Gros, le cheveu rare, les favoris teints, son père et ses frères le haïssent pour son hypocrisie. Wellington le surnomme « le caporal » car il se pique d'être un tacticien, d'avoir commandé au Canada, aux Antilles, à Gibraltar, mais ses hommes le détestent. Il a fait sept ans de service militaire en Allemagne où il s'est passionné pour une discipline implacable qu'il essaie d'imposer à ses troupes. Cent coups de fouet pleuvent pour une simple négligence d'uniforme. Les soldats se mutinent ou désertent. Un malheureux retrouvé dans une taverne canadienne a reçu neuf cent quatre-vingt-dix-neuf coups de fouet. Un autre, condamné à mort, a dû suivre son cercueil vêtu d'un linceul dans les rues d'Ottawa. Le duc caracolait en tête de la petite procession. Après une dernière mutinerie à Gibraltar, il a été rappelé en Angleterre en 1803 et s'est retiré dans son domaine d'Ealing où il rumine ses échecs en compagnie de sa vieille maîtresse française, Julie de Montgenet de Saint-Laurent.

En réaction contre son frère aîné, le régent, il affiche des opinions libérales, fréquente les salons whigs, l'industriel richissime et socialisant Robert Owen. Mais les mauvaises langues murmurent que ce qui l'intéresse chez Owen, c'est moins sa philosophie progressiste que sa fortune à laquelle, vrai panier percé, le duc fait souvent appel. Ses dettes sont si élevées qu'en août 1816 il est contraint de s'exiler à Bruxelles.

Il reste encore trois garçons, le duc de Sussex, un géant excentrique, grand maître des francs-maçons, qui a eu deux enfants de lady Augusta Murray mais dont le mariage n'a jamais été reconnu. Le duc de Cumberland, le pire de tous avec sa tête d'assassin couturée de blessures de guerre. Et le duc de Cambridge enfin, terne et célibataire. Quant aux filles, elles vivent, selon les ordres du roi, sévèrement cloîtrées. Trois d'entre elles ont quand même réussi à se marier mais leurs enfants n'ont pas survécu. Sophie a eu, en 1800, un fils avec un vieil écuyer de son père mais personne ne voit jamais ce bâtard qui a mis un comble à l'exaspération de George III.

Charlotte, la fille du régent, est l'idole de la nation. Enjeu de conflits permanents entre ses parents, elle a grandi élevée comme un garçon, sans beaucoup de principes. À dix-sept ans, elle est capricieuse, séduisante et bonne à marier. En 1813, le régent a décidé de lui donner pour époux le prince héritier d'Orange afin de renforcer les liens entre l'Angleterre et la Hollande, de s'allier Anvers, tête de pont du commerce britannique sur le continent. La blonde princesse a une première réaction d'horreur devant le fiancé qu'on lui destine : « Je le trouve si laid que parfois je ne peux m'empêcher dans mon trouble de détourner la tête quand il me parle. Je me marierais sans perdre un instant pour vivre libre, mais pas avec le prince d'Orange... »

L'autorité absolue du régent l'emporte et elle se résigne à revoir cet homme instable et égoïste qui ne vit que pour le jeu et les femmes. L'ambassadeur de Hollande demande officiellement sa main en mars. Mais en juin, tout est rompu : Charlotte refuse d'aller passer la moitié de l'année à l'étranger.

Elle s'intéresse alors au neveu du roi de Prusse. Son père la boucle. Un nouveau prétendant apparaît : Léopold de Saxe-Cobourg. Prince allemand engagé dans les armées russes, il est arrivé avec le tsar après Waterloo. Il prend l'habitude de monter à cheval dans le parc pour la saluer à distance. La princesse est séduite mais le régent, furieux de voir ce cadet de la petite principauté de Cobourg lever les yeux sur sa fille, ne décolère pas. Le jeune arriviste ne se décourage pas. Il repart assister au congrès de Vienne et correspond avec Charlotte par l'intermédiaire d'Édouard de Kent qui n'aime rien tant que contrecarrer son frère. L'écuyer du duc sert de courrier entre les deux amoureux.

Devant l'obstination de sa fille, le régent cède et invite Léopold en février 1816 au Pavillon rouge de Brighton. Le prince est bien élevé et la cour l'a déjà adopté. Le peuple aussi. Trois mois plus tard, le jeune couple se marie à Carlton House dans la liesse générale.

Léopold a réussi à assurer son avenir, la turbulente princesse à gagner sa liberté. Ils s'installent à Marlborough House. Mais c'est dans leur campagne de Claremont, à une vingtaine de kilomètres de Londres, qu'ils sont le plus heureux. Le charmant château palladien à colonnes et le parc de quatre-vingts hectares ont été achetés par le Parlement et sont un cadeau de la nation. Quand la plantureuse Charlotte rit à gorge déployée ou cravache ses bottes, le sérieux Leopold lui souffle à voix basse « doucement » et elle le surnomme « Monsieur doucement ». Mais ils s'aiment et chantent en duo devant leurs amis notamment le duc et la duchesse d'Orléans qui résident non loin, à Twickenham. « Mon maître est le meilleur époux que l'on puisse trouver sur les cinq continents. Quant à son épouse, elle éprouve pour lui un amour dont la hauteur n'est comparable qu'à la dette de l'État britannique », s'exclame, attendri, Stockmar, leur médecin, venu de Cobourg avec le prince Léopold.

Un héritier ! Comme eux, l'Angleterre en rêve ! Après deux fausses couches, Charlotte est à nouveau enceinte. Cette fois, la naissance est prévue pour octobre. Mais les jours passent et l'enfant ne vient toujours pas. La jeune femme est régulièrement soumise à la saignée et aux lavements. On l'incite à ne pas trop manger, ce qui n'arrange guère son état de santé. Elle tombe en dépression, regrette l'absence de sa mère qui vit en Italie au milieu d'une petite cour bohème. Elle lui écrit une lettre pathétique qui reste sans réponse.

Quand les douleurs la prennent, il y a déjà une quinzaine de jours que le bébé aurait dû naître. Contrairement aux usages de l'époque, Léopold ne la quitte pas. Après vingt-sept heures de travail, les contractions, au lieu de se rapprocher, ont tendance à s'espacer. Le docteur Croft, paniqué à l'idée de provoquer un accident chez sa royale patiente, persiste à ne pas utiliser les forceps et à laisser faire la nature. À neuf heures du soir, Charlotte accouche enfin d'un garçon mort-né. La mort toute récente indique clairement une faute du médecin.

Navrée pour son mari, la pauvre princesse a la force de murmurer : « J'espère que nous aurons plus de chance une autre fois. » Elle n'a que vingt ans. Mais vers minuit, elle est prise de frissons. Son médecin lui fait boire du porto dans l'espoir de la réchauffer. Malgré ses réticences devant le traitement infligé à la princesse, Stockmar assiste à cette suite d'erreurs sans jamais oser contredire ses confrères anglais. Charlotte, qui l'aperçoit, soupire entre deux hoquets : « Stocky ! Ils m'ont soûlée ! » Ce sont ses derniers mots. Cinq heures après l'accouchement, elle meurt à son tour d'une rupture de l'utérus.

Le médecin allemand court réveiller le prince qui s'agenouille au pied du lit et couvre de larmes les mains glacées de sa femme. Levant les yeux sur Stockmar aussi bouleversé que lui, il s'écrie : « Promettez-moi de ne jamais me quitter ! » Le régent se retire plusieurs mois dans son pavillon de Brighton. Plus que d'avoir perdu sa fille, il souffre d'être désormais sans descendant. Il n'assiste pas à l'enterrement de la princesse, célébré en grande pompe, de nuit, comme toujours pour la famille royale, ce qui rend les funérailles encore plus tragiques. Dans sa voiture drapée de noir, Léopold suit dignement la dépouille jusqu'à la chapelle St. George de Windsor où déjà les ducs se querellent pour des questions de préséance.

Le peuple, lui, est inconsolable. « Cette charmante princesse Charlotte, si pleine de bonheur, de beauté, de magnifiques espérances, enlevée à l'amour de toute une nation, écrit à son père la princesse Lieven, épouse de l'ambassadeur de Russie. Il est impossible de retrouver dans l'histoire des peuples ou des familles un événement qui ait causé des pleurs et un désespoir semblables à celui-ci. On voyait dans la rue des gens du peuple pleurer, les églises constamment remplies. Et les boutiques fermées pendant quinze jours, ce qui est plus éloquent encore pour une population marchande comme celle-ci. Enfin tous, du premier jusqu'au dernier, dans une consternation qu'il est impossible de décrire. »

Léopold profite de ce deuil national : le Parlement lui laisse la jouissance de Claremont et sa royale dotation annuelle de cinquante mille livres par an jusqu'à sa mort. Mais le pays ne sait plus vers qui se tourner. Les Anglais n'ont plus personne à aimer, comme l'écrit Shelley dans un sonnet célèbre :

Un roi vieux, fou, aveugle, méprisé et mourant,
Des princes, lie de leur triste race qui se répandent
Sous le mépris public, boue d'un printemps fangeux

Souverains qui ne voient, ne sentent, ne savent
Que s'accrocher comme sangsues à leur pays qui défaille.

Le Parlement qui a voté aux princes des rentes et a épongé leurs dettes, l'Angleterre qui les a entretenus pendant des années réclament un héritier. Assaillis par leurs créanciers, les ducs répondent que le pays devra y mettre le prix. « Si le gouvernement tient à mon mariage, écrit le duc de Clarence à sa mère, il faudra qu'ils me disent ce qu'ils peuvent et entendent me proposer pour mon établissement. Car si je ne connais pas d'avance leurs intentions en matière d'argent, je ne puis faire et ne ferai aucune proposition à la moindre princesse. J'ai dix enfants, entièrement, absolument dépendants de moi. Ma dette consolidée s'élève à quarante mille livres sur lesquelles je verse évidemment des intérêts, sans parler d'une dette flottante de seize mille livres. »

Même son de cloche de la part du duc de Kent. À la mort de Charlotte, il se trouve à Bruxelles sans le sou. « Pour mon établissement, comme je me marierai (si je me marie) pour assurer la succession, je considère que le mariage du duc d'York doit servir de précédent. Il s'agissait d'un mariage pour la succession et l'on s'était arrêté à vingt-cinq mille livres de revenus en considération de ce fait, en sus de tous ses autres revenus. Je me contenterai de cet arrangement, sans tenir compte de l'évolution monétaire depuis 1792. Quant au remboursement de mes dettes, je considère que c'est peu de chose. C'est la nation, au contraire, qui est de beaucoup ma débitirice. »

Ces marchandages de maquignons irritent un Parlement peu enclin aux libéralités. L'opposition surtout. À l'issue d'un débat si houleux qu'il se déroule à huis clos, les ducs doivent se contenter de six mille livres annuelles. Et encore, cet argent sera prélevé sur le train de vie de leur père, le roi fou George III. Le duc de Wellington, héros national, n'est pas mécontent : « Les ducs ont insulté personnellement les deux tiers des gentlemen d'Angleterre. Comment s'étonner que la Chambre des communes se venge d'eux ? Une occasion s'est présentée à elle et je pense, nom de Dieu, qu'elle a eu bien raison de la saisir. » Le duc de Clarence se met aussitôt en chasse mais une demi-douzaine de prétendantes refusent de se marier avec un homme déjà père de dix enfants : « S'il désire être roi, se marier et avoir des enfants ! le pauvre, que Dieu l'aide ! » déclare perfidement son frère de Kent. Édouard, lui, a définitivement arrêté son choix sur la sœur de Léopold, Victoire de Leiningen, une veuve de trente-deux ans, volubile et ambitieuse, qui est déjà mère de deux enfants : Charles et Feodora. Il compte ainsi bénéficier de la popularité dont jouit auprès du peuple anglais l'époux de la défunte princesse Charlotte.

Léopold n'est pas hostile à cette union. Le duc de Kent est son oncle préféré. Le seul qui se soit proposé de l'aider lorsque le régent s'opposait à son mariage. Déjà, du vivant de Charlotte, le jeune couple n'avait qu'une idée en tête : unir leur oncle Édouard à leur tante de Leiningen.

Victoire, régente de la petite principauté d'Amorbach, n'est pas pressée de se remarier. À dix-sept ans, elle a épousé le prince de Leiningen, âgé mais fastueux, qui onze ans après ce mariage est mort complètement ruiné par ses extravagances et les guerres napoléoniennes. La jeune veuve ambitieuse a remis de l'ordre dans la gabegie. Parfaitement au courant de la situation financière du duc, elle sait que son mariage lui enlèverait les cinq mille livres de rente annuelles d'Amorbach. « Élevée chichement au milieu de la médiocrité protocolaire d'une toute petite cour allemande », elle craint aussi la vie à la cour d'Angleterre, les caricatures de la presse dont Léopold ne cesse de se plaindre dans ses lettres à sa famille : « Sur le continent, vous n'avez aucune idée de ce qu'est la vie anglaise où la publicité se mêle à tout, où tout est dominé par l'esprit de parti. Aucun aristocrate ou membre de la bonne société ne peut bouger le petit doigt sans que cela soit immédiatement connu et critiqué dans les journaux. »

Après la mort de Charlotte, le duc de Kent revient à la charge. Son frère, le duc de Clarence, a finalement trouvé la jeune Adélaïde de Saxe-Meiningen qui accepte d'assumer ses dix enfants. Mais le régent et son frère sont en mauvaise santé et Léopold presse sa sœur d'accepter les propositions d'Édouard, doté d'une si solide constitution physique qu'il peut très bien devenir un jour roi d'Angleterre. Victoire se laisse convaincre, répond enfin à son futur mari : « Je quitte une situation indépendante et agréable dans l'espoir que votre amitié m'en dédommagera. » Le 29 mai 1818, elle épouse au château de Cobourg le duc de Kent, âgé de cinquante et un ans et qu'elle n'a vu qu'une fois.

Le 22 juin 1818, Kent écrit à un ami genevois, le baron de Vasserot : « Je ne vous cacherai pas que pour remplir ce devoir envers ma patrie et ma famille, ma séparation d'avec mon excellente compagne de près de vingt-huit ans m'a coûté le plus grand sacrifice que jamais il ne me sera possible de vous exprimer. Mais j'espère que rien ne pourra altérer ces sentiments que nous nous portons mutuellement... Dans la duchesse, j'espère trouver toutes les qualités qui me promettent un heureux avenir pour la vie domestique... »

Pour éviter toute contestation successorale, un second mariage, anglican, se déroule en Angleterre, le 13 juillet 1818. Double mariage, puisque le duc de Clarence se marie le même jour au château de Kew. Le roi fou n'y assiste pas. Les deux épouses sont conduites à l'autel par le prince régent. Le prénom de Victoire est changé en Victoria et les prières traduites en allemand. L'office, présidé par l'archevêque de Cantorbery et l'évêque de Londres, dure trois quarts d'heure et se termine par un somptueux banquet.

« On ne peut souhaiter au duc, écrit le *Times*, plus grand bonheur que d'avoir une femme qui puisse égaler par la vertu et la naissance son excellent et illustre frère. » Le mariage, hélas, n'a pas réglé les problèmes financiers. Un nouvel équipage, les domestiques, les cadeaux, le goût de la duchesse pour les chapeaux extravagants à plumes d'autruche, la rente versée à l'ancienne maîtresse ont vite épuisé les trois mille livres avancées par le banquier Coutts. Après une lune de miel et quelques semaines passées à Claremont chez Léopold, le duc et sa nouvelle épouse repartent pour Amorbach où, au moins, ils n'ont pas de loyer à payer.

Vers le milieu de 1818, tous les frères du régent à l'exception du seul Sussex ont désormais une épouse légitime, officielle et allemande. En novembre, les duchesses de Clarence, de Kent, de Cumberland et de Cambridge sont enceintes.

Au comble de l'excitation, le duc de Kent insiste pour que son enfant naisse « sur le sol anglais ». Lorsqu'il était en garnison à Gibraltar, une gitane ne lui a-t-elle pas prédit qu'il serait le père d'une grande reine ? Mais comment, sans un sou, parcourir les six cents kilomètres qui le séparent de Londres ? Exaspéré par les incessantes demandes d'argent d'Édouard, le régent répond qu'il ne voit pas la nécessité d'un retour. Les duchesses de Clarence et de Cambridge attendent tranquillement la naissance de leur bébé au Hanovre ! Pourquoi la duchesse de Kent ne les imite-t-elle pas ? Mais à Londres, un petit comité d'amis whigs autour d'Owen et du duc de Devonshire réunit la somme.

Le 28 mars 1819, la duchesse douairière de Cobourg ne voit pas sans inquiétude s'éloigner sa fille chérie enceinte de sept mois. Heureusement, Victoire emmène avec elle la célèbre fräulein Charlotte Heindereich, la première Allemande à avoir obtenu le titre de médecin après avoir passé sa thèse en obstétrique. Venue à Cobourg accoucher la duchesse Louise, elle a assisté au mariage de Victoire et d'Édouard l'année précédente. Le duc l'a convaincue de les accompagner en Angleterre afin que ne se répète pas le drame affreux de Charlotte.

John Conroy, l'écuyer irlandais du duc qui a soigneusement planifié le voyage, est parti en éclaireur afin de retenir les hôtels. Le duc redoute par-dessus tout que l'enfant ne naisse avant terme. Pour la route, son choix s'est porté sur un phaéton, léger et bien suspendu, qu'il décide de conduire lui-même pour faire l'économie d'un cocher. Son épouse est assise à côté de lui. Derrière eux s'ébranle une « étrange caravane » composée du landau de la duchesse, du barouche du duc, d'une grande chaise de poste où la duchesse pourra s'allonger en cas de pluie. Suivent trois cabriolets, un chariot pour l'argenterie, un phaéton bas et une dernière voiture avec le médecin personnel du duc chargé de surveiller la grossesse. La dame d'honneur de la duchesse, la vieille baronne Späth, la petite Feodora et sa gouvernante, fräulein Lehzen, sont aussi du voyage. La duchesse abandonne à Amorbach son fils, Charles de Leiningen, âgé de quinze ans.

On parcourt une moyenne de vingt-cinq miles par jour. La chance est de la partie, le printemps est précoce et le voyage se déroule à merveille. Conroy a prévu certains jours de repos pour la duchesse. Le 5 avril, la caravane dort à Cologne. Treize jours plus tard, comme prévu, elle arrive à Calais. Dans le port se balance le *Royal Sovereign* envoyé à contrecœur par le régent. Le duc exulte. La duchesse est en pleine forme et Conroy félicité pour ses talents de major d'intendance. Les nouvelles se succèdent. Elles sont bonnes. La duchesse de Cambridge a donné le jour à un fils, George. Mais Cambridge vient après le duc de Kent dans l'ordre de succession. La duchesse de Clarence a accouché d'une fille : elle n'a vécu que sept heures.

Mais la tempête souffle. Il faut attendre dans la nervosité jusqu'au 24 avril que la mer se calme. Le duc, craignant que, par une ironie du sort, le bébé ne naisse à trente kilomètres de l'Angleterre, s'impatiente. La traversée dure trois heures. La duchesse est malade tout le temps.

Peu importe. À nouveau, menés par le duc, les chevaux du phaéton filent vers le palais de Kensington dont Édouard a arraché quelques chambres à son frère. L'installation se fait dans la précipitation. Conroy se démène jour et nuit pour louer meubles et tapis. Enfin, la nursery est prête. Et, le 22 mai, la chambre de l'infatigable duchesse.

Deux jours plus tard, après six heures et demie de travail, elle met au monde une jolie petite fille blonde et rose, « dodue comme une perdrix ». Il est quatre heures du matin. Édouard, qui ne laisse rien au hasard, a convoqué le duc de Wellington, l'archevêque de Cantorbéry, l'évêque de Londres, le duc de Sussex, le chancelier de l'Échiquier à qui l'on présente le royal bébé : « Quant à penser qu'il eût mieux valu que ce fût un garçon, écrit le duc, je me rends cette justice que de tels sentiments ne sont pas les miens car j'ai toujours considéré que les décrets de la Providence sont les plus sages et les meilleurs. » La grand-mère de Cobourg, soulagée d'apprendre la bonne nouvelle, s'exclame tout attendrie : « L'Angleterre aime les reines et la nièce de la regrettée Charlotte lui sera chère. »

Reine, Victoria ne l'est pas encore. Les difficultés ne font même que commencer. Les prénoms ont été choisis avec soin par ses parents : « Victoria, Georgiana, Alexandrina, Charlotte, Augusta ». Georgiana et Alexandrina par respect pour le régent et le tsar qui tous deux ont accepté d'être parrains. Charlotte est le prénom de sa grand-mère, la reine d'Angleterre qui vient de mourir. Augusta celui de grossmutter Saxe-Cobourg, marraine du bébé. Les journaux en donnent la liste. La sentimentale Angleterre ne parle que du bonheur de cette naissance tant espérée !

Le régent voit d'un mauvais œil son frère jouer les héritiers de la couronne. La veille du baptême il interdit par écrit que son prénom suive ou précède celui du tsar. Il ne veut pas non plus de Charlotte qui lui rappelle trop sa fille défunte. Selon ses ordres, le baptême doit d'ailleurs se dérouler dans la plus stricte intimité. Les ambassadeurs n'ont pas été prévenus. Seuls sont invités quelques membres de la famille qui se retrouvent le lendemain à trois heures de l'après-midi au palais de Kensington où le morose Léopold a beaucoup de mal à partager la joie de sa sœur Victoire.

Le duc, lui, continue de veiller à tous les détails. Drapée de velours cramoisi, la fontaine en or des fonts baptismaux royaux a été retirée de la Tour de Londres et installée dans la *Cupola room*. L'office est présidé par l'archevêque de Cantorbery et l'évêque de Londres. Il débute à trois heures de l'après-midi sans que l'on ait reparlé des prénoms. Le bébé dans les bras, l'archevêque attend le verdict du régent. Machiavélique, le prince de Galles reste silencieux puis finit par lâcher : « Alexandrina. » L'archevêque regarde le père. « Elizabeth », hasarde le duc de Kent. Mais le régent secoue la tête, lance un regard glacial sur sa belle-sœur décontenancée et humiliée qui éclate en sanglots, faisant tanguer l'énorme chapeau à plumes posé sur ses boucles brunes : « Qu'on l'appelle comme sa mère ! grogne-t-il, mais le prénom de l'empereur de Russie devra toujours venir en premier. » Jusqu'à l'âge de neuf ans, la petite Victoria s'appellera donc Alexandrina, un prénom russe vite transformé en « Drina ».

Son père en est fou. Il veut la faire admirer à l'Angleterre entière et l'emmène partout. « Regardez-la bien dit-il, un jour elle sera reine d'Angleterre. » À deux mois, le bébé assiste à une revue militaire. À la fureur du régent qui hurle, exaspéré de voir les yeux du royaume se tourner vers la petite princesse : « Que fait ici ce nouveau-né ? »

La duchesse, elle, a décidé de nourrir sa fille ce qui, pour l'époque, est très inhabituel mais permet l'économie d'une nourrice. La petite Drina est aussi la première de sa génération à se faire vacciner. Quant à fräulein Heindereich, elle est déjà repartie pour Cobourg afin d'accoucher la ravissante duchesse Louise qui, au mois d'août, mettra au monde son second fils : Albert, le futur prince consort.

Après l'été passé à Claremont chez l'oncle Léopold, le duc de Kent, toujours accompagné du fidèle Conroy, part à la recherche d'une résidence dans le Devon. Une maison près de la mer permettra au bébé de grandir au bon air et surtout aux parents de vivre loin des fastes de Londres et des créanciers qui les harcèlent. Son ancien tuteur, le révérend Fisher, devenu évêque de Salisbury, lui recommande la station balnéaire de Sidmouth. Ils choisisent un pavillon romantique baptisé Woolbrook Cottage située à une centaine de mètres de la mer, où la famille s'installe en décembre1819.

Cette fois, la chance n'est pas au rendez-vous. L'hiver est canadien et le cottage mal chauffé. Il y fait glacial. Drina tousse et son père a attrapé un rhume en visitant la cathédrale de Salisbury. Le duc n'a jamais été malade et refuse de se coucher. Il préfère l'air vif et s'oblige à de longues promenades d'où il rentre trempé et glacé. Le rhume se transforme vite en pneumonie. Le 10 janvier, il consent enfin à s'aliter.

Sangsues, saignées et ventouses sont prescrites par leur voisin, le docteur Wilson. Un traitement qui a tué la princesse Charlotte et épuise vite la magnifique constitution du duc. La pneumonie s'aggrave. Lui qui disait en parlant de ses frères : « Je leur survivrai tous. C'est à moi et à mes enfants que reviendra la couronne » arrive à peine à avaler une tasse de bouillon. Inquiète de le voir si faible et amaigri, la duchesse fait appeler le docteur Dundas, le meilleur médecin de la famille royale, mais celui-ci est retenu près du vieux roi George III qui agonise. On lui envoie le docteur Maton, adepte lui aussi de la saignée. « Je ne puis pas croire, écrit la duchesse à un vieil ami, que tout ce sang perdu fasse du bien au malade. » Lorsqu'on lui annonce que le médecin a prescrit une nouvelle saignée, le duc lui-même se met à pleurer. D'épuisement sans doute, mais encore assez conscient pour comprendre qu'il ne survivra pas à un tel traitement. « Les médecins anglais vous tuent, dira plus tard à Victoria le cynique lord Melbourne, les français vous laissent mourir. »

Le jeudi 20, le duc commence à délirer. La duchesse affolée fait porter un message à son frère. Léopold est parti à la chasse chez le duc de Craven, mais le 22, il accourt à Sidmouth avec Stockmar. Le médecin allemand prend le pouls et s'affole : le malade ne passera pas la nuit. Il faut lui faire signer un testament. Par miracle, il est lucide. Stockmar remonte les oreillers du baldaquin et Léopold tend le papier que les deux Allemands viennent de rédiger et qui confie à la duchesse la garde exclusive de la princesse. Le lendemain matin, Édouard expire. Huit jours jours plus tard, George III meurt à son tour. La petite Drina vient de fêter ses huit mois et ses deux premières dents. Elle n'est plus que troisième dans l'ordre de succession au trône. Mais son père ne lui laisse que des dettes et sa mère n'a pas de quoi payer leur retour à Londres.

3.

Léopold et Stockmar dissuadent la duchesse de retourner à Amorbach. Elle doit vivre en Angleterre pour sa fille qui, un jour peut-être, sera reine. Le prince prend en charge les frais du voyage à Londres et alloue à sa sœur un minimum vital de trois mille livres sur les cinquante mille qu'il reçoit chaque année. Par ce geste de générosité bien tempérée, Léopold tire une traite sur l'avenir. Charlotte avait promis de le faire roi. La mort de la princesse a ruiné son ambition de gouverner l'Angleterre. Mais il lui reste l'espérance de le faire un jour par l'intermédiaire de ce bébé-princesse dont il se pose en tuteur en attendant d'en être le maître à penser.

Il obtient aussi de son beau-père la permission, pour la duchesse, de se réinstaller à Kensington. Le régent, devenu le roi George IV, déteste cordialement son gendre. Il apprécie encore moins la duchesse qu'il juge agitée, bornée, arriviste comme tous les Cobourg et surtout manquant du tact dont se flatte l'aristocratie britannique. Pour tout dire, à l'image de Léopold, terriblement, incorrigiblement allemande.

Mais le peuple ne comprendrait pas qu'il lui refuse le droit de résider à Kensington. Ce palais bucolique, situé en lisière de Hyde Park et de sa belle pièce d'eau, abrite déjà deux autres enfants de George III, la princesse Sophie et l'excentrique duc de Sussex qui y vit, avec un page noir en livrée rouge et or, au milieu des manuscrits grecs, latins et hébreux de sa grande bibliothèque. Drapée de ses lourds voiles de deuil, la duchesse s'installe dans un appartement sombre du rez-de chaussée avec ses deux filles qui garderont le souvenir des chasses aux cafards et parfois même aux rats auxquelles il fallait se livrer le soir.

La duchesse adore sa *Wilkenchen* : « Loué soit le Seigneur de m'avoir donné un tel trésor ! » Et trésor, la petite Drina l'est effectivement pour sa mère qui met en elle toutes ses espérances. Décidée à la dresser dès le berceau en héritière du trône, elle a pris une nurse britannique, Mrs. Brock, et exige qu'on ne lui parle qu'anglais.

Mais la duchesse conserve un fort accent allemand qu'un pasteur, le révérend Davys, s'efforce de corriger. À part tante Sophie, seules des voix d'outre-Rhin se font entendre autour du berceau : Feodora, la baronne Späth, fräulein Lehzen et bientôt tante Adélaïde revenue du Hanovre. La pieuse et douce épouse du duc de Clarence vient chaque jour rendre visite à sa belle-sœur en deuil.

Au milieu de toutes ces femmes étrangères, Conroy, l'écuyer du défunt duc de Kent, se rend indispensable : « Cher et dévoué ami de mon Édouard ! Il n'abandonne pas sa veuve et fait tout son possible en s'occupant de mes affaires... Son énergie et ses capacités sont étonnantes... Je ne sais ce que je ferais sans lui », écrit la duchesse à son amie allemande Mme von Tubeuf. L'ambitieux Irlandais a du charme. Victoire de Kent n'y est pas insensible. Lui aussi mise sur le futur. Il s'est arrogé le titre incongru de « contrôleur » et compte sur l'attachement qu'il inspire à la mère pour devenir « secrétaire particulier » de la couronne en cas de régence.

La duchesse, son frère Léopold et son contrôleur se réveillent parfois en proie au plus terrible des cauchemars : qu'un héritier vienne ruiner leurs espérances en enlevant à Drina la chance d'être reine. Un an auparavant, tante Adélaïde a accouché d'une fille qui, ouf ! est morte à sept jours. Mais elle est à nouveau enceinte. Le 10 décembre 1820, elle met au monde une seconde fille. Consternation à Kensington : « Cette petite demoiselle nous a joué un mauvais tour », se lamente Conroy.

De son côté, George IV, pourtant presque sexagénaire, n'a pas perdu toute chance de donner un héritier au royaume. Mais pour se remarier, il doit d'abord divorcer de sa première femme, Caroline, qui s'affiche en Italie au bras d'un aventurier nommé Bergami.

Dès 1806, une lettre de l'empereur d'Autriche et une première enquête lui ont révélé la conduite scandaleuse de son épouse qu'on aurait vue à moitié nue, déguisée en Vénus, lors de bals costumés, sur la côte adriatique. Devenu roi, il lui propose de renoncer à son titre de reine contre une rente de cinquante mille livres et la promesse de rester à l'étranger. Mais, revenue en Angleterre en juin 1820, Caroline revendique hautement ses droits. Le roi s'oppose à la citation du nom de son épouse dans les prières anglicanes. Les pasteurs anglais estiment que le débauché George IV est mal placé pour s'ériger en censeur vertueux. Le peuple prend le parti de la mère de la regrettée princesse Charlotte, toutes deux whigs et libérales. Des portraits de Caroline apparaissent dans les boutiques. Son carrosse est acclamé chaque fois qu'on l'aperçoit dans les rues de Londres, façon de conspuer le souverain tory libertin.

Le roi force le gouvernement à soumettre à la Chambre des lords une « loi » décrétant le divorce. Mais les débats tournent au lavage de linge sale le plus sordide. Toute cette boue remuée écœure les lords et particulièrement les évêques. L'opposition évoque les turpitudes de Néron et de son épouse Octavie. Le divorce est adopté à une si faible majorité que le gouvernement renonce à transmettre le texte à la Chambre des communes où il n'aurait sûrement pas été voté. La presse, les pasteurs, le peuple célèbrent cette victoire de la vertu sur les vices de la monarchie. Les cloches sonnent dans tout le royaume.

La Providence pourtant intervient en faveur du roi. Le 19 juillet 1821, il décide de se faire couronner seul. Furieuse, Caroline se présente à Westminster pour assister à la cérémonie. Les lourdes portes de l'abbaye lui sont claquées au nez. Il ne lui reste qu'à remonter en larmes dans son carrosse au milieu d'une foule indifférente dont l'humeur a brusquement changé. Dix jours plus tard, elle succombe à une occlusion intestinale. Ou plutôt morte empoisonnée, affirment les mauvaises langues.

Enfin libre, George IV peut se remarier. À l'automne, il se rend dans son royaume de Hanovre, et les jeunes princesses ne manquent pas dans cette Allemagne composée d'une quarantaine de royaumes et principautés. Mais sa maîtresse, l'impérieuse marquise Conyngham dont il est tombé éperdument amoureux en 1820, est prête à livrer toutes les batailles pour le garder.

Entre-temps, ouf à nouveau ! la petite fille des Clarence est morte. Drina a retrouvé son rang dans l'ordre de succession. Mais tante Adélaïde n'a pas trente ans et tout danger de la voir enceinte n'est pas écarté.

On a aussi peur d'un accident voire d'un rapt, d'un empoisonnement ou d'un assassinat. La disparition de l'héritière du trône arrangerait bien les affaires de l'horrible et réactionnaire duc de Cumberland qui vient juste après Drina dans l'ordre de la succession. On murmure qu'il a tué un de ses valets !

Les ordres de la duchesse sont formels. Drina ne doit jamais être seule. Il ne faut pas même faire confiance aux domestiques. Pour surveiller le bébé ne sont agréés que le cercle allemand restreint, Mrs. Brock, et naturellement Conroy.

Une fois passé l'âge de dormir dans la chambre de sa nurse, on installe pour Drina un petit lit blanc dans celle de sa mère. Le soir, fräulein Lehzen lui lit des histoires jusqu'à ce qu'elle s'endorme. Et elle ne la quitte que lorsque la duchesse monte se coucher. Le matin, Drina boit son lait sur une petite table entre les deux lits.

Feodora dort de l'autre côté du lit maternel. Les deux filles s'adorent. Drina est si mignonne avec ses boucles blondes et surtout son teint frais. Sauf quand elle pique des colères effroyables. Elle tape du pied, se roule par terre et tout le palais est épouvanté par sa violence. De sa vie, fräulein Lehzen n'a vu une enfant aussi passionnée et aussi indocile. Avec ses yeux bleus proéminents, ses joues rouges, elle ressemble alors à son grand-père, le défunt monarque fou : « C'est le roi George en jupons », s'écrient ceux qui redoutent qu'elle ne soit atteinte de la même maladie.

Pour la faire taire, sa mère se fâche et la menace : leur voisin, le duc de Sussex, va être furieux ! Et Drina craint cet oncle passionné de bibles et d'horloges, qui rôde dans les couloirs de Kensington, coiffé d'une toque de velours noir, chaussé de pantoufles extravagantes et vêtu d'une robe de chambre brodée en satin mauve. Elle n'aime pas non plus les évêques effrayants avec leurs perruques et leurs robes noires. Seul l'ami de son père, l'évêque Fisher de Salisbury, a trouvé grâce à ses yeux. Lors de ses visites à la duchesse, il s'agenouille sur le tapis jaune où joue la petite Drina et lui permet de toucher sa plaque de l'ordre de la Jarretière.

Même le duc d'York lui fait peur avec sa grosse tête chauve et cette façon de se tenir en arrière comme s'il allait tomber à la renverse. Pourtant, il a organisé pour elle un spectacle de marionnettes et lui a offert un âne. Lorsqu'on la hisse dessus, Feodora et Mrs. Brock, sa chère Boppy, marchent dans Hyde Park à côté d'elle et, chaque fois que des messieurs la saluent d'un coup de chapeau, Boppy lui lance : « Inclinez la tête, princesse. »

Dans les allées du parc, Drina se promène aussi dans une voiture tirée par deux poneys à longues queues. Elle aime sourire, crier « bonjour » aux autres enfants, aux cavaliers. Avec sa tête d'angelot, elle est idolâtrée par son entourage et couverte de jouets. Dès que le temps le permet, elle prend son breakfast avec sa mère et Feodora sur les pelouses du jardin à l'ombre des aubépines et elle arrose les massifs. Lord Albermarle s'attendrit en apercevant cette jolie petite princesse en chapeau de paille et robe de coton blanc : « Il était amusant de voir avec quelle impartialité elle répartissait le contenu de son arrosoir entre les fleurs et ses petits pieds. » De cette éducation allemande presque rustique, la future reine d'Angleterre conservera toute sa vie le goût des plaisirs simples.

Plus encore que le souci d'économie, la duchesse a une obsession : préserver sa fille de tout contact avec cet enfer de perdition et de débauche qu'est la cour de George IV. À Royal Lodge, son pavillon de Windsor, le roi vit entre ses deux maîtresses, l'ancienne, lady Hertford, et la nouvelle, lady Conyngham, le mari de celle-ci, qui est grand chambellan, et leurs enfants. Pour donner le change, le souverain invite beaucoup de femmes, organise des feux d'artifice, des batailles navales, des concerts sous les lampions chinois. À Windsor comme au pavillon de Brighton, on soupe et on danse jusqu'au petit jour.

Drina a quatre ans lorsque la duchesse l'emmène à Carlton House. Sous les plafonds bleu ciel à nuages, la petite princesse attendrit George IV en l'appelant « Oncle-Roi » comme sa mère le lui a appris. Le gros Prinny est devenu obèse mais il adore les enfants et conserve son esprit frivole : « Il ne fallait cependant se jouer avec lui qu'avec mesure, écrit Chateaubriand, alors ambassadeur à Londres. Un de ses compagnons de table avait parié qu'il prierait George IV de tirer le cordon de sonnette et que George IV obéirait. En effet George IV tira le cordon et dit au gentleman de service : mettez monsieur à la porte. »

Elle a sept ans, lorsqu'elle se rend pour la première fois à Windsor à l'occasion de l'anniversaire du roi. La princesse lui tend un bouquet, George IV est à nouveau séduit par la fraîcheur de cette nièce qu'il ne voit jamais : « Donnez-moi votre petite patte », bougonne-t-il. La minuscule héritière du trône escalade les genoux, le ventre énorme, pour embrasser la vieille joue fardée de rouge sous la perruque. George IV la remercie en lui offrant son portrait, un médaillon encadré de diamants, que lady Conyngham, étincelante de bijoux, épingle avec un ruban sur la robe de Drina, toute fière de sa première décoration.

Malgré les préventions de sa mère, la petite princesse est subjuguée par les fastes de la cour et les belles manières de son oncle-roi, son sens de la mise en scène et les fêtes raffinées auxquelles elle assiste. La fille de lady Conyngham l'emmène visiter le parc dans une voiture tirée par quatre poneys gris et, dans la ménagerie, Drina observe avec ravissement des gazelles, des wapitis et des chamois.

Le lendemain, alors qu'elle se promène avec sa mère et Feodora, le grand phaéton royal stoppe devant elle. George IV qui le conduit lui-même s'écrie : « Qu'on la colle ici ! » Les grands laquais en livrée rouge et bleu attrapent la fillette et la placent entre le roi et sa sœur, la duchesse de Gloucester. La voiture repart à toute allure à la joie de Drina mais à la grande frayeur de la duchesse de Kent qui, une fois de plus, craint un enlèvement.

Le phaéton s'arrête à Virginia Water où la petite fille découvre émerveillée un temple dédié à la pêche et deux grandes barques, l'une dans laquelle les invités du roi peuvent pêcher, l'autre avec un orchestre et au loin la foule qui contemple les plaisirs royaux. Un soir, George IV lui prend la main pour entrer dans le salon de Royal Lodge : « L'orchestre est à côté, que veux-tu qu'il joue pour toi ? » Extasiée, Drina répond sans hésiter : « Oh ! Oncle-Roi, j'aimerais qu'il joue *God save the King.* »

Après ces quelques jours de fastes royaux, le sombre rez-de chaussée de Kensington paraît bien triste, silencieux, mortel. Heureusement il y a régulièrement les visites à Claremont. La vieille Louisa Louis, habilleuse allemande de Charlotte, reporte toute son affection sur la petite princesse qu'elle couvre de gâteaux et de caresses. L'oncle Léopold lui parle doucement comme à une grande personne. Il l'emmène se recueillir au mausolée qu'il a fait construire pour son épouse et lui apprend le nom des fleurs sauvages. Richissime, le prince n'en est pas moins avare et gère comme un parvenu son grand et beau domaine. Il lui arrive d'inonder du produit de ses terres les marchés londoniens, ce qui horrifie l'aristocratie anglaise.

Lors du scandale qui a entouré le divorce du roi, Léopold est allé rendre ses respects à la reine et George IV lui tourne le dos quand il paraît à la cour. L'éducation de sa nièce est sa grande préoccupation à la joie de la princesse qui toute son adolescence adorera « entendre parler le cher oncle Léopold de quoi que ce soit comme si on lisait un livre instructif ». L'été, ils louent ensemble une grande villa sur la côte à Ramsgate.

Le plongeon, en 1789, de George III dans les vagues de Weymouth a donné le coup d'envoi de la mode des bains de mer. Avec son « pavillon », George IV a attiré l'aristocratie à Brighton. Ses fêtes étaient somptueuses et le climat des stations balnéaires recommandé par les médecins. À Ramsgate, Léopold, la duchesse et sa fille se promènent au milieu des cabines de bain traînées par les chevaux et regardent les intrépides couverts jusqu'aux chevilles entrer dans la mer.

Quand il est à Londres, l'oncle passe chaque mercredi soir à Kensington. Il se met au piano et chante en duo avec sa sœur ses airs d'opéra préférés : *Otello*, *Il Barbiere*. La duchesse est si bonne musicienne qu'elle compose des valses et des fox-trot pour les anniversaires. Léopold apporte aussi le jouet à la mode, une drôle de machine à fabriquer de l'or : on y introduit des épaulettes ou des glands de rideaux tissés d'or ou d'argent et l'appareil restitue le métal dont on peut faire des bijoux ou une soupière comme celle qu'il offre à sa nièce : « Mon oncle chéri, lui écrit-elle le 25 novembre 1828, je vous souhaite un bon anniversaire ; je pense souvent à vous et j'espère vous revoir bientôt car je vous aime beaucoup. J'utilise tous les jours votre belle soupière. Est-ce qu'il fait très chaud en Italie ? Le temps est si doux ici que je sors tous les jours. Mamma va assez bien. Je vais bien aussi.

« P.S. : je suis très fâchée contre vous mon cher oncle parce que vous ne m'avez pas écrit une seule fois depuis votre départ et cela fait très longtemps. »

Pour se grandir, Léopold porte des semelles de liège de plusieurs centimètres. Avec sa perruque noire mal ajustée, il n'a rien d'un don Juan. Pourtant son teint pâle, son regard sombre et romantique font chavirer bien des cœurs. Au cours d'un séjour en Prusse, il est tombé amoureux d'une actrice rencontrée au théâtre de Potsdam. Caroline Bauer est la cousine de Stockmar devenu baron avec la fonction de conseiller. Le prince a été tellement frappé par sa ressemblance avec « sa pauvre Charlotte » qu'il lui a demandé de le suivre en Angleterre. Caroline Bauer est arrivée avec sa mère. Léopold lui rend visite tous les jours et, après bien des hésitations, il finit par se marier avec elle en juillet 1829. Il installe sa nouvelle épouse à Claremont dans une maison séparée. Le mariage est vite cassé et la comédienne repart faire carrière en Allemagne. Bien entendu, la duchesse n'évoque jamais les frasques de son frère devant sa fille.

L'héritière du trône d'Angleterre doit être élevée dans une moralité irréprochable. Depuis 1825, le Parlement a voté une allocation de six mille livres pour « le soutien et l'éducation de Son Altesse la princesse Alexandrina Victoria de Kent ». Et la duchesse s'est attelée à la tâche. Non sans mal, car la fillette a longtemps refusé en trépignant d'apprendre son alphabet. Pour calmer les « petits ouragans » princiers, le révérend Davys a dû dessiner des mots courts qu'il cachait et que sa royale élève devait chercher pour former les phrases, une méthode dont il se sert dans les écoles des quartiers pauvres. Mais les leçons de lecture et d'écriture provoquent encore des cris que l'on entend hors de la salle d'étude. Grossmutter de Cobourg arrivée en 1825 avec Charles de Leiningen pour un séjour à Claremont en est horrifiée. L'énergique vieille dame réprimande sa petite-fille. Le sévère regard bleu et le discours de morale ont « l'effet le plus salutaire ».

C'est alors que fräulein Lehzen la prend en main. Cette femme intelligente, qui a fait des merveilles avec Feodora, comprend que la fermeté ne viendra pas à bout des colères de l'enfant. Elle essaye la douceur et réussit là où tout le monde a échoué. Oui, elle est emportée mais elle ne ment jamais, ce qui plaît particulièrement à fräulein Lehzen, fille d'un pasteur luthérien.

Chapitrée sur l'étiquette royale par le pointilleux Léopold, la princesse, que l'on appelle de plus en plus Victoria, a un sens très strict de son rang. Un jour, une petite fille de son âge, lady Jane Ellice, vient passer l'après-midi à Kensington. La jeune visiteuse s'avance vers le petit canapé blanc des poupées, pose la main sur une boîte à musique orientale : « Non, s'exclame brusquement la princesse, tu ne dois pas toucher à ces jouets, ils sont à moi. Et puis je peux t'appeler Jane mais tu ne dois pas m'appeler Victoria. » Dans certaines occasions, savamment orchestrées par Conroy, on l'exhibe au dessert devant des invités ravis : « Nous avons dîné chez la duchesse de Kent et nous avons vu la petite princesse qui est la plus charmante enfant que j'aie jamais rencontrée. C'est une belle petite créature, bien faite et élégante, très espiègle et enfantine, qui joue à la poupée avec beaucoup de bonne humeur, mais très polie et bien élevée, princesse jusqu'au bout des ongles », écrit le 6 mai 1828 dans son journal Mrs. Harriet Arbuthnot, grande amie de Wellington.

Chaque année arrive un nouveau professeur. Sa mère assiste aux leçons de M. Grandineau pour le français, Mr. Steward pour l'écriture, Mlle Bourdin pour la danse dans laquelle Victoria excelle comme la musique et le dessin que lui enseigne l'académicien Westall. On lui apprend aussi à marcher, à se tenir convenablement à table, à se servir d'un éventail.

En 1829, la princesse retourne à la cour. Elle n'a que dix ans mais le roi exige sa présence pour le bal qu'il donne en l'honneur de la petite reine Maria du Portugal en exil à Londres. Les deux fillettes dansent un quadrille ensemble. Éblouissante récréation dans la triste vie que la princesse mène désormais à Kensington. Depuis plus de deux ans, Feodora, sa chère « Fidi », a quitté Londres pour l'Allemagne. Le gros George IV trouvait un peu trop à son goût la ravissante jeune fille de seize ans. Aussi la duchesse a décidé, sans plus tarder, de la marier au prince d'Hohenlohe-Langenburg. Après le départ de sa sœur, Victoria a sangloté des journées entières. Des années plus tard, Feodora lui écrira : « Ce n'est rien d'avoir été privée des plaisirs de la jeunesse mais ce fut dur d'être coupée du monde et de n'avoir pas une seule pensée joyeuse dans cette existence lugubre qui était la nôtre. Mes seuls bons moments étaient quand je sortais en voiture ou à pied avec toi et Lehzen. Je pouvais enfin parler et me conduire librement. Après mon mariage, j'ai échappé à quelques années de prison tandis que toi, ma sœur chérie, tu as dû les subir. »

Au printemps 1830, George IV est mourant, et la santé de son frère, le duc de Clarence, âgé de soixante-cinq ans, guère plus brillante. L'intrigant Conroy pousse la duchesse à réclamer le titre de « régente » en cas de vacance du trône. Comment persuader le Parlement ? En faisant reconnaître officiellement la valeur de l'éducation qu'elle a donnée à sa fille.

À sa demande, les évêques de Londres et de Lincoln se rendent à Kensington pour faire passer un examen à l'enfant. Les deux prélats sont tout à fait rassurés : « La princesse a fait preuve de connaissances précises sur les données essentielles de l'Écriture sainte, de l'histoire ainsi que sur les vérités fondamentales et les préceptes de la religion chrétienne tels qu'ils sont transmis par l'Église d'Angleterre. »

L'évêque de Londres estime qu'il est grand temps d'informer l'enfant de sa probable destinée. Lehzen glisse entre les pages de son livre d'histoire un arbre généalogique. La princesse l'examine et constate, stupéfaite, qu'elle est numéro deux dans la succession au trône d'Angleterre. Dans la marge des souvenirs de Lehzen, Victoria devait écrire : « J'ai beaucoup pleuré en apprenant la vérité. »

Quelques semaines plus tard, le 26 juin 1830, George IV est mort. Et, de difficiles, les relations entre Kensington et la cour deviennent exécrables. Aiguillonnée par Conroy, la duchesse mène une guerre de harcèlement contre Guillaume IV.

Le nouveau roi souhaite diriger lui-même la formation de sa nièce comme il le fait pour George de Cambridge arrivé du Hanovre. Sa femme adore George et Victoria. La pieuse Adélaïde n'est pas jalouse de sa belle-sœur et lui a écrit : « Mes deux filles sont mortes mais la vôtre est vivante et je la considère comme la mienne. » Dès son deuxième anniversaire, la petite princesse a reçu de sa tante une lettre charmante : « Mon cher petit cœur, j'espère que tu vas bien et que tu n'oublies pas tante Adélaïde qui t'aime tendrement... Que Dieu te bénisse et te protège, telle est la constante prière de ta tante qui te chérit sincèrement, Adélaïde. »

Mais la duchesse ne l'entend pas ainsi. Victoria est d'abord sa fille avant d'être la nièce du roi. À ses yeux, Guillaume IV, avec ses dix bâtards, n'est pas qualifié pour assurer la conduite morale de Victoria : « Si je ne m'en tenais pas à cette attitude, comment serait-il possible d'enseigner à Victoria la différence entre le vice et la vertu ? »

Le nouvcau roi cst d'ailleurs un drôle de roi. Habitué à une vie simple, il n'en revient pas de se retrouver sur le trône d'Angleterre. « Quelle pauvre tête ! Je crains qu'elle ne lui échappe tant sa joie de régner est grande, écrit la princesse Lieven. Il change tout hors ce qu'il devrait changer ; il renvoie les cuisiniers, les domestiques français ; il n'en veut que d'anglais... Il fait couper toutes les moustaches, il court dans les rues, il bavarde avec les passants ; il s'en va au corps de garde et montre à l'officier ses doigts tout tachés d'encre. Il lui indique le nombre de lettres qu'il a signées, les audiences qu'il va donner encore, il lui parle de sa femme, la Reine, et lui promet de la mener au corps de garde pour faire sa connaissance. Il va tous les jours à la parade commander l'exercice à un bataillon et les veut tous passer en revue de la sorte. »

Le lendemain des funérailles de son frère, il est arrivé à Windsor perché sur le siège d'une petite voiture dans laquelle se trouvaient la reine et deux de ses filles illégitimes. Il adore se montrer en public, même à l'église, ce qui est inhabituel pour un roi d'Angleterre, se donner des airs de vieux loup de mer et rappeler qu'il a servi dix-huit ans sur un navire, en s'affublant d'un chapeau de marin aux bords retroussés et ornés de dentelle d'or. Le petit peuple l'a adopté, mais l'aristocratie se demande s'il n'est pas atteint de porphyrie, la même folie que son père. Dans les salons, on l'appelle *Billy the Silly*, le « stupide Billy ». Wellington, son Premier ministre, affirme qu'en 1828 on lui a passé la camisole de force. Le héros de Waterloo est consterné : « Vraiment, mon maître est trop bête ; aussi quand il s'avise de faire à table des discours, je tourne tout de suite de son côté l'oreille qui n'entend rien, afin de ne pas être tenté de me lever pour le contredire. »

En France, Charles X est renversé. Il se réfugie en Angleterre. Louis-Philippe d'Orléans est proclamé roi à sa place. Encouragées par cette révolution de Juillet qui n'a guère fait couler de sang, la Pologne et la Belgique se soulèvent à leur tour et revendiquent leur indépendance. L'Angleterre est elle aussi le théâtre d'une agitation prérévolutionnaire. Ce sont d'abord les ouvriers agricoles qui se révoltent, brisent les batteuses, rançonnent les propriétaires et demandent aux pasteurs de soutenir leurs revendications pour de meilleurs salaires. Cette insurrection sera vite et cruellement matée. Mais c'est surtout la loi électorale qui déclenche de violentes polémiques.

L'Angleterre est dotée du système électoral le plus injuste d'Europe. La Chambre des lords, héréditaire, a perdu sa prééminence depuis la fin du XVIIIe siècle. Mais la Chambre des communes, premier club de gentlemen du royaume, n'est pas pour autant élue démocratiquement. Chaque comté envoie à Westminster deux députés élus par les propriétaires terriens. En outre, un grand nombre de bourgs ont le privilège d'élire des représentants, des « bourgs pourris » comme on les appelle, car leur liste n'a pas varié depuis le XVe siècle. Certains sont en ruine, beaucoup n'ont plus d'habitants alors que les villes industrielles de Birmingham, Manchester, Liverpool, qui s'agrandissent chaque jour, n'ont pas de députés. Ce ne sont pas les morts qui votent mais les pierres. Les scrutins sont publics et restent parfois ouverts pendant plus d'un mois. Chaque électeur monte sur une estrade et annonce pour qui il vote sous les huées ou les acclamations de la foule. Il se fait ensuite récompenser par une bourse pleine de pièces. On a vu lord Grey dépenser quatorze mille livres pour l'élection d'un de ses fils. En tant que leader des whigs, l'honorable lord est pourtant supposé être partisan de la réforme électorale.

Mais le parti whig n'est pas encore le grand parti libéral et progressiste qu'il deviendra avec Gladstone. Tories et whigs sont en majorité des propriétaires terriens et leurs chefs de file ne se livrent aux Communes qu'à des joutes oratoires courtoises. Il y a un peu plus d'autoritarisme chez les tories, un peu plus de philanthropie chez les whigs, mais les uns comme les autres s'affirment aussi peu démocrates que possible. Dans ce monde agité par la révolution industrielle, les nobles lords se bornent à défendre les intérêts de l'Église anglicane et le protectionnisme favorable à leurs activités agricoles.

En cette année 1830, le premier train a relié les usines de Birmingham au port de Liverpool où les balles de coton arrivent du monde entier. Dans les fabriques, les commandes affluent et les machines s'emballent. Une nouvelle classe d'industriels et de commerçants réclame des réformes économiques et fiscales. Elle veut désormais avoir sa place dans la conduite des affaires du royaume.

Guillaume IV, comme Wellington, étoile du parti tory, est opposé à la réforme électorale. La duchesse, elle, a épousé les préférences libérales de son défunt mari et, en ces temps troublés et incertains, la petite princesse devient la mascotte, l'emblème, en tout cas l'espérance des éléments les plus turbulents du parti whig. Les partisans de la réforme comme lord Durham, lord Brougham et même l'éloquent nationaliste irlandais O'Connell défilent à Kensington où l'ambitieuse duchesse les reçoit selon un protocole royal, leur donnant sa main à baiser comme si elle était déjà régente.

Conroy pense qu'une rupture définitive avec le roi assurerait efficacement son pouvoir sur l'héritière du trône. Ses ambitions sont démesurées et, pour les réaliser, il continue de mettre en place ce que Léopold appellera par la suite le « système Kensington ». Il rédige un mémorandum définissant la nouvelle position de la mère de l'héritière du trône. Dans une lettre à Wellington, la duchesse réclame d'être légalement investie du titre de « régente » jusqu'à la majorité de Victoria. Le duc refuse de montrer la lettre au roi, mais déclare qu'on la tiendra informée de toutes les décisions prises à son égard.

C'est aussi Conroy qui souffle à la duchesse l'idée de faire connaître Victoria à la nation. Avec son talent d'organisateur, il planifie dès l'été 1830 un premier voyage en province comme le feront les experts en marketing politique cent cinquante ans plus tard. La duchesse et la princesse partent prendre les eaux à Malvern. À l'aller, elles s'arrêtent au château des Marlborough à Bleinheim, puis à Stratford, Kenilworth, Warwick, Birmingham où le cortège visite plusieurs grandes usines. Au cours du séjour, des cérémonies officielles sont organisées à la cathédrale de Hereford célèbre pour sa bibliothèque, à Worcester et sa fabrique de porcelaine. Au retour, Victoria passe par Badminton, Gloucester, Stonehenge. À Bath, la princesse inaugure, le 28 octobre, le parc royal Victoria non loin des thermes romains de la ville d'eau. Chaque jour, à la lecture des journaux, le roi, à qui Conroy n'a demandé aucune autorisation de peur sans doute de se la voir refuser, entre en fureur.

Peu importe, une bonne nouvelle accueille, à leur retour à Londres, la duchesse et son contrôleur. Des manifestants ont cassé les vitres d'Apsley House, la grande demeure de Wellington en bordure de Hyde Park. Après vingt ans de pouvoir, les tories laissent la place début novembre à un ministère de coalition. Lord Grey, chef du parti whig, remplace Wellington comme Premier ministre. Dans les clubs, dans les rues l'atmosphère est si explosive entre défenseurs et détracteurs de la réforme électorale que, par crainte de violences, Guillaume IV, avec une sagesse inattendue, diffère les fêtes de son couronnement.

L'impétueuse duchesse et son contrôleur font désormais le siège de lord Grey pour qu'il dépose un projet de loi de régence. Le *Regency Act* est adopté par le Parlement. Régente ! La stratégie de Conroy a réussi ! Guillaume IV enrage. La duchesse, elle, fond en larmes et déclare que voilà son premier jour de bonheur depuis la mort du duc.

Mais, périodiquement, la rumeur court dans Londres que la reine est à nouveau enceinte. Et, au palais de Kensington, la tension reste extrême. Sottise ou lourdeur d'Allemande, la duchesse essaie d'entraîner sa fille dans sa lutte dérisoire pour le pouvoir. Victoria a besoin de tout son calme, un calme surprenant chez une enfant de douze ans, pour supporter ces éruptions de fureur. La princesse dort toujours dans la chambre de sa mère qui ne la laisse pas un instant en paix. Elle ne descend l'escalier qu'accompagnée de sa gouvernante qui la tient par la main. Elle apprend à se taire, à cacher ses sentiments. Elle confectionne des herbiers avec des plantes que Feoroda lui envoie de son château de Langenburg. Elle parle à ses poupées. Elle en a cent trente-deux, des marionnettes en bois de vingt centimètres qu'avec l'aide de Lehzen elle habille de costumes souvent inspirés des personnages de théâtre ou d'opéra qu'elle voit en compagnie de sa mère.

La seule personne au monde sur laquelle elle puisse s'appuyer est Lehzen, devenue baronne Lehzen, et dont Guillaume IV apprécie le bon sens. Fidèle supporter de la dynastie de Hanovre, Lehzen juge indignes toutes les manœuvres de Conroy. Quand la tension est trop forte, Victoria dîne seule avec sa gouvernante. La duchesse prend l'habitude d'écrire de longues lettres de remontrances à sa fille.

L'adolescence de Victoria est désormais rythmée par cette guérilla mesquine dont elle est l'enjeu. Elle déteste entendre Conroy parler cavalièrement du roi et de sa flopée de bâtards. Elle a tant d'affection pour son oncle et pour tante Adélaïde ! La reine l'a invitée à deux reprises à la cour pour une remise de l'ordre de la Jarretière au palais St. James et pour les superbes réjouissances organisées en février 1831 par Guillaume IV en l'honneur de sa jeune femme. Selon le *Fraser's Magazine*, « on n'a rien vu d'aussi brillant à la cour depuis le mariage de la princesse Charlotte ». Dans sa robe de dentelle anglaise, Victoria ne perd pas une miette du spectacle fastueux. Le roi a placé la princesse à sa gauche. Mais, par crainte de déplaire à sa mère, Victoria n'ose lui sourire et Guillaume IV se plaint de « son regard de pierre ».

Il recommande pourtant l'été suivant au Parlement d'accroître les allocations de la duchesse et de sa fille. On leur accorde dix mille livres de rente supplémentaires, ce qui permet d'engager la duchesse de Northumberland chargée d'enseigner à Victoria l'étiquette royale.

Désormais son emploi du temps est strict : leçons de neuf heures trente à midi et demi, récréation jusqu'à treize heures, déjeuner et reprise des cours de quinze à dix-huit heures. La princesse a l'esprit vif et une excellente mémoire mais n'aime pas les raisonnements compliqués. Au latin, elle préfère les mathématiques ou les deux heures hebdomadaires consacrées à la récitation des poèmes et à l'art de la correspondance auquel elle se livrera toute sa vie avec frénésie. De sa mère, elle a hérité le goût de la musique. Elle a de l'oreille, dessine à merveille, parle couramment allemand et peut tenir une conversation en français. La Taglioni lui donne des cours de danse et lui confère ce maintien royal qui fera plus tard l'admiration de ses hôtes étrangers. Elle adore aussi l'équitation. Galoper est une bonne façon d'échapper à l'atmosphère étouffante du « système Kensington ».

Car la tension entre les deux clans ne diminue pas. Bien au contraire. Au cours d'un séjour avec les Conroy au Norris Castle dans l'île de Wight, la duchesse utilise le yacht royal que les canonniers de Portsmouth saluent à chacune de ses sorties. Le roi exige qu'on fasse cesser ces « poum-poum » sur-le-champ. L'incorrigible Irlandais incite la duchesse à ne pas céder. Guillaume IV est obligé de signer un décret royal pour rappeler que les vingt et un coups de canon sont réservés au seul souverain.

Par mesure de rétorsion, la duchesse décrète que désormais Victoria paraîtra le moins souvent possible à la cour. Le couronnement de Guillaume IV doit avoir lieu en septembre mais tous les prétextes sont bons pour refuser de s'y rendre. Les dépenses pour revenir de l'île de Wight sont trop élevées. On n'a pas donné à Victoria la préséance qui lui revient dans la procession. La princesse est placée derrière ses oncles et non immédiatement après le roi. L'avant-veille de la cérémonie, la duchesse fait savoir que la « santé fragile » de Victoria ne lui permet pas d'assister à la cérémonie. Le *Times* conservateur s'offusque : « Quiconque ignore le respect dû à la Couronne n'est pas digne de former l'esprit ni de présider à l'éducation de l'enfant destinée à la porter un jour. »

Mais l'impulsive duchesse s'entête. Pas plus que sa fille, elle n'assiste le 8 septembre 1831 au couronnement. Comme Napoléon, le roi pose lui-même la couronne sur sa tête. La presse critique ce « demi-couronnement » mais la modestie des festivités rend au souverain une partie de la popularité qu'il a perdue en luttant contre la réforme électorale, une réforme bientôt votée à contrecœur par les nobles lords.

Privée de fêtes, Victoria verse des larmes amères : « Rien ne put me consoler, pas même mes poupées. » Désormais, elle vit presque cloîtrée. Elle n'a pas d'ami, pas de frère ni de cousine avec lesquels elle puisse s'amuser. Feodora est venue avec son bébé, Adélaïde, dont elle est la marraine. Leur départ a été, à nouveau, l'occasion de larmes abondantes. Avec Lehzen, la princesse confectionne des petits cadeaux qu'elle envoie à sa filleule. Son seul compagnon est un épagneul nommé Dash que Conroy a offert à la duchesse. Victoria adore ce « cher gentil petit Dash » qu'elle habille d'un pantalon bleu et d'une veste rouge.

Le bon oncle Léopold ne passe plus « voir ces dames » le mercredi. En juillet 1831, il a quitté l'Angleterre, ayant trouvé une couronne. Il a longtemps espéré celle de la Grèce qui vient d'arracher son indépendance à la Turquie mais a dû y renoncer la mort dans l'âme sous la pression de Wellington, l'Angleterre ne voulant pas déplaire au sultan, son allié traditionnel. La couronne de Belgique est un cadeau de Louis-Philippe. Le roi des Français ayant eu la malencontreuse idée de proposer son fils, le duc de Nemours, pour le trône de Belgique, Palmerston, ministre anglais des Affaires étrangères, a réagi immédiatement en faisant accepter son propre candidat, Léopold. En guise de compensation, Léopold demande à Louis-Philippe la main de sa fille aînée, Louise.

Installé à Bruxelles, il ne manque pas d'écrire à sa chère Victoria de longues lettres pleines de bons sentiments : « Par la grâce de la Providence, tu es appelée à occuper une situation éminente : il faut que tu t'appliques à la remplir très bien. Un bon cœur, un caractère plein d'honneur et auquel on peut se fier sont parmi les dons les plus indispensables pour l'occuper. » Il lui recommande de lire les Mémoires de Sully et l'abreuve de conseils tirés de sa propre expérience : « S'examiner soi-même est ce qu'il y a de plus important, et l'un des meilleurs moyens pour y procéder, par exemple, c'est de récapituler tous les soirs les événements de la journée et les motifs qui nous ont fait agir, tout en essayant d'imaginer quels ont pu être les motifs des autres... Il faut surtout s'appliquer à se connaître soi-même, à se juger avec sincérité et impartialité. On n'y parvient que par un examen de conscience continuel et sans parti pris. » Parfois, il souligne certains mots ou les met en majuscules pour mieux modeler le caractère encore malléable de son élève.

Mais les lettres ne remplacent pas la présence et l'insatiable Conroy est enfin maître à Kensington. La baronne Späth, qui se plaint des grands airs de l'Irlandais, de ses familiarités avec la duchesse, est renvoyée en Allemagne. Le bouillant contrôleur la remplace par une de ses amies, lady Flora Hastings. Il n'ose pas s'attaquer à Lehzen mais il supporte de moins en moins l'affection que Victoria porte à la baronne, la confiance que le roi lui témoigne. Lady Flora ne manque pas une occasion de se moquer des manières de la gouvernante allemande qui a l'habitude de mâcher des graines de cumin. Celle-ci, de son côté, écrit à sa sœur de longues missives dans lesquelles elle se plaint de l'atmosphère hostile de Kensington : dès qu'ils la voient entrer dans une pièce, la duchesse et Conroy se taisent ou se chuchotent à l'oreille.

Les voyages qui agacent tant Guillaume IV reprennent. Celui de l'été 1832 va durer près de trois mois. La veille du départ, la duchesse donne à sa fille un cahier à couverture de cuir afin qu'elle y note chaque soir ses impressions. Victoria gardera cette habitude toute sa vie. « Je me suis réveillée à six heures et demie et levée à sept heures », écrit-elle le premier jour. Cette fois, la route empruntée par ce que les humoristes appellent désormais « le cortège conroyal » traverse le pays de Galles et les Midlands. La *Merry England* rose et verte de Shakespeare avec ses villages, ses prairies et ses porches fleuris se couvre de cheminées d'usines, d'un rideau de fumée. Victoria découvre son premier haut fourneau. Et surtout les ravages de la révolution industrielle : « Hommes, femmes, enfants, paysages et maisons, tout est noir. » Le soir, les lords de la région organisent dans leurs châteaux des réceptions somptueuses. Mais la campagne anglaise n'est pas occupée que par de richissimes propriétaires. Deux millions de paysans, de femmes et d'enfants y vivent dans des conditions au moins aussi épouvantables que celles des ouvriers des villes : « La vie des sauvages d'Amérique est cent fois préférable à celle des ouvriers agricoles anglais surtout en matière d'ignorance et d'abrutissement », écrit le *Morning Chronicle.* La fièvre, la faim, la vermine, l'illettrisme règnent dans les campagnes où les foules commencent à se révolter contre les propriétaires terriens qui les maintiennent en esclavage ou les chassent de leurs masures pour ne pas payer l'impôt sur les pauvres qu'ils ont à leur service. Les foules qui espèrent un changement acclament la jeune princesse et sa mère. La tournée est triomphale, à tel point que Conroy ne songe qu'à recommencer. L'année suivante, ils sont dans le Sud. En 1834, du côté d'Hastings : « Six marins en rudes vestes bleues, bonnets rouges et gros tabliers blancs, précédés par une fanfare, portaient un panier orné de fleurs et rempli de poissons pour nous l'offrir. » Chacun de ces voyages, relatés abondamment par la presse, augmente la fureur du roi.

Pour ses seize ans, Victoria connaît un rare instant de bonheur. La duchesse donne pour elle une fête à Kensington à laquelle participent les plus illustres chanteurs de l'époque : Rubini, Tamburini, Lablache et surtout la Grisi, âgée de dix-neuf ans, pour laquelle la princesse éprouve une véritable adoration.

Deux mois plus tard, les hostilités reprennent à l'occasion de la confirmation de Victoria. La duchesse souhaite se séparer de la duchesse de Northumberland pour la remplacer par l'amie de Conroy, lady Flora Hastings. Guillaume fait savoir qu'il ne réglera qu'avec la duchesse de Northumberland tous les détails de la cérémonie. Kensington refuse. Le roi écrit alors à l'évêque de Londres pour interdire la confirmation de la princesse dans une chapelle royale. Cette fois, la duchesse s'incline et la cérémonie se déroule comme prévu, le 30 juillet 1835, dans la chapelle du palais St. James. En voyant Conroy se présenter au côté de la mère de l'héritière du trône, Guillaume IV, outré, ordonne à l'Irlandais de sortir. Le prêche de l'évêque sur les devoirs d'une future reine est si terrifiant que Victoria éclate en sanglots : « J'étais très secouée quand nous sommes rentrés à la maison. »

L'affront royal ne fait qu'augmenter l'hostilité du diabolique sir John qui n'a maintenant plus qu'une idée en tête : ne pas tenir compte de la majorité de Victoria et réclamer la régence pour trois années supplémentaires. Peu après son retour à Kensington, la duchesse tend une longue lettre à sa fille qu'elle conclut par ces mots : « Jusqu'à ce que tu aies dix-huit ou vingt et un ans, tu demeures sous la garde de ta mère affectionnée. »

En août, les épreuves recommencent avec les préparatifs d'une nouvelle tournée dans le Nord. Le roi, n'ayant pu fléchir la duchesse, a écrit à Victoria pour lui demander d'y renoncer : « J'espère que la presse ne m'apportera pas la nouvelle cette année d'un de vos voyages. » La princesse supplie sa mère de tout annuler. Elle est à bout. Elle souffre de la tête et du dos. La veille du départ, après une scène terrible, elle reçoit une lettre de la duchesse dictée par Conroy : « Il est d'une extrême importance que l'on te voie, que tu apprennes à connaître ton pays et à côtoyer toutes les classes de la société. »

Cette fois encore le périple est un succès. Et lorsque les corps constitués remettent une supplique, Conroy, « de la même façon qu'un Premier ministre au Roi », tend à la duchesse une réponse qu'elle lit avec son fort accent allemand. Tous deux s'extasient sur l'accueil délirant qu'on leur réserve, sur l'enthousiame d'une foule venue chaque année plus nombreuse pour contempler sa future reine. Le 27 septembre, plus de trois cents invités se pressent au bal ouvert par la princesse et lord Exeter. Victoria, elle, est moralement épuisée : « Le long voyage et les foules immenses que nous avons dû rencontrer m'ont énormément fatiguée. Nous ne pouvons voyager comme le commun des mortels. »

Après cette tournée triomphale, la duchesse et sa fille vont se reposer à Ramsgate, devenue à la mode grâce au train. Ils y retrouvent Léopold accueilli lui aussi à son arrivée par des foules enthousiastes : « Quel bonheur de se jeter dans les bras de ce très cher oncle qui a toujours été un père pour moi... », note Victoria dans son carnet. C'est la première fois qu'il revient en Angleterre depuis qu'il est roi des Belges. Ils ne se sont pas vus depuis quatre ans. Sa nouvelle épouse, Louise, l'accompagne.

Au cours de deux conversations privées, elle ne peut s'empêcher d'évoquer sa vie difficile, les prétentions de Conroy, les querelles avec le roi. Léopold est effaré par ces « sales intrigues » qui sont d'un « scandaleux incroyable ». Mais sa « petite » Victoria se comporte avec beaucoup de courage. Il lui promet de lui écrire chaque vendredi : « Il est le meilleur et le plus gentil des conseillers. » Tante Louise, qui n'a que sept ans de plus qu'elle, la prend par le bras, lui demande de la considérer comme une sœur, lui fait essayer en riant ses robes de Paris, une nouvelle coiffure avec les cheveux tressés sur les côtés.

Mais sitôt l'oncle reparti, les nerfs de l'adolescente lâchent. Victoria tombe malade pour de bon. Si malade qu'elle doit garder la chambre cinq semaines. Elle perd ses cheveux par poignées. Le docteur Clark calme ses migraines en lui donnant de l'opium. Elle souffre aussi de troubles de la circulation et, chaque jour, Lehzen lui masse longuement les pieds pour les réchauffer

Sa mère la soupçonne de jouer la comédie et Conroy déclare que ce n'est qu'une simple indisposition. Impitoyables, ils tentent même de profiter de son extrême faiblesse pour lui arracher la promesse écrite de nommer l'Irlandais « secrétaire privé » le jour où elle montera sur le trône. Conroy apporte sur son lit du papier et un porte-plume. Soutenue par Lehzen, la princesse refuse de signer : « J'ai résisté, j'ai résisté en dépit de leur âpreté et de mon état de santé. »

La baronne, qui la veille jour et nuit, alerte Léopold. Mais le roi des Belges temporise. Il est partagé entre sa sœur et sa nièce et surtout il déteste Guillaume IV qui le méprise et le traite de « buveur d'eau ». Il attend plusieurs semaines avant d'envoyer son fidèle Stockmar formuler un diagnostic et jouer les médiateurs. Le baron allemand décrit Conroy comme un homme « vaniteux, ambitieux, très susceptible et coléreux » et conclut que la princesse n'hésiterait pas à se marier avec le premier venu pour échapper aux incessantes querelles dont elle est l'enjeu.

Après une convalescence à Claremont, Victoria regagne Londres en février. Elle a quitté Kensington depuis six mois. Elle est pâle, amaigrie, incapable de monter à cheval. Elle a même de la peine à marcher. Mais elle est victorieuse de sa mère et de Conroy. Elle a su dire « non » et garde Lehzen auprès d'elle. Personne désormais, pas même ses ministres, ne pourra la faire plier.

Le roi lui conserve toute son affection et ne manque pas une occasion de la lui manifester, de l'inviter à des cérémonies où la duchesse refuse d'accompagner sa fille sous des prétextes variés. Au palais St. James, vêtue d'un manteau de satin broché de roses que sa tante Louise lui a envoyé de Paris, la princesse est si gracieuse que le jeune lord Elphinstone fait d'elle un croquis. Victoria s'enflamme, déclare qu'elle « ne veut épouser personne sinon lord Elphinstone ». Sa mère affolée exige que l'on fasse nommer l'impertinent à Madras, au bout du monde.

La duchesse programme aussitôt, pour le mois suivant, la visite de deux cousins Cobourg, les fils de son frère Ferdinand et de la richissime princesse hongroise Kohary. L'aîné est en route pour le Portugal où il doit se marier avec la jeune reine Maria qu'il n'a jamais vue. Le second regagne l'Allemagne le mois suivant. Victoria se désole. Leur départ marque la fin du tourbillon des bals et des fêtes donnés en leur honneur : « Ils sont partis et personne ne peut les remplacer », écrit-elle le 2 avril.

Le roi, lui, ne décolère pas. Il souhaite la voir épouser son cousin George de Cambridge ou mieux encore l'héritier du trône de Hollande, grand ennemi du roi des Belges. Le prince d'Orange et ses deux fils arrivent d'ailleurs en visite officielle à Windsor. À Bruxelles, Léopold est furieux. L'accommodante Victoria trouve les deux princes fort laids : « Ils paraissent en outre lourds, niais, apeurés, et ne sont nullement séduisants. C'en est fini des Orange, mon cher oncle », écrit-elle à son tuteur.

Pour l'héritière du riche royaume d'Angleterre, Léopold a un prétendant tout prêt, son neveu Albert, second fils du duc héritier de Cobourg et âgé de trois mois de moins qu'elle. Depuis des années l'oncle songe à ce mariage et éduque Albert selon les principes moraux dont il abreuve aussi Victoria. Albert a perdu sa mère très jeune et comme sa cousine, il a reporté toute son affection sur son oncle Léopold.

L'arrivée du duc Ernest et de ses deux fils est prévue pour la mi-mai. Cette fois le roi explose. Ces satanés Cobourg ne le laisseront donc jamais en paix ! Il veut faire interdire l'entrée de leur bateau dans les ports anglais. Ce qui déclenche les sarcasmes de Léopold : « Maintenant que l'esclavage est aboli dans les colonies britanniques, écrit-il à sa nièce, je ne comprends pas pourquoi ce devrait être ton lot à toi seule d'être gardée comme une petite esclave blanche en Angleterre pour le plaisir de la Cour qui ne t'a pas achetée, car à ma connaissance tu ne leur as jamais rien coûté et le Roi n'a même jamais dépensé une pièce de six pence pour ton existence. »

Finalement, Ernest et Albert arrivent le 18 mai avec en cadeau un bébé perroquet, Lory. Victoria est immédiatement sous le charme. Surtout d'Albert : « Il est aussi grand qu'Ernest mais plus fort et extrêmement beau... » Ernest a les cheveux bruns. Albert a, comme elle, de grands yeux bleus et des cheveux châtain clair : « Le charme de sa personne est dans son expression délicieuse ; elle est à la fois pleine de bonté et de douceur, et très intelligente. » Les deux cousins sont musiciens et dessinent bien, « surtout Albert ». Victoria remarque aussi qu'à la messe Albert suit attentivement le sermon. Enfin, Albert fait bonne impression sur tante Adélaïde, ce qui la rend très heureuse.

Seul ennui, à la différence de sa cousine, Albert n'aime pas se coucher tard. Il est si fatigué par la suite ininterrompue de réceptions qu'au bal donné par le roi au palais St. James, pour l'anniversaire de Victoria, il manque de s'évanouir au bout de deux danses. Le lendemain, il doit garder le lit. « Nous avons un malade ici », écrit sa cousine à l'oncle Léopold.

La dernière semaine, en revanche, est un succès : « Il possède toutes les qualités désirées pour me rendre parfaitement heureuse. Il ne me reste plus, mon cher oncle, qu'à vous prier de prendre bien soin de la santé d'une personne qui m'est à présent si chère. » Le départ des deux cousins est l'occasion d'abondantes larmes.

Au milieu de l'été renaissent les inévitables querelles avec le roi. Guillaume IV a invité la duchesse au dîner d'anniversaire de la reine, le 13 août, et au sien, le 20 août. La duchesse, en séjour à Claremont, répond avec morgue qu'elle n'assistera pas au dîner donné pour la reine. Son propre anniversaire tombant le 15, elle préfère le fêter en compagnie de son frère Léopold. En revanche, elle ne peut refuser de conduire sa fille à Windsor pour l'anniversaire du roi.

Le jour de leur arrivée, Guillaume IV se trouve à Londres où il décrète une session extraordinaire du Parlement. Avant de repartir, il lui vient l'idée de passer par Kensington. Il soupçonne sa belle-sœur de s'être approprié les appartements royaux de dix-sept pièces malgré son opposition formelle. De ses propres yeux, il constate, furieux, que ses soupçons sont fondés : « Ce fléau de femme a encore frappé ! »

La rage au ventre, il file à Windsor à la vitesse de ses huit chevaux. À dix heures du soir, il entre dans le salon où l'attendent ses invités. Sans saluer personne, il se précipite sur Victoria, lui prend les deux mains en lui disant de sa voix la plus paternelle tout le plaisir que lui cause sa présence, « tout son regret de ne pas la voir plus souvent ».

Puis se tournant vers la duchesse, il change tout à coup de visage et de ton. Il lui rappelle qu'elle a agi contre sa volonté. Il ne supportera jamais une telle insolence.

Le lendemain, lors du dîner de cent couverts donné en son honneur, la duchesse est assise à sa droite, Victoria en face de lui. Alors que les invités portent un toast au roi, Guillaume IV se lève et, nullement radouci, se lance dans une diatribe contre la duchesse : « Je prie Dieu de m'accorder encore neuf mois de vie. Après quoi, à ma mort, il n'y aura pas de régence. J'aurai alors la satisfaction de laisser l'autorité royale aux soins personnels de cette jeune fille et non pas aux mains d'une personne ici présente, qui est entourée de conseillers démoniaques, et qui est elle-même incapable d'agir convenablement au niveau où elle serait placée. Parmi beaucoup d'autres choses, j'ai tout lieu de me plaindre de la façon dont cette jeune fille a été éloignée de ma Cour. » La reine est écarlate, Victoria fond en larmes, l'assistance, médusée, retient son souffle. Quand le roi se rassied enfin, la duchesse se lève et demande sa voiture. La bonne Adélaïde a toutes les peines du monde à la calmer, à calmer le roi.

La santé de Guillaume IV décline mais, hélas, pas assez vite pour le « clan » Kensington. Chaque jour qui rapproche Victoria de son anniversaire voit fondre les espoirs de régence de la duchesse et de Conroy. La mère et la fille partagent toujours la même chambre, chantent toujours en duo devant les invités, mais ne se parlent plus. La princesse n'est heureuse que lorsqu'elle répète des airs d'opéras italiens avec son professeur Lablache. Le baryton français, qui a commencé sa carrière à la Scala de Milan, est un grand spécialiste de Mozart et de Rossini. La voix de sa royale élève est juste, quoiqu'un peu faible.

Jalouse de sa fille, affolée à l'idée d'être privée de tous les honneurs auxquels elle a pris goût, la duchesse écrit au Premier ministre, lord Melbourne, une nouvelle lettre dictée par Conroy. Elle demande qu'à la mort du roi on lui confie la régence jusqu'aux vingt et un ans de Victoria. La princesse, prétend-elle, est totalement incapable de régner.

Guillaume IV envoie, lui, à Kensington son grand chambellan, lord Conyngham, porteur d'une missive pour Victoria que le couple diabolique tente d'intercepter. Mais lord Conyngham déclare avec hauteur qu'il a ordre de la remettre en main propre à la princesse. Le roi offre à Victoria une rente de dix mille livres, une cassette privée et le droit de choisir elle-même ses dames d'honneur. Conroy écrit lui-même la lettre de refus qu'il fait signer le lendemain matin par la princesse : « Ces mots ne sont pas de Victoria ! » s'exclame le roi avec amertume.

Enfin le grand jour est là. Pour la première fois, son anniversaire est déclaré fête nationale. Au-dessus des aubépines en fleur de Kensington flotte un drapeau blanc avec « Victoria » en lettres d'or. Toute la journée les sérénades se succèdent sous les fenêtres et les voitures se croisent dans la cour. Les visiteurs illustres viennent inscrire leur nom dans le registre du palais et, parmi eux, le « bon Lablache ». Des députations de libéraux et de radicaux arrivent des grandes villes industrielles et, dans leurs discours, expriment leurs espoirs à leur future souveraine : « Nous étions aussi heureux que les oiseaux sur les branches », affirme un certain Potter, fondateur du Cobden Club. Anxieuse et fatiguée, la duchesse répond avec son fort accent allemand parlant, au grand embarras de Victoria, « des tâches importantes qu'elle n'a pu accomplir en Allemagne où elle a dû abandonner ses autres enfants ». Encore une fois, la princesse lui laisse la première place : « Merci de votre gentillesse. Ma mère a très bien exprimé ce que je ressens. »

Le soir, Guillaume IV donne en son honneur un grand bal au palais St. James. Les rues sont décorées et illuminées. Et la foule acclame la princesse héritière : « J'ai porté un plumet et une traîne pour la première fois. Il y avait plus de trois mille invités », écrit-elle à Feodora. Mais le roi n'assiste pas à la fête. Il a soixante et onze ans et souffre d'une grave maladie de cœur compliquée d'hydropisie. Son seul souhait est de voir se coucher une dernière fois le beau soleil de Waterloo, le 18 juin. Son vœu est exaucé. Il ne préside pas le grand banquet qui célèbre la victoire, mais il enfouit son visage dans les plis du drapeau que, chaque année, Wellington porte au souverain en remerciement du château reçu après ses exploits.

Le 16 juin, Victoria a écrit à Léopold : « Depuis mercredi toutes les leçons sont arrêtées. La nouvelle peut arriver très vite. » Une couturière lui a confectionné une robe de deuil, simple, à manches bouffantes et taille étroite. Lehzen lui lit la vie de Walter Scott pendant qu'on lui brosse longuement les cheveux. Le roi des Belges multiplie les conseils : « Je vais t'indiquer aujourd'hui ce qu'il faudra faire lorsque le roi aura cessé de vivre. Au moment où tu en recevras l'avis officiel, tu chargeras lord Melbourne de conserver le ministère actuel. Tu le feras avec la droiture et la gentillesse qui te sont propres et tu ajouteras quelques mots aimables. Il est de fait que les ministres actuels sont ceux qui te serviront personnellement avec la plus grande sincérité et, je l'espère, le plus d'attachement. Pour eux, comme pour tous les libéraux, tu es le seul Souverain qui leur *offre des chances d'exister* (en français). À l'exception du duc de Sussex, il n'y a personne dans la famille qui possède ce qu'on peut raisonnablement attendre de toi, et ton successeur immédiat avec ses moustaches (le duc de Cumberland) suffirait, par la terreur qu'il inspire, à leur donner un attachement passionné pour ta personne. La position pénible dans laquelle tu as vécu a eu l'avantage de t'avoir donné l'habitude de la discrétion et de la prudence. Dans ta situation, tu n'auras jamais trop de l'une ou de l'autre. Tu feras bien de te montrer fidèle à l'Église protestante telle qu'elle existe dans l'État ; tu te trouves là où tu es parce que tu es protestante... Ne manque jamais une occasion de montrer ton attachement sincère à l'Église telle qu'elle est. Je te répète encore que tu agiras parfaitement tant que tu éviteras de nuire aux espoirs et aux perspectives des gens. » Et encore : « Reste calme et détendue ; ne redoute pas la perspective de devenir Reine plus tôt que tu ne le penses. »

Le 19 juin, l'état du roi est désespéré.

4.

Guillaume IV rend son dernier souffle peu après deux heures du matin. Abandonnant la foule des courtisans, lord Conyngham et l'archevêque de Cantorbery quittent avec précipitation la chambre mortuaire de Windsor avec le médecin royal. Leur voiture tirée par quatre chevaux au galop s'arrête à l'aube devant Kensington.

Le concierge ronfle encore et refuse d'abord de les laisser entrer. Enfin il ouvre les grilles. Mais il leur faut attendre à nouveau que le palais se réveille. Une servante accourt, alerte la duchesse qui se penche sur sa fille. Victoria enfile un peignoir. La voilà enfin, précédée de sa mère qui tient un flambeau et suivie de Lehzen avec un flacon de sels, ses cheveux blonds dénoués, ses pieds nus dans des mules, calme et digne.

Les portes du salon se referment sur elle. Lorsque le grand chambellan prononce le mot « reine », Victoria lui tend vivement sa main à baiser comme l'étiquette le lui a enseigné. Les trois hommes tombent à genoux.

Quand elle sort du salon, la jeune fille s'effondre en pleurs. Comme elle regrette de ne pas être allée à Windsor la veille rendre un dernier hommage au roi : « Il a toujours été si gentil avec moi. Il a dû penser que je n'étais qu'une ingrate et que je n'avais pas de cœur. » Avec Lehzen, elle monte dans sa chambre enfiler sa robe noire.

Le baron Stockmar est déjà arrivé avec les dernières instructions du roi des Belges. Ils prennent ensemble leur breakfast tandis qu'il lui dicte les paroles de confiance qu'elle devra dire au Premier ministre dont la venue est annoncée pour neuf heures.

Chef du gouvernement whig depuis trois ans, lord Melbourne connaît mal la jeune fille qui va monter sur le trône. Victoria lui tend sa main à baiser et lui déclare son intention de le garder comme

Premier ministre. Il la met rapidement au courant de ses devoirs, du cérémonial qui l'attend. Il lui lit à haute voix le discours qu'elle devra prononcer à la fin de la matinée. Rien ne la surprend. Elle a été bien préparée à son métier de reine.

Rapidement, elle envoie une lettre de condoléances à sa tante Adélaïde qui a sollicité la permission de demeurer à Windsor jusqu'au lendemain des funérailles. Victoria la prie de « ne tenir compte que de sa seule santé et de rester à Windsor aussi longtemps qu'il lui plaira ». Elle l'adresse à la « Reine d'Angleterre ». On lui fait remarquer qu'elle a omis le mot « douairière ». « Je sais, répond Victoria, mais je ne veux pas être la première à l'appeler ainsi. » Elle a déjà adressé deux courts billets à l'oncle Léopold et à Feodora qu'elle a signés « Victoria R ».

À onze heures trente, elle tient dans le salon rouge de Kensington son premier conseil privé. Tout ce que le royaume compte d'hommes importants a voulu y assister et juger les débuts de la nouvelle souveraine : « Son extrême jeunesse et son inexpérience, l'ignorance du monde à son sujet excitaient naturellement une intense curiosité sur la façon dont elle allait se comporter dans cette épreuve et il y avait grande presse au palais, en dépit du court délai laissé aux convocations », écrit Charles Greville, chroniqueur de la cour.

Jeune député, Benjamin Disraeli a accompagné lord Lindhurst jusqu'à la porte mais n'a pas été admis à la cérémonie qu'il décrit dans son roman, *Sybil* : « Là sont réunis les prélats, les généraux, les hommes les plus éminents de son royaume... des hommes blanchis par leurs pensées, la gloire et l'âge... Le murmure des conversations à demi étouffées tente de masquer une émotion que certains des plus grands hommes du pays ont, depuis, avoué avoir ressentie... Chut ! la porte s'ouvre, elle entre ; le silence est aussi profond que dans une forêt à midi. Accompagnée un instant par son imposante mère et les dames de sa cour qui saluent puis se retirent, Victoria monte sur son trône : une enfant, seule pour la première fois de sa vie dans une assemblée d'hommes. »

De sa voix musicale, elle lit la déclaration : « Je m'en remets fermement à la sagesse du Parlement, à l'affection de mon peuple... Ma préoccupation constante sera le maintien de la religion réformée telle que la loi l'a établie... » Les regards se mouillent d'émotion, ceux de Melbourne le premier, devant la majesté de son maintien, la modestie de son comportement. Par sa jeunesse, elle ressemble à la princesse Charlotte. Chacun de ses gestes, son visage, ses yeux bleus proéminents évoquent aussi son grand-père, le roi George III. Avec grâce, elle va au-devant du duc de Sussex qui s'avance pour prêter serment et marche difficilement. Lorsque ses deux oncles s'agenouillent devant elle pour prononcer la formule d'allégeance, « elle rougit jusqu'au blanc des yeux ».

Quand, enfin, elle se retire, un murmure d'approbation parcourt la salle. Tous avouent que la main blanche qu'ils viennent de baiser est « remarquablement douce ». Le vieux duc de Wellington s'exclame : « Je n'aurais pas osé rêver d'une fille capable de jouer son rôle aussi bien qu'elle. » Et Peel, nouveau leader du parti tory, s'écrie quelques jours plus tard au Parlement : « Il y a des choses qu'aucune leçon ne peut enseigner. »

La duchesse, au comble de l'excitation, tente de reprendre possession de sa fille, mais Victoria, cette fois, la repousse : « Mon premier souhait, ma chère mamma, est qu'on me laisse seule pendant une heure. » Elle décide aussi de déménager son lit de la chambre de sa mère. Pour la première fois de sa vie, elle dormira « seule » ce soir.

Elle rencontre l'archevêque de Cantorbery, le porte-parole du gouvernement aux Communes, lord Russell, et son grand écuyer, lord Albermarle. Elle nomme le docteur Clark son médecin personnel et donne à la baronne Lehzen le titre de « dame attachée à la reine » : « Ma chère Lehzen restera toujours près de moi comme une amie mais elle ne veut pas accepter de fonctions et je crois qu'elle a raison. » Lord Melbourne est revenu l'après-midi et encore après le dîner qu'elle prend seule. Dans son journal, Victoria note qu'elle a reçu son Premier ministre : « Naturellement seule, comme j'entends désormais toujours recevoir mes ministres. »

L'affaire d'État la plus urgente est de régler le sort de Conroy. Le contrôleur a rédigé un mémorandum sur ses dix-huit années passées au service du duc et de la duchesse que, sans perdre une minute, il a remis le matin même à Stockmar. Il réclame une pension de trois mille livres par an, la grand-croix de l'ordre du Bain, et une pairie. Le papier tremble dans les mains de Melbourne lorsqu'il en prend connaissance : « Cela dépasse les bornes ! A-t-on jamais vu pareille impudence ! » L'homme de confiance de Léopold se charge de jouer les bons offices. La reine finira par accorder une pension de trois mille livres et le titre de baronnet à l'homme qu'elle hait mais elle est inflexible : elle ne verra plus Conroy même s'il reste au service de sa mère.

Étouffée, bridée pendant des années mais parfaitement éduquée par le roi des Belges, elle occupe toute la scène avec aisance : « C'est une merveilleuse chose que cette petite fille qui, le jour où elle monte sur le trône, quitte toutes ses idées, ses habitudes, ses affections d'enfance ; qui réduit à néant l'influence de sa mère, du favori de sa mère, qui ne connaît plus la timidité de la jeunesse ; qui se fait homme en l'espace d'une heure », écrit la princesse Lieven. Son accession marque la chute de la duchesse de Kent reléguée au rang de « mère de la reine » alors qu'elle réclamait le titre de « reine mère ». Victoria refuse aussi que Conroy et lady Flora Hastings accompagnent la duchesse, le 21 juin, à la proclamation de son règne.

Son apparition à la fenêtre du palais St. James déclenche les clameurs de la foule. Lord Melbourne se tient à son côté. Les trompettes sonnent. La jeune reine pâlit et ses yeux se remplissent de larmes. Pour la dernière fois, les hérauts prononcent le double prénom « Alexandrina Victoria ». Sa Majesté ordonne qu'il soit désormais supprimé de tous les documents officiels.

Le 17 juillet, Victoria se rend au Parlement, silhouette frêle, presque perdue dans le lourd carrosse doré. Des hallebardiers dans leur uniforme du XVIe siècle, des hérauts chamarrés l'escortent. Mais là encore, elle s'acquitte de sa tâche à la perfection. Précédée par lord Melbourne, elle pénètre dans la salle des Pairs où lords et députés sont réunis en robe d'apparat, marche sans affectation jusqu'au trône, sourit à ceux qui la saluent en silence et lit admirablement le discours rédigé par son Premier ministre : « Sa voix était tellement claire que tous purent entendre distinctement chacun de ses mots. »

Mais cette cérémonie sous le regard aigu des gentlemen du royaume est une épreuve que, sa vie entière, elle redoutera. La tension nerveuse a d'ailleurs été si forte qu'elle s'évanouit lorsqu'on la débarrasse de l'encombrant manteau en velours rouge bordé d'hermine. Sur la route du retour à Buckingham, acclamée par son peuple, elle sourit à nouveau, comme soulagée d'avoir rempli ses obligations avec dignité.

Le fluet et sentencieux Stockmar ne la quitte pas, continue de la bombarder des conseils et des mises en garde de Léopold. Mais Victoria lui préfère déjà le séduisant lord Melbourne. Dès leur première entrevue, la reine est tombée sous le charme des tempes grisonnantes, du regard brun, doux et mélancolique de cet homme cultivé de cinquante-huit ans qui a toujours su se faire aimer des femmes.

Durant toute sa vie, lord Melbourne a accumulé les conquêtes et les chagrins. Sa femme, l'excentrique Caroline Ponsonby, fille du comte de Bessbourough et nièce du duc de Devonshire, a été la maîtresse de Byron et a écrit sur leur liaison un livre qui a fait scandale. Mais au bout de deux ans, lorsque le poète, lassé de son caractère passionné, l'a abandonnée, lord Melbourne, chevaleresque, lui a conservé toute sa tendresse. Il a refusé de divorcer contre l'avis de sa famille qui prétendait que Caroline était folle. Elle est morte dans ses bras en 1828, lui laissant un fils retardé qui est décédé sous ses yeux quelques mois plus tôt. Depuis, il promène sur le monde un regard désabusé mais non dépourvu de bienveillance. Sous sa direction, Victoria découvre le pouvoir et la manière de l'exercer, mais aussi ce grand acteur de l'histoire qu'est l'opinion publique.

À la différence de Lehzen, de Stockmar et de l'oncle Léopold, son Premier ministre n'est pas allemand. Il est anglais et gentleman jusqu'à son épingle de cravate. Sa mère, ravissante et intelligente, a tenu un des salons whigs les plus brillants de Londres. Elle a été la maîtresse du régent qui venait souvent à Melbourne House. Fils de lord Egremont, autre amant de sa mère, Melbourne a été élevé dans la grande tradition whig du XVIIIe siècle, époque où, face à la dynastie germanique des Hanovre arrivés sur le trône en 1714, Walpole a commencé à gouverner, ne laissant que les frivolités à un souverain qui continuait à faire de longs séjours dans son royaume d'Allemagne. Premier ministre de Guillaume IV, souverain « particulièrement obtus et entêté », Melbourne connaît les subtilités de la politique anglaise et surtout l'art d'en éviter les pièges.

Au plus fort du scandale lié à sa femme, il s'est isolé, lisant tout ce qui présentait un intérêt quelconque, surtout de la théologie. Pas un livre nouveau ne paraît sans qu'aussitôt il l'achète. Pas un classique grec ou latin qu'il n'ait annoté de ses propres réflexions. Il aurait pu être philosophe comme Montaigne. La mort de son frère aîné puis celle de son père l'ont conduit vers la politique. Il feint la nonchalance mais sa capacité de travail est étonnante.

Il se couche et se lève tard et ne fait, certains jours, sa toilette qu'au milieu de l'après-midi. Il reçoit alors ses visiteurs dans son lit ou en train de se raser. À son bureau, il a, un jour, écouté une délégation en passant son temps à souffler sur une plume. Mais ses interlocuteurs ont découvert ensuite qu'il avait passé la nuit à étudier leur dossier.

Excentrique et tolérant, cynique et optimiste, direct et réservé, lord Melbourne est aussi un sentimental. Il est ému par le courage et la naïveté de la jeune fille à qui ses tuteurs allemands semblent n'avoir rien appris de la dynastie dont elle est l'héritière. Il lui raconte la vie de son grand-père George III, la vitesse à laquelle il engloutissait ses repas, et mille anecdotes sur ses oncles débauchés. Il imite Guillaume IV qui s'exclamait : « J'aimerais mieux avoir le diable qu'un whig à la maison ! » Il a toujours aimé enseigner.

Victoria adore être instruite : « C'est une merveille pour moi de l'entendre parler. Il a des montagnes de connaissances, une formidable mémoire. Il sait tout et sur tout et sur tout le monde, qui ils étaient, ce qu'ils ont fait. Il explique d'une façon délicieuse. Cela me fait un bien incommensurable. »

Il tente d'abord de lui expliquer ce que doit être une reine d'Angleterre. Elle a le droit d'encourager, d'avertir. Elle ne peut faire tomber son gouvernement ni s'opposer au Parlement : « Il m'est du plus grand secours sur le plan politique comme sur le plan personnel ! » écrit-elle, cinq jours après son accession, à l'oncle Léopold qui, un peu agacé par ce déluge d'éloges, lui recommande de suivre aussi les conseils de Stockmar.

Mais le visage sévère, les jambes maigres du frileux et ambitieux médecin allemand n'ont rien pour enthousiasmer la jeune reine. Lord Melbourne, lui, excelle en tout. La nature lui a donné la beauté, l'esprit, la richesse. Il exerce le pouvoir depuis quatre ans. Et voilà que cet homme éminent est devenu son « ami », mieux encore la traite comme une femme séduisante, déploie à son égard une patience infinie, celle qu'il montrait autrefois à son épouse. Victoria n'a jamais eu de père, son fils unique à lui vient de mourir. Il se crée entre eux, une relation ambiguë. « Ses sentiments, note Greville, sont d'ordre sexuel bien qu'elle-même ne le sache pas. » C'est un grand amour platonique qui commence, mais quel drôle de couple ! « Le gentilhomme élégant, raffiné, de grande allure, aux épais sourcils et aux yeux spirituels. Et la toute petite Reine blonde, gracieuse, vive dans sa simple robe de jeune fille, la bouche entrouverte, qui le regarde avec gravité et admiration de ses yeux globuleux*. »

Adolescente, Victoria a grandi entourée de beaucoup d'attentions mais sans tendresse ni considération. Il est stupéfait par sa timidité jointe à son extrême nervosité. Par sa capacité à cacher ses sentiments, qu'il juge anormale pour une fille de son âge. Chaque fois qu'il le peut, il essaie de la mettre en valeur. Elle exulte. Très vite, son journal est rempli de lord Melbourne, son héros, qu'elle n'appelle plus que lord M : « Aucun ministre, aucun ami n'a jamais eu autant ma confiance que cet excellent lord M. »

Elle lui raconte le harcèlement de sa mère et de Conroy, lui confie ses doutes. Elle se trouve ignorante et stupide : « Je pense souvent que je suis peu faite pour ma position. – N'y pensez jamais », dit-il. Elle est aussi impatiente : « Je laisse ma colère éclater envers mes serviteurs, à mon grand regret. » Il répond qu'une personne qui a « un penchant colérique ne parvient jamais à le

---

* Lytton Strachey, *La Reine Victoria*, Payot, Paris, 1921.

dominer complètement et ne peut s'empêcher de le laisser éclater de temps à autre ». Elle mesure à peine un mètre cinquante et regrette d'être si petite : « Tout le monde grandit sauf moi. – Moi, je vous trouve grande », assure son Premier ministre. Elle n'aime pas ses sourcils qu'elle juge trop fins et voudrait les raser pour les rendre plus épais : « Je vous le déconseille », dit Melbourne. Elle a hérité des bras dodus de la duchesse, de mains grassouillettes qu'elle camoufle, même les pouces, sous de grosses bagues qui toute sa vie l'empêcheront de manger : « C'est encore pire, on ne voit qu'elles », constate-t-il. Elle a été pesée et la balance indique cinquante et un kilos : « Ne mangez que lorsque vous avez faim, suggère-t-il. – Mais alors je mangerais toute la journée », s'exclame piteusement Victoria.

Ils bavardent des heures ensemble, s'amusent de tout. Elle n'aime pas les falbalas, les chapeaux à plumes dont raffole sa mère. Il l'approuve et trouve que toutes les Anglaises s'habillent mal : « Sur elles, les robes ne vont pas, ne restent pas en place. » Elle avoue qu'elle est superstitieuse et qu'autrefois, elle avait peur des voleurs la nuit. Il dit qu'il a déjà rencontré des fantômes. Elle s'étonne qu'il ne porte pas de montre. Il s'esclaffe : « Je demande l'heure à mon domestique et il me répond ce qu'il veut. » Il sait la faire rire et garde devant elle le même franc-parler qu'à son club, ce qui ne déplaît pas à Victoria. Elle rit même quand il lui dit à propos des Allemands : « J'ai une haute opinion de leur talent mais pas de leur beauté. »

Dans son journal elle note avec reproche qu'il a avalé trois côtelettes et une grouse pour son breakfast. Mais lorsqu'il lui raconte qu'au collège d'Eton il portait les cheveux longs elle écrit : « Comme il devait être beau ! » Elle s'apitoie sur ses malheurs conjugaux : « Quelle horreur que sa femme ait brisé sa vie alors qu'elle aurait dû être fière de rendre un tel homme heureux. » Elle lui en veut d'avoir risqué la mort en restant sous un arbre pendant un orage. Le jour où elle tombe de cheval devant lui, il devient tout pâle et lui demande à plusieurs reprises : « Êtes-vous sûre que vous n'avez rien ? »

Ce serait le bonheur, sans les jérémiades de la duchesse. Les complications de cette femme hystérique qui cherche à retrouver son rôle et à imposer Conroy à la cour donnent à Victoria des crampes d'estomac. Elle tient à déménager le plus tôt possible. Mais où s'installer ? St. James est trop triste, Windsor trop loin. Finalement, elle choisit l'immense Buckingham où aucun souverain n'a résidé. Acheté au duc de Buckingham par George III, agrandi par George IV, on l'appelle le *New Palace*. Plusieurs pièces sont éclairées au gaz mais les appartements malcommodes. Il faut percer des portes, prévoir des escaliers. L'emménagement est prévu pour le 13 juillet, mais les travaux prennent du retard. Elle ne veut rien entendre, envoie une note de sa main pour annoncer qu'elle déménagera comme prévu le 13 juillet, ce qui provoque la panique des corps de métier obligés de mettre les bouchées doubles.

Elle laisse dans ce « pauvre vieux Kensington » des souvenirs si pénibles qu'elle n'y retournera plus pendant trente ans. « Le plus difficile était de conserver mon sang-froid quand j'étais irritée et qu'ils me harcelaient », confie-t-elle à Melbourne. À Buckingham, elle fait percer une porte de communication entre sa chambre et celle de Lehzen et relègue sa mère à l'extrémité du palais : « Il n'y a plus d'avenir pour moi, je ne suis plus rien », gémit la duchesse. La mère et la fille prennent toujours leur breakfast ensemble mais, pendant la journée, l'orgueilleuse duchesse doit demander à Victoria l'autorisation de la voir et reçoit souvent pour toute réponse : « Occupée. » Les reproches redoublent : « Ai vu mamma... quelle scène elle a faite !... Ai reçu une lettre de mamma. Oh ! une de ces lettres ! » La duchesse ne peut même pas se venger sur Melbourne, le Premier ministre lui témoigne autant de politesse que d'indifférence : « Prends garde Victoria, lord Melbourne n'est pas le roi », s'insurge la tyrannique Allemande.

La reine ayant avoué qu'elle n'aimait pas sa mère, le chef du parti whig hoche la tête : « Je n'ai jamais vu une telle folle. » Dans son journal, Victoria reconnaît que c'est bien vrai et conclut : « Nous éclatons de rire tous les deux. » Le Premier ministre, pourtant, lui déconseille de faire la guerre à la duchesse : « Cela ferait mauvaise impression sur le public. »

Depuis son accession, Victoria est passée de la gêne à l'opulence. Elle est à la tête de la première fortune du monde. Bientôt, le Parlement lui votera une liste civile de trois cent quatre vingt-cinq mille livres, quarante fois celle du président des États-Unis, chiffre qui ne variera pas jusqu'à sa mort. Elle bénéficie en outre des revenus des duchés de Cornouailles et du Lancashire. Son premier geste est de rembourser toutes les dettes de son père : cinquante mille livres, la presque totalité de sa cassette privée pendant un an. Elle tient aussi à continuer de payer les rentes des enfants illégitimes de Guillaume IV, mais, par économie, refuse d'engager tout de suite l'orchestre que tante Adélaïde propose de lui céder.

Du grand chambellan à l'allume-feu, la maison royale compte quatre cent quarante-cinq personnes. Victoria aime les jolies femmes et apprend avec joie que la duchesse de Sutherland accepte de devenir sa maîtresse des robes. Dans ses salons de Stafford House, la duchesse défend les causes sociales et a la réputation d'avoir autant d'esprit que de charme. Melbourne donne aussi les noms d'autres dames d'honneur, whigs et intelligentes, car la reine connaît peu la haute société.

Elle passe à Windsor son premier été de reine. Un été merveilleux. Il y a là l'oncle Léopold, sa femme Louise et surtout lord Melbourne : « L'été le plus agréable que j'aie jamais passé et je n'oublierai jamais ce premier été de mon règne. » Ses journées sont régies par le même rituel qu'à Londres. Le matin, elle reçoit ses ministres et l'après-midi est consacrée aux longues promenades à cheval. Victoria n'est plus montée depuis sa maladie de Ramsgate il y a presque deux ans. « Sous la protection » de l'oncle Léopold, elle réapprend à galoper trente lieues sans s'arrêter, à la tête d'une petite troupe de cavaliers. À cheval, elle paraît moins petite. Dans son amazone de velours vert, les joues rosies sous son haut-de-forme orné d'un voile noir, elle se sent presque jolie. Quatre mois après son accession, elle écrit dans son journal : « Tout le monde dit que je suis complètement transformée depuis que je suis montée sur le trône. »

Vêtue de l'uniforme des gentilshommes de Windsor, habit bleu foncé, col et parements rouges, elle passe ses troupes en revue : « Je les saluai en portant la main au chapeau, comme font les officiers et l'on admira beaucoup la façon dont je m'y pris... Pour la première fois, j'avais l'impression d'être un homme, comme si je pouvais moi-même me battre à la tête de mes troupes. » Et comme Feodora lui demande si elle n'a pas l'impression de vivre un rêve : « Mais un beau rêve, Dieu le sait ; ce n'est pas la splendeur de la situation ou le fait d'être reine qui me rend si heureuse, c'est la vie extrêmement agréable que je mène qui fait ma paix et mon bonheur. »

Le Premier ministre lui facilite la tâche en expliquant avec une grande clarté tous les papiers qu'elle voit passer, toutes les lettres qu'elle doit signer. En matière de dépêches diplomatiques, il délègue ses pouvoirs de pédagogue à son ministre des Affaires étrangères, lord Palmerston, membre le plus ombrageux et autoritaire de son gouvernement qui ne lui laisse aucune initiative. Les lettres destinées à un souverain doivent se terminer par quelques mots de la main de la reine. Le ministre les écrit par avance au crayon, le ministère se chargeant par la suite de gommer les surcharges.

L'accession au trône de Victoria a fait perdre à l'Angleterre le royaume de Hanovre par la loi salique. C'est son oncle, le duc de Cumberland, qui en hérite. Mais l'empire britannique s'étend aux Indes gérées par une compagnie privée, l'East India Company. L'unification de l'Australie s'achève et aussi celle du Canada où les colons français se soulèvent fréquemment contre la couronne britannique. Avec l'Amérique, un premier empire a disparu et c'est désormais ce deuxième empire colonial qu'il faut consolider et défendre.

Toutes ces conquêtes créent de nouvelles richesses. Négociants, armateurs, fabricants accèdent au même train de vie que les nobles lords. Ils sont élus aux Communes. Peel, qui a succédé à Wellington à la tête du parti tory, est le fils d'un opulent manufacturier de Manchester.

À la Chambre des communes, la majorité whig de lord Melbourne s'est réduite et, avec Lehzen, Victoria tremble chaque jour, pleure même à l'idée qu'il soit renversé. Son gouvernement est profondément divisé avec des personnalités ingouvernables que le Premier ministre a renoncé depuis longtemps à diriger. Lord Durham et lord Brougham menacent de démissionner tous les trois jours, lord Russell raconte dans les clubs les secrets du conseil des ministres et lord Palmerston échafaude une politique étrangère impérialiste dans le plus grand secret. Entre les radicaux de son aile gauche et l'opposition conservatrice toute-puissante à la Chambre des lords, le gouvernement est en sursis. Le pays réclame des réformes : réforme du système électoral, réforme du commerce du blé, réforme de l'Irlande. Mais l'immobilisme est la doctrine du Premier ministre : « J'aime ce qui est stable et tranquille », répète cet enfant du XVIIIe siècle à l'intention des opposants désireux de changer une société aristocratique qui convient à merveille à son tempérament.

Au milieu des débats houleux, des joutes oratoires, des réunions de cabinet mouvementées, des frasques de lord Durham dont il s'est débarrassé en l'envoyant au Canada mais qui est revenu au bout de trois semaines, la jeune reine est une merveilleuse distraction. Elle l'attend avec impatience et s'indigne lorsqu'il la quitte : « Lord Melbourne dîne chez lady Holland. Je voudrais qu'il soit avec moi. » Elle déteste la coutume qui oblige les femmes à passer au salon alors que les hommes restent à table à siroter porto et brandy. Elle ordonne que ses invités viennent la rejoindre après quinze minutes. Melbourne s'assied à ses côtés sur un canapé, elle tourne les pages d'un volume de gravures sur les campagnes de Napoléon, les lacs italiens, la Nouvelle-Zélande. Le Premier ministre plaisante sur les anthropophages, elle rit en découvrant ses gencives tandis qu'à sa table de whist la duchesse lutte contre le sommeil.

Ils sont ensemble six heures par jour. Ils montent à cheval l'après-midi. Le plus souvent, Melbourne dîne à sa gauche quels que soient les autres invités. Parfois, Victoria lui demande si cela ne l'ennuie pas de lui consacrer tant de temps : « Oh que non ! » répond-il les yeux pleins de larmes. « Que le temps file vite quand on est heureux ! » écrit-elle encore étonnée d'en avoir fini avec les années d'étouffement, de vide et d'ennui de Kensington.

Levée à huit heures, elle n'a pas une minute à elle : « Je reçois tant de communications de mes ministres, je leur en adresse tant, j'ai tant de papiers à signer que j'ai toujours énormément à faire. Ce travail m'enchante. » Deux personnes l'assistent : Stockmar devenu son conseiller personnel et Lehzen qui contrôle les dépenses et la correspondance privée. Quand un ministre sort par une porte, sa chère Lehzen entre par l'autre. Les deux Allemands lui sont entièrement dévoués mais se jalousent. L'oncle Léopold a demandé à son fidèle Stockmar de lui envoyer un compte rendu hebdomadaire des affaires anglaises, ce qui indigne Melbourne : « Si j'ai quelque chose à communiquer au roi des Belges, je le ferai moi-même. »

Victoria continue à prendre des cours de chant avec Lablache et organise pour lui son premier concert à Buckingham cinq semaines après son emménagement. La cour a reçu pour la circonstance le droit de suspendre le deuil du roi. L'orchestre est dirigé par le maestro Costa et, après Lablache, la reine et ses invités écoutent l'incomparable Tamburini et la Grisi, vedettes de l'opéra de Covent Garden. En janvier, elle écrit fièrement à Feodora : « J'ai maintenant un orchestre à moi qui joue tous les soirs après le dîner et fort bien. Il est composé uniquement d'instruments à vent. » Elle aime autant le théâtre que la musique. Le 26 janvier, elle assiste à la représentation d'*Hamlet* dont le rôle principal est joué par le fils de l'illustre Kean, et y prend beaucoup de plaisir mais avoue que « ce personnage si difficile est presque incompréhensible ». Le 5 février, elle est au Drury Lane pour *Richard III* toujours avec Kean junior : « Je ne peux décrire de quelle merveilleuse façon il a montré le féroce Richard. Tous les autres acteurs jouaient fort mal. » Elle voit aussi *Le Roi Lear* sur les conseils de Melbourne et choque sa mère en se plongeant dans la lecture de son premier roman : *Oliver Twist*. Lorsqu'elle se rend au grand dîner donné par le lord-maire de Londres, Dickens, installé à une fenêtre de l'immeuble du banquier Coutts, lève un verre de bordeaux en son honneur.

Les lettres de l'oncle Léopold sont toujours aussi fréquentes, mais pour Victoria elles ne sont plus parole d'évangile. En mars 1838, leurs relations sont mises à l'épreuve du pouvoir. Léopold insiste pour que l'Angleterre soutienne la Belgique contre les prétentions des Hollandais à lui retirer le Luxembourg comme le prévoit le traité signé à Londres en 1831. Mais la Hollande est une alliée privilégiée de l'Angleterre et la réponse n'est pas du tout celle espérée par Léopold. Après lui avoir prodigué les marques de sa vive affection, Victoria assure simplement que lord Melbourne et lord Palmerston ne veulent rien d'autre que « la prospérité et le bien de la Belgique ». L'oncle ne l'entend pas ainsi. Quelques semaines plus tard, il renvoie une lettre péremptoire : « Tu sais par expérience que je ne demande jamais rien... Mais, comme je l'ai déjà dit, si nous n'y prenons garde, il peut en résulter de graves conséquences, capables d'affecter plus ou moins le monde. » À nouveau lord Melbourne dicte la réponse que Victoria saupoudre de « très cher oncle » et « d'affection pour la chère tante Louise et pour les enfants ». Dans la missive suivante, Léopold disserte sur le climat de Brighton mais le roi des Belges, qui ne considère jamais un « non » comme une réponse définitive, ne s'avoue pas vaincu… Victoria met un point final à la dispute : « Il faut que je vous remercie de votre dernière lettre que j'ai reçue dimanche. Bien que vous ayez quelque goût pour mes étincelles politiques, peut-être vaut-il mieux ne pas en augmenter le nombre par crainte du feu, et d'autant plus que, sur ce sujet-là, je vois à mon grand regret que nous ne pouvons nous entendre. »

Dès le printemps 1838, Londres ne parle plus que des fêtes du couronnement que les whigs ont décidé de célébrer avec faste. Le Parlement a fixé à deux cent mille livres le budget pour l'ensemble des cérémonies, la décoration de l'abbaye de Westminster et des rues, les bals et orchestres aux quatre coins de la capitale. Les journaux décrivent la nouvelle couronne d'apparat de la jeune reine. Celle de saint Édouard placée habituellement sur la tête des souverains étant trop grande et trop lourde, on a choisi les plus extraordinaires bijoux du trésor royal : rubis du Prince Noir, saphir des Stuarts et, surmontant le tout, le saphir enlevé au doigt d'Édouard le Confesseur lors de l'ouverture de sa tombe pour sa canonisation au XIIe siècle.

La presse annonce aussi trois grandes réceptions à la cour, un concert de gala, trois bals. Le nouveau palais de Buckingham, avec ses cinq vastes salons en plus de la galerie et de la salle à manger, est idéal pour recevoir la foule des invités. Victoria le constate début mai au premier bal de son règne. Surexcitée, elle fait son entrée à dix heures tandis que joue l'orchestre de Johann Strauss et elle ne se retire pas avant l'aube : « Je n'avais pas dansé depuis si longtemps et j'étais si heureuse de le faire à nouveau. » Le 25 mai, elle écrit à l'oncle Léopold : « J'ai dansé jusqu'à quatre heures du matin. J'ai eu le plus bel anniversaire de ma vie. Oh ! si différent de celui de l'an dernier. » Entre deux quadrilles, elle échange avec

Melbourne des billets presque tendres : « J'ai vu la reine avec son Premier ministre. Quand il est avec elle, il a l'air amoureux, enchanté, content de lui-même, respectueux, à son aise comme s'il avait l'habitude d'avoir toujours la vedette. Et par-dessus tout joyeux », note la princesse Lieven.

Le 19 juin, c'est le grand bal du couronnement. Une tente indienne, des lampions chinois et l'orchestre de la garde accueillent les invités. Les centaines de bougies des grands candélabres illuminent les colonnes de marbre rose ou bleu en haut desquelles brillent les initiales en or de Victoria, les angelots de l'alcôve du trône, les sièges recouverts de velours cramoisi. Tous les ambassadeurs ont accouru pour rendre hommage à la jeune reine. Les voyages en voiture à cheval et en bateau à voiles sont trop longs et dangereux pour que rois, empereurs ou sultans songent à se déplacer pour chaque couronnement.

L'orchestre de Strauss joue le *God save the Queen* lorsque Victoria apparaît, peu après dix heures, en compagnie de la famille royale. Feodora est venue assister à son triomphe et rien ne peut lui faire plus de plaisir. La reine ouvre immédiatement le bal par un quadrille avec son cousin George de Cambridge et danse le suivant avec le prince Swartzenberg. Les airs de Strauss se succédant sous les plafonds richement décorés, Victoria ne cesse de tournoyer au bras de ses cavaliers : lord Ward, le duc de Buccleugh et surtout le prince autrichien Esterhazy dont la pelisse de velours sombre, l'épée et même la cape couvertes de diamant captivent tous les regards. Elle se repose parfois lors d'une valse que l'étiquette ne l'autorise à danser qu'avec un prince de sang. Des fauteuils réservés à la famille royale ont été installés sous deux petits dais.

En l'honneur du couronnement, l'orchestre de Weipper qui joue dans la petite salle de bal a créé une valse : *Le Lion de Belgique*, et une série de quadrilles intitulés *Waterloo royal*. À une heure du matin, le souper est servi. Victoria dîne rapidement et retourne aussitôt attaquer les quadrilles dont elle ne manque aucun jusqu'à quatre heures du matin. La soirée se termine par une danse écossaise que la jeune reine exécute à la perfection avant de se résigner enfin à aller se coucher.

Le soleil se lève déjà sur la Tamise et les rues résonnent des coups de marteau des ouvriers qui commencent à élever gradins et galeries pour la procession. La semaine n'est qu'une suite de festivités mais aussi de dîners organisés pour les pauvres. Les hôtels particuliers des lords sont illuminés, les théâtres décorés de lampions et les becs de gaz font de Londres une ville-lumière unique au monde. Pour la première fois, une foire avec des manèges s'installe à Hyde Park. Le peuple est à la fête lorsque le 27 juin, à minuit, s'ébranlent les cloches du couronnement. Victoria est réveillée à quatre heures du matin par les salves de canon.

Elle n'arrive pas à se rendormir, voit le vent et la pluie se dissiper et sort à dix heures du palais de Buckingham sous un soleil radieux. Les équipages des ambassadeurs sont extravagants : vert et argent pour le représentant extraordinaire de la reine du Portugal, tapissé de pourpre et de soie jaune avec un soleil levant et un croissant pour celui du sultan. Mais le plus éblouissant est celui du maréchal Soult : un carrosse bleu cobalt strié d'argent et d'or ayant appartenu au Grand Condé. L'ancien adversaire de Wellington est applaudi et ne peut cacher son émotion : « Quel bon peuple ! » s'exclame-t-il.

Dans son carrosse d'apparat, la reine salue timidement la foule et, « gaie comme une alouette », fait son entrée dans l'abbaye de Westminster où étincellent les diamants des pairs et des pairesses : « Je ne puis dire combien je suis fière d'être la reine d'une telle nation. »

La cérémonie fut une longue suite de catastrophes. On avait eu la malencontreuse idée d'habiller les demoiselles d'honneur de robes à traîne si bien qu'elles marchaient dessus et empêchaient Victoria d'avancer. L'archevêque de Cantorbery chercha partout le globe qu'un évêque avait déjà donné à la reine et que celle-ci tenait d'une main tremblante tant il était lourd. Il se trompa de doigt pour lui passer l'anneau d'or orné du rubis et lui écrasa une phalange qu'elle dut longuement baigner dans l'eau froide à la fin de la cérémonie pour pouvoir le retirer. On la fit se lever avant la fin des prières. À deux reprises, elle demanda tout bas ce qui venait ensuite et l'évêque de Durham répondit qu'il n'en savait rien.

Le vieux lord Rolle, âgé de plus de quatre-vingts ans, fit une chute en grimpant les marches du trône pour lui rendre hommage. Enfin, la couronne que les lords devaient toucher avant de lui baiser la main lui meurtrit la tête, tant ils s'agrippaient à elle. Elle en eut la migraine.

Mais, enivrée par les trompettes et le *God save the Queen*, Victoria sourit à sa « bien-aimée » Lehzen et à son Premier ministre qui porte l'épée d'État : « Quand mon cher lord Melbourne s'agenouilla pour me baiser la main, il me la serra et je pressai la sienne de tout mon cœur puis il me regarda avec des yeux pleins de larmes, il parut très ému, et il le fut pendant toute la cérémonie. »

À peine rentrée à Buckingham, elle entend dans le hall aboyer Dash, son épagneul favori. Elle dépose sceptre et globe qu'elle tient encore à la main, retire son manteau d'apparat pour serrer son petit chien dans ses bras. La légende voudrait même qu'elle lui ait donné son bain. Le soir, au dîner, lord Melbourne placé à sa gauche, déclare les larmes aux yeux à la reine qui se plaint d'avoir les jambes lourdes : « Je dois vous féliciter pour cette magnifique journée. Vous avez été parfaite ! » On pleure beaucoup dans la bonne société anglaise de l'époque. C'est un signe d'éducation, de culture et de sensiblité artistique.

5.

La voici couronnée, reine, plus reine encore, et c'est le bonheur. Quel contraste avec les deux jeunes reines d'Espagne et du Portugal confrontées à la guerre civile et à la révolution ! Ses moindres désirs, ses caprices même sont satisfaits. Victoria est le centre de tous les regards, de toutes les attentions. Son peuple l'aime. Elle est acclamée chaque fois qu'elle apparaît, ce qui n'était pas le cas de George IV qui redoutait de sortir en carrosse dans Londres de peur qu'on lui jette des pierres, ni même de Guillaume IV : « Lord M m'a parlé de la courtoisie des gens à mon égard alors qu'ils étaient très grossiers avec le roi et mettaient leur chapeau sur leur tête dès qu'ils le voyaient. »

Elle adore de plus en plus son « travail de reine » et juge son Premier ministre pas assez présent, surtout le soir. Elle déteste dîner sans lui. Lorsqu'il est absent la conversation devient horriblement languissante. Au retour d'une soirée à Buckingham, lord Greville raconte son dialogue avec Victoria.

« – Avez-vous monté à cheval aujourd'hui, monsieur Greville ?

– Non, Madame, je n'ai pas monté à cheval.

– Quel beau jour !

– Oui, Madame, un très beau jour.

– Mais il faisait un peu froid.

– En effet, Madame, il faisait un peu froid.

– Votre sœur, lady Frances Egerton, monte à cheval, n'est-ce pas ?

– Oui, Madame, elle monte quelquefois.

Il y eut un silence.

– Votre Majesté a-t-elle fait une promenade à cheval aujourd'hui ?

– Oh oui, une très longue promenade, répondit la reine avec animation.

– Votre Majesté a-t-elle un bon cheval ?

– Oh oui, excellent. »

Elle sait qu'elle ne sait rien et déteste faire le « cercle » de ses invités auxquels elle ne trouve jamais rien à dire. Elle est plus à son aise avec Lehzen ou des gens simples qu'avec des lords, des ministres, des écrivains, vis-à-vis desquels elle se sent, à cause de son manque de culture, en infériorité. Elle n'a jamais voyagé en dehors de l'Angleterre, ne connaît pas Paris, n'est pas sortie dans le monde.

Elle s'en plaint à lord Melbourne qui lui conseille de dire n'importe quelle sottise, plutôt que de rester sans parler. Jour après jour, il continue de l'éduquer. Il lui lit et lui explique la loi sur l'abolition de l'esclavage et elle découvre, scandalisée, la cruauté des marchands d'esclaves. Son instinct est un bon guide. Dans cette Angleterre puritaine, elle n'a pas l'ombre d'un préjugé religieux. Parmi les premières personnes qu'elle a anoblies, elle a tenu à distinguer un juif, rencontré à Ramsgate, et qui a été élu shérif de Londres. Elle écrit le soir dans son journal : « Je suis enchantée d'avoir été la première à faire ce qui me paraît tout à fait juste et digne. »

Sa mère lève les yeux au ciel. L'irritable duchesse abreuve sa fille de critiques. Elle lui reproche d'aller trop souvent au théâtre, de manger trop, de boire trop de vin à table, et surtout de tenir obstinément Conroy à l'écart de sa cour : « J'ai dit à lord M combien c'était terrible d'être toujours auprès de mamma depuis tant d'années... Elle m'a annoncé il y a quelques jours qu'elle resterait ici aussi longtemps que je ne serais pas mariée. Ah la choquante alternative ! »

Car elle songe moins que jamais à se marier. Elle veut attendre trois ou quatre ans. Elle le répète à plusieurs reprises à son oncle Léopold qui plaide inlassablement la cause de son cousin Albert. Stockmar termine, avec le prince, un long voyage à travers la Suisse et l'Italie jusqu'à Naples, sorte d'ultime révision avant son examen de passage. Mais elle ne veut plus d'un « jeunot ». Elle aime trop les reparties de Melbourne, son regard posé sur elle, les mots pleins d'affection qu'il lui griffonne quand il ne peut la rejoindre à Windsor. Elle oppose au roi des Belges tous les prétextes imaginables : « En plus, s'énerve-t-elle un jour, sa maîtrise de la langue est encore incomplète et s'il doit occuper une haute fonction en Angleterre, il faut remédier à ce défaut. » Elle sait pourtant que le lieutenant Seymour est parti avec Stockmar pour améliorer le vocabulaire du prince allemand.

L'oncle commence à se résigner. Il écrit au baron Stockmar rentré d'Italie : « J'ai eu une longue conversation avec Albert. Je lui ai posé le problème avec franchise. Je lui ai dit qu'il fallait remettre ce mariage à quelques années. Il m'a fait une remarque très juste : "Je suis prêt à admettre ce délai si j'ai quelque assurance que le projet se fera. Mais si, après avoir attendu, mettons, trois ans, je découvrais que la reine ne souhaite plus ce mariage, je serais placé dans une situation ridicule et tous mes projets d'avenir seraient compromis." » Albert écrit à un de ses amis : « La reine a déclaré à mon oncle de Belgique qu'elle considérait le projet comme rompu et qu'elle n'envisageait pas de mariage avant quatre ans. Je tiens à déclarer de mon côté que je me retire totalement. »

Ah ! comme Victoria aimerait, de la même façon, régler son conflit avec la duchesse et Conroy ! Or voici que se présente une occasion miraculeuse de se venger de l'homme qui a empoisonné toute son enfance, en dévoilant au grand jour la moralité douteuse du « monstre » qu'elle a toujours soupçonné d'avoir eu avec sa mère d'indécentes privautés.

Lady Flora Hastings, la dame d'honneur de la duchesse, a passé ses vacances de Noël en Écosse dans le château familial. Elle est rentrée à Londres en chaise de poste seule avec Conroy. Or, depuis son retour, lady Flora montre un anormal embonpoint. Elle souffre de l'estomac et consulte le docteur Clark qui, sans l'examiner, prescrit douze pilules de rhubarbe et d'ipéca et un liniment composé de camphre et d'opium. Elle a trente-deux ans, n'est pas mariée et deux dames d'honneur, qui détestent l'arrogant Irlandais, commencent à jaser. Les rondeurs de lady Flora discréditent la moralité de la cour. Le détail n'échappe pas à la baronne Lehzen qui en fait part à Victoria. Le 2 février 1839, la reine écrit dans son journal : « Nous n'avons aucun doute, pour parler net, qu'elle attend un enfant. Le docteur Clark ne peut le nier. L'horrible cause de tout ceci, c'est ce Monstre et Démon incarné dont je m'abstiens de mentioner le nom, mais c'est le premier mot de la deuxième ligne de cette page. »

Le mot en question se résume à deux initiales : « J. C. »

Or, après plusieurs examens médicaux, il apparaît que lady Flora est vierge. En fait, elle souffre d'un cancer du foie. Mais la rumeur d'origine royale a brisé l'honneur du nom qu'elle porte. Son frère, le jeune et bouillant lord Hastings, demande réparation et veut se battre en duel avec lord Melbourne. La duchesse de Kent voit dans cette affaire l'ultime cruauté que sa fille lui fait odieusement subir ainsi qu'à Conroy. Elle renvoie le docteur Clark et ne paraît plus aux repas. De part et d'autre, on requiert l'arbitrage de la vieille gloire nationale, le duc de Wellington qui, plus politique que d'habitude, recommande d'étouffer l'histoire et presse la mère et la fille de se réconcilier.

Le 23 février, Victoria rend visite à lady Flora, l'embrasse en lui exprimant son souhait que tout soit oublié. Mais il est trop tard. Pour mettre fin aux odieux commérages, l'oncle de lady Flora qui vit à Bruxelles donne au journal l'*Examiner* une lettre de sa nièce retraçant toute l'affaire et accusant la baronne Lehzen de haïr la duchesse. La presse s'empare du scandale. Les querelles entre la reine et sa mère sont étalées au grand jour.

On parle désormais de « deux » cours et les journaux s'interrogent : Qui est à l'origine des calomnies ? Les deux dames d'honneur whigs de Victoria ? Mais pourquoi les garde-t-elle ? Le docteur Clark, médecin personnel de la reine ? Mais alors pourquoi ne renvoie-t-elle pas cet homme incompétent comme la duchesse l'a fait ? On accuse la baronne allemande d'attiser l'animosité de la reine à l'égard de la duchesse. À Bruxelles, l'affaire est au menu de tous les dîners. Le roi Léopold lui-même prend parti contre la « Lehzen qui, écrit-il à sa femme, a établi le même système d'exclusion que jadis le brave sir John Conroy ». À Vienne, Stockmar répand le bruit qu'avec toute cette affaire Victoria a l'impression de devenir folle comme son grand-père.

À Londres, la mère de Flora Hastings fait publier dans le *Morning Post* les demandes d'explications qu'elle a écrites à la reine et les sèches réponses de Melbourne. La politique s'en mêle. À la recherche d'une majorité stable, whigs et tories entretiennent une guerre d'une férocité inouie et l'affaire ne fait qu'envenimer un climat politique exécrable. L'opposition tory à laquelle appartiennent les Hastings accuse la reine d'être sous l'influence d'une cour exclusivement whig et prend le premier prétexte venu, un projet de loi sur la Jamaïque, pour tenter de renverser le gouvernement au mois de mai.

En 1835, le Parlement britannique a aboli l'esclavage des Noirs dans tout l'empire, ce que ni la France ni les autres puissances coloniales n'ont fait. Les planteurs de sucre jamaïcains refusent d'appliquer une législation qui les rend moins compétitifs. Pour les faire céder, le gouvernement Melbourne, avec Palmerston aux Affaires étrangères, est partisan de la manière forte : l'administration directe de la Jamaïque par Londres. Le projet de loi est voté de justesse, mais lord Melbourne juge sa majorité de cinq voix trop fragile pour conduire sa politique.

La lettre de démission qu'il fait porter le 7 mai à Buckingham déclenche les torrents de larmes de la reine qui tremble d'être isolée, orpheline, incapable sans son pygmalion d'assurer sa tâche et surtout de se défendre contre la vindicte de la duchesse, de Conroy, des Hastings et des tories : « L'angoisse, la peine et le désespoir dans lesquels tout cela m'a plongée sont plus faciles à imaginer qu'à décrire ! Tout, tout mon bonheur disparu ! Cette vie heureuse et paisible gâchée, ce bon, ce très cher lord Melbourne qui cesse d'être mon ministre... », écrit-elle aussitôt dans son journal.

Après l'avoir reçu le jour même, elle note : « Je croyais vraiment que mon cœur allait se briser ; il était debout, près de la fenêtre ; je saisis sa bonne, sa chère main, sanglotai, la pressai de mes deux mains, le regardai et éclatai en sanglots : "Vous ne m'abandonnerez pas." Je gardai sa main pendant un instant, incapable de la laisser aller, et il me regarda avec une telle bonté et affection, pouvant à peine parler à cause des larmes : "Oh non", dit-il d'une voix si bouleversante. »

Un peu plus tard, lord Melbourne est de retour au palais pour lui dicter sa conduite. Il n'y a pas de règle écrite, mais une tradition à laquelle elle doit se soumettre. Il lui conseille de faire appel à la figure emblématique du parti tory : Wellington. Mais celui-ci refuse. Il est vieux, il est sourd et s'il a une grande influence à la Chambre des lords, il n'a aucune autorité aux Communes. Il lui recommande de choisir le leader du parti tory, sir Robert Peel.

Mais Victoria a décidé une fois pour toutes qu'elle était whig et qu'elle n'aimait pas Peel. Entre deux sanglots, elle confie à lord Melbourne combien il est dur de se voir imposer des gens qu'on déteste : « C'est très dur, mais on ne peut pas l'éviter », répond lord Melbourne.

La première entrevue est glaciale. Peel n'a rien qui puisse lui faire oublier le brillant Melbourne. Il est athlétique mais raide avec un visage ordinaire. Le chef du parti tory est issu de cette nouvelle bourgeoisie industrielle, enrichie dans le textile, qui se hisse au pouvoir depuis la réforme électorale. Il n'a pas l'habitude de la cour. Il ne sait pas comment se tenir devant la reine, danse d'un pied sur l'autre et lui tient un langage trop politique. Elle n'aime pas « ses manières ô combien différentes, radicalement différentes de celles si franches, ouvertes, naturelles, aimables et chaleureuses de lord M ».

Hélas, c'en est fini des longues conversations en tête à tête. L'usage interdit à Victoria de recevoir en privé son ex-Premier ministre. Avec son impulsivité presque pathologique, elle ne s'y résout pas et l'invite à Buckingham le soir même.

En gentleman, Melbourne décline l'invitation. Il a servi sous un roi tory et respecte scrupuleusement la tradition de fair-play qui est l'essence même de la vie publique britannique. Il prend même la défense de Peel : « Vous devez savoir que ce n'est pas un homme habitué à parler à des rois, il n'est pas comme moi, il n'a pas été élevé avec des monarques et des princes. » Accablée, elle lui envoie un petit mot. « La reine souhaiterait une chose qu'elle croit possible : que lorsqu'elle se promènera à cheval demain après-midi, elle rencontre Lord M. Ce lui serait d'un grand secours et personne au monde ne pourrait trouver à y redire. »

Dès la première entrevue, sir Robert a posé la question de la cour exclusivement whig. Lord Melbourne a mis la reine en garde : elle doit insister sur le fait que le choix de sa maison est de son ressort. Mais si Peel refuse et demande qu'un équilibre entre whigs et tories règne aussi parmi ses dames d'honneur, elle devra s'incliner pour éviter tout risque de « tomber dans la situation de la France où aucun parti n'est capable de constituer un gouvernement et de conduire les affaires du pays ».

Peel, qu'elle revoit le lendemain, lui demande de se séparer de la duchesse de Sutherland et de lady Normandy, épouses de ses opposants whigs les plus féroces. Mais Victoria déteste le changement et tient à conserver son cercle d'amies. Victime de l'acharnement des Hastings, elle est persuadée qu'une seule dame d'honneur tory n'aurait, comme lady Flora, rien de plus pressé que de l'espionner et de la déstabiliser. Et puis, elle ne veut plus « être régentée comme une enfant ». Elle a trop souffert à Kensington d'être constamment sous haute surveillance.

L'accord est impossible. Pessimiste sur l'avenir d'un gouvernement qu'il a du mal à former, Peel renonce. Sur-le-champ, Victoria envoie un mot à lord Melbourne : « Soyez prêt car on aura peut-être bientôt besoin de vous. » Le soir même, celui-ci bat le rappel de ses ministres qui, après dîners et opéra, se réunissent à Melbourne House. Il leur lit une lettre de la reine écrite dans le style élisabéthain : « Ils veulent me priver de mes dames d'honneur et je suppose qu'ensuite ils voudront me priver de mes habilleuses et de mes femmes de chambre. Ils espèrent me traiter comme une enfant mais je leur montrerai que je suis la reine d'Angleterre. » Après trois heures de débat, les ministres décident de ne pas abandonner « une telle reine et une telle femme » qui a pris fait et cause pour le parti whig. Melbourne déclare aux Communes : « Je reprends mes fonctions pour une seule et impérieuse raison : je n'abandonne pas ma reine dans une situation de difficulté et de détresse, surtout lorsque lui a été faite une demande incompatible avec son honneur et qui, si elle y avait accédé, aurait soumis son règne à toutes les fluctuations des partis politiques. »

Le lendemain, la reine reçoit le tsarévitch Alexandre de Russie. Le futur Alexandre II est choqué d'apprendre les avanies qu'on lui fait subir. C'est un beau jeune homme, séduisant, grand, mince et réputé comme un des meilleurs danseurs d'Europe. Au bal organisé à Buckingham en son honneur, Victoria est radieuse. Entourée de tous ses amis, elle a retrouvé son Premier ministre « encore plus beau » tandis que Wellington et Peel font grise mine. Elle a livré sa première bataille politique et elle l'a gagnée.

Pendant plus de deux semaines, Victoria organise pour son visiteur russe réceptions, journée aux courses, concerts et soirée au théâtre où ils sont applaudis. Au passage de leur voiture, la foule s'écrie : « Vive la reine ! Bravo ! » Dans Londres, l'excitation est à son comble. Les tories s'indignent, hurlent au complot. Benjamin Disraeli écrit une lettre ouverte au *Times* : « Malheureusement, Madame, l'obligation la plus pénible d'un gouvernement britannique est le devoir qui lui est imposé de surveiller discrètement l'entourage de la souveraine. Il est certaines connivences à la Cour qui, d'évidence, ne peuvent être tolérées sans de grands inconvénients et embarras officiels. Le public, peu au fait de ce que le caractère royal est formé, dès l'enfance, dans des habitudes de parfait contrôle de soi, comprendra difficilement comment les secrets du Cabinet pourraient être constamment cachés aux intimes du boudoir. » Les whigs accusent leurs adversaires d'impérialisme, de vouloir séparer la reine de ses amis et de s'attaquer à la paix de son esprit.

Le 24 mai, elle fête son anniversaire. Elle a vingt ans : « Ça me fait drôle, je dois me réjouir et je dois à deux personnes plus que je ne pourrai jamais leur donner : ma chère Lehzen et mon cher excellent lord Melbourne. » Mais le soir, elle n'a d'yeux que pour le tsarévitch et ses bras vigoureux. Au second bal, elle danse pour la première fois la mazurka : « Le grand-duc est tellement fort que, quand il tourne en rond, il faut se presser beaucoup pour le suivre après quoi on est enlevé dans un tourbillon, comme lorsqu'on valse, ce qui est bien agréable. » Lors d'une danse folklorique allemande durant laquelle les couples doivent passer sous un mouchoir, le grand cavalier se prend les cheveux dans le diadème de sa royale danseuse : « Je ne me suis jamais tant amusée, nous étions tous tellement gais. Je me suis couchée à trois heures moins le quart du matin mais je n'ai pas pu m'endormir avant cinq heures. » La fête se termine le 29 mai : « J'étais triste du départ de cet aimable jeune homme dont je crois vraiment (je plaisante) que j'étais un peu amoureuse. » Alexandre s'est gardé de lui annoncer qu'il est secrètement fiancée avec une princesse allemande simple et pieuse, Marie de Hesse.

Le lendemain, elle fait remarquer à lord Melbourne : « Une jeune personne comme moi doit avoir de temps en temps des jeunes gens autour d'elle. » Le Premier ministre lui répond, les larmes aux yeux comme d'habitude : « Rien de plus naturel. » Elle aime par-dessus tout les rapides quadrilles. Dans ces moments-là, elle en arrive à oublier lord M. Elle a la réputation d'être la meilleure danseuse de son royaume. Elle en est fière.

Le 30 mai, le duc de Sussex donne en l'honneur de Victoria une grande fête à Kensington. On a décoré le jardin d'une tente de mousseline. Au milieu de la table trône un énorme candélabre en argent offert par les francs-maçons dont le duc a été pendant vingt-cinq ans le grand maître. L'éclat des bougies se reflète dans le service d'assiettes lui aussi en argent. Dans ce cadre champêtre où Victoria a grandi, les disputes de la reine et de sa mère sont au centre de toutes les conversations. Le speaker de la Chambre des communes explique à lord Melbourne que Lehzen est « un serpent caché dans l'herbe » et la reine « une enfant sans cœur ».

Quelques jours plus tard, la décision de Conroy de partir pour Rome est un soulagement. C'est Wellington, arbitre des grandes causes nationales et des petites turpitudes de la cour, qui a convaincu le mauvais génie de la duchesse de déguerpir.

Mais l'affaire Flora Hastings n'en est pas pour autant terminée. L'Angleterre est toujours déchirée par le scandale. La dame d'honneur de la duchesse est au plus mal. La reine et son Premier ministre redoutent une issue fatale qui ferait rebondir le drame : « Comme vous dites, Madame, ce serait bien embarrassant si cette femme mourait. » Fin juin, la reine rend visite à lady Flora et tente de justifier la méprise qui est à l'origine de l'affaire : « Elle est comme un cadavre, mais le ventre aussi gonflé que si elle attendait un enfant. » Huit jours plus tard, Victoria note dans son journal avec une sobriété inhabituelle : « La pauvre fille est morte paisiblement. »

L'opinion publique, les pasteurs, la presse se mobilisent en faveur de la jeune défunte victime des médisances de la cour. L'image de Sa Gracieuse Majesté est brusquement ternie. La bonne société puritaine l'accuse d'être frivole, de ne s'occuper que de chiffons, de bals et de soirées déguisées.

Les tories qui se remettent mal de l'échec de Peel la traitent de *Party Queen*, la reine du seul parti whig ! On la siffle lorsqu'elle se promène à cheval avec son Premier ministre. Aux courses d'Ascot, une voix tory lui jette au visage : « Mrs. Melbourne ».

Plus que le Premier ministre, le grand responsable du drame est le docteur Clark et Victoria commet l'erreur de garder obstinément à son service le médecin fautif. Mais c'est lui qui, avec Lehzen, l'a soignée à Ramsgate en 1836, lorsqu'elle était si malade et que Conroy et la duchesse la persécutaient sans relâche. Surtout, Victoria n'aime pas céder. Elle a fait, en tenant tête à Peel, sa première erreur politique et, bien des années plus tard, elle le reconnaîtra : « J'étais très jeune. » Pour la seconde fois, en cette année 1839, son entêtement, bien hanovrien, vient de lui jouer un tour. Sa vraie nature apparaît au grand jour. La jeune reine vive et gracieuse est aussi une petite fille impérieuse, sujette à des emportements, des colères incontrôlables. Les derniers événements ne l'ont pas assagie : « J'ai dit à lord M que je sentais que mon caractère devenait de pire en pire. »

Le Premier ministre, lui, est fatigué. Il a la goutte et ne peut passer une soirée sans s'endormir. Victoria lui reproche même parfois de ronfler en présence d'autres personnes, « ce qui est très embarrassant ». À la Chambre des communes, il est en proie à des difficultés politiques, qu'à son habitude il cherche à contourner.

La loi électorale de 1832 n'a pas satisfait le peuple. Dès l'année suivante sont nés les premiers syndicats. Une charte publiée en 1838 réclame le suffrage universel pour les hommes, l'égalité des circonscriptions électorales et surtout un salaire parlementaire qui permettrait aux ouvriers de se faire élire. Le 4 février 1839, les chartistes réunissent à Londres une convention de cinquante représentants du peuple qui siègent comme un Parlement.

Brusquement le climat social s'embrase. Quatre années de mauvaises récoltes provoquent la famine des paysans. Un reporter du *Morning Chronicle* décrit les scènes de désolation dans les comtés de l'Ouest et du Sud : « J'ai visité deux maisons appartenant à la paroisse, chacune était composée de deux chambres, chaque chambre enfermait une famille. Dans la première logeait un ménage, mari, femme et cinq enfants, dans la seconde une famille de dix personnes. Cette dernière n'avait que deux lits occupés l'un par le père, la mère et deux enfants, l'autre par six enfants couchés tête-bêche. Il semblait que l'on ne pût demeurer dans cette pièce sans être asphyxié. Ces ouvriers agricoles commencent à comprendre qu'ils ont le droit de vivre et qu'ils n'y parviendront pas aussi longtemps que la terre sera détenue dans un petit nombre de mains. » Le journaliste se demande : « Où s'arrêtera cette montée du socialisme dont le succès paraît d'autant plus assuré qu'elle s'accomplit librement et fatalement dans les intelligences, sans autre école que celle de la misère ? »

Pendant tout le printemps, l'agitation s'étend. Des émeutes éclatent à Birmingham. Un hebdomadaire, le *Chartist Circular*, se crée en Écosse. Les ouvriers partent en guerre contre l'insalubrité et réclament la suppression des *workhouses* où, sous prétexte de diminuer le chômage, on attelle, dans de vastes entrepôts, les pauvres à des machines infernales sans pour autant les nourrir. Le succès d'*Oliver Twist* n'est pas une simple coïncidence : il traduit la révolte des « bas-fonds » de la société britannique.

Mais ni les lords, ni la cour, ni la reine bien sûr ne se doutent des extraordinaires souffrances que vivent tant de sujets de Sa Majesté. Victoria est effarée par les descriptions de Dickens. Lord Melbourne, lui, ne veut même pas les lire. Rares sont les voix qui crient leur indignation. Le gouvernement est très divisé. Les émeutes sont réprimées dans le sang. Les troubles se prolongent jusqu'à l'été. En août, le leader chartiste O'Connor est arrêté et condammné à dix-huit mois de prison. Quelques meneurs vont grossir les rangs des voleurs et des assassins expédiés au bagne en Australie.

Un sort plus épouvantable encore les y attend. Un courageux évêque, Mgr Ullathorne, dénonce les souffrances endurées par les condamnés, leur terreur d'être envoyés dans l'île de Norfolk. Un bagnard revenu de cet enfer en fait le compte rendu : « Je puis assurer lord Stanley, qui s'était vanté il y a quelques années de rendre la déportation pire que la mort, qu'il a atteint et dépassé son but diabolique et pervers. Ce serait faire une grâce aux malheureux condamnés, leur accorder un privilège incalculable que de les pendre en Angleterre. Ainsi leur éviterait-on d'être exposés aux cruautés, aux traitements odieux que l'on subit en déportation. »

Pour la reine, comme pour le pays, cet été-là ne ressemble pas au précédent. Victoria maigrit. Elle est irritable, ne prend plus d'intérêt aux difficultés politiques qui naissent chaque jour, aux mémorandums et aux projets de loi qu'on lui soumet. Elle le confie à lord M qui répond : « C'est normal, vous êtes une jeune fille et vous menez la vie d'un homme. » Tout le monde, même lui, cherche à la marier alors qu'elle désire encore profiter de sa liberté : « Pourquoi devrais-je me marier maintenant ? Pourquoi ne pas attendre trois ou quatre ans ? » Elle ajoute d'ailleurs : « Je suis si habituée à faire ce que je veux qu'il y a neuf chances sur dix pour que je ne m'entende pas avec un homme. »

Elle est surtout agacée qu'on ait choisi pour elle sans lui avoir jamais demandé son avis, qu'on ne lui parle que d'Albert. Albert que, dès sa naissance, la grand-mère de Cobourg a destiné à Victoria.

Albert à qui sa nourrice a dit à l'âge de trois ans qu'il se marierait avec une reine. Albert qui a été élevé très pieusement en vue de cette union avec sa cousine. Albert qui n'a jamais connu une autre femme. Qui n'en regarde aucune. Qui préfère la compagnie des savants. Albert dont l'oncle Léopold ne cesse de lui rebattre les oreilles. Albert dont la venue annoncée à l'automne lui est « odieuse ».

Bien sûr, lors de leur rencontre, il y a trois ans, il ne lui a pas déplu. Mais depuis, elle est devenue reine d'Angleterre. Tant d'événements considérables se sont produits, tant de décisions importantes ont été soumises à son bon vouloir. Si la politique l'ennuie, elle aime la vie trépidante qu'elle mène désormais, les « levers » où les vieux lords s'agenouillent pour lui baiser la main, les *drawing-rooms* où défilent les jeunes filles tout excitées d'être présentées à la reine, les théâtres où on l'acclame, les bals qu'elle anime avec entrain. Et elle se rappelle le peu de goût de son cousin pour les mondanités et les nuits blanches, ses maux d'estomac, son aversion pour la nourriture anglaise, la langue de Shakespeare et le brouillard de Londres.

Le petit prince allemand a grandi à la campagne dans le romantique château de Rosenau, résidence d'été des ducs de Cobourg. Il y a passé son adolescence à confectioner des herbiers, à jouer de l'orgue, à patiner et à observer les étoiles. Il aime le bruit des sources et le brâme des cerfs à l'automne. La principauté, avec au centre le grand château, le théâtre et les rues moyenâgeuses, ressemble avec son protocole dérisoire à celle de Poupernicle, que décrira Thackeray dans *La Foire aux vanités*. Ce royaume d'opérette ne compte guère plus de cent cinquante mille habitants alors que Londres est peuplé de deux millions de personnes. Depuis son retour d'Italie, Albert est étudiant à Bonn où il apprend le droit et l'histoire alors qu'elle reçoit ses ministres, lit les dépêches, ouvre les sessions parlementaires du pays le plus puissant du monde.

En 1835, à la veille de sa confirmation, dans la salle des Géants du château paternel, Albert a donné un aperçu de sa culture devant les habitants de Cobourg admiratifs. Mais justement n'est-il pas trop parfaitement éduqué et pour tout dire ennuyeux ? Victoria ne l'a d'ailleurs pas invité à son couronnement et elle a reçu de lui une lettre trop polie qu'il a signée : « Your Majesty's most obedient and faithful servant, Albert. »

Lord Melbourne lui-même n'est pas un partisan enthousiaste du candidat allemand : « Se marier avec un cousin n'est pas vraiment recommandable d'autant plus que ces Cobourg ne sont pas très populaires à l'étranger. Les Russes les détestent. » Il se plaint qu'à la cour on parle déjà trop allemand. Et puis, il y a tant d'autres princes qui rêvent d'épouser l'héritière du plus riche royaume du monde !

Le roi de Danemark a dépêché son fils aîné au couronnement. Mais l'idylle est restée au point mort. Le duc de Nemours se trouvait également parmi les invités, envoyé par Louise qui souhaite ardemment ce mariage. Mais le fils de Louis-Philippe ne plaît pas à Victoria. Lord Paget porte à son cou un portrait de la reine qui suit parfois du coin de l'œil le bel officier lorsqu'il défile dans son uniforme bleu. Mais un mariage avec un de ses sujets présenterait « beaucoup d'inconvénients », elle en convient avec son Premier ministre. Cette mauvaise langue de princesse Lieven ne se prive pourtant pas d'insinuer que la reine ne souhaite épouser qu'un seul homme : lord Melbourne.

Victoria insiste auprès de son oncle « sur le fait qu'elle n'a pris aucun engagement » avec Albert. Elle demande même au roi des Belges d'annuler la visite de ses deux cousins. Diplomate, Léopold lui envoie une fournée de Cobourg afin de lui redonner le sens de la famille : les « Ferdinand » sont accompagnés d'un autre neveu : Alexandre Mensdorff. Drame ! Victoria avoue qu'elle n'est pas insensible à la magnifique chevelure du séduisant prince allemand de vingt-six ans. Le jour du départ, après le *God save the Queen* et les salves de canon, elle embrasse tendrement ses cousins, surtout Alexandre : « Nous étions si intimes, si unis, si heureux. »

Léopold qui a rejoint la réunion de famille en Angleterre devient acerbe. Victoria ne doit pas se tromper de cousin ! Mais, le 1er octobre, Albert écrit qu'ils ne pourront pas partir avant le 6. Elle en est choquée : « Je trouve qu'ils ne manifestent pas beaucoup d'empressement à venir ici. »

Enfin, le 10 octobre à sept heures et demie, elle accueille leur voiture en haut du grand escalier de Windsor. Les deux adolescents cobourgeois sont devenus des hommes : « C'est avec émotion que j'ai revu Albert. Il est beau. »

Tout est dit. Quelques heures ont suffi et ses objections se sont envolées : « Albert est tout à fait charmant, excessivement beau avec de magnifiques yeux bleus, un nez ravissant, une jolie bouche, une fine moustache et de très petits favoris. Il a une belle stature, les épaules larges, la taille fine. Mon cœur est pris. »

Trois jours plus tard, elle annonce à Melbourne qu'elle a arrêté sa décision. Mais elle veut attendre un an pour se marier. Le Premier ministre lui répond que c'est trop long : « Nous nous sommes levés et j'ai saisi la main de lord M et je lui ai dit qu'il était toujours si bon avec moi, si paternel. J'étais très heureuse... »

Il ne reste plus qu'à mettre Albert au courant. Le matin du 15 octobre, elle le regarde s'éloigner pour une chasse à courre et à son retour demande qu'il la rejoigne : « À midi et demi, j'ai fait venir Albert. Il est entré dans le boudoir où j'étais seule et au bout de quelques minutes, je lui ai dit que je pensais qu'il devait savoir pourquoi je l'avais fait venir ici et que je serais trop contente s'il voulait consentir à ce que je désirais (me marier avec lui). Nous nous sommes embrassés à plusieurs reprises. Il était si doux, si affectueux. » Soulagé de l'insupportable attente, Albert peut enfin jouer les amoureux transis. Elle lui ouvre un avenir radieux. Le jeune prince avoue qu'il ne pensait pas qu'elle se déciderait si vite et s'écrie en allemand : « Mon amour est sans calcul ! » Elle veut le croire : « Oh penser que je suis aimée par un ange comme Albert est un trop grand délice pour que je puisse le décrire avec précision. Il est la perfection, la perfection en tout, en beauté, en tout ! »

Si passionnée, est-elle objective ? Ces grands yeux bleus, cette fine moustache, ce profil de médaille ne correspondent pas aux canons anglais de la beauté masculine : « Il avait des traits réguliers sans doute, mais son visage n'en avait pas moins quelque chose de mou et de fade. Vraiment ce jeune homme ressemblait beaucoup à un petit ténor d'opéra. »

C'est vrai, il mesure à peine un mètre soixante-dix, mais, lorsqu'il se tient debout près de Victoria, il paraît immense. Elle s'assied à son bureau et il lui corrige au grattoir ses fautes d'orthographe. Il applique le tampon buvard sur les pages qu'elle signe. Elle l'emmène passer les troupes en revue à Hyde Park et il pose tendrement une cape de fourrure sur ses épaules. Il lui offre une mèche de ses cheveux, elle lui donne une bague. Ils vivent un rêve, un conte et c'est elle la fée. Dès qu'ils le peuvent, ils se retrouvent dans le boudoir bleu. Ils s'étreignent sur le canapé. Et lorsqu'il s'en va, elle court « pour recevoir un dernier baiser ». Il lui assure qu'il n'a jamais aimé une autre femme. Elle constate, attendrie, qu'il n'en regarde aucune. Pourtant elle sait bien, elle si sensible à la beauté, que ses charmes ne sont pas irrésistibles. Elle proclame : « Je suis la femme la plus heureuse du monde. »

Euphoriques, ils écrivent chacun une lettre à Stockmar et Victoria annonce la bonne nouvelle à Léopold en cure à Wiesbaden. L'oncle affirme qu'il n'a toujours voulu que son bonheur : « Dans ta position, tu ne pourras exister sans un intérieur heureux et agréable. Le rôle d'Albert sera difficile mais tout dépendra de ton affection pour lui. Si tu l'aimes et si tu es douce avec lui, il en supportera les charges... » Elle lui recommande le silence. Elle a prévenu Lehzen mais pas sa mère. L'oncle regrette de ne pas mettre sa sœur dans la confidence, tout en reconnaissant : « Il est de notoriété publique qu'elle ne peut s'empêcher de bavarder et serait bien capable, si elle savait, de faire mauvais usage de ce secret. »

Pendant un mois, les deux cousins profitent d'autant plus de leur liberté qu'Ernest est cloué au lit avec la syphilis que l'on appelle pudiquement une « jaunisse ». Les deux frères ne se ressemblent pas. Ernest est le portrait du père. Le duc a épousé la jeune Louise de Saxe-Gotha-Altenburg parce qu'elle apportait en dot le duché de Gotha. Après la naissance de ses deux fils, la jolie duchesse, lassée des infidélités de son mari, a fini par s'éprendre d'un officier. Elle a été chassée de Cobourg, de nuit, par le duc qui craignait des émeutes populaires en faveur de sa femme. Albert, âgé de cinq ans, n'a plus jamais revu sa mère. Elle est morte à Paris. Elle n'avait que trente ans. Il en conserve une image idéalisée.

Victoria explique à Melbourne que, bien décidée à faire un mariage d'amour, elle n'aurait jamais pu épouser un homme qui aurait déjà aimé une autre femme. Le Premier ministre écrit à lord Russell : « Il ne me semble pas qu'on puisse faire mieux. Le jeune homme est charmant... et pour ce qui est de son caractère, nous sommes de toute façon bien obligés de prendre des risques... »

Le mariage est fixé au 10 février. On finit par prévenir la duchesse. Elle pleure de joie et, dès le lendemain, annonce qu'elle compte vivre avec le jeune couple après le mariage. « Ce que nous sommes d'accord pour ne jamais accepter », note Victoria. Le 24 novembre, Albert retourne en Allemagne et la séparation est déchirante : « Comme je l'aime ! Avec quelle force, quelle ardeur, quelle passion ! J'ai pleuré. J'étais triste. Écrit mon journal. Promené. Pleuré. Pleuré. » De Calais, son bien-aimé la rassure : « Mon cœur est plein de toi. Je n'avais jamais imaginé, même dans mes rêves, trouver ici-bas un tel amour. Je suis ébloui quand je pense à toi, tout près de moi, ta main dans la mienne. »

Les difficultés commencent. L'oncle Léopold jette de l'huile sur le feu en conseillant à Albert de demander une pairie. Mais une pairie ouvrirait au jeune prince les portes de la Chambre des lords : « Les Anglais sont très jaloux de toute intervention étrangère dans le gouvernement de leur pays et ils ont déjà exprimé dans certains journaux... l'espoir que tu n'irais pas t'ingérer dans leurs affaires », écrit Victoria à Albert. Et à l'oncle Léopold : « Le gouvernement est unanime à penser comme moi, sans la moindre hésitation, qu'Albert ne doit pas être fait pair. » Effaré par la méfiance de sa nièce, le roi des Belges écrit à sa femme : « Mère, oncle, tous sont rendus suspects de toutes les manières. Il ne reste donc personne de proche qui ne soit à craindre et c'est ce que cette petite sotte appelle “son indépendance et son expérience”. Albert, avec le temps, peut améliorer cela. Mes bons conseils ne lui manqueront pas tandis que je n’ai que le plus grand mépris pour cette petite boursouflée qui n’est et ne sait rien du tout. »

De son côté, Albert ne tarde pas à découvrir l’autoritarisme de sa fiancée qui, à Londres, décide avec son Premier ministre de tout ce qui le concerne. Pour sa maison, Albert réclame des gentlemen « de très haut rang ou très riches ou très intelligents, ou des personnes qui ont rendu d’importants services à l’Angleterre ». Il aura le lieutenant Seymour qui a voyagé avec lui en Italie. Son secrétaire privé sera Anson que lui lègue Melbourne. Albert répond qu’il entend choisir lui-même les membres de son entourage : « Comprends-moi, chère Victoria, je quitte ma maison et tout ce qui lui est attaché ainsi que mes amis d’enfance. À part toi, je n’aurai personne à qui me confier. » Le 8 décembre, la reine le prend d’un peu plus haut : « Quant à tes désirs concernant tes collaborateurs, je dois te dire très franchement que cela ne marchera pas. » Nouvelle lettre d’Albert qui critique le choix d’un whig comme homme de confiance. Nouvelle réponse de Victoria, le 23 décembre, plus sèche : « Je ne suis pas d’accord avec toi. » Trois jours plus tard, Albert s’incline. Stockmar l’a mis en garde contre les emportements hanovriens. Le 27 décembre, Victoria exulte dans une missive à l’oncle Léopold : « Un point capital vient d’être marqué. » Comme le roi des Belges, elle prend l’habitude de souligner les mots importants, de les écrire en majuscules, et d’utiliser son expression : « I am in rage. »

D’autres différends viennent encore troubler les préparatifs du mariage. Albert souhaite que la lune de miel à Windsor dure au moins une semaine. Victoria lui adresse une réponse catégorique : « Tu oublies, mon cher amour, que je suis la souveraine et que les affaires d’État ne peuvent s’arrêter pour un oui ou pour un non. Quand le Parlement est en session, il m’est impossible de rester absente de Londres. » Avec sa pruderie cobourgeoise, Albert ajoute qu’il n’admettra dans son cortège nuptial que des jeunes filles dont la mère a un passé sans tache. Victoria répond : « Nous devons faire preuve d’indulgence envers les autres. Si nous n’avions pas été bien éduqués et bien entourés, nous aurions pu également être écartés du droit chemin. »

Son côté collet monté l’agace. D’autant qu’elle cherche par tous les moyens à l’imposer à un pays et à des politiques qui renâclent à accueillir un nouveau prince allemand. Pour la sixième fois, elle se rend en grand apparat au Parlement et lui écrit : « Je suis aussi terrorisée que la première fois. » Dans l’ordre des préséances, la reine désire qu'Albert vienne juste après elle. Elle souhaite même qu'on lui attribue le titre de « roi consort ». Le duc de Cumberland, devenu roi de Hanovre, s'indigne qu'une « Altesse de carton » ait le pas sur lui. À la Chambre des lords, Wellington s'échauffe : « Si un prince héritier vient à naître, il doit avoir la préséance sur son père. » Finalement on attribue à Albert le simple titre d'Altesse royale. Pas même celui de « prince consort » qui ne lui sera accordé qu'après quinze ans de palabres.

Sur la liste civile du prince s'engage aussi une vraie discussion de boutiquier. Lord Russell demande cinquante mille livres par an. Mais les tories jugent le chiffre indécent au moment où montent les revendications sociales. La proposition du gouvernement est repoussée par cent quatre voix et la pension d'Albert réduite à trente mille livres. « Je ne peux que crier honte ! honte ! » s'indigne Léopold à Bruxelles. De Cobourg, son neveu lui écrit qu'il est « choqué et exaspéré par ce manque de respect… très irrité ». Cette fois, Victoria réclame aussi vengeance devant l'affront tory : « Aussi longtemps que je vivrai, je ne pardonnerai pas à ces scélérats d'enfer dont Peel est le chef ! Oui, aussi longtemps que je vivrai, pour cet outrage à ma personne. »

Elle ne veut plus d'un mariage célébré dans la chapelle royale, préférerait une salle plus petite du palais St. James, ce qui lui permettrait d'exclure tous les indésirables. Mais lord Melbourne se récrie. Elle refuse catégoriquement d'inviter Wellington au déjeuner de mariage. Mais là encore, elle cède devant la menace d'un scandale national.

Albert est déjà en route. Avec son père, son frère et Cart, son valet suisse, il a quitté Cobourg dans les feux d'artifice, les airs de valse et les larmes de ses grand-mères. Le cœur déchiré, il a promis de rester toujours « un bon Allemand, un bon Cobourgeois, un bon Gothaner ». Il gèle et une neige épaisse recouvre les routes, les forêts et les collines de sa chère Thuringe. Trois des huit voitures du cortège ont été envoyées par la reine. Lord Torrington et le colonel Grey l'escortent. À Cobourg, ils lui ont remis les insignes de l'ordre de la Jarretière. À Bruxelles, Albert effectue, avec un tailleur venu de Londres, le dernier essayage de l'uniforme de maréchal des armées royales anglaises qu'il portera le jour de son mariage. À Calais, un bateau à vapeur l'attend. La traversée est épouvantable. Mais à Douvres, la foule l'acclame : « Ce ne fut pas sans grand effort que le prince, qui avait été malade jusqu'au dernier moment, se leva pour saluer. » À la tête de ses dragons en uniforme noir, lord Cardigan emmène triomphalement le futur marié jusqu'à Londres.

Victoria a la fièvre. Sir James Clark diagnostique une rougeole. Mais une fois encore il se trompe. Elle ne souffre que d'angoisse et sans doute de regrets. Elle voit s'achever les deux années les plus heureuses de sa vie. Elle va désormais être soumise à l'autorité d'un homme qu'elle connaît à peine. La veille du mariage, l'archevêque de Cantorbery lui demande s'il faut supprimer le serment d'obéissance à la souveraine qu'Albert doit prononcer. Elle répond qu'elle veut en effet être mariée comme une femme et non comme une reine.

Depuis plusieurs jours, deux cents ouvrières de la petite ville de Honiton confectionnent son voile de dentelle. Victoria a dessiné les robes brodées de roses blanches de ses demoiselles d'honneur et pour chacune une broche en forme d'aigle, symbole de l'Allemagne. Les yeux sont en diamants, le bec en rubis et les griffes en perles. Chaque ambassadeur recevra un modèle réduit du gâteau de mariage et une boîte en or décorée de l'image du jeune couple sur le couvercle.

Le 8 février après-midi, le jour tombe lorsque Albert arrive à Buckingham. Envoyé par avance, son lévrier Eos l'accueille avec des jappements. Victoria embrasse son fiancé et le conduit par la main, jusqu'au boudoir bleu : « Revoir son cher, si cher visage m'a mise en paix. »

Le prince, qui a déjà anglicisé son prénom d'Albrecht en Albert, signe son décret de naturalisation. Il vient de perdre tout lien avec son pays natal. Il est désormais sujet de la reine d'Angleterre.

Le 10 février au matin, il pleut à verse, elle lui écrit : « Mon aimé, comment vas-tu aujourd'hui et as-tu bien dormi ? Moi, je suis parfaitement reposée et je me sens tout à fait bien. Quel temps ! J'espère toutefois que la pluie va cesser. Fais-moi savoir par un mot, mon cher et bien-aimé fiancé, quand tu seras prêt. À toi pour toujours, Victoria R. » Depuis deux jours, le petit prince allemand dort mal. Il découvre les caricatures des journaux, se sent méprisé, entouré d'ennemis. Il griffonne une dernière lettre à sa grossmutter de Cobourg : « Dans deux heures je serai marié. Que Dieu me vienne en aide ! »

6.

Albert apparaît le premier à la porte du palais, dans son uniforme de maréchal anglais, pantalon de casimir beige, tunique rouge, le ruban bleu de la Jarretière en sautoir, la croix de l'ordre en diamant fixée sur la poitrine et deux nœuds de satin blanc noués sur ses épaulettes d'or. Son père et son frère en uniforme vert de Cobourg l'encadrent. Les trompettes retentissent et le prince, pâle et attentif, reçoit l'hommage réservé habituellement aux monarques.

Victoria porte sur la tête une simple couronne de fleurs d'oranger. Accompagnée de sa maîtresse des robes, elle monte avec sa mère dans le carrosse qui fend une foule joyeuse, malgré la pluie, pour se rendre à la chapelle royale du palais St. James de l'autre côté du parc. Le ruban bleu de la Jarretière barre sa robe de satin brodée dont modèles et patrons ont été brûlés pour éviter qu'elle ne soit copiée.

Ce sont les premières noces royales auxquelles le peuple assiste depuis un siècle. Tous les Anglais ont en mémoire le mariage de la princesse héritière Charlotte et de Léopold. Avec Albert, lui aussi Saxe-Cobourg, le roman d'amour semble recommencer sous leurs yeux. Les canons de Hyde Park et de la Tour de Londres éclatent au moment où le prince passe l'alliance au doigt de Victoria. Il est une heure de l'après-midi.

Victoria embrasse sa tante Adélaïde qui la presse tendrement contre sa robe pourpre bordée d'hermine. Mais elle serre simplement la main de sa mère dont le visage ravagé de larmes se crispe devant ce nouvel affront. Lord Melbourne a revêtu son uniforme noir de conseiller privé de la reine. Comme le jour du couronnement, il porte l'épée d'État. Il est surtout très fier de sa magnifique cape d'apparat en velours. La veille, dans un éclat de rire, il a dit à

Victoria : « J'espère que tout le monde ne remarquera que mon manteau neuf ! »

Le gâteau de mariage pèse cent cinquante kilos. Il faut quatre hommes pour le soulever. Au sommet figure l'emblème de la nation britannique bénissant les jeunes mariés habillés à la mode romaine. Aux pieds d'Albert, un chien, symbole de la fidélité, et devant la reine un couple de tourterelles en signe d'amour éternel. La pièce montée est également décorée de petits bouquets de fleurs et de cupidons dont le *Times* écrit : « Nous pouvons vous assurer qu'aucun des cupidons ne ressemble à lord Palmerston ! » Le ministre des Affaires étrangères, surnommé « Cupidon » à cause de ses exploits amoureux, s'est récemment marié avec la sœur de lord Melbourne.

Le banquet dure jusqu'à quatre heures. Comme toute jeune mariée, la reine change sa robe brodée de boutons de fleurs d'oranger pour une pelisse blanche bordée de duvet de cygne. Son bonnet de velours est orné de plumes de marabout.

Elle accorde à lord Melbourne un court entretien : « Cela n'aurait pu mieux se passer », sourit le Premier ministre en évoquant la joie populaire. L'obscurité commence à tomber, Londres s'illumine. Ce soir, tous les théâtres sont gratuits. Émue, elle lui fait remarquer qu'il a l'air très fatigué. Trois années d'une prodigieuse intimité entre la reine et le vieil homme d'État s'achèvent.

Les jeunes mariés partent pour Windsor dans un équipage bien médiocre, « un vieux coche de voyage avec des postillons sans livrée et une escorte réduite », écrit lord Greville. Victoria saisit la main de son bien-aimé mais la foule, les clameurs, les cahots de la voiture durant quatre heures lui donnent la migraine. À Windsor, la liesse, les flambeaux empêchent à nouveau les chevaux d'avancer.

Enfin, ils sont seuls. Mais fatigués et tendus. La reine demande qu'on leur serve le souper dans leurs appartements. Albert se met au piano. Elle s'allonge sur le sofa. « Il m'a serrée dans ses bras et nous nous sommes embrassés à n'en plus finir… »

Dès les premières minutes, ce couple, si mal assorti par le caractère et les passions, est soudé par une forte attirance physique : « Nous n'avons pas beaucoup fermé l'œil de la nuit, avoue-t-elle dans son journal avec un point d'exclamation. Quand j'ai vu auprès de moi ce visage d'ange, mon émotion a dépassé tout ce que je puis exprimer ! Il est si beau, en simple chemise, la gorge nue. » Le lendemain, elle ajoute : « Mon cher Albert m'a enfilé mes bas, je l'ai regardé se raser : quel plaisir pour moi… » Elle ne peut s'empêcher d'envoyer un mot à Melbourne pour lui faire part de son extase après cette « nuit tout à fait délicieuse et confondante ». Jamais elle ne pensait que quelqu'un « pouvait autant l'aimer ».

Le lendemain, il y a huit personnes à dîner et, le soir suivant, Victoria donne un grand bal. Elle n'a plus la migraine, elle danse valses, galops et quadrilles avec une belle énergie. Elle monte se coucher très tard et trouve Albert, dans leur chambre, endormi sur un canapé, « beau, si beau… ».

Au bout de trois jours, comme elle l'avait décidé, le couple regagne Londres. La fête est finie et le prince n'a pas d'autre rôle que celui d'un séduisant figurant. Il est plus intelligent que Victoria, plus cultivé, mais c'est elle qui donne les ordres, elle qui organise les soirées. Albert ne participe pas non plus aux audiences que la reine accorde à ses ministres. Il n'a pas accès à la « boîte » rouge aux dépêches. Victoria continue à voir Melbourne en tête à tête et le Premier ministre dîne quatre fois par semaine au palais.

Lehzen, avec ses robes froufroutantes et ses cheveux frisottés, monte aussi la garde. La baronne dort dans la chambre contiguë à celle des jeunes mariés et Albert l'a surnommée « le dragon du palais ». Très partisane, elle défend bec et ongles les whigs, cancane avec les dames de la cour et accuse Albert de vouloir favoriser le parti tory. Elle déconseille à la reine de révéler à son mari les secrets du conseil privé. Le prince écrit à son ami de Bonn, Guillaume von Löwenstein : « Ma vie conjugale est très heureuse et satisfaisante… mais je ne puis tenir convenablement mon rang car je ne suis que le mari et non point le maître. »

Albert n'a que vingt ans et son orgueil est touché au vif. Il reste cruellement mortifié par les affronts du Parlement et écrira quatorze ans plus tard à Stockmar : « Quand je suis arrivé dans ce pays, Peel m'a coupé les vivres, Wellington m'a refusé un rang, la famille royale me traitait d'imposteur étranger, le gouvernement me concédait tout juste la place pour me tenir debout. » Au milieu de cette cour étrangère, son valet Cart et sa chienne Eos sont les deux seuls « visages familiers » à qui il peut confier son amertume. Moins cynique que Léopold, il est hérissé par le train de vie des lords et leur mépris de toutes les règles morales que sa grand-mère de Cobourg lui a enseignées. Pour se consoler, il compose, il chante, il joue du piano et surtout de l'orgue qu'il considère comme l'instrument le plus noble. Mendelssohn qui vient à plusieurs reprises au palais écrit à sa mère : « Il a joué un choral par cœur avec les pédales. C'était si délicat et précis qu'on eût dit un professionnel. » Il a hérité ses talents de musicien de son grand-père Gotha, ami de Weber. Il dessine aussi d'un crayon précis des têtes d'aigle ou le portrait de son ancêtre Frédéric le Sage d'après Cranach. Il se replonge dans Schiller dont il esquisse des scènes de son héros Wallenstein et s'imprègne de la philosophie du grand poète allemand qui considère que seules la beauté et la pureté peuvent transformer le monde. La littérature, les arts lui font oublier ses frustrations d'Altesse royale.

Le soir, il se perd avec Seymour dans d'interminables parties d'échecs qui, alors, se jouent à quatre. « Le prince, note Melbourne, est excédé de la monotonie de ces parties quotidiennes. Il voudrait introduire à la Cour des personnalités scientifiques et littéraires, varier l'assistance et diriger les conversations vers des choses plus intéressantes. » Mais Victoria ne se soucie pas d'inviter « ces gens-là ». Elle ne se sent pas à la hauteur, s'estime incapable de soutenir une discussion avec un savant ou un écrivain et, en tant que reine d'Angleterre, juge indécent d'être tenue à l'écart des conversations. Albert, furieux, accuse Lehzen d'avoir bien mal éduqué son élève !

Les lettres de Bruxelles n'ont jamais été aussi nombreuses. Léopold critique lui aussi « l'influence pernicieuse de la dame blanche ». Il s'impatiente : « Le management de la petite se ressent d'une diversité d'influences et d'actions souvent opposées entre elles. La petite en a déjà souffert et je ne suis pas sans inquiétude sur son compte. » L'oncle, qui maîtrise parfaitement cinq langues ainsi que la science politique, juge déplorable l'entêtement de Victoria à ne vouloir partager aucune responsabilité avec Albert. Il se fait l'avocat de son neveu : « Le prince devrait être indispensable à la reine dans les affaires comme en toutes choses. Il devrait être son encyclopédie vivante, l'informer de tout ce qu'elle ignore du fait de ses connaissances et de son éducation limitées. »

Plus avisé, Stockmar prêche la patience : « Le prince a tort de vouloir que cela se fasse tout de suite, ce serait dangereux. Qu'on lui expose une question, il se peut qu'il émette un avis insuffisamment mûri et éclairé. » Mais Léopold insiste auprès de Victoria : « Je sais qu'on t'a dit que Charlotte dirigeait toute la maison et qu'elle aimait à montrer qu'elle était la maîtresse. Cela ne se passait pas ainsi. Au contraire, elle tirait gloire à me faire paraître à mon avantage et même à me témoigner respect et obéissance dans des moments où je n'en demandais pas tant. Elle avait presque tendance à exagérer cette attitude pour souligner clairement qu'elle me considérait comme son seigneur et maître… »

Mais Charlotte n'était pas reine. Et, depuis près de trois ans, Victoria n'a qu'un seigneur et maître : son bon vouloir. Son caractère impétueux et obstiné ne la porte pas aux concessions. Elle raffole toujours de son Premier ministre et n'entend se soumettre au plus adoré des maris que dans ses appartements privés. Tous les ingrédients sont réunis pour que ce couple explose en de très ordinaires scènes de ménage.

Ernest, le frère d'Albert, est témoin de leurs disputes et les rapporte avec complaisance. Il raconte même la scène suivante qui entrera dans la légende :

Un jour, le prince, furieux, s'enferme dans sa chambre. Agacée par son attitude, la reine vient frapper à la porte :

– Qui est là ? demande rageusement le prince.

– La reine d'Angleterre !

Pas de réponse et nouveaux coups sur la porte !

– Qui est là ? répète le prince.

– La reine d'Angleterre !

Après un long silence, les coups recommencent, mais plus timides.

– Qui est là ?

Cette fois la réponse est différente :

– Ta femme, Albert.

Le prince se précipite. Il ouvre et les jeunes mariés se jettent dans les bras l'un de l'autre.

Tous les torts ne sont pas du côté de Victoria. Jaloux de sa complicité avec Melbourne et Lehzen, Albert lui reproche même d'écrire trop à Feodora. Il parle encore mal l'anglais. Il s'habille à la mode allemande, ce qui provoque les plaisanteries des nobles lords à la chasse. Le soir, il s'endort au concert. Guizot, ambassadeur de France à Londres, raconte en rentrant de Buckingham : « Ce soir, concert chez la reine… Elle y prenait un intérêt plus vif que la plupart de ses hôtes. Le prince Albert dormait. Elle le regardait dormir, moitié en souriant, moitié avec impatience. Elle le poussait du coude. Il se réveillait, et, à peine réveillé, il applaudissait de la tête au morceau du moment. Puis il se rendormait en applaudissant et la reine recommençait. »

Inattendu mais prévisible, un événement bouleverse tout à coup l'avenir du prince. Moins de deux mois après son mariage, Victoria est enceinte : « J'ai été prise tout de suite et en ai été bien furieuse. » Elle aurait aimé continuer à profiter à la fois de ses pouvoirs de reine d'Angleterre et de ses bonheurs d'épouse comblée : « Nuit et jour, j'ai demandé à Dieu la grâce d'au moins six mois de liberté. Mais mes prières n'ont pas été exaucées et me voici bien malheureuse. Je ne parviens pas à comprendre comment on peut désirer une telle chose surtout au début d'un mariage », écrit-elle à sa grand-mère de Cobourg.

Elle a une santé de fer et les premiers mois de sa grossesse se passent le mieux du monde. Elle adore toujours l'opéra et le théâtre.

Le 24 mars, elle est à Covent Garden pour applaudir Charles Kemble dans *The Wonder*. Elle ne ressent ni fatigue, ni insomnie, ni nausée. Mais elle ne trouve pas de mots assez forts pour se plaindre à l'oncle Léopold : « Vraiment c'est trop épouvantable... La chose est odieuse et si, après tout ce que je subis, je devais avoir une sale fille, je crois bien que je la noierais. Je ne veux rien d'autre qu'un garçon. » Plus tard, elle écrira à sa fille aînée : « Maux, souffrances, misères et tourments contre lesquels il faut lutter, plaisirs auxquels il faut renoncer, précautions incessantes à prendre : tu découvriras le calvaire de la femme mariée. J'avoue que je l'ai cruellement subi. On se sent terriblement handicapée. »

Pour Albert, au contraire, c'est l'embellie. Il va être le père de l'héritier de la couronne et ce statut lui apporte un début d'existence officielle. On l'a nommé président de la Société contre l'esclavage et, non sans mal, il a prononcé son premier discours. L'allocution ne fait que vingt lignes. Il l'a d'abord rédigée en allemand avec l'aide de Stockmar avant de la faire traduire par Anson. Puis, il l'a apprise par cœur, répétant avec grandiloquence devant Victoria que « le trafic des esclaves constitue la tache la plus sombre de l'Europe civilisée ». On l'applaudit.

Moins de trois semaines plus tard, un autre événement renforce sa popularité. Le 18 juin, à six heures du soir, le couple royal sort de Buckingham lorsqu'un homme brandit un pistolet en direction de leur cabriolet : « Une détonation retentit, tellement forte que tous deux nous fûmes abasourdis, écrit Albert à son frère. Victoria qui, à cette minute, regardait de l'autre côté n'y comprenait rien. Ma première pensée fut que, dans son état actuel, la frayeur pourrait lui être nuisible. Je la pris dans mes bras et lui demandai comment elle allait mais elle ne fit que rire... Soudain l'homme fit un pas, visa et fit feu. La balle doit avoir passé juste au-dessus de nos têtes, à en juger par le trou qu'elle a fait dans le mur du jardin. »

La foule se jette sur l'assassin en criant : « À mort ! À mort ! » L'agresseur, un serveur d'auberge de dix-huit ans, sera jugé coupable mais fou. En privé, Albert accuse le roi du Hanovre d'avoir voulu supprimer la reine et son héritier. Son courage est salué par la presse. Un seul coup de feu a suffi à Victoria pour retrouver la popularité que la mort de lady Flora Hastings lui avait fait perdre.

Fin août, le prince fête ses vingt et un ans. Et, un mois auparavant, le Parlement lui a offert le plus beau des cadeaux d'anniversaire : « Une loi d'une importance particulière vient d'être présentée aux Communes et acceptée sans débat, en dépit de nombreuses intrigues. Cette loi concerne la Régence. Au cas où la reine viendrait à mourir et où l'héritier du trône aurait moins de dix-huit ans, c'est moi qui serais Régent, seul, sans l'assistance d'un Conseil. Tu dois comprendre l'importance de ce changement qui me donne dans le pays une importance toute nouvelle », écrit-il à son frère.

Par expérience, Melbourne sait que la reine a plus de risques de mourir en couches que d'un attentat. Le prince vient d'obtenir ce que la duchesse de Kent, malgré ses intrigues, n'a jamais pu décrocher. À Bruxelles, Léopold est comblé. Et Victoria finalement ravie d'avoir cédé, malgré les protestations de Lehzen l'incitant à conserver l'intégralité de ses prérogatives royales. Toute son enfance, la reine a été hantée par les récits dramatiques de la mort de sa cousine Charlotte à Claremont. Si jamais elle aussi décède en mettant au monde son bébé, Albert sera en mesure d'excercer le pouvoir royal dans toute son étendue. Le prince l'accompagne à l'ouverture de la session extraordinaire du Parlement : « En dépit de Lehzen et du grand écuyer, j'irai à la Chambre en carrosse, avec Victoria, et serai assis à côté d'elle sur un trône sculpté spécialement pour moi. »

L'ascension d'Albert coïncide avec le déclin des whigs. Quatre mauvaises récoltes successives et l'augmentation des prix alimentaires provoquent à travers le pays des émeutes et l'agitation des syndicats. Le discours apaisant de Melbourne, prononcé d'une voix lasse par la reine enceinte de six mois, est violemment critiqué par la presse tory. La santé du Premier ministre se dégrade chaque jour un peu plus. Son gouvernement est le théâtre d'un conflit permanent entre le ministre de l'Intérieur, lord Russell, et celui des Affaires étrangères, l'intraitable Palmerston. Pour le « Vieux Pam », la France demeure l'ennemie héréditaire. Les intérêts des deux nations s'opposent partout dans le monde.

Cette fois, la guerre menace au Moyen-Orient. À Constantinople, le sultan vient de mourir. Son vice-roi d'Égypte, Méhémet-Ali, en profite, avec la bénédiction de la France, pour prendre le pouvoir au Caire et s'emparer de la Syrie. Mais la Turquie est l'alliée privilégiée de la Grande-Bretagne. Que l'empire turc s'affaiblisse et c'est la route des Indes qui est menacée : « La maîtresse de l'Inde ne peut permettre à la France de contrôler, directement ou indirectement, la route vers les dominions indiens ! » s'exclame Palmerston.

Victoria écrit à Léopold : « Je pense que notre enfant, en dehors de son prénom, devrait également porter ceux de Turco-Égypto car nous ne pensons qu'à ce conflit. » Le pacifiste Albert envoie des notes simplistes à Melbourne et à Palmerston pour leur recommander d'éviter la guerre. Les deux ministres accusent aimablement réception, mais n'en font qu'à leur tête.

La France apprend tout à coup qu'a été signée à Londres une convention entre l'Angleterre, la Russie, l'Autriche et la Prusse qui s'engagent à soutenir Constantinople contre le pacha. L'émotion s'accroît avec le bombardement de Beyrouth le 5 octobre par la flotte britannique, la prise de Saint-Jean-d'Acre et l'expulsion des Égyptiens de Syrie.

On est alors à deux doigts d'une guerre. À Paris, on s'y prépare. Les Chambres s'empressent de voter des crédits militaires. Léopold écrit à Victoria : « Je ne puis te cacher que les conséquences risquent d'en être très sérieuses, d'autant que le gouvernement Thiers, soutenu par le parti du Mouvement, est aussi sinon plus insouciant de ce qui peut arriver que ton ministre des Affaires étrangères. Il est plein des idées de renommée et de gloire héritées de l'époque républicaine et impériale. »

Mais Louis-Philippe craint qu'une nouvelle guerre ne suscite des troubles sociaux et ne mette en péril l'économie. Le 20 octobre, Thiers démissionne. Guizot, alors ambassadeur à Londres, rentre à Paris et lui succède avec le ferme dessein de travailler énergiquement au maintien de la paix. Le traité des Dardanelles signé entre l'Angleterre, l'Autriche, la Russie, la Prusse et la France règle la question d'Orient. Les Dardanelles et le Bosphore sont interdits à tout navire de guerre étranger. Méhémet-Ali est reconnu vice-roi héréditaire d'Égypte mais il doit rétrocéder la Syrie au sultan. Très anglophile, Guizot entretient les meilleures relations avec le gouvernement anglais. Il a déjà réglé avec Palmerston le retour des cendres de Napoléon de Sainte-Hélène. Le couple royal pousse un soupir de soulagement.

Le 21 novembre 1841, trois semaines plus tôt que prévu, la grossesse de Victoria arrive à son terme. L'accouchement dure douze heures. Fort heureusement le médecin n'est pas sir James Clark mais le docteur Locock assistée de Mrs. Lilly. Il a proposé à la reine des sédatifs. Elle s'est récriée : « Je supporte la douleur aussi vaillamment qu'une autre. » Albert est à son chevet tandis que ministres et prélats se pressent dans la pièce voisine. Et la naissance se passe sans mal : « Les dernières douleurs, généralement considérées comme les pires, m'ont paru très supportables. »

– Ah, Madame, c'est une fille ! s'écrie l'accoucheur.

– Eh bien, le prochain sera un prince ! réplique la reine.

La princesse royale s'appelle Victoria. Dès sa naissance, on la surnomme Pussy. Elle deviendra Vicky. Contrairement à sa propre mère, Victoria ne nourrit pas sa fille. Elle n'aime pas les femmes transformées en « vaches à lait ». Elle n'aime pas davantage les bébés qui, pour elle, ressemblent à des grenouilles : « de bien vilaines choses ». En attendant que la nursery soit prête, on transforme un salon en chambre d'enfant avec une petite baignoire de marbre et d'argent et un somptueux berceau.

La reine reste couchée deux semaines. On lui amène Pussy deux fois par jour. Les consignes de Stockmar au prince sont strictes : « Du sommeil, du calme, du repos et la condamnation de sa porte à la foule des visiteurs, c'est tout ce dont la reine a besoin pour le moment. Vous ne sauriez être trop prudent sur ce point. Soyez donc un véritable cerbère. Il ne faudrait pas que vous soyez trop près de la reine non plus dans l'immédiat car votre présence ou vos conversations risquent de l'énerver. » Mais Albert est heureux. Et pour une fois, il n'écoute pas le trop sévère médecin. Il passe tout son temps auprès de Victoria. Il lui fait la lecture et la porte dans ses bras du lit au sofa. La reine en est tout attendrie : « Ses attentions étaient celles d'une mère. On n'aurait pas pu trouver d'infirmière plus douce, plus avisée ou plus judicieuse. » Le soir, il ne la quitte que pour dîner avec la duchesse. Il adore sa tante Victoire. Elle est la seule à la cour avec qui il peut évoquer sa chère Thuringe et parler en allemand des histoires de famille. Ils jouent du piano, composent et chantent ensemble en duo.

Victoria se rétablit si vite qu'ils décident de passer Noël à Windsor. Comme à Cobourg, le prince décore de bougies des sapins nains que l'on place sur des petites tables avec des cadeaux pour chacun. Des gâteaux sont accrochés à des rubans multicolores, des cartes illustrées envoyées aux amis. Les Noëls de la famille royale deviennent, dès la première année, des événements de la vie nationale grâce à la publicité que leur donnent les nouveaux journaux illustrés.

De retour à Buckingham, Albert s'attaque à un grand chantier : remettre de l'ordre dans les palais et les finances de la reine. Un mois auparavant, Mrs. Lilly a entendu la porte du cabinet de toilette de la reine s'ouvrir en pleine nuit. Elle cria : « Qui va là ? » et la porte se referma brusquement de l'intérieur. Elle appela un valet. Lehzen accourut. Elle seule osa bravement regarder sous le canapé. Elle y découvrit un frêle jeune homme, Jones. Il avoua avoir entendu Pussy pleurer et s'être assis sur le trône. Le petit Jones s'était déjà introduit en 1838 dans les appartements royaux.

Albert s'aperçoit que non seulement des voyous peuvent pénétrer dans le palais, mais, beaucoup plus grave, que la gabegie la plus totale y règne. Les bougies des salons sont changées chaque jour, qu'elles aient été ou non allumées. Les valets les récupèrent et les revendent. Les cuisines sont vétustes et infestées de rats. Les vols de nourriture sont considérables. Les repas arrivent froids. Les courtisans dînent tous les jours au palais aux frais de la reine, même quand ils ne sont pas de service. Le docteur Clark a toujours un fournisseur écossais à privilégier. Des voitures sont commandées en imitant la signature des dames d'honneur. Le personnel est pléthorique : quarante femmes de chambre à Windsor, autant à Buckingham, ce qui n'empêche pas les invités de se perdre dans les couloirs à la recherche de leur chambre. Lehzen laisse filer les choses. Avec l'aide de Stockmar, le prince tente d'y mettre bon ordre.

Dans un long mémorandum, le baron décrit l'incroyable confusion des rôles. Trois lords de haut rang se partagent la gestion des propriétés royales. Le grand chambellan contrôle les appartements, le grand intendant, les cuisines et le grand écuyer, les écuries. Marqués politiquement, ils changent avec chaque gouvernement whig ou tory. Leur fonction est en outre mal définie. À Buckingham, le grand intendant est chargé de fournir le bois et de préparer les feux mais c'est le grand chambellan qui doit veiller à les faire allumer dans les cheminées. Résultat, on gèle dans les salons où, durant l'hiver, la température descend jusqu'à 12°. Si les fenêtres ne sont jamais propres, c'est que le nettoyage côté intérieur dépend du grand chambellan alors que les abords des palais et donc l'extérieur des vitres sont du ressort des Bois et Forêts. Quand un carreau est cassé dans la cuisine, la procédure est la suivante : établissement d'un ordre de réquisition, signature par le chef des cuisines, contreseing par le contrôleur des cuisines, paraphe du maître de la maison royale, autorisation du cabinet du grand chambellan et enfin exécution des travaux par le service des Bois et Forêts… Albert décide d'installer une autorité centrale. Une telle réforme accroît encore le mécontentement de la cour et de Lehzen à son égard.

Mais il est maintenant en possession d'une clef de la « boîte aux dépêches », symbole des prérogatives royales. Son nom est associé à celui de Victoria dans la liturgie anglicane. Le jour de la naissance de Pussy, il a même remplacé la reine au conseil privé.

Peu à peu, le prince organise leur vie quotidienne selon ses horaires à lui. Oiseau de nuit, Victoria traînait une bonne partie de la matinée au lit, il l'oblige désormais à se lever à huit heures. Un plantureux breakfast est servi à neuf heures alors qu'elle a toujours préféré grignoter des sucreries. Après une courte promenade, ils s'attellent à leur énorme correspondance. Puis ils dessinent ou gravent à l'eau-forte jusqu'à deux heures. Après le lunch, Victoria reçoit ses ministres, de plus en plus souvent accompagnée d'Albert. En fin d'après-midi, ils sortent ensemble dans leur cabriolet tiré par deux chevaux dont le prince tient les rênes et que l'on commence à appeler une « victoria ». Dîners, concerts, opéras et bals occupent les soirées. Albert a remplacé l'orchestre à vent par des instruments à corde qui conviennent mieux à sa sensibilité.

C'est lui aussi qui choisit les robes : « Debout contre le mur, ses bras croisés sur la poitrine, il examine attentivement chaque élément de sa toilette et lorsque quelque chose ne va pas, il fait une petite moue. » La reine est en extase : « Il a tant de goût et je n'en ai aucun. » Il excelle aussi en patinage. En février, il fait grand froid et le prince décide d'exercer ses talents sur l'étang du palais. Mais la glace se rompt et il disparaît dans l'eau glacée. « J'ai dû nager pour sortir », écrit-il à grossmutter Gotha. Victoria fait preuve de beaucoup de sang-froid. Alors que sa dame d'honneur se contente de hurler, la reine tend la main et aide son bien-aimé transi à sortir de l'eau. Il restera enrhumé jusqu'au baptême de Pussy célébré à Buckingham le 10 février, jour anniversaire de leur mariage : « jour chéri entre tous », précise Victoria au roi des Belges qui assiste à la cérémonie au côté du duc de Wellington.

Déjà, la reine est à nouveau enceinte. Ils n'ont que vingt et un ans et sont pleins d'appétit sexuel. Les premiers préservatifs en latex font leur apparition aux États-Unis, mais l'Église d'Angleterre condamne les moyens artificiels de contraception. Les médecins, d'ailleurs, ont une connaissance assez sommaire de l'ovulation des femmes. Ils déconseillent les rapports sexuels après les règles et les autorisent au milieu du cycle. Les mères n'en parlent jamais à leurs filles. Ces sujets sont tabous, comme tout ce qui touche au corps humain.

Dans les familles pauvres, les femmes donnent naissance à des ribambelles d'enfants avant de mourir en couches. Sans lait, sans médicaments, sans chauffage, la mortalité infantile atteint des chiffres effrayants. Ce qui n'empêche pas la population de s'accroître. En dix ans, l'Angleterre est passée de quatorze millions à seize millions d'habitants. En cet hiver 1841, si rigoureux, le pain vient à manquer. Le mécontentement augmente contre les taxes d'importation sur le blé. Les whigs perdent quatre élections partielles. Le 18 mai, le gouvernement est battu sur un projet d'abaissement des droits de douane sur le sucre.

C'est le premier épisode d'un grand débat idéologique entre le libre-échange préconisé par les whigs et le protectionnisme que soutiennent les tories. Prophétique, Palmerston déclare aux Communes : « Je me hasarderai à prédire que malgré leur résistance de cette nuit à la libération des échanges… nos opposants seront contraints de proposer les mêmes mesures s'ils arrivent au pouvoir. »

Victoria et Albert sont à Oxford où le prince se voit décerner le titre de docteur honoris causa. Le soir, au Sheldonian Theatre, la reine est acclamée mais ses ministres conspués et sifflés par les étudiants tories. Aux courses d'Ascot, au contraire, on les accueille aux cris de « Melbourne pour toujours ».

C'est à cette époque que la reine effectue son premier voyage en train avec Albert. Le chemin de fer est la grande aventure de l'Angleterre. Des fortunes s'investissent dans les compagnies privées qui ouvrent sans cesse de nouvelles lignes. Londres spécule avec frénésie. Pourtant les accidents sont fréquents et il faut être intrépide pour adopter un moyen de transport aussi dangereux.

Le grand écuyer est responsable des déplacements terrestres de Sa Majesté. Mais ni lui ni ses cochers ne sont capables de conduire une machine à vapeur. Pour tourner la difficulté, la prospère Great Western Railway Company a construit un train spécial pour Sa Majesté. Chaque voiture comporte huit fauteuils mollement rembourrés et recouverts de velours gris tendre, celle de la reine ressemble à un salon. Il ne s'agit que de relier Windsor à la gare de Paddington à Londres. « Vous qui aimez la vitesse, vous allez adorer le train », a prédit Melbourne. Le convoi roule à trente-cinq kilomètres à l'heure, une vitesse que, selon une tenace légende, Albert aurait jugée déraisonnable pour la reine enceinte : « La prochaine fois, moins vite, monsieur le conducteur », aurait-il lancé au machiniste d'une bouche pincée en descendant du marchepied. Comme prévu, Victoria, elle, est enchantée. Au lieu des trois heures habituelles en voiture à cheval, le trajet n'a duré que trente minutes. Elle n'a souffert ni de la chaleur, ni de la poussière, ni de la foule comme dans sa calèche. Elle a découvert le confort et la facilité des voyages en train dont, toute sa vie, elle sera une adepte enthousiaste.

Hélas ! Le 4 juin, le gouvernement est battu d'une voix : « Très enrageant ! » s'exclame la reine. Plus que jamais partisane, elle entreprend une tournée des châteaux whigs : à Pashanger chez les Cowper, à Woburn, chez les Bedford. Elle va même passer la journée à Brocket, chez Melbourne, faisant, l'après-midi, le tour du jardin au bras de son Premier ministre qui a organisé pour sa souveraine un grand dîner dans la salle de bal. Sa sœur, la belle lady Palmerston, joue les hôtesses. Ces visites agacent Albert. Les collections de Rubens et de Titien, les salons tendus de damas, les reliures rarissimes, les escouades de valets en livrée, tant de richesses étalées lui rappellent qu'il n'est qu'un cadet de Cobourg sans fortune. Et les lords anglais le lui font cruellement sentir.

Au milieu de ces chasseurs au teint vif, au parler cru, amateurs de grands dîners, de femmes et de bonnes bouteilles, le sensible prince allemand reste un étranger. Il n'aime ni le jeu, ni les courses, ni les paris. Il est vite fatigué. Il manque d'appétit. Il se drape dans une raideur luthérienne. Aux longues chasses à courre, il préfère la musique, activité qu'il considère comme « élevée et ennoblissante ». À table, les conversations tournent exclusivement autour des futures élections et ces joutes partisanes irritent aussi Albert : « La campagne électorale vide les bourses, sème la zizanie dans les familles, démoralise les classes inférieures et pervertit beaucoup de membres des classes supérieures qui sont loin d'avoir la vertu chevillée au corps », écrit-il à sa belle-mère.

Il a juste gagné sur un point : Lehzen ne participe pas au voyage. Pour la première fois depuis l'âge de cinq ans, Victoria est séparée de sa gouvernante. Le prince s'indigne en apprenant que la baronne a versé sur la bourse royale quinze mille livres aux whigs pour leur campagne électorale. Melbourne le calme en lui expliquant, avec sa nonchalance habituelle, que George III dépensait beaucoup plus pour les tories.

À leur retour, la Chambre des communes est dissoute. Les whigs sont battus. À la différence de la reine, Albert est partisan, pour la couronne, d'une stricte neutralité dont Stockmar lui a doctement souligné les avantages.

Dès le mois de mai, les deux Allemands ont pris contact avec Peel par l'intermédiaire de George Anson. Ils en ont informé Melbourne. Une négociation secrète s'engage avec le leader tory pour, cette fois, régler au mieux la question vitale des dames d'honneur qui, deux ans plus tôt, a mis à mal le prestige de la monarchie.

Enceinte, fatiguée par sa seconde grossesse survenue trop rapidement après la naissance de Vicky, déprimée à l'idée d'être privée des conseils de son cher Melbourne, Victoria refuse d'ouvrir solennellement le Parlement. Furieuse du résultat des élections, « elle craint d'être humiliée à la face du monde ». Par Anson, Albert demande à Melbourne d'inciter la reine à écouter davantage son mari.

Le 28 août, au cours d'une audience privée, le Premier ministre remet sa démission et déclare : « Pendant quatre ans, nous nous sommes vus quotidiennement et chaque jour a été pour moi plus merveilleux que le précédent. » Victoria lui écrit : « Ce que la reine ressent en se séparant de son cher et généreux ami lord Melbourne est plus facile à imaginer qu'à décrire. » Elle lui offre une bouteille d'eau de Cologne et des gravures qu'il conservera comme des « trésors ».

Le surlendemain, la reine reçoit Peel : « L'entrevue s'est bien passée, elle n'a duré que vingt minutes », écrit-elle sobrement. Melbourne a fait parvenir un message à son successeur par l'intermédiaire de lord Greville : « La reine est sans prétention, elle sait qu'il y a beaucoup de choses qu'elle ne peut pas comprendre. Elle aime qu'on les lui explique sans entrer dans les détails, de façon claire et concise. Elle n'aime pas les audiences qui durent. Je ne suis jamais resté longtemps avec elle. » À Anson, il confie aussi : « Que Peel n'irrite pas Sa Majesté en lui parlant de religion avec solennité. Elle déteste particulièrement ce qu'elle appelle "la morosité dominicale". » Enfin, il conseille au nouveau Premier ministre de ne rien décider avec Albert en cachette de la reine.

Le couple royal part se reposer à Claremont. C'est là que se déroule la passation de pouvoir entre les ministres. Sceaux et « boîtes » aux dépêches sont disposés sur la table. En cette mélancolique journée de septembre, la reine enceinte de sept mois regarde s'éloigner les voitures sous les chênes séculaires de Claremont. Avec la fin de l'ère Melbourne, la page se tourne sur le XVIIIe siècle, sa frivolité, ses vices et ses élégances. Victoria rentre avec Albert dans le château les yeux pleins de larmes.

Dès le lendemain, elle ne peut s'empêcher d'écrire à son cher Melbourne qui lui répond aussitôt. Par ses lettres presques quotidiennes, il continue de l'éclairer sur les nominations d'ambassadeurs, la genèse d'une loi ou le rôle du nouveau gouverneur du Canada. Plus que jamais, elle apprécie son esprit, ses descriptions, ses avis, ce qui irrite Albert et surtout le pointilleux Stockmar.

Victoria invite son ancien Premier ministre à dîner à Windsor. Melbourne écrit au prince pour avoir son accord. Le baron allemand charge Anson de lui apporter un mémorandum en guise de réponse. Albert ne se prononce pas. C'est à Melbourne de juger. Stockmar déplore les échanges épistolaires « déloyaux » à l'égard de Peel et surtout que le chef whig ait cru bon d'attaquer le gouvernement aux Communes. Allongé sur son canapé, Melbourne en perd son sang-froid : « Dieu me damne ! Cela dépasse l'endurance humaine. Il ne s'agissait que d'une réponse à lord… » De son côté, Albert lui a demandé de ne pas laisser traîner les lettres de la reine qui critiqueraient Peel.

Le nouveau Premier ministre a tout pour plaire au prince. Il est vertueux, rigoriste, puritain. Les deux hommes sont timides, raides, réservés. Surtout, ils sont tous les deux d'inépuisables travailleurs. Peel passe dix-sept heures par jour sur ses dossiers. Il contrôle lui-même tous les ministères. Il assiste à toutes les séances des Communes. Chaque soir, il adresse à Albert un compte rendu des débats parlementaires et des discussions au sein du gouvernement.

Victoria arrive au terme de son éprouvante grossesse. Le 9 novembre à six heures du matin, elle ressent les premières douleurs. Son accoucheur, le docteur Locock, est au palais de Buckingham depuis une quinzaine de jours. Trois autres médecins arrivent au chevet de la reine. La duchesse de Kent qui réside désormais à Clarence House, les dignitaires, Peel, le duc de Wellington, accourent eux aussi. Mais la reine a déjà eu trois alertes et, fatigués de se déplacer pour rien, certains comme l'archevêque de Cantorbery sont en retard. Un gros et vigoureux garçon est déjà né et a aussitôt été présenté, nu, à l'assistance, pour qu'elle signe la déclaration de naissance.

Il s'appelle Albert comme son père et Édouard comme son grand-père, le duc de Kent. Melbourne objecte qu'Albert est un vieux prénom saxon qu'on n'emploie plus en Angleterre, qu'Édouard, au contraire, est très populaire. Mais la reine ne désire qu'une chose : « Qu'il ressemble à son très cher ange de père en tout. » Pour éviter les confusions, on prendra l'habitude de le nommer « Bertie ».

Le baptême a lieu dans la chapelle royale de Windsor. Comme pour Pussy, on verse sur la tête du prince héritier de l'eau du Jourdain. Presque tous les invités sont allemands. Sur les conseils de Stockmar, Albert a demandé au roi de Prusse d'être le parrain du bébé. Tous les deux envisagent sans déplaisir l'unification de l'Allemagne sous la houlette de Berlin

Victoria est la première souveraine régnante d'Angleterre à avoir mis au monde un prince héritier et cet événement provoque joie, désordre et confusion à l'intérieur du palais. Comme une traînée de poudre, le bonheur s'étend au pays. Le *Times* écrit fièrement que Victoria est « le modèle des Reines ».

Elle est loin d'être une de ces épouses modèles louées du haut de leur chaire par les zélés pasteurs méthodistes disciples de Wesley : patientes, humbles et indulgentes. Les terribles colères de Victoria éclatent sans s'annoncer entre les murs damassés de rouge. Albert, qui a du mal à les supporter, lui répète : « Tu dois contrôler tes réactions. » À lord Clarendon, il confie qu'il doit surveiller « la santé mentale de la reine comme le lait sur le feu ». À Stockmar, il écrit : « Elle est tellement emportée et passionnée… elle se met en rage et m'accable alors de reproches. Elle m'accuse de ne pas avoir confiance en elle, d'être ambitieux, jaloux, etc. Je n'ai plus que deux solutions : soit rester silencieux et me retirer, mais, dans ce cas, je serais comme un petit garçon que sa mère a grondé et qui s'en va mortifié. Soit répondre à la violence par la violence mais il s'ensuivra une scène, chose que je déteste parce que j'ai de la peine de voir Victoria dans cet état. » Victoria reconnaît elle-même qu'elle a un caractère impossible : « Je savais avant mon mariage que ce serait là mon problème. »

Privée par ses grossesses de beaucoup de ses plaisirs d'autrefois, elle continue sa correspondance avec Melbourne qui lui envoie des lettres drôles et débordant de tendresse : « Tandis que lord Melbourne traversait le parc, samedi soir, pour aller dîner chez sa sœur, il a pu voir clairement le bureau de Votre Majesté, distinguer les tableaux, les meubles, etc., car les chandelles étaient allumées et les rideaux non tirés. Votre Majesté s'apprêtait à partir pour l'Opéra. » Stockmar s'est rendu à South Street chez l'ex-Premier ministre pour exiger que ces échanges presque quotidiens cessent « naturellement » avec l'accouchement de la reine. Mais, de sa retraite de Brocket, l'homme d'État envoie des bouquets de roses et de daphnées à la jeune reine, et juge qu'il est de son devoir de lui prodiguer, outre son affection, ses avis de politique chevronné. D'ailleurs, le baron allemand et même Albert le consulteront bientôt à leur tour.

Plus encore que Melbourne, la cause de presque toutes les disputes du couple royal est la baronne Lehzen. Devant Peel, Stockmar et Anson, Albert se plaint du rôle que joue « cette intrigante stupide, folle, obsédée par la soif du pouvoir et qui se prend pour une espèce de demi-dieu ». Il la traite de tous les noms. Dans les lettres à son frère, elle est la « sorcière ». Quand elle attrape la jaunisse, il l'appelle « la dame jaune ». La baronne, qui adore les ragots, monte des petits complots d'antichambre contre Albert avec lord Paget qu'elle appelle son « fils ». La fureur du prince est à son comble lorsqu'il apprend que lord Paget, qui autrefois était amoureux de la reine, a déclaré à haute et intelligible voix : « Les étrangers sont une race inférieure et les Allemands la lie de la terre. » Le prince se plaint de la cupidité et du dévergondage de ces Paget. Il profite de la jaunisse de Lehzen pour persuader la reine de chasser cette odieuse famille. C'est un véritable coup de tonnerre sur la cour mais Albert entend purger, envers et contre tous, le palais de la débauche morale et financière qui y règne.

Victoria trouve que le susceptible Albert accorde trop d'importance à sa chère Lehzen : « Mon unique souhait est qu'elle ait une retraite paisible chez moi et que je la voie pour certains papiers et ma toilette, choses pour lesquelles elle m'est d'une grande utilité… » Pendant treize ans, la baronne a consacré exclusivement sa vie à

Victoria. Elle l'a protégée contre les intrigues de Conroy et personne à la cour ne met en doute son efficacité.

En janvier 1842, Victoria et Albert sont à Claremont où la reine se remet de la naissance de Bertie : « On pense que je ne retrouverai mon appétit et mon entrain qu'après avoir quitté la ville », écrit-elle à l'oncle Léopold. Mais Stockmar les alerte pour qu'ils rentrent immédiatement à Buckingham auprès de leur fille qui est au plus mal. Éclate alors un drame d'une violence sans précédent.

Depuis des mois Pussy perd du poids. Le docteur Clark l'a mise au lait d'ânesse mais ce régime ne semble pas lui convenir. Albert, qui est fou de sa fille, multiplie les reproches. Il critique la chaleur qui règne dans la nursery : chaque fois qu'il s'y rend pour embrasser Pussy, il surprend la nurse occupée à échanger des racontars avec Lehzen devant un feu d'enfer. Il suspecte aussi Clark de toucher des commissions sur chaque médicament qu'il prescrit. Le ton monte. Les portes claquent. Victoria qui a toujours défendu Lehzen et Clark se plaint qu'il veuille lui interdire de voir ses enfants. Le prince, excédé, griffonne un billet à sa femme : « Le docteur Clark a fort mal soigné la petite et l'a empoisonnée au calomel et toi, tu la fais mourir de faim. Je ne veux plus me mêler de cette affaire. Emporte ta fille, fais avec elle ce que tu voudras, et si elle vient à mourir, tu auras sa mort sur la conscience. »

Stockmar déclare que la nursery lui cause plus de soucis que tout le gouvernement du royaume. À en croire le baron, seul le départ de Lehzen ramènera la paix au palais. Le tout est de convaincre Victoria.

Albert ronge son frein pendant six mois. Il réorganise la nursery et en confie la charge à lady Lyttelton, une dame d'honneur sérieuse et désargentée qui vient de perdre son mari. Pussy guérit. Et Victoria semble se remettre de sa dépression. Au milieu de l'été, le prince lui annonce avec ménagement que la baronne, âgée de cinquante-huit ans, a accepté de prendre sa retraite et de rentrer au Hanovre pour y vivre avec sa sœur. Cette fois la reine se résigne « pour notre bien et pour le sien ».

À l'aube du 28 septembre, la baronne quitte Londres sans dire adieu à Victoria, geste ultime de dévotion pour éviter de faire couler les larmes de sa reine. Elle a reçu une confortable pension mais n'a pas le temps d'en faire profiter sa sœur qui meurt au bout de trois mois. Lehzen reste seule avec ses glorieux souvenirs dans sa maison tapissée de portraits de Victoria. Comme elle déteste broder l'après-midi avec les dames, elle a toujours une boîte de cigares pour attirer les visiteurs qu'incorrigiblement elle régale de ragots sur la cour d'Angleterre. La reine lui écrit une fois par semaine, puis une fois par mois, puis une fois par an.

Albert n'a plus qu'à réconcilier Victoria avec la duchesse de Kent. Il est le seul à la cour à lui trouver toutes les qualités : elle a le sens de la famille, elle est exubérante comme on l'est à Cobourg lorsque la bière coule à flots et que l'on danse quadrilles et mazurkas. Après quelques semaines, la partie est gagnée. La duchesse qui a été une mère d'une exceptionnelle dureté se révèle une délicieuse grand-mère. Clarence House est à dix minutes à pied de Buckingham. Et Frogmore Lodge, sa résidence de campagne, située dans le parc de Windsor. Tous les jours, elle rend visite aux enfants royaux qui l'adorent.

Le prince peut montrer à l'Angleterre et au monde l'image d'une famille comme la monarchie n'en a jamais connu : unie, fidèle, heureuse, toute à ses devoirs envers Dieu et envers son pays.

7.

Le prince est convaincu que seule cette famille royale exemplaire peut sauver la monarchie menacée par les luttes sociales. Ses ambitions lui sont dictées par le sérieux roi des Belges, sa philosophie par le non moins austère Stockmar. Avec ces trois Allemands, l'Angleterre entre de plain-pied dans ce qu'on appelle à tort l'ère victorienne mais qui est en réalité le règne d'Albert.

Peel partage pleinement leurs idées. Plus le prince connaît Peel et plus il l'admire. Il y a entre eux bien plus que de la sympathie. Leurs relations peuvent presque se comparer à celles que la reine a entretenues avec Melbourne. Le matin, ils chassent ensemble à Windsor le lièvre et le faisan. Le soir, ils discutent d'agriculture, de peinture flamande ou de littérature allemande dont Peel est un grand amateur.

Le prince offre au Premier ministre un exemplaire dédicacé des *Niebelungen*, un vieux poème épique sur les luttes de tribus germaniques au temps d'Attila. Et le Premier ministre nomme le prince président de la Commission royale des beaux-arts où se côtoient ministres et architectes en charge de la reconstruction du Parlement qui a brûlé en 1834. Ses collaborateurs sont frappés par la manie d'Albert de tout diviser en catégories. Mais ils reconnaissent le bien-fondé de ses remarques. Comme Peel, le prince travaille avec acharnement.

Et comme le prince, Peel défend les vertus familiales. À cinquante-trois ans, le Premier ministre est l'héritier d'une des plus grosses fortunes de l'industrie textile. Son grand-père s'est enrichi dans celle du coton en inventant un nouveau procédé d'impression. Les usines sont tout à la fois filature, peignage et tissage. Son père, qui avait pour lui beaucoup d'ambitions, l'a lancé comme député à vingt et un ans, l'âge d'Albert aujourd'hui. Peel est tout disposé à aider le prince à prendre la place qu'il convoite dans la vie publique.

C'est grâce à Peel qu'Albert assiste désormais au conseil privé. Et tout naturellement il en vient à considérer le ministre comme son père. Un père tel qu'il le rêve. Sans maîtresses, sans dettes et qui ne lui réclame pas d'argent. Albert est en effet harcelé par les demandes du duc de Cobourg qui ne se contente jamais de la pension que lui verse la couronne britannique à titre d'obligation familiale.

Tous les deux ont le sens de l'économie. Pas de dépenses inutiles, pas d'étalage intempestif de luxe. Le plus urgent est de mettre de l'ordre dans les finances du royaume comme Albert le fait jour après jour dans celles de la cour. Melbourne a laissé grossir les déficits. Ses connaissances en économie étaient si sommaires qu'il attribuait les difficultés financières de l'Angleterre au lancement du timbre-poste au prix unique d'un penny. Un progrès que personne, pourtant, ne songe à remettre en cause. Depuis 1840, tous les sujets de Sa Majesté peuvent échanger leur correspondance sans avoir recours à leurs propres messagers. Victoria est la première au monde à avoir son portrait sur un timbre-poste. Sa popularité s'en est prodigieusement accrue. Le futur Napoléon III, alors en exil à Londres, en est si frappé qu'il n'aura qu'une idée une fois au pouvoir : créer lui aussi un timbre-poste afin que tous ses sujets connaissent son visage.

Mais, timbre ou non, en 1842 la dette publique atteint un record. Le déficit représente le cinquième du budget du pays. La récession est la pire que l'Angleterre ait connue depuis Waterloo. Le 11 mars, Peel présente aux Communes un projet d'impôt direct de trois pour cent visant tous les revenus supérieurs à cent cinquante livres par an : « Je préfère l'impopularité à la facilité des dépenses. »

Au cours de la séance, lord Brougham, tribun des radicaux, exige que personne, pas même les plus grands, ne soit exempté de cet impôt. Pour faciliter le vote de son texte, Peel demande au couple royal de s'y soumettre. Victoria écrit à l'oncle Léopold : « Il désirait savoir s'il pouvait annoncer la nouvelle à la Chambre le soir même, de telle sorte que cela apparaisse comme un acte gracieux de ma part, sans obligation légale. J'y consentis aussitôt. C'est très dur pour mon pauvre et cher Albert qui va devoir payer neuf cents livres. »

Neuf cents livres, ce n'est pourtant pas cher payé pour que cette loi de rigueur soit adoptée à une écrasante majorité. Soixante-dix ans avant son instauration en France, Peel entre dans l'histoire comme le père de l'impôt sur le revenu. En contrepartie, il diminue la fiscalité indirecte sur le timbre et le café, sur les matières premières importées et supprime toutes les taxes à l'exportation sur les produits manufacturés. « Ce qui doit nous conduire, ce sont des principes d'honnêteté et de frugalité », répète le Premier ministre.

Albert veille à la même rigueur dans les palais où le personnel n'est plus fourni gratuitement en savon de toilette et doit choisir entre thé et cacao. Le parc de Windsor est doté d'une ferme modèle avec une laiterie. Le duché de Cornouailles, que le prince gère pour le compte de son fils, commence à réaliser des bénéfices.

La garde-robe de Victoria essuie de plein fouet cette vague d'économies. Par goût, la reine n'aime pas se compliquer la vie : « Qu'on ne m'assomme pas avec ces histoires de robes ! » Son couturier lève les bras en signe d'impuissance. Les toilettes commandées à Paris ne la mettent pas plus en valeur. Le prince considère que les tissus coûteux sont un signe de frivolité, conviennent aux femmes de petite vertu et non à la reine d'Angleterre. Combattre le luxe et le gaspillage, donner l'exemple de la simplicité, c'est, comme le répète Stockmar à son élève, la meilleure façon de prévenir les mouvements révolutionnaires.

Quelques mois plus tôt, des manifestants ont tenté d'instaurer une république à Newport et ont été une fois de plus durement châtiés. Depuis plusieurs semaines, les manifestations chartistes secouent à nouveau le pays. Libéré de prison, O'Connor parcourt le royaume devant des foules de plus en plus nombreuses. Et la presse ne parle que de ce « lion de la liberté ».

Les syndicats ouvriers qui prolifèrent dans l'industrie textile et les mines décident de fusionner avec les chartistes. Le 2 mai 1842, leurs délégués présentent à la Chambre des communes une nouvelle pétition portant plus de trois millions de signatures. Aux revendications sur le suffrage universel masculin s'ajoutent les requêtes des ouvriers dont les conditions de vie se sont encore dégradées. La récession a contraint les plus grosses usines à baisser les salaires. Mais l'agitation ne trouble pas les bancs de la Chambre des communes. Les gentlemen rejettent la pétition à une écrasante majorité.

Peel reste pourtant soucieux de relancer l'industrie textile et il convainc le couple royal de montrer l'exemple. Pour le baptême de Bertie, on a demandé à toutes les dames de porter de la dentelle d'Angleterre et des châles de cachemire. Cette fois, un grand bal costumé est prévu au palais pour donner du travail aux ouvrières de Spitalfields, un quartier pauvre de l'est de Londres. Les costumes des deux mille invités doivent imiter ceux de l'époque Plantagenêt. Victoria écrit à Léopold à la veille du bal : « Il y a tant de soieries, de broderies et de couronnes et Dieu sait quoi à préparer que moi qui déteste m'occuper de mes robes, je suis débordée. »

Pour un soir, Albert s'arroge le titre de roi d'Angleterre. Il se déguise en Édouard III, créateur de l'ordre de la Jarretière et vainqueur des Français à la bataille de Crécy. Ce qui provoque les sarcasmes des journaux parisiens qui suggèrent à Louis-Philippe d'organiser un bal où il apparaîtrait déguisé en Guillaume le Conquérant : « Cela ne va pas arranger nos relations avec les Français », s'écrie furieux le ministre des Affaires étrangères. Victoria est en reine Philippa qui a intercédé pour que les bourgeois de Calais ne soient pas exécutés. À Londres où son manteau doré et sa jupe de velours cramoisi sont exposés, les chartistes s'enflamment. Dans leur pétition, ils critiquaient déjà la liste civile d'Albert. Ils s'indignent de voir que les festons de pierres précieuses de la robe de la reine ont coûté soixante mille livres. Certains invités ont loué des bijoux cent cinquante livres. Tant de luxe choque au moment où les pauvres meurent de faim. Victoria, dépitée, écrit à son oncle Léopold : « Les bonnes intentions ont parfois les plus mauvais résultats. »

La nouvelle vague d'attentats est-elle une conséquence directe de ce bal raté ? Le dimanche 29 mai, Victoria et Albert rentrent en cabriolet de l'office religieux lorsque Albert remarque un « petit voyou » braquant un pistolet sur eux. Mais les chevaux continuent et personne n'y fait attention jusqu'à ce qu'un lad affirme dans l'après-midi que, lui aussi, a vu dans le parc un homme pointant son arme sur l'équipage royal. Il l'a même entendu s'écrier : « Que je suis bête de ne pas avoir tiré ! »

Albert raconte aussitôt l'histoire à Peel et les deux hommes décident, dans le plus grand secret, de provoquer l'individu pour essayer de l'arrêter. Victoria et Albert sortiront le lendemain sans dames d'honneur pour éviter de leur faire courir le moindre risque. Des policiers en civil seront postés derrière les arbres tout le long du parcours. Deux écuyers trotteront le plus près possible du cabriolet. À la cour, personne n'est mis au courant. Lady Portman se vexe même que la reine ne l'emmène pas, comme d'habitude, dans sa promenade.

Le tueur de la veille est là, avec son pistolet, à l'endroit précis où, deux ans plus tôt, le couple royal a essuyé sa première tentative d'assassinat : « Tu peux imaginer que nous n'en menions pas large », écrit Albert à son frère. Le coupable est immédiatement ceinturé et conduit au ministère de l'Intérieur. C'est un ébéniste nommé John Francis, fils d'un machiniste du théâtre de Covent Garden : « Il paraît qu'il est beau, il a une vingtaine d'années, il n'est pas fou mais au contraire très malin. Je n'ai pas eu peur du tout. Grâce à Dieu mon ange va bien ! » écrit Victoria à l'oncle Léopold. Francis est condamné à mort mais sa peine sera commuée le 1er juillet en bagne à vie parce qu'il n'a pas été prouvé que son arme était vraiment chargée.

Deux jours plus tard, nouvel attentat alors que le couple rentre encore de la chapelle royale. L'homme s'enfuit. On ne le retrouve que le soir. Son pistolet est chargé de papier et de tabac avec fort peu de poudre. Peel se précipite au palais et, devant la reine saine et sauve, il éclate en sanglots. Formel, le prince explique ces tentatives d'assassinat par « la propagation des idées démocratiques et républicaines et les dérèglements de la presse ».

L'émotion n'a pas atteint les chartistes. Les manifestations se poursuivent notamment à Halifax, centre textile du Yorkshire où les salaires ont été sabrés de vingt pour cent. Le gouvernement envoie la troupe. Les soldats doivent négocier avec les grévistes pour dégager la route leur permettant de passer avec les meneurs qu'ils ont arrêtés. Alarmé par la situation, le gouvernement annule ses vacances et reste à Londres malgré la chaleur caniculaire.

Le mouvement s'essoufle à la fin du mois d'août 1842 lorsque O'Connor, dans son journal, le *Northern Star,* recommande l'arrêt des grèves pour que les ouvriers puissent « manger ». Les mesures de Peel favorisant l'exportation, les affaires reprennent et certains patrons ont d'ailleurs renoncé aux diminutions de salaires. Le danger chartiste, qui a épouvanté le gouvernement et la cour, semble écarté.

Le 29 août, Victoria et Albert partent pour l'Écosse. La reine souhaite découvrir ce royaume rattaché à la couronne depuis cent cinquante ans. Par crainte des émeutes qui couvent encore dans le nord de l'Angleterre, Peel accède à sa demande à la condition que le couple royal prenne le bateau. Laissant les enfants, ils s'embarquent à Woolwich sur le *Royal George* : « Quel délice d'être tout seuls à bord ! » s'écrie Victoria.

Le capitaine est un fils naturel de Guillaume IV, le divertissant Adolphus de Fitzclarence. La reine dîne avec les officiers et leur apprend certaines danses. Hélas, la mer du Nord est démontée et la croisière loin d'être de tout repos. C'est sur le même vieux yacht, alors appelé *Royal Sovereign,* que le duc et la duchesse de Kent ont traversé la Manche en 1819 pour regagner l'Angleterre avant la naissance de leur fille. La lourde embarcation à voiles manœuvre difficilement. Elle doit être tirée par deux vapeurs. Albert n'a pas le pied marin, Victoria est enceinte d'un mois, et les câbles inégaux ajoutent au roulis : « Comme c'est ennuyeux et agaçant ! Nous sommes restés sur le pont toute la journée, allongés sur des fauteuils : le soir, les vagues étaient fortes et j'ai été très malade. » La nuit suivante n'est pas meilleure mais la reine a pu apercevoir la côte écossaise « fort belle, tellement sombre, rocheuse, sauvage et nue, totalement différente de nos côtes ». Enfin, ils arrivent en vue d'Édimbourg avec une demi-journée de retard. Ce qui oblige à passer encore la nuit à bord et met un comble au mal de mer du couple royal.

À huit heures du matin, la reine exige de descendre à terre. La panique est générale. Le comité d'accueil qui l'a attendue vainement la veille n'a pu être alerté. Le maire d'Édimbourg portant les clefs de la ville arrive après le débarquement et doit se faufiler dans le cortège sur la route du château de Dalkeith où Victoria et Albert sont les invités du duc de Buccleugh.

Les Écossais n'ont pas l'habitude de ces visites royales. Seul George IV s'est rendu à Édimbourg. Le maire de Perth pose mille questions de protocole. De quel côté du carrosse la reine est-elle assise ? « Côté droit. » Les voitures officielles doivent-elles précéder ou suivre celles de la reine ? « Les suivre. » Quel genou doit-il plier devant elle ? « Genou droit. » Doit-il présenter les clefs de la ville à genoux ? « À genoux oui, c'est préférable. » À Édimbourg, les journaux publient les consignes officielles : « La reine recevra les dames et les gentilshommes désireux d'offrir leurs respects à Sa Majesté au château de Holyrood, le vendredi 2 septembre, à deux heures. Les dames pourront venir sans traînes ni plumes. Les hommes seront en tenue de réception. »

Par crainte des attentats, on lui fait traverser Édimbourg à toute allure. Ce qui n'empêche pas Victoria d'être conquise par un vieux livre qu'elle signe en dessous des paraphes de Jacques Ier et de Charles Ier, devant le château d'où « la pauvre Reine Mary » s'est enfuie, et sous la fenêtre par laquelle Jacques II a été jeté après avoir été assassiné. Au château de Stirling, elle découvre au comble du ravissement que le majordome a servi sous les ordres de son père.

Les collines couvertes de bruyères, les eaux calmes des lochs, les cornemuses des Highlanders lui rappellent l'opéra de Donizetti *Lucia di Lammermoor*, tiré du roman de Walter Scott, son auteur favori qu'elle a rencontré quand elle avait neuf ans et qu'elle a relu sur le bateau.

Devant son château en granit gris de Taymouth, le richissime lord Breadalbane lui a réservé le plus romantique des accueils : « Le coup d'œil est indescriptible. Les Highlanders sont alignés dans leur tartan Campbell devant la maison, lord Breadalbane lui-même à leur tête avec les joueurs de cornemuse. Les coups de feu, les acclamations de la foule, les costumes si pittoresques, la beauté des paysages environnants avec l'arrière-plan des montagnes couvertes de forêts, tout cela formait le plus incroyable des décors. C'était comme un grand chef des temps féodaux recevant sa souveraine. Tout était princier. Après le dîner, tous les jardins étaient splendidement illuminés et sur le sol, des lampions écrivaient : bienvenue à Victoria et Albert. » Le lendemain, la reine remonte la rivière sur vingt-cinq kilomètres dans une légère embarcation à rames. Les matelots entonnent des chants celtiques. Un grand pique-nique l'attend lorsqu'elle débarque. Puis le convoi reprend la route en voiture à travers la lande brun et rose dans le soleil couchant.

Les jeunes filles sans coiffe avec leurs cheveux au vent la fascinent. Au grand air d'Écosse, elle se sent, elle aussi, plus libre. Dans les campagnes, on ne la reconnaît pas. Une femme lui offre du lait et un morceau de pain, une autre un bouquet de fleurs. Elle n'a jamais été en contact aussi direct avec des gens du peuple. Et cette simplicité lui plaît. Elle dessine sur son carnet les huttes « si basses, enfumées par les feux de tourbe », une paysanne « qui lave des pommes de terre dans la rivière, sa robe retroussée au-dessus du genou ». Au breakfast, elle découvre le porridge de flocons d'avoine et l'églefin fumé. Le prince partage son enthousiasme. La ville de Perth lui rappelle Bâle, les forêts de Birnam, sa chère Thuringe, et il est frappé par la ressemblance étonnante entre les Highlanders et les Allemands.

« La reine ne saurait quitter l'Écosse sans déplorer que sa visite n'ait pu se prolonger davantage », déclare Victoria le jour de son départ. Le retour s'effectue en bateau à vapeur. Il ne sera plus jamais question de remonter sur le *Royal George*. En 1838, le premier steamer a rallié l'Angleterre aux États-Unis. Le couple royal décide de mettre en chantier un nouveau yacht, confortable et à vapeur.

Curieuse coïncidence : au moment même où, sur la mer du Nord, Victoria souffrait tant du mal de mer, au large des côtes chinoises tout l'équipage du *Cornwallis* buvait à la santé de la reine. Vingt et un coups de canon étaient tirés pour célébrer la victoire de la guerre de l'opium. Britanniques et Chinois viennent de signer à Nankin un traité qui permet à la Grande-Bretagne de reprendre de plus belle la contrebande de la drogue en Chine. Le plus heureux est lord Palmerston, grand artisan de cette guerre profondément honteuse et injuste.

Le conflit a commencé en mars 1839 lorsque le mandarin Lin Tsé Hsu, représentant de l'empereur de Chine à Canton, adresse un ultimatum aux « barbares étrangers » leur intimant l'ordre de lui livrer toutes les balles d'opium en leur possession sous peine d'interrompre tout commerce avec eux. Il menace même d'en exécuter « un ou deux ». Depuis 1830, une loi chinoise interdit de fumer et de vendre de l'opium sous peine de mort.

Ce qui n'empêche nullement l'opium indien de pénétrer en Chine. La Compagnie des Indes en a le monopole. En échange de l'opium, les goélettes repartent chargées de thé et de soie. Un commerce juteux que Wellington considère comme absolument nécessaire à la prospérité britannique. En Angleterre, la consommation de la drogue est d'ailleurs autorisée. Tous les épiciers du royaume ont sur leurs étagères des flacons de laudanum. Cette préparation brune à base d'opium a de multiples usages. Pour les pauvres, elle coûte moins cher que l'alcool. Les mères s'en servent pour faire dormir les nourrissons pendant les heures d'usine. Les riches et même la reine y ont recours pour se soigner. Les artistes comme Walter Scott ou Dickens pour rêver.

Le plus gros trafiquant est un Anglais, William Jardine, grand ami de Palmerston. Il incite le ministre des Affaires étrangères à répliquer rapidement par la guerre à l'ultimatum chinois. Sur place, le capitaine Elliot, représentant britannique, prend, en effet, des initiatives désastreuses.

Elliot désapprouve le trafic de l'opium qui déshonore l'Angleterre et menace le commerce « légitime ». Il promet d'indemniser chaque marchand britannique qui acceptera de livrer à la Chine l'opium qu'il détient dans ses cales. Lin Tsé Hsu reçoit quinze mille balles. En grande pompe, il réquisitionne cinq cents soldats et cinquante officiers à qui il ordonne de couler l'opium en le mélangeant à de la chaux. La tâche occupe les Chinois pendant trois semaines. Folles journées pendant lesquelles le mandarin organise en permanence des cérémonies pour demander pardon aux dieux d'empoisonner la mer de Chine. Persuadé que la reine ignore que ses sujets contaminent le peuple chinois, il l'implore de faire cesser la contrebande par une missive qui ne sera jamais transmise à sa destinataire.

Victoria n'a d'ailleurs pas besoin de cette lettre pour connaître les méfaits de l'opium en Chine. En 1832, le Parlement a longuement débattu du sujet et conclu, comme Wellington, qu'il était « souhaitable de conserver une source si importante de revenus ». La reine n'a pas l'habitude de contrarier les intérêts anglais.

Deux mois après la destruction de l'opium, Palmerston envoie dans la baie de Kowloon, en face de Canton, une importante flotte armée à laquelle la Chine n'a rien à opposer. Elliot, qui a fait volte-face, ordonne de bombarder les portes de Canton. La contrebande reprend, plus profitable encore que par le passé. Avec les destructions, le cours de l'opium a monté en flèche ! Huit mille balles sont livrées aux marchands chinois.

Faut-il ou non, comme Elliot l'a promis, indemniser les commerçants britanniques dont la marchandise a été envoyée au fond de la mer par l'intègre Lin Tsé Hsu ? Il en coûterait deux millions de livres. En avril 1840, le débat s'ouvre au Parlement.

Le clergé se mobilise contre la drogue et les pasteurs exhortent leurs paroissiens à signer des pétitions. Des parlementaires s'en font l'écho. Un député de vingt-deux ans, William Gladstone, s'écrie indigné : « Je peux affirmer qu'une guerre plus injuste dans ses origines, mieux calculée dans son développement pour déshonorer le pays, je n'en connais ni dans le présent, ni dans le passé... Quoique les Chinois, sans doute, se soient rendus coupables en maintes circonstances d'une absurde phraséologie, d'un orgueil par trop ostentatoire et de certains excès, la justice à mon avis est de leur côté. Et tandis qu'eux, les barbares, les païens à peine civilisés, en sont les défenseurs, nous, les chrétiens civilisés et éclairés, nous bafouons à la fois la justice et la religion. »

Éloquence courageuse mais inutile. Palmerston a déjà dépêché un corps expéditionaire pour forcer l'empereur chinois à indemniser lui-même les marchands anglais. L'île de Tchusan, en face de Shanghaï, est bombardée : « Les Chinois, pour toute résistance, avaient mis en batterie sur le rivage, en guise de chevaux de frise, quelques toiles peintes représentant des monstres, des dragons ailés, des griffons bizarrement illuminés. Et les braves Anglais, au lieu d'être désarmés par une si facile victoire, dévastaient et pillaient cette ville ouverte comme une redoute qui tombe après vingt assauts désespérés. Vainqueurs héroïques, ils s'amusaient à tuer des enfants*. » La ville de Ting-Hai est prise à son tour par les soldats anglais et indiens. La flotte britannique remonte inexorablement la côte jusqu'au large de Pékin.

Elliot entame avec Lin Tsé Hsu des négociations qui n'aboutissent pas. La guerre reprend. Au printemps 1841, Canton tombe aux mains des Anglais. La ville est pillée, les temples saccagés, les cimetières profanés et les femmes violées. La rançon chinoise est insuffisante pour dédommager tous les marchands britanniques dont plusieurs, acculés à la faillite, se suicident. Un mois plus tard, Shanghaï est prise d'assaut, également saccagée et pillée. Dernière bataille avant le traité de Nankin qui met fin à cette première guerre de l'opium.

---

* Ledru-Rollin, *La Décadence de l'Angleterre*, Escudier, Paris, 1850.

Évidemment, la drogue est pudiquement passée sous silence dans le traité qui accorde aux trafiquants britanniques une énorme indemnité ainsi que la liberté totale du commerce en Chine. L'Angleterre y gagne aussi Hong Kong. Le ministre des Colonies, lord Stanley, écrit à la reine : « Il est difficile de mesurer l'effet moral de ces victoires, non seulement en Asie mais dans toute l'Europe... En Chine, l'effusion de sang a pris fin, par la signature d'un traité qui place les possessions de Votre Majesté sur un pied non encore admis jusqu'ici pour aucune puissance étrangère, un pied de parfaite égalité avec l'empire chinois, qui assure une large indemnité pour le passé et une complète sécurité pour l'avenir et qui a ouvert le commerce de la Chine à l'esprit d'entreprise des Anglais dans des proportions dont il est impossible de mesurer l'importance future. »

Un feu d'artifice illumine les parcs et la Tour de Londres. Les livraisons d'opium indien à la Chine passent bientôt de trois mille tonnes à cinq mille cinq cents tonnes. Les Chinois supplient les Anglais de supprimer la culture du pavot en Inde. Mais Pottinger, qui a remplacé Elliot, répond avec une superbe hypocrisie que ce serait un abus de pouvoir de la part du gouvernement britannique. Les goélettes reprennent leur immonde trafic.

« Nous avons visité *The Queen*, navire splendide. Je crois que ces immenses murs de bois sont notre grandeur et je suis fière de penser qu'aucune autre nation ne peut égaler notre flotte... », a écrit Victoria à l'oncle Léopold en mars 1842. Son oncle Guillaume IV, qui avait passé sa vie sur la mer, déclarait : « Tous les marins seront heureux de se battre pour leur jeune reine. » La flotte britannique est non seulement victorieuse en Chine mais en Nouvelle-Zélande, au Canada, en Afrique, en Nouvelle-Guinée... L'Angleterre ne voit son avance stoppée que dans les montagnes d'Afghanistan. La cruelle défaite de Kaboul avec ses bataillons en fuite et ses vingt mille morts anglais jonchant le sol afghan met un terme irrémédiable à ses visées sur l'Asie centrale, mais surtout à la création d'un glacis de protection face aux armées russes.

L'Inde, avec ses plantations de thé, de café et de pavot, ses rubis et ses diamants, ses bois précieux et ses soieries, est considérée, à juste titre, comme le « joyau » de la couronne. Depuis l'Antiquité, la balance commerciale indienne est favorable. L'Inde exporte et les étrangers la payent en or et en pierres précieuses. Au fil des ans, des trésors fabuleux se sont accumulés dans les palais et les coffres des princes qui gouvernent le pays.

Au début du siècle, Arthur Wellesley, frère de Wellington, en a terminé la conquête pour le compte de la Compagnie des Indes.

Il a fait venir le futur héros de Waterloo qui s'y est illustré en remportant ses premières batailles. Depuis, les possessions territoriales de la Compagnie se développent autour de trois centres : Calcutta, Bombay, Madras. À côté subsistent des centaines de territoires autonomes d'étendue très inégale. On donne aux princes le titre de maharadjah. Ils conservent leur autonomie et leur souveraineté. Au lieu d'annexer leurs territoires, les Anglais trouvent plus avantageux de conclure avec eux des traités suivant les méthodes diplomatiques inaugurées par Dupleix avant que celui-ci ne soit stupidement rappelé en France.

La Compagnie des Indes a le monopole du sel, du tabac, de la noix d'arec, des tissus. Avec les vapeurs, les distances se rapprochent. Des hommes d'affaires aventureux y bâtissent des fortunes colossales et de grandes villas coloniales que des nuées de domestiques rendent aussi confortables que possible : rocking-chairs, lits à baldaquin, ventilateurs, pelouses passées au peigne fin, jardins de roses et d'œillets d'Inde…

Les Anglais chassent le tigre à dos d'éléphant, jouent au cricket en costume blanc et inventent le polo. Ils construisent des écoles et se saluent courtoisement le dimanche à la sortie du temple protestant. En 1830, le lieutenant Leech, du génie de Bombay, a imprimé la première grammaire du Penjab et cinq ans plus tard, des missionnaires ont distribué aux sikhs quinze mille exemplaires du « Sermon sur la montagne ».

À Londres, ils rapportent des bijoux splendides et des domestiques noirs engagés aux escales. Devant les dépenses époustouflantes de ces parvenus qui investissent des fortunes dans les chemins de fer et l'industrie, on reprend le terme moghol de *nababs*. Ce sont eux qui jettent les bases de la puissance industrielle britannique.

Pour mieux la contrôler, le gouvernement anglais se substitue peu à peu à la Compagnie des Indes. Le « gouverneur général », désormais nommé par le gouvernement, poursuit la politique d'annexion des terres et des richesses pour le plus grand profit du royaume et de Sa Majesté. Devant les bénéfices fabuleux engrangés chaque année, Victoria, couverte d'émeraudes et de châles en cachemire par les imams et les maharadjahs, ne pourra s'empêcher un jour de s'exclamer : « L'Inde devrait m'appartenir à moi ! »

La Perse, elle, est sous influence tsariste. En 1840, c'est l'émir d'Afghanistan qui, à son tour, décide de contracter une alliance avec la Russie. Déplaisante perspective ! Anglais et Russes sont désormais face à face. Lord Auckland envisage de mener une expédition punitive à Kaboul pour imposer un souverain plus docile. La bataille tourne au désastre. Pour la première fois, l'Angleterre de Victoria recule aux Indes.

Sur le golfe du Bengale, l'État du Sind, qui a aimablement laissé passer les troupes anglaises, en fait les frais. Charles Napier exile les émirs et s'approprie leurs territoires. Sans illusions sur la valeur morale de cette dernière conquête, il envoie à Londres un télégramme dans lequel il écrit : « Peccavi », c'est-à-dire : « J'ai péché. »

Mais la reine ne s'en soucie guère. Enfin, elle est en route pour le continent ! C'est Louise, l'épouse du roi des Belges, qui l'a convaincue de rendre visite à son père Louis-Philippe. Louise est la fille chérie du roi des Français. Elle souffre de voir son père dédaigné par les cours européennes. Le roi de Prusse a refusé de passer par Paris quand il s'est rendu à Londres au baptême de Bertie. Il est revenu par Bruxelles où il s'est entretenu avec Léopold. Quant aux empereurs d'Autriche et de Russie, ils persistent à traiter Louis-Philippe d'usurpateur : « Le tsar sera fort irrité, mais je n'en ai que faire », s'exclame Victoria soutenue par Albert. La famille royale française est triplement liée aux Saxe-Cobourg. Depuis le mariage de Louise et de Léopold, Clémentine, seconde fille du roi des Français, a épousé Augustus, un fils de Ferdinand. Et le duc de Nemours, Victoire, autre fille de Ferdinand.

Dès juin, la reine s'est confiée à Peel et à lord Aberdeen qui ont approuvé le projet : ce voyage effacera le dissentiment né entre la France et l'Angleterre de la question d'Orient. On décide d'une visite familiale au château d'Eu, propriété de Louis-Philippe en Normandie. Les ministres conseillent à la reine de ne pas en parler avant la clôture de la session parlementaire. De peur que l'opposition whig, Palmerston en tête, ne s'y oppose.

À Paris, les ambassadeurs étrangers laissent éclater leur dépit à l'annonce de l'arrivée de Victoria : « Elle vient donc cette petite Reine ! Caprice de petite fille ! Un Roi n'aurait pas fait cela ! » s'écrie le comte Apponyi, ambassadeur autrichien. Certains parient même que l'Angleterre se ravisera au dernier moment.

Louis-Philippe, lui, est au « septième ciel ». C'est la première fois qu'un monarque britannique rend visite à un souverain français depuis l'entrevue d'Henry VIII et de François Ier au Camp du drap d'or, et il entend traiter fastueusement sa royale invitée. On dresse, près du château, un village de maisonnettes en bois surmontées de minarets que le roi surnomme sa « smala » parce qu'elles ressemblent aux tentes dans lesquelles son quatrième fils, le duc d'Aumale, a récemment surpris la smala d'Abd el-Kader en Algérie. Des canons arrivent des Invalides, de l'argenterie, de la vaisselle de

Paris, un grand lit d'Angleterre pour la reine. Sous les frondaisons, la musique répète le *God save the Queen* et la *Marche saxonne* du prince Albert.

La reine poussera-t-elle jusqu'à Paris ? Victoria le souhaite. Mais elle a promis de ne pas s'éloigner des côtes pour ne pas obliger le Parlement à nommer un conseil de régence. Le roi doit-il aller accueillir la reine en mer ? Il le veut. Mais sa fille, Louise, le conjure de n'en rien faire et Guizot approuve la reine des Belges : « L'entrée du Tréport est difficile et il y a peu d'heures dans la journée où elle soit possible. Le roi pourrait se trouver retenu en pleine mer avec la reine Victoria. Les deux souverains hors de chez eux, et ne pouvant rentrer chez eux ni l'un ni l'autre, il y aurait à rire. »

Avec son ministre, Louis-Philippe fait le tour du château. La reine sera au rez-de-chaussée. Sa chambre s'ouvre sur le jardin de roses. « Les tapis sont ôtés. Le Roi me demande si je suis d'avis de les remettre. Je dis que non. Il fait chaud et les parquets sont très beaux, plus beaux qu'aucun parquet anglais. » À côté, un boudoir tapissé de velours cramoisi pour le prince. Un autre pour la reine : « Beaucoup de petits conforts inspectés par le Roi avec un soin incroyable. Il était encore bien en colère hier parce que les serrures du secrétaire n'avaient pas bonne mine. Elles auront bonne mine. »

Enfin, le samedi 2 septembre tout est prêt. Le yacht royal est en vue de Cherbourg. Le navire à vapeur de plusieurs milliers de tonnes a été baptisé le 23 avril *Victoria and Albert*. Son capitaine est toujours Adolphus Fitzclarence. L'équipage compte deux cents marins.

Le couple royal termine de s'habiller lorsque *Le Pluton* accoste avec, à son bord, le duc de Joinville. Durant le breakfast, le fils de Louis-Philippe commente les côtes françaises qui défilent sous leurs yeux. La mer est aussi bleue que le ciel et Victoria découvre les toits rouges et pointus des villas du Tréport : « Une petite crique derrière des falaises avec une vieille église très pittoresque qui ne ressemble à rien de ce qu'on peut voir en Angleterre. »

Des salves de canon sont tirées tandis que la barge du roi vient à leur rencontre : « Le bon roi était debout dans le bateau, si impatient de le quitter qu'il fut très difficile de le retenir d'en sauter avant qu'il n'en soit très proche. Il grimpa ensuite la coupée aussi prestement que possible et me serra dans ses bras. » Elle a vingt-quatre ans, il en a soixante-neuf, un visage en forme de poire, un faux toupet sur le sommet du crâne et de gros favoris. Sans manières mais chaleureux.

La reine Marie-Amélie, ses filles et belles-filles attendent sur la jetée. On se parle en français, on s'embrasse avant de prendre un vin d'honneur sous une tente. La musique joue le *God save the Queen* et *La Parisienne*. La foule applaudit. Sans trop de conviction, comme le note Guizot : « Ce pays-ci n'aime pas les Anglais. Il est normand et maritime. Le Tréport a été brûlé deux ou trois fois et pillé je ne sais combien dans nos guerres. Rien ne serait plus facile que d'exciter une passion qui nous embarrasserait fort. On a dit, on a répété : la reine d'Angleterre fait une politesse à notre Roi. Il faut être bien poli avec elle. Cette idée s'est emparée du peuple et a tout surmonté, souvenirs, passions, partis politiques. Ils ont crié et ils crieront : "Vive la reine !" et ils applaudissent le *God save the Queen* de tout leur cœur. Il faudrait seulement ne pas le leur demander trop longtemps. »

Louis-Philippe a ressorti un vieux carrosse, plutôt un grand char à bancs surchargé de dorures et tiré par huit chevaux : « Quand nous passions sous une porte, la moitié des chevaux seulement obéissaient, les autres s'y refusant si bien que nous étions déportés d'un côté : "Cela me désole", répétait le Roi au désespoir. » Victoria, si heureuse d'être en France, a l'impression de vivre un rêve. Rien ne lui échappe. Ni les jardins, ni les châles blancs des femmes, ni leurs tabliers. Ni le gros morceau de pain posé à côté de son assiette lors du dîner du soir et dont elle ne sait pas quoi faire, ni le service de table « splendide mais tout à fait différent du nôtre ». Le roi et la reine découpent eux-mêmes jambons et viandes, ce qui choque les dames d'honneur. Mais non Victoria séduite par l'atmosphère familiale de cette cour de France : « La reine s'inquiète toujours de faire asseoir les gens et de les mettre à l'aise. »

La soirée se passe à discuter, à regarder des gravures, à jouer aux cartes : « Je me sens chez moi avec eux tous comme si j'étais une des leurs. » Même le prince Albert est conquis, lui qui pourtant ne raffole pas des Français : « Quand ils sont en nombre je les déteste, individuellement ils m'amusent. »

Le lendemain c'est dimanche, jour de repos pour les Anglais. La reine assiste à un service religieux anglican dans ses appartements et découvre l'après-midi sa première chapelle catholique : « un bijou ». Les autres journées s'écoulent avec bonheur en promenades jusqu'à la mer, en visites du Tréport, en pique-niques dans la forêt. Des tables sont dressées, les fauteuils royaux posés sur l'herbe. Mais ce qui enchante la reine, c'est se déplacer ainsi tous ensemble dans le vieux char à bancs sur les routes cahoteuses de la campagne. Ils visitent le verger et elle s'arrête devant les espaliers de pêches. Le roi lui en offre une qu'elle croque à belles dents tandis qu'il sort un couteau de sa poche en murmurant : « Quand on a été, comme moi, un pauvre diable réduit à vivre avec quarante sous par jour, on a toujours un couteau dans sa poche. J'aurais pu, depuis quelques années, perdre cette habitude, je ne l'ai pas voulu. On ne sait ce qui peut arriver. » Après les pêches viennent les poires et les noisettes.

Les dîners sont servis à sept heures, à la mode anglaise. Victoria est en robe de crêpe rouge, le roi et les princes en frac par courtoisie pour Albert qui préfère l'habit à l'uniforme. On connaît aussi la passion du couple royal pour la musique et deux soirées se terminent par un concert. Le second soir, un solo de cor raté met en joie l'assistance.

Au large, les officiers du *Pluton* offrent un banquet à leurs rivaux britanniques. Et la reine espère qu'après ces libations « la haine cessera pour les perfides Anglais ». Le roi, qui a longtemps vécu en exil en Angleterre, affirme, lui, qu'il a « l'amour des Anglais dans le sang ». Il le prouve en lui offrant deux magnifiques tapisseries des Gobelins : *La Chasse au sanglier de Calydon* et *La Mort de Méléagre*. Commandées par Napoléon pour la Malmaison, elles ont demandé trente ans de travail et orneront désormais la salle à manger en chêne de Windsor.

La reine rit aux éclats aux bouffonneries du grand comique Arnal déguisé en diable avec un immense sabre en bois. Elle rit à table avec le duc de Joinville, avec Montpensier, avec Louis-Philippe. Le prince Albert, lui, assiste à des manœuvres. Il visite une caserne, inspecte les chambrées et goûte même le pain et la soupe des soldats. Il reçoit le grand cordon de la Légion d'honneur. Le mercredi, il fait tellement beau que, dès sept heures du matin, il part se baigner au Tréport avec le duc d'Aumale.

Guizot discute avec lord Aberdeen de Tahiti, de la Grèce, de la Russie en Orient, de l'Orient en général. Les deux ministres s'apprécient. Guizot est protestant. Intellectuel brillant, Aberdeen a enseigné à l'université de Paris qui a créé pour lui une chaire d'histoire moderne alors qu'il n'avait que vingt-cinq ans. Sa fille cadette s'appelle France. Ils sont d'accord sur tout ou presque : « Il y a deux sujets sur lesquels notre pays est intraitable et moi pas aussi libre que je le souhaiterais : l'abolition de la traite des Noirs et le propagandisme protestant », explique Guizot. Les entretiens reprennent avec Victoria : « Elle m'a reçu hier. Le prince Albert d'abord. La reine s'habillait pour la promenade. Avec l'un et l'autre conversation parfaitement convenable et insignifiante, la reine très gracieuse pour moi, je pourrais dire un peu affectueuse. Elle m'a beaucoup parlé de la famille royale qui lui plaît et l'intéresse évidemment beaucoup. Je venais de recevoir un billet de Duchâtel qui regrettait qu'elle n'allât pas à Paris où l'accueil serait excellent, brillant. Elle en a rougi de plaisir. Ceci m'a plu. Un seul mot de quelque valeur : "J'espère que de mon voyage, il résultera du bien." »

Après cinq jours, il fait toujours aussi beau. Mais déjà, les troupes paradent dans la cour d'honneur. Albert laisse mille livres de pourboire pour les domestiques. Une barque emmène roi, reines et princesses jusqu'au yacht royal. Les princes suivent dans une yole. Le grand pavois flotte sur les deux escadres. Les familles s'embrassent au son des canons, en promettant de se revoir ainsi chaque année. À bord du *Pluton,* le prince de Joinville escorte le *Victoria and Albert* jusqu'à Brighton.

Victoria retrouve ses enfants au Pavillon chinois. Elle y reste quatre jours. Le 12 septembre, elle repart pour Ostende. La mer est mauvaise mais la reine en pleine forme : « Elle rit de bon cœur lorsque le prince Albert, puis lord Liverpool enfin lord Aberdeen furent pris de violentes nausées et s'éclipsèrent en toute hâte. » Resplendissante, Victoria vient, en cette fin d'été 1843, d'attraper le virus des voyages.

Le tour de Belgique dure six jours pendant lesquels, ravie, elle traverse Bruges, Gand, Bruxelles et Anvers en calèche avec le roi Léopold. Ses toilettes démodées font jaser : « La journée à Gand a été lamentable, ses bonnets auraient pu aller à une vieille femme de soixante-dix ans et son jupon rose dépassait sous sa robe de mousseline », s'exclame lady Canning au comble de la honte. Mais les Belges l'apprécient. Pendant quelques jours, Victoria égaie la cour du roi Léopold aussi sinistre qu'un couvent. À Bruxelles, dans la foule de la rue Royale, se trouve Charlotte Brontë, alors institutrice à la pension Heger. L'œil aigu de l'auteur de *Jane Eyre* s'arrête pour la regarder passer dans une calèche tirée par six chevaux et escortée de soldats : « Elle riait et parlait avec animation. Une petite personne, forte, vive, très modestement habillée, qui ne donne pas l'impression de se prendre au sérieux. »

Le 21 septembre, Victoria accoste à Woolwich. Mais elle n'a pas l'intention de se reposer. L'automne est consacré à une série de visites à l'intérieur du pays. En octobre, avec toujours autant d'enthousiasme, elle découvre Cambridge. Au Trinity College, les universitaires jettent leur toge à terre « pour nous faire un chemin à la manière de sir Walter Raleigh ». Le lendemain Albert est nommé docteur en droit civil. Ensemble, ils visitent le musée et la reine écoute son mari lui parler doctement de paléontologie.

En novembre, elle inaugure un nouveau wagon décoré de satin bleu pâle, pour se rendre chez Peel, à Drayton. De ses dix Premiers ministres, seuls Melbourne, Disraeli et Salisbury auront, avec Peel, le privilège d'accueillir chez eux leur souveraine. Victoria est plus séduite par le confort du manoir avec ses salles de bains et ses water-closets que par la façade qu'elle juge « d'une sobre élégance ». Les rancunes du début du règne sont bien effacées. La reine peut compter désormais sur la loyauté des tories. Elle est surtout reconnaissante à Peel de trouver tant de qualités à son cher époux : « Il n'y a que son mari qui compte pour elle. Les conservateurs ont rapidement assuré leur emprise sur lui et, par son intermédiaire, sur elle », assure Greville.

Ce qui ne l'empêche nullement de retrouver son cher Melbourne en décembre à Chatsworth chez les très whigs Devonshire. Le duc est venu les chercher à la gare et ils traversent la campagne dans son carrosse à six chevaux, suivi d'un autre carrosse à quatre chevaux. Huit cavaliers escortent les invités royaux jusqu'au château blanc, splendide avec son escalier monumental et son parc époustouflant. Le duc est un fou de plantes tropicales. Il n'hésite pas à envoyer des expéditions pour se faire ramener une espèce rare comme un nénuphar d'Amérique du Sud ou un lys géant. Son chef jardinier, Joseph Paxton, a conçu une serre immense : « Une création des plus fantastiques et extraordinaires, tout en verre, de quatre-vingt-quatre mètres de long sur quarante-sept mètres de large. » Une voiture à cheval peut parcourir l'allée centrale et une galerie intérieure permet d'admirer les spécimens de haut. Ils sont plus de soixante mille visiteurs à venir chaque année de toute l'Angleterre s'extasier sur les prodiges de la nature. La serre impressionne Albert autant que les autres invités : Wellington, les Bedford, les Buccleugh, les Normandy.

Entre un dîner et un bal, le duc de Devonshire raconte la vie de ce Paxton. Le genre d'histoire dont raffole le prince. Septième fils d'un petit fermier, le garçon a commencé à travailler dès son adolescence comme jardinier. À vingt ans, il était à la Société d'horticulture des Jardins de Chiswick lorsque le duc l'a rencontré. Impressionné par ses connaissances, il lui a proposé de l'engager à Chatsworth. Le premier jour, Paxton s'est présenté à quatre heures du matin. Il a inspecté le parc avant l'arrivée de l'équipe de jardiniers qu'il a immédiatement mise au travail. Puis il a pris son breakfast avec la gouvernante du domaine et sa nièce dont il est tombé amoureux. Un an plus tard, ils étaient mariés. Paxton a placé la dot de son épouse dans les chemins de fer et se trouve désormais à la tête d'une fortune. On l'appelle dans toute l'Angleterre et même en Écosse pour créer des parcs. Pour Victoria, il a imaginé une soirée féerique avec illumination des jardins et des cascades. Les bougies diffusent une lumière de plusieurs couleurs. Étonné par ce prodige, Wellington se lève le lendemain à l'aube pour inspecter le matériel mais Paxton et ses jardiniers ont travaillé toute la nuit, enlevé les lanternes et même remplacé l'herbe brûlée. Le duc déclare qu'il aurait aimé avoir Paxton pour général.

Après trois jours à Chatsworth, le couple royal est à Belvoir chez le duc de Rutland qui organise pour le prince une chasse au renard. Albert est un des seuls à rester jusqu'au bout avec la meute : « Comme les Anglais aiment la virilité et l'adresse dans les sports champêtres, cela aura considérablement élevé l'estime qu'on lui porte », écrit ironiquement Greville.

Victoria n'en est pas mécontente : « On peut difficilement approuver l'absurdité des gens d'ici mais le fait qu'Albert ait monté si hardiment et si rudement a fait une telle sensation qu'on en a parlé partout. Et ils en ont fait plus grand cas que s'il avait réalisé quelque grande œuvre ! C'est plutôt écœurant mais le bon côté de tout cela est d'avoir mis un terme une fois pour toutes aux commérages impertinents sur les capacités d'Albert comme cavalier », écrit-elle fièrement à l'oncle Léopold.

Plus question de reproches, de disputes ni de scènes de ménage. Elle partage désormais la vie du « plus parfait des maris qui existe et ait jamais existé. Et je doute qu'une autre femme aime et respecte son mari comme j'aime et je respecte mon cher Ange ! » L'aime-t-il autant ? Elle est sa destinée. En régnant sur son cœur, le guindé prince allemand a pris dans le royaume, en moins de trois ans, la place de prince consort que lui refuse toujours le Parlement !

8.

L'année 1844 commence avec un deuil. La mort, en janvier, à cinquante-neuf ans, du père d'Albert plonge le jeune couple royal dans la consternation. Les débauches du duc Ernest ont provoqué le départ de sa première femme et rendu le prince presque orphelin. Il a soutiré à la reine une énorme pension. Par lettre, il a insulté Victoria et Albert qui n'ont pas donné son prénom à leur premier fils. Sa mort leur fait pourtant verser des torrents de larmes : « Nous restons assis tous ensemble, la pauvre mamma, Victoria et moi-même à pleurer, avec autour de nous un grand public froid aussi insensible que la pierre », se plaint Albert à Stockmar. À Cobourg, les scènes mélodramatiques à l'occasion d'un décès relèvent des usages princiers auxquels Victoria se plie sans effort.

Les domestiques revêtent une livrée noire. La cour est contrainte de porter le deuil. Le papier à lettres de la reine est bordé de noir. « Nous sommes seuls au monde et c'est une pensée épouvantable… Nos pauvres enfants ne comprennent pas pourquoi nous pleurons, et demandent comment il se fait que nous soyons vêtus de noir », écrit encore le prince à son frère aîné. Ernest s'est enfin rangé en épousant la princesse Alexandrine de Bade. Ils ont passé le mois de juin à Windsor et Albert n'a de cesse de rappeler à son frère les bienfaits du mariage : « Victoria partage ma douleur et la tienne. C'est un grand réconfort pour moi, et ta chère Alexandrine aussi joint ses larmes aux tiennes. Prenons bien soin de ces deux êtres précieux ; aimons-les, protégeons-les, car c'est en elles que nous retrouverons le bonheur… Victoria t'envoie une épingle de cravate contenant une mèche de cheveux de notre cher père. » Une atmosphère funèbre envahit les demeures royales qui, avec Albert, sont, chaque jour un peu plus, écrasées par une effroyable solennité.

Deux mois plus tard, le prince se rend à Cobourg pour régler la succession paternelle. Victoria n'a jamais été séparée de lui, même pour une nuit. Elle est épouvantée à cette idée. L'oncle Léopold n'autoriserait-il pas sa femme, la chère tante Louise, à venir lui tenir compagnie ? « S'il me fallait rester complètement seule, je ne crois pas que j'arriverais à en prendre mon parti. Peut-être suis-je bien déraisonnable mais songez à ce que va être pour moi, même si elle ne dure que quinze jours, cette séparation d'avec mon Unique et mon Tout. »

Seule consolation : les lettres du « cher Ange ». Avant d'embarquer à Douvres, il lui écrit déjà : « Ma bien-aimée, je suis ici depuis une heure et je regrette ce temps perdu que j'aurais pu passer avec toi... Pauvre petite ! Sans doute pendant que je t'écris, tu te prépares pour le déjeuner, et tu vas trouver vide la place que j'occupais hier. Dans ton cœur, je l'espère, ma place n'est pas vide... Tu as maintenant une demi-journée de moins à m'attendre ; quand cette lettre te parviendra ce sera une journée entière. Il n'en restera que treize et je serai de nouveau dans tes bras. Ton fidèle et tendre. Albert. »

D'Ostende, nouvelle lettre : « Je ne puis me mettre au lit sans t'écrire encore. Il est maintenant près de onze heures. Je tombe de sommeil et je dois m'arrêter. Je prie pour toi. » De Cologne, autre rassurant message : « Il fait beau et vers sept heures, je vais traverser le Rhin. Chaque pas me sépare davantage de toi et ce n'est pas une pensée réconfortante. » De Gotha où il est allé embrasser sa grand-mère, le prince s'écrie : « Le souvenir, le chagrin, la joie, tout cela produit une sorte de tristesse particulière... Au revoir, ma chérie, que la pensée de mon prochain retour te soutienne, je le hâterai le plus possible. Que la bénédiction de Dieu soit sur toi et nos chers enfants. Je mets dans ma lettre une oreille-d'ours et une pensée que j'ai cueillies à Reinhardsbrunn. J'ai acheté des jouets pour les enfants et pour toi des paysages sur porcelaine. » Quand ils sont enfin réunis, il note ces deux seuls mots dans son journal : « Grande joie. »

Ils ne se sépareront plus. Albert est devenu indispensable. Depuis le départ de Lehzen, il a pris en main, avec sérieux, le domaine privé. Il s'occupe de tout et même de convertir la reine à la joie d'être mère : « Albert a amené la chère petite Pussy dans une si belle robe que mamma lui a donnée, de mérinos blanc garni de bleu, avec un joli bonnet et il l'a posée sur mon lit, puis s'est assis lui-même à côté d'elle. Elle a été si gentille et si sage. Et tandis que mon précieux, mon incomparable Albert était là, notre petit amour entre nous, je me sentais pleine de bonheur et de gratitude envers Dieu. »

Il y a encore deux ans, Victoria affirmait : « Je suis comme lord Melbourne, je ne peux vivre qu'à Londres. » Désormais, comme Albert, elle n'est heureuse qu'à Windsor. Elle qui aimait danser jusqu'à l'aube se lève avec le chant des oiseaux. Ensemble, ils font dans le parc une promenade matinale. Albert lui raconte les feuilles des arbres et les mœurs des abeilles. Même sa philosophie de la vie a changé : « Mon bonheur d'alors ne pouvait durer. Si bon que soit lord M, si parfait qu'il fût pour moi, je n'avais de plaisir que dans le monde, et je vivais de ces ressources superficielles auxquelles je donnais alors le nom de bonheur. Dieu merci, tout cela est changé pour moi et je sais ce qu'est le vrai bonheur. »

Ce sont les mots d'Albert, ses idées, ses convictions. Sa foi dans la famille. Enfant, le prince a cruellement souffert de grandir sans sa mère. La cause de tous ses malheurs, il l'a identifiée depuis longtemps, depuis les premiers sermons entendus dans la jolie chapelle rose de Cobourg : c'est la débauche, l'adultère, le jeu, les dettes, tout ce qui se résume sous l'affreux mot de libertinage.

Jour après jour, il étouffe la personnalité joyeuse et tumultueuse de sa femme sous une carapace de principes austères, luthériens, germaniques. Là encore, Stockmar imprime sa marque. Depuis toujours, le médecin allemand voit, dans les débordements de la reine, la folie des Hanovre, ce qu'il appelle « le mal héréditaire ». C'est lui qui en signale quotidiennement les symptômes à Albert, lui qui incite le prince à exercer sur la reine un pouvoir de chaque instant, à la harceler de directives et de notes écrites, de conseils pour maîtriser ses emportements. Ensemble ils suivent ses progrès : « Je suis très content de Victoria, elle ne m'a fait que deux scènes. Dans l'ensemble elle me fait chaque jour davantage confiance », écrivait déjà Albert au baron en septembre 1840.

C'est une véritable camisole de force faite d'interdits. Plus de plaisanteries ni de cancans divertissants. Lehzen n'est plus là pour rapporter les ragots de la cour. En dehors des nouvelles de la famille, des enfants, du chagrin des enterrements, la duchesse n'a aucun sujet de conversation. Et la reine commence à ressembler à sa « chère mamma » dont Albert lui vante tant les qualités. Même avec sa maîtresse des robes, la spirituelle duchesse de Sutherland, elle ne bavarde plus comme autrefois. Le soir, Albert tente de remplacer les amusantes discussions sur le sofa avec Melbourne par des jeux de cartes.

Durant les premières années de son règne, Victoria s'enchantait d'être le joyau des plus brillantes soirées. Pas une riche héritière, pas un bel officier ne pouvait faire son entrée dans la haute société sans avoir été présenté à la cour et avoir baisé la main de la reine. Chaque semaine, trois mille personnes pouvaient défiler en quelques heures. Mais Albert, mal à l'aise dans cette société futile et désœuvrée, ne veut voir paraître à Buckingham que des hommes et des femmes honorables à la réputation intacte. Les réceptions s'espacent.

Les dîners à la cour sont parfois si « réfrigérants » que dames d'honneur et gentilhommes « de service » en viennent à les considérer comme des corvées. Le prince en a réglé le rituel. Il paraît le premier. Toujours en retard, la reine arrive un quart d'heure après lui. Deux laquais lui ouvrent les portes en s'inclinant profondément. À table, Albert s'anime lors d'une visite d'un parent de Cobourg. Avec Peel, il parle des progrès de sa laiterie modèle. Avec Stockmar des vertus de la Constitution belge que le baron a écrite de sa main pour l'oncle Léopold.

Ensemble, ils s'emploient à écarter Victoria de ses tâches politiques et à la confiner dans son rôle de mère. Les grossesses répétées de la reine servent leurs ambitions : « J'ai exprimé mon contentement de voir la reine si heureuse, ajoutant l'espoir qu'elle chercherait et trouverait de plus en plus le vrai bonheur dans sa vie familiale exclusivement », confie Stockmar peu après le baptême de Bertie. Depuis, Alice est née en avril 1843. Et de nouveau Victoria est enceinte.

Elle contemple avec attendrissement Albert jouant de l'orgue avec un bébé sur chaque genou, Albert qui lui confectionne un poisson d'avril. Elle supporte sans lamentations sa quatrième grossesse car elle possède toujours autant d'énergie : « Une veine de fer parcourt cette incroyable nature », s'exclame lady Lyttelton, la gouvernante des enfants.

Après le retour d'Albert de Cobourg, le deuil s'est d'ailleurs vite allégé car Victoria désire voir Tom Pouce, le « général-nain » de Barnum. La superstar du cirque américain est alors en représentation à Londres. Pour un soir, Barnum appose un grand panneau sur la porte de l'Egyptian Hall : « Fermé ce soir, le général Tom Pouce se trouvant au palais de Buckingham sur ordre de Sa Majesté. »

Victoria les reçoit dans la galerie de Waterloo. Le général s'incline et de sa voix flûtée salue d'un « Bonsoir mesdames-messieurs » qui fait s'esclaffer la noble assistance. « L'imitation de Napoléon souleva une grande hilarité et fut suivie d'une représentation de statues grecques après quoi le général dansa une matelote et chanta plusieurs de ses chansons favorites », peut-on lire le lendemain dans la « Court Circular » publiée chaque jour par le *Times*. Le départ à reculons recommandé par le protocole est moins drôle pour le minuscule Tom Pouce : « Nous avions une distance considérable à parcourir tout au long de la galerie et chaque fois que le général s'apercevait qu'il perdait du terrain, il se retournait, faisait quelques pas en courant puis reprenait sa marche à reculons », raconte Barnum. Excité par le bruit, le caniche royal se précipite aux trousses du « général-nain » qui tente de le repousser avec sa canne minuscule ce qui redouble l'amusement de la cour.

Tom Pouce est invité une seconde fois pour donner une représentation dans le salon jaune devant les enfants royaux : « Le prince héritier est plus grand que moi, quant à moi, je me sens aussi grand qu'un autre », déclare-t-il avec un à-propos qui plaît fort à la reine. Elle s'amuse tant aux facéties du petit homme qu'elle le fait venir une troisième fois. En cadeau, elle lui offre un étui à crayon en or. De son côté, Barnum reçoit trois bourses destinées à le dédommager des représentations manquées. Il se confond en remerciements. Grâce à ses trois invitations à Buckingham, l'Américain est devenu la coqueluche de Londres.

Le tourbillon de bals, de fêtes et de visites d'État n'est pas non plus interrompu. Les fastes de la cour d'Angleterre sont incomparables et le pompeux Albert se délecte à jouer les maîtres de maison. Les visiteurs illustres se succèdent avec parades militaires et mises en scène protocolaires dont Victoria règle avec soin tous les détails.

La visite la moins appréciée est celle du roi du Hanovre venu pour le baptême de la petite Alice dont il est le parrain. L'horrible oncle fait scandale en arrivant en fiacre à la cérémonie « juste à temps pour être en retard », écrit Victoria à Léopold. Il fait son apparition au déjeuner au moment où la reine se lève de table. La semaine suivante, au mariage de sa nièce, Augusta de Cambridge, il en vient presque aux mains avec Albert.

Le roi de Hanovre méprise cordialement ce fils cadet de Cobourg, qu'il traite toujours d'« Altesse de carton ». Quand le cortège s'ébranle à l'entrée de l'église, il bouscule le prince pour prendre sa place à côté de Victoria mais celui-ci réussit d'un coup de coude à le faire reculer de trois pas. La scène se reproduit dans la sacristie avec la signature des registres. La reine fait rapidement le tour de la table pour tendre à Albert la plume dont le roi de Hanovre essaye de s'emparer.

L'oncle réclame aussi les bijoux de la princesse Charlotte. Les Hanovre ont apporté à Londres ces pierres magnifiques quand ils sont montés sur le trône d'Angleterre. Mais Victoria n'a aucune envie de s'en séparer : « Elle croule sous mes diamants ! » répète l'affreux vieillard dans les dîners.

Le bon roi de Saxe est, au contraire, l'invité idéal. Voisin de Cobourg, et ami de la famille, il se promène dans tout le royaume, décide lui-même de ses séjours dans les châteaux des nobles lords et de ses visites d'usines dont il rentre enchanté. Le tsar de Russie arrive le même jour avec ses houppelandes bordées de fourrures et coiffé d'un turban. Nicolas Ier, âgé de quarante-huit ans, a succédé à son frère en 1825. Du haut de son mètre quatre-vingt-cinq, il se plie en deux pour saluer la reine enceinte de sept mois : « C'est un homme imposant, et très beau encore. Son profil est magnifique, ses manières nobles et élégantes. Il est fort poli, d'une politesse presque intimidante à force d'attentions et de civilités. Mais l'expression de ses yeux n'en est pas moins terrible et différente de tout ce que j'ai vu jusqu'ici. Il me fait l'impression ainsi qu'à Albert d'un homme qui n'est pas heureux, sur qui pèse lourdement et douloureusement le fardeau de sa position et de son immense pouvoir. Il sourit rarement et, quand il le fait, il n'a pas l'air heureux. » Lors de sa première visite à Londres quand il était jeune homme, Nicolas avait fait sensation en apportant avec lui sa paillasse de cuir qu'il jetait sur un lit de camp : « Je ne le crois pas très intelligent, ni très cultivé. Son éducation a été négligée. »

La visite champêtre de la reine à Louis-Philippe, l'année précédente, tracasse le tsar qui entend profiter de la faiblesse de l'empire turc pour enfin donner à sa flotte un accès sur la Méditerranée. Son œil d'aigle aux cils blancs voit sans plaisir l'Angleterre nouer de bonnes relations avec la France qu'il déteste. Il sait que les ministres de Louis-Philippe lorgnent sur l'Égypte et la Syrie : « Il ne s'intéresse qu'à la politique et aux questions militaires. Il se moque des arts et des autres agréments de la vie », déplore Victoria.

Le duc de Wellington, en uniforme russe, organise une revue des troupes en son honneur. Mais Victoria l'emmène aussi à l'Opéra et visiter le nouveau Parlement en construction : « C'est un rêve de pierre ! » s'exclame le souverain. Un rêve politique aussi car le tsar affirme que, pour son empire, le despotisme est le seul mode de gouvernement possible. Le complot des décembristes ne quitte pas ses pensées. Le 14 décembre 1825, il a ordonné de faire tirer le canon contre les régiments mutinés. Mais, depuis, les insurgés multiplient les attentats. Nicolas Ier accuse ses courtisans de lui cacher la vérité et de ne pas appliquer correctement sa politique.

L'effrayant empereur autocrate avoue aussi que, sans son uniforme, il a l'impression « qu'on lui a arraché la peau ». En frac, il se sent « embarrassé ». Aussi, la reine décide que pour les deux derniers dîners de gala donnés en son honneur la tenue militaire sera de rigueur.

La galerie de Waterloo étincelle sous la vaisselle d'or et les diadèmes en diamant des pairesses. Rentrés d'Australie ou des Indes, les officiers de Sa Majesté racontent des histoires fabuleuses. Les laquais poudrés s'affairent le long des murs couverts de portraits des héros de l'histoire, l'orchestre joue le *God save the Queen* et toute l'Europe rêve désormais d'être reçue à Buckingham.

Ces réceptions ne coûtent pas un penny à la nation anglaise. Peel en rend directement hommage au couple royal : « Grâce à de sages habitudes d'économie, Sa Majesté a pu faire face à toutes les dépenses et donner aux souverains étrangers des réceptions qui ont frappé le monde par leur splendeur sans alourdir le moins du monde la charge publique. »

Fin août, trois semaines seulement après la naissance d'Alfred, s'annonce le prince de Prusse. En octobre, Louis-Philippe rend à la reine sa visite de politesse au moment où un nuage assombrit les relations entre les deux pays : à Tahiti, un agent consulaire anglais a été malmené par les autorités françaises. Le roi des Français arrive accompagné du duc de Montpensier et de Guizot, l'ami de lord Aberdeen. Les deux ministres règlent le différend malgré la passion des opinions publiques qui s'enflamment déjà.

La reine Marie-Amélie, qui déteste les traversées, n'accompagne pas Louis-Philippe. Mais sa visite a été préparée par deux lettres, de Bruxelles, de sa fille, la reine Louise, à Victoria : « Mon père est l'un des êtres les plus faciles à contenter... Sa vie agitée l'a habitué à tout... Il n'y a qu'une chose qu'il ait du mal à faire, c'est à être prêt très tôt le matin. Il compte cependant essayer de descendre pour le breakfast mais tu dois insister pour qu'il ne le fasse pas... Il ne faut pas lui dire que je t'ai écrit à ce propos mais s'arranger avec Montpensier et lui faire porter simplement un bouillon de poule... Ma mère lui a fait maintes recommandations mais mon père a un naturel si imprudent et il est si peu accoutumé à prendre des précautions et à se ménager qu'il faut en quelque sorte le surveiller pour l'empêcher d'attraper froid ou de se faire du mal... Ce qui trouble ma mère, c'est la crainte que, se trouvant en liberté et sans contrôle, il veuille trop faire le jeune homme... Ma mère te supplie aussi de l'empêcher, si possible, de monter à cheval. »

Le roi arrive fatigué mais très ému : « Sa main tremblait quand il mit pied à terre, sans chapeau, sa chevelure blanche décoiffée. Son expression est saisissante, bien mieux que dans ses portraits, et il a embrassé la reine d'une façon très familiale et cordiale. » La cour se presse pour voir « ce drôle de roi ». Durant le dîner, Louis-Philippe évoque sa vie tumultueuse, ses combats contre les armées républicaines françaises avec le grand-oncle d'Albert, Frédéric-Josias de Saxe-Cobourg, son séjour au Canada où il a rencontré le père de Victoria. Il a revu le duc en Angleterre où il a vécu de 1800 à 1807 et durant les Cent-Jours en 1815. Il résidait alors à Twickenham et voisinait avec Charlotte et Léopold.

Victoria l'écoute sans se lasser : « C'est un homme incroyable. Il dit que les Français ne souhaitent pas la guerre mais ils aiment claquer le fouet comme les postillons sans savoir le mal qui peut en résulter. Il dit aussi que les Français ne comprennent pas comment on peut être négociant, comme les Anglais, ni la nécessité de la bonne foi qui assure à ce pays une telle stabilité. »

Le roi lui offre la réplique du grand char à bancs doré dans lequel Victoria a tant aimé se promener en famille lors de sa visite à Eu. Au cours d'une cérémonie grandiose, elle lui confère la Jarretière qui le met à égalité avec les autres souverains. Pour la première fois, on parle officiellement d'une « entente cordiale » : « La France ne peut pas faire la guerre à l'Angleterre qui est le Triton des mers et a le plus grand empire du monde », déclare Louis-Philippe. Il loue les qualités et l'intelligence d'Albert : « Le prince, pour moi, c'est le roi. » Ravie, la reine se prend d'intérêt pour l'ennemi héréditaire de son pays et écrit en français à l'oncle Léopold : « *Les Trois Mousquetaires* de Dumas et *Arthur* d'Eugène Sue peuvent-ils être lus par moi ? »

Honneur suprême, le couple royal raccompagne Louis-Philippe jusqu'à Portsmouth en train. À nouveau, le roi ne tarit pas d'éloges sur le confort du wagon royal entièrement capitonné et décoré de rideaux, de pampilles et de fauteuils rembourrés. Très en avance sur les compagnies françaises, les chemins de fer anglais roulent jusqu'à quatre-vingts kilomètres à l'heure. Mais le protocole veille à la sécurité et le train royal ne peut dépasser soixante kilomètres à l'heure.

Des rafales de vent les accueillent à leur arrivée à Portsmouth. La tempête violente empêche le roi d'embarquer à bord du *Gomer*, sa frégate à vapeur qui l'attend dans la rade. Il se résout à remonter seul en train jusqu'à Douvres où la traversée sera plus facile. Victoria et Albert acceptent d'assister au déjeuner préparé en leur honneur par les officiers français du *Gomer* qu'ils visitent avec intérêt. Puis, ils poussent jusqu'à l'île de Wight.

Depuis la mort de son père, Albert cherche un endroit « bien à eux » où ils puissent mener une vraie vie de famille, à l'abri des contraintes du protocole et des regards indiscrets. Windsor, un des plus grands châteaux du monde, leur paraît inhumain. Claremont est charmant mais ne leur appartient pas. Le « pavillon » de Brighton, « hanté par des fantômes qu'il vaut mieux oublier », rappelle trop, avec son salon de musique rouge, la luxure du règne de George IV. Désormais, les villas se multiplient dans cette station balnéaire très à la mode : « Je n'aperçois qu'un tout petit bout de mer d'une des fenêtres de mon salon », regrette la reine. Quant aux promenades sur l'esplanade, elles sont franchement désagréables : « Tous les garçons livreurs de la ville sont arrivés en courant pour venir regarder sous ma capote, comme si nous étions une fanfare de défilé militaire. »

Grâce aux économies réalisées sur la cassette royale, ils sont à la tête d'une fortune. L'île de Wight les séduit. Dans son enfance, Victoria y a passé deux étés au Norris Castle et elle conserve un souvenir ébloui des prairies ensoleillées et de la beauté de la vue sur le Solent, ce bras de mer qui sépare l'île de l'Angleterre.

Peel apprend que lady Blachford désire se séparer de son beau domaine d'Osborne, juste à côté du Norris Castle. Le prix est raisonnable. Le train permet de s'y rendre en moins d'une matinée. Victoria et Albert s'en portent acquéreurs en mars 1845. Déjà, ils projettent de racheter les hectares environnants : « Nos propriétés seront immenses. Tout cela bien à nous sans l'administration des Bois et Forêts et autres ministères, réellement le fléau de la vie et de tous les ennuis qu'on se crée soi-même à Londres », s'exclame Victoria dans une lettre au roi des Belges.

Mais la maison est trop petite pour abriter la famille qui s'agrandit. Et le prince décide de faire construire un château dont il dessine les plans avec l'entrepreneur autodidacte Thomas Cubbit. Le choix choque les architectes, mais Cubbit, grand ami d'Albert, s'est rendu célèbre en aménageant récemment le quartier de Belgravia avec ses élégantes maisons à colonnades blanches toutes semblables. George Anson, le secrétaire du prince, habite une maison de Cubbit et s'en déclare très satisfait.

Comme dans le manoir de Peel, on trouve à Osborne des salles de bains et des water-closets. Un appartement est réservé à la duchesse et une aile aux dames d'honneur. La chambre royale est décorée de chintz et de meubles en acajou. Une immense armoire couvre tout un mur. La dernière porte masque ce que la reine appelle pudiquement son « petit coin ». Ils passent leur première nuit dans le nouveau château le 15 septembre 1846. Les enfants logent à l'étage au-dessus des parents. Lady Lyttelton, la gouvernante, écrit le lendemain : « Personne n'a souffert des odeurs de peinture ni attrapé de rhume, nous avons bu après le dîner à la santé de la reine et le prince a chanté pour nous. » Avant d'entrer, une dame d'honneur a, selon la coutume, jeté une chaussure pour porter bonheur à cette nouvelle demeure. Albert a récité deux versets de Luther pour la bénir.

Partout où il passe, le prince ne peut s'empêcher de trouver une ressemblance avec un autre lieu plus célèbre. Le parc descend doucement jusqu'à une plage privée et la vue sur le Solent avec ses voiles blanches lui rappelle la baie de Naples où il a séjourné avec Stockmar juste avant son mariage. Il imagine un campanile et une terrasse à l'italienne avec de grands escaliers, des bassins, des lions copiés des sculptures florentines par une entreprise anglaise. Devenu son conseiller artistique, le professeur Ludwig Grüner, qu'il a rencontré à Rome, dessine les grandes vasques Médicis.

Les artistes italiens ne viennent pas en Angleterre. Albert les remplace aussi pour la décoration intérieure. Des coquilles de plâtre doré ornent les longues galeries. Des lettres V et A s'entrelacent au-dessus des portes. Pour le petit salon d'audience de la reine, le prince fait venir d'Allemagne un grand lustre vert et rose décoré de liserons qui rappelle le papier de sa chambre natale à Rosenau. Des niches peintes du bleu de l'ordre de la Jarretière accueillent les bustes des oncles de Victoria. Souvenir du bal costumé, Albert pose lui-même en roi Édouard III et Victoria en reine Philippa. On le voit aussi en guerrier romain.

De la terrasse, le prince observe les manœuvres de la flotte royale. Victoria se repose au soleil sur une chaise longue. Il imite en sifflant le chant des rossignols. La reine dira plus tard : « Je ne peux plus entendre un rossignol sans penser à mon bien-aimé. »

Les enfants courent dans les bois en toute liberté comme Albert et son frère autrefois avec leur précepteur à Rosenau. Ils ramassent des fraises et des mûres. Ils cueillent des jacinthes sauvages et des jonquilles dont ils font des bouquets pour leur mamma. Le prince leur apprend à nager et à jouer au cerf-volant. Chacun a son surnom : l'aînée, Vicky, très intelligente, est sa préférée. Bertie parle en bégayant et sa sœur se moque de lui. Alice, c'est « Fatima » à cause de ses rondeurs. Le petit dernier, Alfred, devient Affie.

Le docteur Clark est venu vérifier la pureté de l'air et s'en est montré satisfait. Le climat ensoleillé d'Osborne profitera à toute la famille : à la santé des enfants, aux nerfs de Victoria, à l'estomac d'Albert. À Buckingham, le prince se plaint des canalisations nauséabondes qui rendent l'air lourd et le font dormir. À chaque nouvelle grossesse, la reine tombe dans une dépression chronique qui s'accentue aussi dans la capitale : « Londres un dimanche par la pluie, le brouillard avec ses boutiques fermées, ses rues presque vides, c'est l'aspect d'un cimetière immense et décent », écrit Taine.

Victoria aime les sermons optimistes et refuse le repos dominical. Toute sa vie, elle voyagera le dimanche, ce que désapprouve le clergé. Elle veut que ce soit pour les enfants un jour de récréation. Lehzen lui a enseigné l'histoire d'Irlande et les horreurs que les puritains anglais font subir aux catholiques l'ont rendue tolérante : « Je rougis pour la religion que nous professons quand je la vois si dénuée de justice et manquant à tel point de charité. »

Depuis des mois, cette malheureuse Irlande se mobilise à nouveau autour de son chef catholique, Daniel O'Connell. « C'est un grand homme à l'encolure carrée, à la tournure commune. Sa figure est laide, toute ridée, rouge et bourgeonnée, son costume est en harmonie avec sa personne. Il porte perruque et chapeau à larges bords. Mais lorsqu'il prend la défense du peuple ou qu'il parle au nom de sa foi religieuse, il est entraînant, sublime, il fait frémir l'oppresseur, ses paroles vont à l'âme, il provoque à la fois les larmes, la colère, l'enthousiasme et la révolte », écrit Flora Tristan. L'écrivain socialiste ajoute : « Si la reine Victoria s'appuyait sur un aussi puissant auxiliaire, si, sans égard aux distinctions religieuses, elle unissait d'un lien fraternel les prolétaires des trois royaumes, l'Angleterre, l'Irlande et l'Écosse, elle pourrait achever dans quelques années ce que Louis XI ne put accomplir dans tout son règne, et son peuple affranchi la bénirait. »

Mais, pour l'opinion anglaise endoctrinée par ses pasteurs, le papisme est l'ennemi historique. La nation britannique s'est construite autour des guerres de religion. À la fin du XVIIe siècle, le nom de « tory » est venu du sobriquet des catholiques d'Irlande et celui de « whig » des presbytériens d'Écosse. Les catholiques ne sont toujours pas admis dans les universités d'Oxford et de Cambridge. Ils ne peuvent voter que depuis un *Emancipation Bill* adopté en 1829 au cours d'une séance historique du Parlement et que le Premier ministre Wellington a qualifié de « révolution ».

O'Connell a été le premier à entrer aux Communes. Il a refusé de prêter le serment traditionnel des députés qui doivent jurer de défendre la religion anglicane. Dans ses discours il dénie aux Anglais qui descendent des Saxons « barbares et grossiers » le droit de régir la brillante civilisation celte d'Irlande. Avec sa voix de stentor, le splendide tribun réclame un Parlement irlandais autonome afin d'assurer aux catholiques leur juste représentation politique. À soixante-neuf ans, il tient à Dublin des meetings en plein air auxquels assistent jusqu'à trois cent mille personnes sous les yeux de la police anglaise et il défie le gouvernement d'un : « Attaquez-moi si vous l'osez et traînez-moi en justice. »

Le 8 octobre 1843 aurait dû se tenir un meeting colossal. La veille, Peel a fait interdire le rassemblement. O'Connell est allé au-devant de la foule pour qu'elle se disperse. Il ne veut pas voir couler le sang irlandais. Une semaine plus tard, il est cité à comparaître devant la justice pour conspiration contre la souveraineté de la reine, et, le 30 mai 1844, condamné à un an de prison. Le soir de son incarcération, il demande à tous les Irlandais de se tenir tranquilles : « Ainsi je saurai et le monde saura si vous m'aimez. » Ses partisans font la queue pour lui rendre visite dans sa cellule. Ils sont introduits un à un, sagement, par ses geôliers.

La reine a décidé d'effectuer un voyage officiel en Irlande au cours de ce même été 1844, mais son Premier ministre l'en dissuade de peur qu'il ne provoque des troubles. Il l'autorise, en revanche, à se rendre à Cobourg. L'invention du télégraphe électrique permet désormais à la souveraine d'Angleterre de quitter son pays sans devoir nommer un conseil de régence. Deux ministres l'accompagnent, lord Aberdeen et lord Liverpool, mais seulement une demi-douzaine de dames d'honneur. Albert tient à ce que cette première visite de Victoria dans la Thuringe de leurs ancêtres garde un caractère familial et même sentimental.

Le roi de Prusse les accueille à la frontière et, déjà, Victoria s'étonne : « Entendre des gens du peuple parler allemand, voir des soldats allemands, tout cela me paraît singulier. » La débauche de drapeaux et d'oriflammes, les remparts médiévaux couverts d'écussons armoriés, les immenses toits de tuiles sombres des maisons, les forêts profondes traversées par le train la plongent dans un autre monde.

À Brülh, le cortège s'ébranle vers le magnifique château d'Augustenburg. Ils y rencontrent le frère du roi, son futur successeur puisque Frédéric-Guillaume IV n'a pas d'enfants. Guillaume de Prusse a une âme de guerrier mais sa femme, l'intelligente Augusta, a hérité des idées libérales de son grand-père le duc de Saxe-Weimar. Au cours du grand banquet, le souverain se lève et s'écrie de sa voix un peu aiguë : « Messieurs, remplissez vos verres ! Il est un mot qui parle au cœur des Britanniques comme des Allemands. Il a résonné sur les hauteurs de Waterloo, il y a trente ans, lancé par les poitrines britanniques et allemandes, à la fin de plusieurs jours de combats durs et acharnés, pour saluer le triomphe glorieux de nos armes fraternelles. Il résonne maintenant sur les rives de notre beau Rhin, parmi les bénédictions de la paix qui est le fruit sanctifié de ce grand combat. Ce mot, c'est Victoire ! Victoria ! » Émue, la reine embrasse le roi sur les deux joues. Albert verse quelques larmes, certain, désormais, que la Prusse réalisera le rêve le plus cher de Stockmar, l'unification de l'Allemagne.

Le lendemain, jour anniversaire de la naissance de Beethoven, toute la compagnie se rend en train dans la ville voisine de Bonn pour dévoiler une statue du compositeur. On les fait monter sur un balcon : « Malheureusement, lorsque la statue nous fut dévoilée elle nous tournait le dos », regrette Victoria. Albert lui montre l'élégante maison d'étudiant qu'il occupait avec son frère non loin de l'imposant château transformé depuis 1818 en université par le souverain prussien. C'est là, en regardant couler le Rhin, qu'il s'est lié d'amitié avec Schlegel, le traducteur de Shakespeare, et surtout avec le poète francophobe Arndt. Berceau du patriotisme allemand, l'université cultive la haine de la France.

Berlioz, Liszt et l'extraordinaire diva suédoise Jenny Lind participent à plusieurs concerts. Au cours de son récital, Liszt, gêné par les bavardages des invités royaux, se met à taper comme un sourd sur son clavier et, les bruits de voix ne cessant pas, le virtuose s'arrête en plein milieu du morceau. Il recommence à jouer mais sans obtenir le silence. Furieux, il quitte son clavier. Lors de son dernier concert, il dirige une nouvelle cantate composée pour la venue de la reine. Frédéric-Guillaume de Prusse et Victoria arrivent à la dernière note. Alors, Liszt recommence tout le morceau.

Plus que le dédain pour l'illustre musicien, c'est le manque de courtoisie de leur hôte vis-à-vis d'Albert qui blesse Victoria. Dans toutes les cérémonies, le prince est placé après l'archiduc d'Autriche. Le plaisir de la reine d'Angleterre en est gâché et elle ne sourit plus au souverain prussien. Albert le lui reproche. Car les foules les acclament lors de leur descente du Rhin en bateau. À leur arrivée à Mayence, on présente à Victoria la célèbre Charlotte Heindereich qui l'a mise au monde. La doctoresse s'est mariée et s'appelle désormais frau Siebold.

C'est en voiture qu'ils parcourent les derniers kilomètres. Le 18 août, les voilà enfin en vue de la citadelle où a séjourné Luther. Léopold et la reine Louise montent dans la calèche découverte, le frère d'Albert caracole à côté de Victoria qui passe la porte médiévale au milieu des cortèges de jeunes filles en robes blanches et vertes, les couleurs de Cobourg. « Maîtrisant à grand-peine son émotion », Victoria découvre « ce vieux lieu chéri », les façades richement décorées de la grand-place, le petit théâtre d'opérette et les maisons à colombages serrées autour du château où elle rencontre pour la première fois « Mutter Marie », la veuve du père d'Albert. « L'escalier est plein de cousins » car c'est une réunion de plus de soixante membres de la famille qui les attend autour de la duchesse de Kent et de Feodora.

La reine se recueille au mausolée du duc, va embrasser grossmutter Gotha, visite le château de Reinhardsbrunn et ses imposants trophées de chasse collectionnés par le père d'Albert. Même les meubles ont la forme de bois de cerfs. Un matin mille deux cents petits Cobourgeois viennent chanter *God save the Queen* sous ses fenêtres. Elle assiste à la grande kermesse organisée pour ces enfants de Cobourg avec ses tentes, ses orchestres et ses paysans en costumes folkloriques. Elle y goûte la spécialité locale, des saucisses : « Je les ai mangées en buvant de cette excellente bière cobourgeoise. » Mais sa plus grande joie est de découvrir, à quinze kilomètres, le petit château de Rosenau, les chambres aux murs peints de feuillages stylisés, les salons aux parquets délicats, la salle d'étude qu'Albert partageait avec son frère.

Ce pèlerinage si réussi se termine par une grande battue de cerfs et de sangliers. Un véritable massacre, considéré comme une faute de goût prussienne par la presse anglaise. Les chasseurs ont tiré sur ces pauvres animaux enfermés dans deux enclos. La reine assiste à cette étrange chasse du haut d'une plate-forme et en voyant certains animaux mourir dans des mares de sang, elle s'avoue elle-même choquée : « Je ne dirai pas que ce genre de sport soit de mon goût et il me semble que cela n'a rien à voir avec le vrai sport. »

L'incident occupe les journaux anglais pendant quelques jours et alimente les conversations dans les clubs. Mais les nobles lords et les dandies ont beau critiquer le prince allemand, ricaner de sa raideur étriquée, la bourgeoisie commence à se reconnaître dans son moralisme austère. Elle admire ce mariage d'amour, ces enfants bien élevés, cette vie calme et rangée que mène la famille royale. Des petits Osborne poussent déjà dans tout le pays et jusqu'à Washington.

Et comme la bourgeoisie, les classes moyennes aspirent désormais à cet idéal de vertueuse simplicité que les missionnaires méthodistes prêchent dans leurs sermons. Le règne de Victoria coïncide avec un renouveau religieux qui, tel un torrent, est en train d'emporter toute la société. Ce sont à la fois les grands milieux d'affaires, les industriels nouvellement enrichis, les professeurs, les avocats, les fonctionnaires coloniaux mais aussi les boutiquiers et les employés de banque ou de chemin de fer qui adhèrent aux principes d'Albert.

Aux dépenses flamboyantes, à la débauche dorée des beaux quartiers, ils préfèrent les règles d'économie et de vertu vantées par le sérieux Stockmar. Une vie de travail pour les hommes, de sacrifice pour les femmes. On se lève tôt, on boit de la bière et non du vin. Ou mieux encore de l'eau. On ne joue pas aux cartes. On respecte le dimanche : le matin, toute la maisonnée, y compris les domestiques, se réunit dans le salon pour la lecture de versets religieux, comme Victoria et Albert qui assistent au service dominical dans la nouvelle chapelle de Buckingham entourés du personnel du palais. On fréquente les mêmes bancs que les ouvriers. On a conscience d'appartenir à une paroisse et non à une classe sociale. La Bible est le livre de chevet dans les chambres des auberges. Même dans les gares, on peut la feuilleter, attachée par une chaîne à un pupitre.

L'austérité se retrouve jusque dans les vêtements : redingote noire à col montant pour les hommes, sans jabot ni dentelle. Pour les femmes, la robe stricte, sombre, sans crinoline ni décolleté. L'Anglaise curieuse et cultivée du XVIIIe qui tenait salon politique et ordonnait les fêtes de la saison londonienne, avec sa belle énergie, ses séducteurs, ses enfants illégitimes et ses chevauchées dans le parc, laisse la place à une *perfect lady* qui doit mettre au monde des enfants nombreux destinés à préserver l'intégrité et la respectabilité de l'empire britannique.

Épouse, ange du foyer, mère irréprochable, la nouvelle femme est à l'image de Victoria : étouffée. La durée de ses fiançailles s'allonge. Elle n'a plus de pulsions sexuelles, ne doit plus s'intéresser à la politique ni à la chasse, ces jeux d'hommes dont « brutalement » la morale l'exclut. Elle est un « petit saxe », un objet fragile qu'il faut aimer et protéger, comme Albert le recommande à son frère Ernest. Pour se distraire, elle prend le thé avec d'autres femmes autour de l'épouse du pasteur. Les histoires de familles et de paroissiennes remplissent toute sa vie. Les décès, les deuils sont seuls dignes d'intérêt. On parle peu des pauvres. L'indigence entraîne une présomption d'immoralité. On évoque encore moins les prostituées. Peu importe que Londres n'en ait jamais eu autant, que l'on diffuse chaque année un annuaire avec leurs noms, adresses et talents particuliers, on les ignore. On prétend même qu'elles n'existent pas ! Pour les pasteurs méthodistes, au col dur et aux sourcils broussailleux, les petites actrices françaises dont raffolaient jusqu'ici les aristocrates sont des émissaires du démon !

Comme les sœurs Brontë, les jeunes filles pauvres sont gouvernantes dans les familles aisées ou institutrices dans les écoles. Il s'en ouvre partout. Plus dures et strictes les unes que les autres. Les dortoirs ne sont pas chauffés, la nourriture infecte. L'âme seule importe. Le « sens du devoir » règne au salon comme à la cuisine.

En 1841, sur seize millions d'habitants en Angleterre, on compte plus d'un million de domestiques.

La règle fondamentale est d'éviter, en toutes circonstances, le scandale. On n'appelle plus un chat, un chat. « Jambes » et « ventre » sont rayés du vocabulaire. Une femme n'est plus enceinte, elle est « en voie de famille ». L'hedomadaire *The Economist* ne publie pas le contenu d'un projet de loi sur l'hygiène publique sous prétexte qu'il contient trop de termes « indécents ».

Le « Gothic Revival », la renaissance du gothique, soutenu par le critique d'art Ruskin, passe de l'abbaye de Westminster aux églises, aux maisons, aux boutiques, aux gares. Le Parlement qui a brûlé en 1834 s'achève, véritable dentelle de pierre, avec ses fenêtres en ogives, ses lourdes portes en bois sombre. Président de la Commission des beaux-arts, Albert orchestre cette révolution esthétique. Le gothique est le style dans lequel il a grandi à Rosenau. Il deviendra le style préféré de Victoria, la marque de cette époque pieuse et industrieuse.

La réussite matérielle est une bénédiction divine, une récompense. L'idéal est de s'enrichir par le travail, par l'épargne, mais aussi par la spéculation que la morale protestante ne réprouve pas. En 1845, l'Angleterre connaît le premier krach de l'histoire du capitalisme.

À l'instar de Peel, cette nouvelle classe politique gouverne désormais le pays. Elle ne jure plus, comme le faisaient Melbourne ou Wellington. Aux Communes, les vieux parlementaires se plaignent de ne plus pouvoir raconter des histoires crues devant leurs jeunes collègues. Dans un discours, le puritain Gladstone se donne beaucoup mal pour démontrer que la Belle Hélène n'était pas adultère.

9.

Le 19 janvier 1846, la reine ouvre la session parlementaire la plus décisive de son règne. Albert, en grand uniforme, suit à quelques pas le lourd manteau de pourpre bordé d'hermine. Son visage est grave. La survie de la royauté occupe toutes ses pensées. Dans quelques jours, l'Angleterre va passer du protectionnisme au libre-échange. Le prince espère que cette réforme permettra à la couronne britannique d'échapper aux troubles qui ensanglantent l'Europe et font chuter les monarchies.

La première révolution industrielle de l'histoire est née en Angleterre. Elle a débuté dans le textile avec l'invention, en 1764, de la « jenny » par un tisserand du Lancashire. Au lieu d'une broche comme en a le rouet, la jenny en possède seize, ou même dix-huit, actionnées par une seule personne. Quelques années plus tard, un pasteur a l'idée du métier à tisser. À la fin du XVIIIe siècle, la productivité a encore doublé avec la machine à vapeur de Watt.

Les premières usines se construisent principalement dans le Lancashire. Les tisserands qui travaillaient avec leurs épouses à la campagne quittent leur domicile pour y trouver de l'embauche. Ils abandonnent aussi le lopin de terre qui les nourrissait. Les terres libérées sont rachetées par les riches propriétaires qui commencent à les exploiter de façon intensive.

À proximité des domaines verdoyants et des somptueux châteaux naît « une autre nation », un paysage noir, repoussant, où l'air lui-même est porteur de mort. Sous la fumée grise des cheminées d'usine, des courées de taudis sont construites à la hâte au milieu des immondices. Après le textile, l'industrialisation gagne le charbon, l'acier, la fonte. C'est la seconde révolution industrielle.

À Birmingham, les hauts fourneaux surgissent les uns à côté des autres, les mines emploient des milliers d'ouvriers. Désormais, tout ce qui se construisait en bois ou en pierre est réalisé en fer : les ponts, les poutres, les navires, les machines et bien entendu les chemins de fer qui connaissent une progression foudroyante. Dix mille kilomètres de voie ferrée sont ouverts en quelques années. Hommes et marchandises – coton, soie, laine, charbon, couteaux, porcelaine – circulent toujours plus vite des usines jusqu'aux docks. Les villes s'étendent, drainant toujours plus d'ouvriers, de pauvres, vers des ténèbres irrespirables. La moitié des Anglais s'entasse dans des cloaques. Surnommé « Cotonopolis » par Disraeli, le port de Liverpool va passer, en cinquante ans, de quarante-cinq mille à trois cent quarante mille habitants. On y enregistre mille débits de boissons et tous les records de criminalité.

Les tisserands côtoient les petits métayers éliminés par la concurrence des gros propriétaires terriens. Les Irlandais, chassés par les mauvaises récoltes, débarquent aussi par milliers dans l'espoir de trouver du travail. Des troupeaux d'enfants en haillons grelottent dans la puanteur des docks. Les filles se prostituent, hèlent les clients sur les ponts.

Dans certaines chambres, les familles dorment sur un tas de suie et parfois les morts sont allongés parmi les vivants. Pour d'autres s'ouvrent les asiles de nuit où ils s'entassent dans la sueur et la puanteur. L'invention la plus effroyable est le « dortoir à la corde » où les hommes sommeillent assis sur un banc en se tenant à une corde pour ne pas tomber. L'Angleterre, atelier et magasin du monde, est submergée par la misère.

Les rapports des commissions d'enquête parlementaires sur les souffrances des ouvriers se multiplient. Rapport du Comité sur la santé dans les villes : « Sur les deux cent quarante mille habitants de Manchester, quinze mille logent dans des caves. À Liverpool, vingt pour cent de la population vit sous la terre. » Rapport du Comité sur les conditions sanitaires des classes ouvrières : « Le typhus a fait en un an plus de ravages à lui seul que n'en ont subis les Anglais et leurs alliés à Waterloo. » Rapport de la Commission d'enquête sur les grandes villes et les quartiers populaires : « Dans les classes laborieuses, on se lave deux fois : le jour de sa naissance et celui de sa mort. » Le consciencieux Albert les lit attentivement et fait partager ses inquiétudes à Victoria. À dix ans, il parlait déjà du « chagrin qu'il avait à voir le monde gouverné d'une façon si peu morale ». L'effroyable rapport sur les mines l'accable. On y déplore mille quatre cents morts par an. En 1842 a été votée une première loi soutenue par la reine. Elle interdit le travail des femmes, des filles et des enfants mâles de moins de dix ans dans les mines. Maigre début de législation sociale.

En 1843, le *Morning Chronicle* publie une grande enquête sur la situation des pauvres qui provoque un véritable choc dans le pays. Une fillette de douze ans déclare : « Je tire les wagons sous terre sur une distance de huit cents mètres aller et retour. Je les tire pendant onze heures par jour à l'aide d'une chaîne attachée à ma ceinture. Les blessures que j'ai à la tête, je me les suis faites en déchargeant les wagonnets. Les hommes de l'équipe travaillent nus. Ils n'ont qu'une casquette. Parfois, quand je ne vais pas assez vite, ils me battent. » Le journal tory révèle surtout l'existence de « clubs de la mort », sortes d'assurance-vie que l'on souscrit pour soi-même ou ses enfants. Beaucoup de pauvres tuent leurs enfants pour pouvoir toucher la prime.

Quelques mois plus tard, lord Ashley propose une loi limitant à six heures et demie le travail en usine pour les enfants de moins de quatorze ans et à dix heures par jour pour les femmes et pour les jeunes de moins de dix-huit ans. Mais ce texte est repoussé à la demande de Peel. Pour le Premier ministre, réduire la durée du travail diminuerait la production et la compétitivité, surtout dans le textile qui emploie quatre cent cinquante mille personnes et a fait la fortune de sa famille.

Cette révolution sans équivalent dans l'histoire de l'humanité stupéfie intellectuels et révolutionaires du continent qui accourent, visitent et décrivent les grand centres industriels. Parmi eux, Friedrich Engels.

En 1843, ce jeune bourgeois allemand a débarqué à Manchester chez un oncle propriétaire d'une usine de coton. Pendant deux ans, il enquête dans les mines, interroge les médecins, dépouille les rapports des inspecteurs d'usines, sillonne les quartiers insalubres, observe les différentes catégories de travailleurs : bonnetiers, métallurgistes, teinturiers, tondeurs de velours... Ses descriptions sur les amas de chiffons qui remplacent les lits, les femmes dont le lait coule à l'usine, les maladies des ouvriers sont effrayantes : « Les affûteurs commencent généralement leur travail à l'âge de quatorze ans et s'ils jouissent d'une bonne constitution, il est rare qu'ils ressentent beaucoup de malaises avant leur vingtième année. C'est alors que se manifestent les symptômes de leur maladie. Ils perdent le souffle au moindre effort, leur teint devient d'un jaune terreux, leurs traits expriment l'angoisse, leur voix se fait rude et rauque. L'hémoptysie, l'incapacité de rester allongé, les sueurs nocturnes, des diarrhées avec coliques, un amaigrissement anormal accompagné de tous les symptômes habituels de la tuberculose finissent par les emporter. »

Pour lui, la révolution industrielle a, en Angleterre, la même signification que la révolution de 1789 en France ou la révolution philosophique pour l'Allemagne : « L'écart existant entre l'Angleterre de 1760 et celle de 1844 est au moins aussi grand que celui qui sépare la France de l'Ancien Régime de celle de la révolution de Juillet », écrit-il. Pour la première fois, le socialiste allemand emploie les mots de « révolution industrielle », « profit », « prolétaire », et esquisse une théorie de la lutte des classes : « Le travailleur est, en droit et en fait, l'esclave de la classe possédante, de la bourgeoisie. Il en est l'esclave au point d'être vendu comme une marchandise et son prix monte et baisse comme celui d'une marchandise. » Fondement du communisme, son livre, *La Situation de la classe laborieuse en Angleterre,* est publié en 1845 à Leipzig mais ne sera pas en vente dans le royaume britannique du vivant de son auteur. Ni Victoria ni Albert n'ont sans doute entendu parler d'Engels. Pas plus qu'ils ne seront informés de l'existence d'un certain Karl Marx quand il vivra à Londres.

L'Angleterre se couvre d'usines, mais les théories économiques en sont aux balbutiements. Personne ne songe que des salaires élevés augmentent le pouvoir d'achat et stimulent la productivité. Gardien de l'orthodoxie, John Stuart Mill préconise la doctrine du « fonds de salaire ». Pour les ouvriers, le minimum vital ne doit pas être dépassé et jamais, dans l'histoire de l'Angleterre, les salaires ne sont tombés aussi bas. Un homme qui travaille quinze à seize heures par jour, dans l'agriculture ou dans les manufactures, gagne autour de huit shillings par semaine. Un pain de quatre livres coûte sept shillings et demi. Impossible de se nourrir sans faire travailler femme et enfants. Il n'y a de congé que le dimanche et le jour de Noël.

Le visionnaire Adam Smith avait beau s'indigner à la fin du XVIIIe siècle en s'écriant : « La barbarie, c'est le salaire qui baisse et baissera sans cesse jusqu'à ce qu'il ne reste plus, d'un côté, que des monceaux d'argent et, de l'autre, des monceaux de morts », ses prophéties restent lettre morte. Les ministres considèrent le profit comme le moteur de l'économie. Seule l'accumulation du capital permet de créer de nouvelles usines. Et peu importe que les travailleurs meurent de faim ! C'est de l'Angleterre que s'inspire Guizot lorsqu'il recommande aux Français : « Enrichissez-vous ! »

Ces classes laborieuses si démunies ne risquent-elles pas de se réveiller et de renverser la monarchie ? Le *Morning Chronicle* a conclu son enquête par un avertissement : « En présence de cette profonde détresse, on peut nourrir des craintes sérieuses sur l'avenir des classes supérieures. Partout, ce ne sont que désaffection, colère et haine contre les propriétaires. » Depuis 1789, le risque d'une révolution terrifie les aristocrates. La faillite économique affole désormais le gouvernement.

Toutes les conditions d'une explosion sociale sont réunies. L'été 1845, froid et humide, la moisson médiocre ont fait grimper en flèche le prix du blé. De sept shillings et demi, le pain passe à onze shillings et demi. Comble de malchance, une maladie venue d'Amérique frappe la pomme de terre en Irlande. La moitié de la récolte est perdue : « On ne raisonne pas un peuple affamé », écrit Albert à son frère.

Le prince s'intéresse à la Société pour l'amélioration des conditions de vie des classes laborieuses. Cette fondation est l'œuvre de lord Shaftesbury, un tory, qui possède ce qu'on n'appelle pas encore une « conscience sociale ». Les deux hommes se rencontrent souvent et sont convaincus que l'Angleterre doit changer de politique et se tourner vers le libre-échange. Le prix du blé baissera et les pauvres ne mourront plus de faim. Seul le libre-échange évitera la multiplication de ces émeutes ouvrières qui éclatent dans les villes et qui risquent d'embraser le pays.

Depuis six ans, une ligue, née à Manchester, réclame l'abolition de la loi protectionniste sur les blés. Son porte-parole, Richard Cobden, est un ancien voyageur de commerce qui a créé à vingt ans une entreprise de négoce de coton. Après avoir fait le tour de l'Amérique et des pays méditerranéens, il a été élu conseiller municipal de Manchester puis, en 1841, député à la Chambre des communes dont il est rapidement devenu un des orateurs les plus brillants. Il n'hésite pas à traiter les aristocrates fonciers britanniques de « pillards ». Pour faire passer ses idées révolutionnaires sur le commerce des blés, il fonde un journal, *The League,* tiré à vingt mille exemplaires. Il envoie dans les fermes des missionnaires, qui sont parfois reçus à coups de fourche sur ordre des lords. Mais les foules accourent aux grands meetings qu'il organise à Manchester, Liverpool et même à Londres au Théâtre royal de Covent Garden. Sa souscription populaire récolte soixante mille livres en quelques heures.

Ses thèses libérales sont combattues par une Société pour le protectionnisme qui appelle ses membres à faire pression sur leurs députés afin qu'ils ne votent pas l'abolition des lois céréalières, les fameuses *Corn Laws.* La presse s'enflamme, les honorables lords s'indignent, défendent le protectionnisme et leurs intérêts. Jamais, au Parlement, les débats n'ont été aussi houleux.

Assis sur son banc en ce jour de janvier 1846, Richard Cobden ne quitte pas la reine des yeux. Comme tous les honorables parlementaires, il sait que le discours du trône écrit par le Premier ministre est décisif. Il entend Victoria s'inquiéter d'« une forte augmentation de la mortalité dans les classes les plus pauvres ». Lorsque, de sa voix claire, elle prononce les derniers mots du discours qu'elle tient à la main, le député de la Ligue sait qu'il touche enfin au but. Champion du protectionnisme et chef du parti tory, Peel vient de changer de camp. C'est un vrai coup de théâtre, presque une révolution.

Pendant des semaines, le Premier ministre a hésité. Il a même donné sa démission à la reine. Puis il est revenu. La menace d'une famine en Irlande a fini par le convaincre de la nécessité d'abolir les *Corn Laws*. Mais, pour faire voter sa loi, il sait qu'il ne peut compter ni sur les lords conservateurs, ni sur Disraeli qui a derrière lui tous les jeunes tories.

Le 22 janvier, Peel prononce le discours le plus courageux de sa carrière. Loin d'être un orateur enflammé et virulent comme les aiment les Communes, il parle comme il est : méthodique, raisonnable, résolu. Il ne prend pas la peine d'expliquer sa volte-face. Il annonce d'entrée de jeu : « Si on se bornait à suspendre provisoirement les *Corn Laws*, il ne faudrait pas se faire d'illusion. Il serait impossible de les remettre plus tard en vigueur. La sagesse commande donc de les abolir totalement et tout d'un coup. » Albert est enthousiaste et Victoria écrit : « La reine doit féliciter sir Robert Peel de son beau discours, vraiment irréfutable, de la nuit dernière que nous avons lu avec la plus grande attention. »

Le 27 janvier, lors du débat parlementaire, le prince est présent dans la galerie réservée au public pour soutenir le Premier ministre. Le leader de l'opposition, lord Bentinck, s'en scandalise : « Le prince a été sollicité par le Premier ministre afin de patronner, donner de l'éclat et, en somme, apporter l'approbation personnelle de Sa Majesté à une mesure qu'une grande majorité de l'aristocratie foncière d'Angleterre, d'Écosse et d'Irlande estime profondément injuste voire ruineuse pour elle. » Victoria s'irrite des critiques de « messieurs qui ne font que chasser le jour, boire du bordeaux ou du porto le soir, sans jamais avoir rien étudié ou lu sur ces questions ». Mais plus jamais le prince ne se montrera à la Chambre des communes. Ce qui ne l'empêche pas de suivre jour après jour l'évolution des débats. Chapitrés par les nobles lords qui sont souvent leurs parents, une centaine de députés tories ont pris position publiquement contre Peel et repoussent le libre-échange.

Lors de la seconde lecture, le Premier ministre s'écrie avant de se rasseoir : « En tombant, j'aurai la satisfaction de me dire que je ne tomberai pas pour avoir fait passer les intérêts d'un parti avant l'intérêt du pays. » Et c'est le miracle ! Le projet passe, grâce aux voix de l'opposition.

Mais Peel n'a pas réussi à mobiliser son propre parti. Le 15 mai, Disraeli prononce un discours féroce contre ce Premier ministre qui « ne vit que des idées et de la réflexion d'autrui. Toute sa vie est faite d'appropriations. Il procède par effraction de l'intelligence des autres. Aucun homme d'État n'a commis plus de larcins politiques et à une telle échelle ».

Mis en minorité sur un projet de loi pour l'Irlande où la famine, terrible, multiplie les troubles, le Premier ministre présente sa lettre de démission à la reine qui déplore autant son départ qu'elle a naguère regretté celui de Melbourne. Désormais, il a, à ses yeux, toutes les vertus. Elle lui écrit « son profond trouble à l'idée de perdre ses services qu'elle regrettera autant pour le pays que pour elle-même, et pour le Prince ».

Elle déteste son successeur whig, lord Russell, fils du duc de Bedford qu'elle traite de « nabot ». Il a la science infuse. C'est un pédant. Mais le jeune couple royal est surtout épouvanté de voir les Affaires étrangères passer des mains du « cher » lord Aberdeen à l'« horrible » lord Palmerston.

Avant son mariage, Victoria aimait se promener à cheval entre lord Melbourne et lord Palmerston. Mais ni le sourcilleux Stockmar ni Albert n'apprécient les méthodes du ministre des Affaires étrangères qui, pour défendre les intérêts de l'Angleterre, ne redoute pas les incidents, les crises, les menaces de guerre.

Les Anglais, eux, adorent lord Palmerston. Nul autre que lui ne porte aussi haut le drapeau britannique. Âgé de soixante-deux ans, il était déjà ministre de la Guerre au temps glorieux de Waterloo. De conservateur, il est devenu whig, mais ses idées sur la primauté de l'Angleterre n'ont pas varié. Fantasque et vigoureux, il possède, à la différence d'Albert, toutes les vertus de l'aristocratie britannique. Il aime la chasse à courre, les redingotes bleues et les jolies femmes. Il a une réputation de séducteur et ce « Cupidon » a renforcé sa position dans le monde par son mariage, le 11 décembre 1839, avec la sœur de lord Melbourne. Lady Palmerston tient un salon whig très couru et, le soir, en rentrant du ministère, Palmerston peut y exercer ses talents d'orateur : « L'Angleterre, a-t-il coutume de répéter, est assez forte pour braver les conséquences. » Et ses invités sourient. Ils savent bien que la politique du bouillant Pam n'est jamais sans conséquences.

Champion du libéralisme, le ministre est persuadé que la monarchie constitutionnelle telle qu'elle fonctionne en Angleterre, avec élégance et loyauté, représente un modèle pour les peuples civilisés. Dès son arrivée au ministère, dans une déclaration péremptoire, il accuse le Premier ministre grec, Coletti, de gouverner son pays « par la corruption, l'illégalité, le gaspillage, l'anti-constitutionnalité et la tyrannie ». Son arrogance exaspère les étrangers. Paris voue aux gémonies ce « terrible milord Palmerston ». Et les Allemands en ont fait une chanson : « Si le diable a un garçon, c'est sûrement lord Palmerston. »

Mais le ministre des Affaires étrangères ne s'en soucie guère. Pas plus qu'il ne se plie aux requêtes d'Albert qui réclame que les dépêches soient soumises à l'approbation de la reine. Le prince demande même qu'on fasse parvenir à l'avance la « boîte rouge » pour que la reine puisse y apporter d'éventuelles corrections. Mais Palmerston a toujours une bonne excuse pour ne pas transmettre ces dépêches qu'il lance comme autant de brûlots sur la scène internationale. « C'était trop pressé ! » « Le ministère avait trop à faire ! » se justifie-t-il après coup devant le couple royal furibond. Albert ne l'impressionne pas. Comment ce gamin d'outre-Rhin, qui n'a rien d'un gentleman, peut-il prétendre s'occuper des affaires du royaume ? Quant à Victoria, en matière diplomatique, il lui a tout appris. C'est même lui qui lui a conseillé de lire l'almanach de Gotha pour se familiariser avec les noms et rangs de tous ses interlocuteurs.

En revenant de Cobourg, Victoria et Albert se sont arrêtés à nouveau une journée à Eu, chez Louis-Philippe. Au milieu des embrassades, ils ont, comme à chaque rencontre, évoqué le mariage de la jeune reine Isabella d'Espagne. Depuis plusieurs années, le roi des Français rêve d'unir son fils, le duc de Montpensier, à cette héritière de seize ans dont on dit qu'elle a le diable au corps. Mais jamais les Anglais ne consentiront à une telle alliance. L'oncle Léopold verrait bien, lui, un Cobourg – un de plus – sur le trône d'Espagne. Mais Louis-Philippe affirme que ce mariage serait dangereux pour l'équilibre européen. Ils ont donc convenu à nouveau que la reine Isabella ne sera mariée ni à un Cobourg ni à un Orléans. Montpensier pourra se marier avec la petite sœur, l'infante Fernanda, mais uniquement lorsque la reine Isabella aura eu un enfant. L'accord a été conclu en présence des deux ministres : Guizot et lord Aberdeen.

Sitôt arrivé aux Affaires étrangères, Palmerston, dans une dépêche à son ambassadeur en Espagne, relance la candidature Saxe-Cobourg et critique violemment la tyrannie et l'incompétence de la monarchie espagnole. La lettre tombe dans les mains de Guizot. Trop heureux, Louis-Philippe se sent délié de ses engagements et envoie la dépêche à la reine mère d'Espagne. Il la conjure d'échapper à ses ennemis anglais en mariant Isabella à son cousin, le duc de Cadix, et Fernanda au duc de Montpensier. La jeune reine d'Espagne n'aime pas son cousin. On raconte qu'il est impuissant. Le rusé roi des Français voit déjà la couronne d'Espagne sur la tête de son petit-fils. Quelques semaines plus tard, les deux mariages sont célébrés le même jour.

Victoria est d'autant plus furieuse que Louis-Philippe n'a même pas pris la peine de la prévenir. Il a laissé sa femme lui annoncer la bonne nouvelle comme un banal événement familial « qui ajoutera à notre bonheur intérieur, le seul vrai dans ce monde et que vous, Madame, savez si bien apprécier ». Elle répond avec aigreur en rappelant les engagements pris à Eu et en soulignant qu'elle a toujours été « sincère ». Le roi des Français envoie une longue lettre à sa fille Louise pour se justifier. Mais Albert ne lui pardonnera pas cette trahison : « Le mariage espagnol a tourné comme il était prévisible. Le roi est sous l'influence d'une nonne miraculeuse payée par Paris. La reine a des amants et se trouve emprisonnée au château par le roi. Louis-Philippe aura beaucoup de comptes à rendre au Ciel », écrit-il à son frère. Le *Times* entame une longue série d'articles sur la « perfidie française ». Avec talent, Palmerston a réussi à détruire le début d'entente cordiale entre les deux pays.

Le prince a inculqué à sa femme le culte de la famille. Pour le couple royal, les initiatives de Palmerston ne sont acceptables que lorsqu'elles défendent à la fois les intérêts anglais et cobourgeois. Le ministre aura moins de chance en avril 1847 avec l'affaire portugaise.

À Lisbonne, la ligue « constitutionnaliste » réclame plus de libertés et le retour à la Constitution libérale de 1822. Craignant une révolution, la reine Maria demande l'aide de l'Espagne. Lors de ses précédents ennuis, la jeune reine a vécu en exil à Londres. Depuis, le Portugal est une espèce de protectorat anglais et Palmerston juge ce rapprochement avec l'autoritaire monarchie espagnole inacceptable. Le ministre envoie la marine anglaise croiser devant Lisbonne pour soutenir les insurgés et leurs revendications.

Nous voilà en plein cœur d'une tragi-comédie familiale. À dix ans, Maria du Portugal dansait à Windsor avec Victoria. Son mari, Ferdinand de Saxe-Cobourg, est un cousin. Le couple s'étonne de l'« agressivité » anglaise à son égard. Victoria doit piteusement avouer qu'elle n'a été mise au courant de rien. Palmerston a pris seul toutes ses décisions et a même signé plusieurs articles dans le *Morning Chronicle* pour développer ses idées.

La reine se sent mortifiée. Elle lui écrit : « Je voudrais que vous preniez des mesures pour éviter la répétition de cette pratique. » Le rigoriste Albert est encore plus mécontent. Il exprime sa colère dans une lettre mais le ministre répond sèchement : « Je ne saurais partager vos vues. »

Ils ne partagent pas non plus les mêmes idées sur l'unification allemande. Le roi de Prusse a écrit à Victoria pour lui demander de soutenir sa croisade auprès des autres souverains allemands. Palmerston envoie aussitôt une note à l'ambassadeur de Prusse : la reine d'Angleterre ne peut correspondre avec des souverains étrangers sauf s'il s'agit de très proches parents. Assis côte à côte à leurs bureaux, Victoria répond donc quelques mots des plus vagues au roi de Prusse pendant qu'Albert écrit des lettres enflammées sur son espoir de voir Frédéric-Guillaume de Prusse prendre la tête de l'unité allemande.

L'année 1848 est, pour les monarchies, celle de tous les périls. Les émeutes débutent en février à Paris. Le peuple réclame une réforme électorale. Guizot n'y est pas favorable. Le 21 février, il interdit un grand banquet républicain aux Champs-Élysées et met en état d'alerte soixante mille hommes. Un défilé de protestation se dirige vers l'Étoile et dégénère. La police est débordée, la garde nationale se range du côté des manifestants. Paris est un champ de bataille. Le 24 février, Louis-Philippe abdique et s'enfuit en Angleterre, sous le nom de Mr. Smith, avec l'aide du consul britannique : « La guerre est à nos portes. Guizot est prisonnier et la république proclamée… Le Roi, la reine sont toujours ballottés sur les flots à moins qu'ils n'aient échoué sur d'autres rivages : nous n'avons aucunes nouvelles d'eux », gémit Albert dans une lettre à son frère.

Le roi en exil est autorisé à s'installer à Claremont, propriété de son gendre Léopold. Toute sa famille l'y rejoint. Victoria est sévère : « S'ils ne s'étaient pas sauvés, ils auraient tous fini par être massacrés… Mais on a l'impression qu'ils ont fui trop vite. »

De la France, l'effervescence s'étend à toute l'Europe. En Bavière, Louis Ier est contraint d'abdiquer après avoir dû renvoyer sa maîtresse, Lola Montès. À Vienne, la foule envahit le palais de Metternich. Le prince, déguisé en valet, s'échappe et trouve refuge à Londres. Les Habsbourg fuient à Innsbruck. L'empereur abdique en faveur de son neveu, le jeune François-Joseph.

Le 18 mars, la reine accouche de son sixième enfant, une fille, Louise, alors qu'après Hambourg, Brême et Francfort, Berlin se couvre de barricades : « Bien que ce soit une fille, confie le prince à Stockmar, ma joie et ma gratitude sont très grandes car j'étais plein d'inquiétudes avec tous les traumatismes psychologiques que

Victoria a subis ces jours-ci. » En Allemagne, le baron est le représentant de Cobourg au Parlement de Francfort et milite plus que jamais pour que la Prusse prenne la tête de la Confédération germanique. Guillaume de Prusse, lui, est arrivé à Buckingham, accueilli avec émotion par Albert. Les enfants sont obligés d'abandonner leurs chambres. Désormais, Victoria termine ses prières en demandant à Dieu « qu'ils soient prêts quelle que soit la situation dans laquelle ils puissent se trouver, haute ou basse ».

Dans la panique générale, Palmerston demeure plus libéral que jamais. Profitant de la fuite des Habsbourg, l'Italie se révolte contre l'occupation autrichienne. Amoureux de Venise, le ministre est favorable à l'émancipation de la péninsule : « Je ne saurais regretter l'expulsion des Autrichiens d'Italie, écrit-il au roi Léopold. Leur pouvoir était détesté des Italiens et ne s'est maintenu qu'à force de subsides et de déploiements de troupes. » Il proteste auprès des Autrichiens contre les atrocités commises par leurs soldats à Castelnuovo. La reine, qui attend anxieusement des nouvelles de l'empereur d'Autriche, lui demande d'annuler sa dépêche. Il n'en fait rien. Elle proteste, ne « peut lui cacher la honte que lui inspire la politique anglaise en Italie ». Palmerston se justifie par une lettre de douze pages. Mais Albert et Victoria ne décolèrent pas. Jour après jour, la reine demande à lord Russell la tête de l'odieux ministre : « Cela ne peut plus durer, il se conduit comme un sale gosse. » Le prince constitue méticuleusement un dossier à charge.

L'incorrigible Palmerston a envoyé une nouvelle dépêche à son ambassadeur en Espagne en lui demandant de conseiller à la reine Isabella de changer de gouvernement si elle veut éviter des émeutes. La réponse ne se fait pas attendre. Le 22 mai, l'ambassadeur est expulsé.

Peu importe, Palmerston conserve le même ton comminatoire à l'égard du Portugal : « Vous ferez savoir à la reine et au gouvernement portugais que s'ils sont en difficulté à cause de leur politique, ils ne doivent pas espérer le moindre secours de l'Angleterre, pas le moindre ! » écrit-il à l'ambassadeur. Victoria dénonce ce qu'elle considère comme « un camouflet à l'égard de lord John Russell, du gouvernement, du pays et d'elle-même ». Cette fois, le Premier ministre se range aux côtés du couple royal et déclare que les ambassadeurs anglais à l'étranger doivent se garder d'avoir des relations avec les partis hostiles aux monarchies : « Une telle conduite serait inamicale et injuste à l'égard d'un souverain étranger, peu politique et dangereuse pour nos intérêts. » Palmerston accepte de réécrire la dépêche, mais en retarde l'envoi d'une bonne quinzaine de jours. Une fois de plus, Albert étouffe de colère.

Car, à Londres, les chartistes ont repris leur croisade. Ils réclament la représentation des ouvriers aux Communes. Friedrich Engels a quitté Manchester persuadé que va y naître une révolution qui, d'Angleterre, emportera toute l'Europe, renversera la bourgeoisie, établira une société sans classes et supprimera la propriété privée. La Ligue des communistes est encore secrète. Engels et Marx viennent juste d'en rédiger le *Manifeste*. Le texte commence pourtant à circuler sous le manteau. En mars, Karl Marx est venu s'installer à Paris dans un petit hôtel de la rue Gramont avec sa femme, Jenny, leurs trois enfants et la nurse. Le Russe Herzen est là aussi. Le cœur soulevé d'espérances, ils suivent les émeutes d'Allemagne et les manifestations chartistes qui se multiplient à Londres.

Le 6 mars, la foule s'est rassemblée à Trafalgar Square. Le lendemain des chômeurs manifestent à Glasgow aux cris de « du pain ou la révolution ». La troupe tire. Il y a des morts. Cette fois, les chartistes annoncent un gigantesque rassemblement dans le sud de Londres pour le 10 avril. Ils se dirigeront en cortège vers le Parlement et y présenteront leur pétition.

L'angoisse grandit, tant au gouvernement qu'à Buckingham. Albert annonce à Victoria, à peine remise de la naissance de sa fille, que les ministres jugent plus prudent pour la famille royale de quitter Londres et de se réfugier à Osborne. La foule pourrait envahir le palais et les obliger à fuir. Ils ne doivent pas se laisser capturer comme les autres monarques. Victoria éclate en sanglots, s'inquiète pour le bébé, mais accepte tout à condition de ne jamais être séparée d'Albert. Elle redoute pour ses fils la situation des cousins Saxe-Cobourg mariés aux enfants de Louis-Philippe

Le 6 avril, le rassemblement chartiste est déclaré illégal et criminel et un avertissement placardé sur les murs de la ville recommande fermement de ne pas y participer ni même y assister. Le 7 avril, le gouvernement dépose au Parlement une loi pour assurer la sécurité publique. Le vieux duc de Wellington est chargé d'organiser la défense de la capitale. Pour aider la police, on engage cent soixante-dix mille volontaires. Parmi eux se trouve Louis-Napoléon Bonaparte, le futur Napoléon III. Le 8 avril, la famille royale quitte Londres sous la pluie. Encore fatiguée, la reine voyage allongée. Les troupes se massent à proximité des ponts menant à Westminster.

Combien sont-ils le 10 avril à se rassembler à Kennington Common avec leurs bannières et leurs banderoles ? Quinze mille selon lord Russell. Cinq cent mille selon leur chef O'Connor qui, sans crainte de gonfler les chiffres, annonce aussi que sa pétition a recueilli cinq millions sept cent six mille signatures. Ils sont en réalité vingt-trois mille manifestants qui, à deux heures de l'après-midi, se dispersent sans trop de heurts.

Pas d'arbres coupés, ni de lampadaires renversés, ni de barricades, ni de coups de feu, ni d'échauffourées comme à Paris. Sous une pluie battante, les forces de police réussissent à tronçonner la masse des chartistes qui passe les ponts par groupes de dix ou quinze. O'Connor est arrêté et emmené au ministère de l'Intérieur où on lui signifie que son rassemblement est illégal. Pâle et tremblant, il assure que la légalité sera respectée et accepte que les policiers appellent trois fiacres pour lui et ses lieutenants. On y charge la pétition. Le petit cortège, bien encadré par la police, roule vers le Parlement où il présente timidement ses exigences : « Voilà ce par quoi je m'explique la liberté anglaise. Ces gens ont de l'eau dans le sang. Voilà pourquoi on peut leur permettre de se réunir, de brailler, d'imprimer ce qu'ils veulent. Ce sont des primates à sang froid et à circulation lente », écrit Taine relayé par Mérimée : « Je crains de devenir tout à fait socialiste en mangeant de trop bons dîners dans de la vaisselle plate en vermeil et en voyant des gens qui gagnent quatorze mille livres sterling aux courses d'Epsom. Mais il n'y a pas encore de probabilité qu'une révolution éclate ici. La servilité des pauvres gens est étrange pour nos idées démocratiques. Chaque jour, nous en voyons quelque nouvel exemple. La grande question est de savoir s'ils ne sont pas plus heureux. »

Le 13 avril, le rapporteur parlementaire indique que la pétition n'a obtenu que 1 975 496 signatures et beaucoup de noms sont fantaisistes. Le 1er mai, nouveau coup de théâtre, O'Connor annonce qu'il se retire de la tête du mouvement. Le même jour, l'assemblée nationale chartiste se dissout victime de son irrésolution. La grande panique se termine par un fiasco. « Notre révolution devrait servir de modèle aux autres pays civilisés », écrit Victoria avec allégresse.

Le 20 avril, le prince fait venir à Osborne le progressiste lord Ashley qui l'incite à effectuer une visite dans les taudis du Strand avant de prendre la parole à la prochaine grande réunion de la Société pour l'amélioration des conditions de vie des classes laborieuses. Lord Russell le met en garde. Mais le prince exécute ce plan comme prévu. Il est chaleureusement accueilli et déclare dans le discours que la reine l'a aidé à rédiger : « Si le socialisme signifie prendre soin des plus démunis, alors, je suis pour le socialisme ! »

Le 5 septembre, Victoria inaugure le nouveau Parlement dont la façade gothique se reflète dans les eaux de la Tamise. Et le peuple est là qui l'acclame. Les fils de Louis-Philippe, le duc de Nemours et le prince de Joinville, assistent à la cérémonie. Ils contemplent avec une douloureuse nostalgie ce « modèle » de paix civile âprement défendu par Palmerston et que la France semble incapable de réaliser : une monarchie constitutionnelle.

Quelques minutes plus tard, de sa voix mélodieuse Victoria lit son discours : « La force de nos institutions a été éprouvée et elles ont résisté. J'ai eu soin de conserver au peuple dont j'ai la charge la jouissance de cette liberté tempérée qu'il apprécie à juste titre. Mon peuple, de son côté, ressent trop clairement les avantages de l'ordre et de la sécurité pour donner aux fauteurs de pillage et de troubles la moindre chance de succès dans leurs noirs desseins. »

10.

Trois jours plus tard, la famille royale se rend pour la première fois en Écosse en train. La ligne va désormais jusqu'à Perth où la reine descend, conquise par la commodité du voyage. Après le tourbillon des derniers mois, Balmoral est un havre de paix : « À gauche, on voit ces belles montagnes qui entourent le loch Na Gar et, à droite, en direction de Ballater, les belles collines boisées qui nous rappellent tant la Thuringe. L'air est si paisible et si léger. Il n'y a rien de mieux pour nous faire oublier le monde et ses tristes tempêtes. »

Ils ont entendu parler de Balmoral l'année précédente alors qu'ils résidaient dans la propriété de lord Abercorn. On accédait au château écossais par bateau et ils se sont définitivement pris de passion pour le romantisme de cette vie en plein air. Un journaliste qui les a croisés à Inveraray a écrit : « Le prince a l'air content de tout, de tout le monde et aussi de lui. » Dans une lettre à sa belle-mère, la duchesse de Kent, Albert a rapporté le commentaire en ajoutant : « Je dois avouer que ce journaliste a raison. »

Des vacances idéales, à part la pluie. Sir James Clark, qui leur a rendu visite en voisin, s'est étonné de ce mauvais temps. À cinquante kilomètres de là, son fils John se remettait d'une maladie chez sir Robert Gordon, le frère de lord Aberdeen. Chaque jour, à Balmoral, il prenait de longs bains de soleil dans le jardin.

En octobre 1847, sir Robert Gordon meurt brutalement. Albert se porte acquéreur du bail de la propriété sans même y avoir mis les pieds. Avec sa grande véranda, le château est charmant. Mais les pièces y sont très exiguës : « Le soir, quand on joue au billard, la reine et la duchesse doivent se lever sans arrêt pour faire place aux joueurs », se plaint le ministre de service lord Malmesbury.

Mais plus encore qu'Osborne, l'Écosse apporte au couple royal calme et repos. Au milieu de leurs montagnes, Victoria et Albert peuvent enfin jouer au mari et à l'épouse sans craindre les indiscrétions. Ils sont heureux. Le matin, le prince chasse le cerf ou la grouse. L'après-midi, ils se promènent en voiture ou à poney sur les collines couvertes de bruyères. Le soir, dans la salle à manger, ils apprennent les danses des Highlands au son d'un orchestre traditionnel : violon, cornemuse et flûte. Dès que cesse la musique, les danseurs boivent sec leur whisky avant de continuer avec encore plus d'entrain, ce qui est loin de déplaire à Victoria : « Ils y vivent sans aucune pompe non seulement en braves gens ordinaires mais comme des petites gens, dans de petites pièces, une petite maison. Il n'y a pas de soldats, toute la garde de la souveraine et de la famille royale se réduit à un simple policier qui fait des rondes dans la propriété pour en chasser les intrus et les indésirables », écrit Greville.

Parfois, ils partent en pique-nique pour la journée. Un ou deux ghillies* conduisent les montures de la reine et des enfants pour éviter qu'elles ne dérapent sur les pierres. Quand ils mettent pied à terre, Victoria dessine les paysages sauvages et romantiques. Albert, lui-même, en est transformé : « Il semble tout à fait à l'aise, très gai, plaisant, sans la moindre raideur ni son air digne. »

La reine emmène ses filles en visite dans les chaumières voisines. Elles apportent un jupon, un tissu pour une robe et bavardent avec les femmes. Pendant son enfance, Victoria a beaucoup souffert d'être élevée « dans la pourpre » en petite princesse. Pour elle comme pour Albert, l'éducation doit être « aussi simple et familiale que possible ». Très proches des aînés, ils veulent rester des parents exemplaires. Stockmar leur en a d'ailleurs expliqué l'impérieuse nécessité s'ils veulent conserver la couronne.

Dès 1842, le baron allemand a rédigé un long mémorandum sur les négligences des Hanovre : « George III ne comprenait pas ses devoirs de père. L'inconduite de ses fils était criante et la seule explication qu'on puisse en donner est l'incapacité de leurs précepteurs à leur inculquer durant leur jeunesse des principes de vérité et de moralité. Le comportement des princes a largement contribué à diminuer l'influence de la monarchie dans ce pays et à affaiblir le sentiment de fidélité du peuple anglais envers ceux que les siècles ont distingués. Que George IV, par ses débauches, n'ait pas été renversé tient à la force de la Constitution anglaise, à la tolérance et à la sagesse de son peuple. » Lors de la naissance de Bertie, Melbourne a mis la reine en garde : « Ne demandez pas trop à l'éducation. Elle peut beaucoup, mais elle ne peut jamais autant

* Montagnards d'Écosse.

qu'on en attend d'elle. On arrive à former et à brider le caractère, on le change rarement. » Pour l'ancien Premier ministre, la position d'héritier est difficile. Jeune homme, George IV a toujours conspiré contre son père. Le vieux lord Liverpool affirme que George III a même déclaré après un rapport sur la duplicité de son fils aîné : « Je ne veux plus entendre parler de lui », ce qui a particulièrement choqué le couple royal.

À la différence de George III, Albert est un incomparable éducateur. Il adore Vicky qui, à trois ans, savait déjà parler français et allemand. Il part avec ses enfants à la chasse aux papillons. Il leur apprend le dessin, la musique, la poésie allemande. Il aime aussi organiser des parties de cache-cache ou de saute-mouton. Il suit les progrès des nouveau-nés à la nursery et discute souvent avec Victoria de la meilleure façon de les élever. En 1848, à la naissance de la petite sixième, Louise, ils ont fixé un strict plan d'éducation méticuleux en quatre cycles successifs.

Au cours du premier cycle, les bébés sont confiés à lady Lyttelton. Au fur et à mesure de leur éveil, Miss Hildyard doit leur parler anglais, Mme Rolande de Sange français et fräulein Grüner allemand. À quatre ans débute l'éducation religieuse.

Le second cycle de deux ans est consacré à la « formation du caractère » et à l'« éducation élémentaire » avec la lecture, l'écriture et le calcul. Puis vient, aux alentours de sept ans, le « tutorat » avec un précepteur spécialement chargé de suivre les progrès en histoire, géographie, latin, sciences... Au cours du dernier cycle, les enfants entrent à douze ans dans une phase d'initiation à la vie publique.

Évidemment, le petit Bertie est l'objet de toutes les attentions. Stockmar fait remarquer dans un nouveau mémorandum que les révolutions de 1848 exigent qu'on apporte plus de soins encore à l'éducation de l'héritier du trône. Comme tous les jeunes parents, Victoria et Albert sont pleins d'espoirs et d'idées préconçues. Le prince pense qu'un futur roi doit être soustrait à toute influence féminine. Victoria est de son avis : « À six ans au plus tard, il doit être totalement confié à son précepteur. Je souhaite qu'il grandisse sous l'œil et la conduite de son père, de sorte qu'à seize ou dix-sept ans, il soit pour lui un véritable compagnon. »

Dès avril 1849, Bertie, âgé de sept ans, est remis entre les mains d'un ancien maître d'Eton. Le révérend Birch a passé plus de trente ans à dresser des jeunes garçons et le prince tient à ce qu'il éduque son fils avec la même sévérité. Bertie n'est pas en avance, il est complexé par sa sœur aînée. Et il bégaie.

La reine n'insiste que sur un point : le dimanche doit être un jour de repos et de distraction. Le révérend indigné confie à

Stockmar qu'il ne comprend pas que l'on puisse s'adonner à l'équitation ou aux cartes le jour du Seigneur. Mais Victoria réplique avec fermeté : « Le dimanche a toujours été un jour de vacances et l'enfant, ce jour-là, joue avec des amis ou ses frères et sœurs, fait de la peinture ou se fait gâter. »

Le premier contact entre le révérend et Bertie est une catastrophe. L'élève refuse de se concentrer, se met en rage dès que son tuteur durcit sa voix rocailleuse puis s'affale sur ses livres, épuisé. Il oppose une inertie totale quand le moindre effort lui est réclamé : « La conduite du prince de Galles commence à m'effrayer. J'ai beau m'interroger et chercher de nouveaux moyens de le prendre, il semble que j'aie épuisé toutes les possibilités », écrit le révérend Birch à Albert quelques semaines après son arrivée à Buckingham.

Le prince, affolé, craint que son fils ne soit retardé. Par deux fois, il consulte un phrénologue qui étudie les capacités intellectuelles et physiques de Bertie d'après la morphologie de son crâne. Le spécialiste recommande d'éviter la manière forte : « L'élévation de la voix et la rudesse de l'autorité provoquent des réactions d'amour-propre et d'hostilité qui poussent à l'opposition, tandis que des paroles tendres, douces, aimables, accompagnées de regards bienveillants, font appel à la bonne volonté. »

Mr. Birch adoucit sa voix et semble avoir conquis le cœur du petit prince désormais plus attentif. Ses commentaires sur son élève sont encourageants : « Je suis contrarié de la lenteur de ses progrès en écriture et en orthographe mais il ne faut pas oublier que peu de garçons anglais savent aussi bien le français et l'allemand ou sont au courant d'autant de choses. Je ne désespère pas de l'écriture et de l'orthographe avec le temps, le soin et la patience. » Mais Albert, plus exigeant, décide de ne pas renouveler le contrat du révérend : « Cela a fait beaucoup de peine au prince de Galles qui n'arrête pas d'avoir pour lui des gestes touchants depuis qu'il a appris qu'il allait le perdre. C'est un petit garçon si affectionné et si aimable ; ses petits messages et cadeaux que Mr. Birch trouvait sous son oreiller sont vraiment attendrissants », se désole lady Canning.

L'élégant Frederic Gibbs, nouveau tuteur de Bertie, a ordre de rendre compte avec exactitude des défauts de son élève. Stockmar préconise l'interdiction des livres d'aventures et des romans, même ceux de Walter Scott. Il prévient Gibbs que le prince de Galles est le portrait de sa mère, que ses colères sont terribles et son goût du plaisir déplorable. « Faire au mieux », c'est la consigne qu'il donne au tuteur.

Car Bertie regrette Birch et déteste Gibbs. Mais le sévère Albert n'en tient pas compte. Il resserre encore l'étau autour de son fils en lui interdisant la compagnie de camarades qui n'incitent pas à travailler mais à jouer. Comme la reine, Bertie aime trop la vie. Et pour son père, c'est loin d'être une qualité.

Le prince a, pour le reste, des idées assez en avance sur son temps. À Bonn, l'université disposait d'un magnifique cabinet de minéralogie, science pour laquelle il s'est pris de passion. Il organise des expéditions géologiques en Écosse. À Osborne, il fait venir de Suisse un chalet comme celui que Feodora a construit pour ses filles à Langenburg. Au premier étage, le salon accueille les herbiers, les collections de pierres, de papillons, d'insectes. Au rez-de-chaussée, dans la cuisine carrelée de bleu et de blanc trône une grande cuisinière noire à poignées de cuivre dans laquelle les princesses enfournent des gâteaux qu'elles distribuent lors de visites avec la reine aux vieux du voisinage. La plus douée de ses mains, c'est Louise. Elle réussit à merveille les scones qu'elle découpe avec le couvercle d'une théière « faute de mieux ». Vicky préfère cultiver fleurs et légumes. Chaque enfant a sa bande de terrain et ses propres outils. Les jardiniers leur apprennent à sarcler, semer, planter. Albert achète au prix du marché les légumes et les fruits qui servent à confectionner, au chalet, des repas que la reine et le prince viennent parfois partager pour s'assurer des progrès culinaires de leurs filles.

Les garçons s'activent, eux, autour d'un petit fort entouré de douves avec son canon en cuivre qui peut faire feu. Ils apprennent également la maçonnerie. Le prince paie un salaire pour chaque heure de travail. Mais alors que Bertie ne s'intéresse à rien, Affie a toujours un projet de maquette, un jouet mécanique à bricoler. Passionné de géographie, il rêve aussi des heures entières devant les deux grandes mappemondes du bureau de Stockmar. Sa chambre ressemble à une cabine de marin avec un baromètre et une horloge de bateau.

L'après-midi est consacrée aux promenades. Les parents emportent leur chevalet et les enfants ont leur professeur de dessin, le peintre et sculpteur Edward Corbould avec qui ils apprennent à esquisser le chalet suisse, les bateaux sur le Solent, un vol d'oiseau dans le soleil couchant. Là encore, Louise fait des merveilles.

Chaque saison se déroule selon un rite immuable. Les vacances d'été, c'est Osborne et ses grandes journées à la plage. Albert nage avec eux tandis que la cabine en bois de la reine roule sur un plan incliné. Victoria a pris son premier bain de mer le 30 juillet 1847 entre deux rideaux, dans un maillot de bain très enveloppant :

« Conduite à la plage avec ma femme de chambre. Ai été dans la machine à bain où je me suis déshabillée, puis, je me suis baignée dans la mer (pour la première fois de ma vie) avec l'aide d'une très gentille femme de bain. J'ai trouvé cela formidable jusqu'au moment où j'ai mis la tête sous l'eau et ai cru que j'allais m'asphyxier. » Elle aime cette mer fraîche alors qu'elle déteste les villes d'eaux et leurs thermes tièdes. Noël, on le passe au château de Windsor avec ses après-midi de luge et ses longues soirées autour de la cheminée. Albert donne des leçons de patinage sur l'étang. Parfois, on s'emmitoufle plus chaudement encore pour une sortie dans le traîneau familial avec ses poneys gris et ses grooms vêtus de rouge. Le prince prend les rênes du cocher et, au son des grelots, conduit la reine et les enfants sur les sentiers immaculés comme dans un conte de fées. On se regroupe pour la veillée dans le salon privé de Victoria. On éteint les chandeliers, on allume les bougies des sapins posés sur les tables surchargées de cadeaux. On chante des chansons allemandes et le lendemain on se déguise. Les enfants prennent l'habitude de monter des petites pièces : *The Seasons* de James Thomson ou *Rothkappchen*, la version allemande du *Petit Chaperon rouge*. Des compagnies se produisent dans la grande galerie de Windsor. En décembre 1848, Kean junior vient jouer pour la famille royale.

Dans son carnet, Victoria consigne chaque représentation, chaque sortie au cirque ou au zoo, chaque fête. Aux commentaires sur les déguisements, elle ajoute un dessin : Vicky en princesse des *Mille et Une Nuits*, Affie en Écossais, le bonnet de la petite dernière… Lors de la naissance d'un nouveau bébé, elle tient d'ailleurs à recevoir toute sa tribu dans sa chambre le jour même. Chaque anniversaire d'un enfant est célébré par un coup de canon. Celui de la reine par une fête nationale. Le jour de ses vingt-huit ans, les quatre aînés lui ont récité des vers allemands et lui ont offert quatre bouquets composés de lys, de roses, de lilas et de feuilles de chêne.

L'automne, ils sont à Balmoral avec ses parties de chasse et ses pique-niques. Filles et garçons portent le kilt qu'ils se repassent d'une année à l'autre sans distinction de sexe. Le prince s'y est mis à son tour et s'est étonné d'apprendre que les Écossais ne portent rien en dessous. Victoria n'est jamais plus amoureuse de lui qu'en Écosse, jamais plus heureuse qu'en compagnie de quelques ghillies : « Ils ne sont jamais vulgaires, ne manquent jamais de tact, sont très intelligents et bien élevés. » Avec eux, elle goûte les spécialités locales et, lorsqu'une averse les surprend, la reine fait sécher les bas de laine du prince devant un feu de tourbe.

Parfois ils partent pour de longues journées de pêche et ne rentrent que lorsque la lune se lève au-dessus du loch. Le prince prend les rames de la lourde barque tandis qu'un ghillie joue de la cornemuse. Landseer est là pour saisir ces instants merveilleux. Il peint la reine sautant de la barque, la reine sur son poney, la reine accueillant Albert au retour de la chasse… « Aucune autre Reine n'a connu ce que j'ai le bonheur de vivre ! Ce sera très instructif ! » s'exclame-t-elle en s'extasiant devant ces toiles romantiques.

À peine arrivée à Londres, Victoria est à nouveau « ahurie », mot dont elle use volontiers pour exprimer sa nervosité à Buckingham et sa nostalgie de l'Écosse. Car les problèmes avec Palmerston reprennent de plus belle. À Balmoral, elle a déclaré à lord Russell qu'elle ne serait pas en repos tant que le ministre « traître » serait en place.

Le 2 août 1849, elle effectue son premier voyage en Irlande. La tente dressée pour l'accueillir sur le quai a coûté cinq cents livres. La presse s'indigne et conseille de montrer plutôt à la reine les miséreux en train de mourir de faim dans des cahutes sans toit. Mais Victoria se contente de traverser Cork en landau découvert au milieu d'une population qui se bouscule pour l'apercevoir. Elle hausse les épaules quand on lui annonce à Dublin que des comploteurs ont juré de l'assassiner. La foule qu'elle parcourt en compagnie de lord Clarendon semble ravie par la « simplicité de ses manières ». Ce n'est pas le peuple irlandais qui complote contre la couronne, c'est une fois de plus son propre ministre. On vient de lui apprendre que, sans l'en avoir informée, Palmerston a livré des armes à Garibaldi pour l'aider à libérer la Sicile. De son yacht, en guise d'adieu à ses fidèles sujets irlandais, elle agite son mouchoir de dentelle et rentre à Londres, bien résolue à chasser Palmerston, ce « petit pèlerin » des mauvaises causes révolutionnaires, que le prince a baptisé *Pilgerstein**.

Un nouvel incident, en Grèce, les conduit à une véritable épreuve de force. À Athènes, un hommes d'affaires juif de nationalité britannique, don Pacifico, a été arrêté par les autorités grecques. Palmerston décide d'envoyer la flotte pour le faire libérer. L'opposition et la cour lui reprochent de mettre la paix en danger pour sauver un négociant juif véreux.

Mais l'Angleterre se doit de faire respecter son drapeau, ses intérêts ainsi que ses sujets. Rien n'exalte plus Palmerston que d'être attaqué aux Communes. L'occasion d'étaler son génie oratoire et l'idée de retourner son auditoire lui font monter le sang aux

* En allemand, *Pilgerstein* signifie « petit pèlerin ».

joues. Il parle pendant cinq heures, « sans même boire un verre d'eau », note Victoria, et il s'exclame : « Chaque démonstration de mécontentement ne conduit pas nécessairement à la guerre. Comme tous les peuples, l'Angleterre aime la paix. Mais c'est la conscience de notre force qui nous pousse à soutenir la cause de la justice et de l'honneur. Comme le Romain des temps anciens qui s'estimait à l'abri de toute agression dès lors qu'il pouvait dire : *Civis Romanus sum*, de la même façon, un sujet britannique, où qu'il soit, devrait avoir l'assurance intime que le regard attentif et le bras puissant de l'Angleterre le protégeront contre l'injustice et le mal. »

Les Communes lui font une véritable ovation et repoussent la motion de censure déposée contre lui par les nobles lords. Ses admirateurs commandent son portrait pour l'offrir à lady Palmerston. L'invincible orateur est dignement fêté au Reform Club, le grand club whig de Londres par un dîner de neuf services et de quatre-vingt-un plats. Une fois de plus, Pam se lance dans une éblouissante improvisation : « Les idées qui dirigent la politique étrangère du gouvernement de Sa Majesté sont les intérêts de l'Angleterre. Intérêts qui dépassent le bien-être de ce pays pour contribuer au bien-être des autres pays. Est-il nécessaire de préciser que le premier but de ceux qui sont en charge du Foreign Office est de maintenir intacts l'honneur, la dignité et les droits du drapeau britannique ? Il est donc de leur devoir de protéger nos compatriotes dans tous les pays où ils peuvent se trouver ! Messieurs, nous sommes un peuple de voyageurs, d'explorateurs et de commerçants. Nos vaisseaux sillonnent tous les océans. Nos compatriotes abordent tous les rivages sauvages ou civilisés, pour améliorer la santé ou le bien-être, développer les sciences ou le commerce et surtout répandre dans les régions de ténèbres la lumière de notre foi chrétienne. »

Le discours est reproduit dans la presse. L'Angleterre applaudit. Victoria et Albert sont au désespoir : si Russell garde Palmerston, ils n'auront bientôt plus aucun ami en Europe. S'il s'en sépare, Palmerston deviendra le champion du Parlement et la coqueluche du royaume. Il pourrait même devenir Premier ministre ! Terrible cercle vicieux.

Pour empêcher cette calamité, Albert a l'idée de ressortir une « dégoûtante » affaire. Palmerston n'a-t-il pas essayé, il y a dix ans, d'abuser des faveurs d'une dame d'honneur de la reine en faisant irruption dans sa chambre, au château de Windsor ? La dame a résisté mais comment un « violeur » pourrait-il devenir Premier ministre de la reine ? Lord Russell hoche gravement la tête. Palmerston, dans sa longue carrière de don Juan, ne s'est sans doute pas contenté d'une conquête, ce qui ne l'empêche pas d'être un magnifique défenseur des intérêts britanniques. Le puritain Gladstone dira plus tard : « Tous les Premiers ministres de la reine ont commis le péché d'adultère. Sauf un. » Cette exception n'est – à coup sûr – ni Russell ni Palmerston.

Une fois de plus, Stockmar a la solution. Il rédige un long mémorandum qui condamne à la fois le comportement et la politique de Palmerston. Pour le baron allemand, les whigs sont des « républicains qui regardent le trône comme le loup regarde l'agneau ».

Approuvé par Albert, dûment recopié par Victoria, le mémorandum est transmis le 12 juillet au Premier ministre. « La reine requiert de son ministre des Affaires étrangères : Qu'il dise clairement ce qu'il propose dans chaque cas, de sorte que la reine puisse savoir précisément à quoi elle donne son agrément royal. Qu'une fois l'agrément royal donné à une mesure, celle-ci ne soit pas arbitrairement altérée ou modifiée par le ministre. Elle devrait considérer une telle pratique comme un manque de loyauté à l'égard de la Couronne qui serait justement sanctionné par l'usage de son droit constitutionnel et le renvoi d'un tel ministre. »

Seul problème : la reine d'Angleterre n'a nullement le droit de révoquer un ministre. Stockmar interprète abusivement la Constitution. Russell transmet pourtant le mémorandum à Palmerston qui demande audience à Albert : « Il était très agité, presque effondré, les larmes aux yeux, au point de m'émouvoir. » Palmerston sait aussi, à l'occasion, être un excellent comédien. Il avoue regretter d'avoir manqué « de respect à la reine ». Et, à peine quinze jours plus tard, il revient à ses bonnes vieilles pratiques.

Le général autrichien Haynau, la « hyène » qui a sauvé la dynastie Habsbourg en faisant tirer sur le peuple, est en voyage privé en Angleterre. Il émet le désir de visiter une brasserie. Palmerston accepte en sachant que les ouvriers vont conspuer le « boucher » autrichien. Il envoie en même temps une dépêche soulignant que le général Haynau a « manqué aux convenances en venant en Angleterre avec du sang sur les mains ». Une fois de plus la reine fulmine. Mais que faire ? Palmerston continue d'avoir la presse et l'opinion pour lui.

Quelques mois plus tard, le révolutionnaire hongrois Kossuth est invité en Angleterre pour une série de conférences. Palmerston veut le recevoir. Victoria écrit à Russell pour exiger qu'aucune réception officielle ne soit organisée en l'honneur de Kossuth. Russell interdit même à Palmerston de le recevoir à titre privé. La réponse est cinglante : « Je n'entends pas me faire dicter qui je peux ou ne peux pas accueillir chez moi. » Russell réunit le cabinet qui tranche en faveur du Premier ministre et de la reine. Palmerston se répand en belles promesses. Mais Victoria assure à Russell qu'elle a toutes les raison de croire que Palmerston a invité Kossuth « malgré tout ».

La politique étrangère n'est pas le seul souci d'Albert. Chaque jour, il se lève tôt, allume sa lampe à abat-jour de soie verte et se plonge dans ses plans. Président de la Commission royale des beaux-arts, il a lancé en juillet 1849 l'idée d'une « exposition universelle » qui réconcilierait toutes les classes sociales dans une grande fête du travail et du progrès. Il veut réunir les dernières inventions et machines, les nouveautés artistiques pour « avoir une idée juste du développement actuel de l'humanité et donner un point de départ aux futurs efforts de toutes les nations ». Peel, enthousiaste, soutient son projet. Les industriels trouvent l'idée intéressante : « Que je me sens donc fière à la pensée de ce qu'a conçu le grand esprit de mon Albert bien-aimé », s'écrie Victoria.

Par un matin brumeux de janvier 1850, le prince s'en va donc présider la première réunion du « Comité pour l'Exposition ». On y trouve Peel, Russell, Derby, Gladstone, Cobden, l'entrepreneur Cubbit, l'archiviste Henry Cole… Le projet doit faire l'objet d'une souscription publique. La reine donne mille livres et le prince cinq cents. Dans un grand banquet à Mansion House, le 21 mars, pour recueillir de nouveaux fonds, Albert parle à nouveau avec emphase des progrès scientifiques et des inventions qui mèneront à « l'unité de l'humanité ». Le duc de Wellington a été particulièrement généreux mais les sommes recueillies auprès des lords et des industriels ne sont pas suffisantes. Le prince s'inquiète. Comment par ailleurs inciter les autres pays à participer à une exposition universelle que certains mauvais esprits qualifient déjà de grande foire commerciale dédiée au génie anglais : « Il ne sera pas facile de convaincre le continent à cette idée », soupire Albert.

Pour exposer toutes ces merveilles, on pense à Somerset House. Mais le bâtiment est trop petit. Un endroit en plein air alors ? Pourquoi pas Hyde Park ? Mais les habitants de Kensington s'insurgent à l'idée qu'on leur supprime la vue sur la Serpentine et qu'on coupe les ormes magnifiques. D'autres qu'on ferme l'allée cavalière. Le *Times* refuse de voir le poumon de la capitale transformé en « bivouac de vagabonds ». Albert est au bord de la dépression : « Si nous sommes chassés du parc, tout notre travail est perdu. On n'a jamais vu pareille folie », écrit-il le 28 juin1850.

Deux jours plus tard, Peel est victime d'une chute de cheval dans le parc. En glissant, le cheval est retombé sur lui. Sir James Clark est rassurant. Selon le médecin de la reine, Peel n'a qu'une vertèbre cervicale fracturée. Mais, après quarante-huit heures, l'état du malade est désespéré. La reine dîne à peine et annule sa soirée à l'Opéra. À minuit, une lettre apprend que sir Robert est mort. Le prince vient de perdre son conseiller, son confident, son meilleur soutien. Victoria s'alarme : « Oh ! Dieu, qui sais ce qui est le mieux pour nous, que Ta Volonté soit faite, mais il semble mystérieux que, dans ces temps troublés où il était plus indispensable qu'aucun être humain, il nous soit enlevé. »

Le Ciel pourtant n'a pas complètement abandonné Albert. Le père du libre-échange, qui a permis de baisser le prix du pain, est pleuré dans tout le pays, par les riches comme par les pauvres. Le deuil national dure plusieurs jours. Les Communes, sensibles à l'attachement que l'ex-Premier ministre accordait au projet d'Albert, confirment à une très large majorité le choix de Hyde Park pour la future Exposition universelle. Le prince peut écrire à Stockmar : « Je dois dire à regret que je souffre à nouveau d'insomnie et de surmenage mais j'ai obtenu, sur toutes les affaires dont je m'occupe, un succès triomphal. Le *Times* a dû reculer après sa prise de position sur le parc… »

Deux cent quarante-cinq candidats de toutes nationalités ont participé au grand concours d'architecture. Nouveau dilemme : le meilleur, Hector Horeau, est français. Il a imaginé une halle gigantesque en acier et en verre. Mais comment confier à un architecte français le projet d'une exposition destinée à renforcer la fierté nationale et à répandre dans le monde entier l'idée de la supériorité anglaise ?

Le prince se souvient alors de la serre géante contruite à Chatsworth, chez le duc de Devonshire, par le génial Paxton pour abriter les plantes tropicales. Cette fois, Paxton dessine une serre encore plus grande, susceptible d'être montée et démontée en un temps record. Le 6 juillet 1850, cinq jours avant la décision du Comité, l'*Illustrated London News* accepte de publier ses esquisses. La structure légère en arc de cercle de la nef centrale épouse la cime des grands ormes qui seront sauvegardés. L'engouement du public est immédiat. Hector Horeau reçoit une « première médaille d'honneur ». Mais c'est à Paxton que l'on confie la tâche d'exécuter cet immense palais de verre que le journal *Punch* baptise *Crystal Palace.*

Deux mois plus tard, la première colonne est achevée. Plus de deux mille ouvriers s'activent sur le chantier. Innovation inouïe, les vitres préfabriquées en usine arrivent en train de Birmingham. Les badauds font le détour par Hyde Park pour juger de l'avancement des travaux. Rien de tel n'a jamais été construit. L'élégante serre mesure six cent seize mètres sur cent trente-six. Elle est quatre fois plus longue et deux fois plus large que la cathédrale St. Paul. La reine y accompagne souvent le prince.

Albert a divisé la liste des objets susceptibles d'y être exposés en quatre grandes catégories : matières premières, machines et inventions, objets manufacturés, enfin sculptures et arts plastiques. Les stands sont cédés gratuitement aux exposants mais ceux-ci doivent assurer le transport, le fonctionnement et l'entretien de leurs innovations : « Toute la journée, ce ne sont que question après question, difficulté après difficulté que mon bien-aimé accueille avec le plus grand calme, la meilleure humeur. »

On prédit pourtant les pires catastrophes. L'immense structure ne résistera pas à un orage. Si elle ne s'écroule pas sous les rafales de vent, elle explosera sous les bombes que les révolutionnaires du monde entier, refugiés à Londres, ne manqueront pas de déposer. Pour éviter toute tentative d'assassinat, on parle d'une inauguration à huis clos. Mais Le *Times* s'indigne : « Là où sont réunis la plupart des Anglais, la reine d'Angleterre ne saurait être davantage en sécurité. » Le roi de Hanovre s'écrie qu'il est dangereux d'assister à cette « miteuse exposition ». Gâteux, il affirme que « les ministres n'autoriseront pas la reine ni celui qui est à l'origine de cette sottise, le Prince Albert, à rester à Londres durant l'Exposition ».

Albert écrit à sa grossmutter de Cobourg : « Je suis plus mort que vif tant je me surmène. Les adversaires de l'exposition font tout ce qu'ils peuvent pour inciter les vieilles dames à paniquer et, moi, me rendre fou. À les en croire, les étrangers vont lancer la révolution ici, m'assassiner ainsi que Victoria, proclamer la république rouge d'Angleterre. Un tel rassemblement de foule provoquera à coup sûr une épidémie de peste et anéantira ceux que la multiplication des puces de toutes sortes aurait épargnés. Et moi, je dois assumer toutes les responsabilités, prendre toutes les mesures appropriées. »

La veille de l'inauguration officielle, Victoria fait une visite privée de l'exposition : « Nous sommes restés deux heures et demie et je suis rentrée éreintée et complètement étourdie par toutes ces merveilles. » Pour accentuer l'effet de majesté du Crystal Palace, le décorateur Owen Jones a choisi pour l'ossature d'acier et les murs des stands un bleu clair rechampi d'orange avec des bandes rouges. Sur les quatorze mille exposants, la moitié sont anglais ou originaires des colonies. On leur a attribué toute la partie ouest. Quarante pays étrangers se partagent l'autre moitié des allées. Le télégraphe de Bakewell voisine avec un canon des usines Krupp, les porcelaines de Sèvres avec un moulin à broyer le sucre de canne… Albert est l'auteur de la devise qui figure en tête du catalogue : « La terre avec tout ce qui s'y trouve appartient au Seigneur. »

Le grand jour, sept cent mille personnes acclament frénétiquement les neuf carrosses d'apparat du cortège royal. Beaucoup viennent de loin et ont dormi sur place pour ne rien rater de l'inauguration officielle : « Je n'ai jamais vu Hyde Park ainsi, une mer humaine aussi loin que les regards pouvaient porter », s'exclame la reine habillée de rose et d'argent. Pour l'occasion, elle a sorti le fameux Koh-i-noor, offert l'année précédente par la Compagnie des Indes. Le plus gros diamant du monde, qui ornait autrefois le trône des empereurs moghols à Delhi, pèse cent quatre-vingt-six carats.

Les trompettes sonnent alors qu'elle franchit la porte, pénètre dans la nef au milieu des palmiers, des fleurs, des statues, de la foule des invités dans les galeries. Elle ressent la même euphorie que le jour de son couronnement. Mais cette fois, elle n'est pas seule. Albert, en uniforme de maréchal, tient sa fille aînée, Vicky, par la main, tandis qu'elle s'avance avec Bertie en kilt écossais : « Lorsque nous arrivâmes au centre où l'on avait disposé l'estrade et le trône avec la magnifique fontaine de cristal juste en face, le spectacle était féerique, si vaste, si grandiose, si émouvant. » L'orchestre de plusieurs centaines d'instrumentistes et de choristes entonne le *God save the Queen*.

Derrière eux suivent Guillaume et Augusta de Prusse avec leurs enfants puis les membres du gouvernement et du comité. Le duc de Wellington, qui fête ses quatre-vingts ans, est arrivé à cheval au milieu des ovations : « Le plus grand jour de notre histoire. Le spectacle le plus beau, le plus imposant et le plus touchant qu'on ait jamais vu et le triomphe de mon Albert bien-aimé », écrit Victoria au roi des Belges.

Pour la première fois ce jour-là, le couple royal apparaît au nouveau balcon de Buckingham. Et, à nouveau, la foule crie son enthousiasme, sa fierté. La reine exulte : « Le nom d'Albert est immortalisé et les méchantes et absurdes rumeurs de toutes sortes de dangers, lancées par certains – les gens qui se disent à la mode et les ultra-protectionnistes – sont réduites au silence. »

Il n'y aura pas un incident. Ce que le *Journal des débats* trouve extraordinaire : « C'est un peuple étrange, le peuple anglais ! Il est calme toujours. Il se hâte mais dans certaines limites. Il est patient même dans son enthousiasme ! Comme il ne veut pas être gouverné, il se gouverne lui-même et quiconque désobéit à l'ordre indiqué, soudain le premier venu prête main-forte au policeman… Dans le même ordre où cette foule était venue, elle s'est évanouie ! »

Le 9 juillet, le couple royal se rend au bal offert par le lord-maire et, à l'aller comme au retour, cette foule est revenue pour l'applaudir : « Un million de personnes ont attendu dans la rue jusqu'à trois heures du matin et nous ont accueillis par des débordements d'enthousiasme », écrit Albert à Stockmar. Pour une fois, Victoria n'est pas pressée de quitter Londres. Chaque jour ou presque elle se rend dans l'immense serre éblouissante sous le soleil d'été. Elle y retrouve Wellington que la foule acclame au moins autant qu'elle, y rencontre Mary Collinack, une femme de quatre-vingt-cinq ans qui a parcouru quatre cent cinquante kilomètres à pied pour venir admirer l'énorme marteau si maniable qu'il peut forger la coque d'un bateau ou casser un œuf, la rotative qui imprime cinq mille exemplaires par heure de l'*Illustrated London News*, le lit qui non seulement réveille le dormeur mais le fait glisser par les pieds dans un bain d'eau tiède, la presse qui sort cinquante millions de médailles par semaines. Ce dernier prodige surtout étonne la reine.

Six millions de personnes visitent l'exposition jusqu'à sa fermeture le 15 octobre : « Le plus grand rassemblement d'hommes jamais réalisé sur un coin de la surface du globe. » Pour la première fois, un bâtiment public est doté de toilettes et une machine à vapeur fabrique des glaces à déguster sur place. Les visiteurs n'ont pas le droit de boire d'alcool mais ils découvrent une nouvelle limonade au quinquina créée par une certain Mr. Schweppes et les fameuses *gellies*, gelées rouges et vertes aux fruits qui deviendront une des gloires du patrimoine culinaire britannique. Karl Marx, lui, n'a pas le temps de s'y rendre. Avec sa femme, la nourrice et ses cinq enfants, il vit dans un deux-pièces sans eau à Dean Street. Les bébés sont malades, le ménage sans le sou, et Marx passe toutes ses journées au British Museum où il travaille à son grand ouvrage, *Le Capital.*

Au cours de ces mois d'euphorie, la Grande-Bretagne a, bien sûr, affirmé son hégémonie industrielle, mais l'Exposition universelle a surtout, comme le souhaitait Albert, créé un sentiment d'harmonie et d'espoir. Les revendications sociales s'effacent devant l'avenir radieux et la prospérité industrielle que ces nouvelles techniques devraient apporter aux jeunes générations. Un énorme succès dont toute la gloire rejaillit sur le prince. Avec les bénéfices considérables, il décide d'acquérir les terrains de South Kensington situés en face du Crystal Palace qui accueilleront le Victoria and Albert Museum, le Royal Albert Hall, la Société royale de géographie, le musée d'Histoire naturelle, le Collège royal de musique, l'Institut impérial, le Collège impérial des sciences et des techniques.

Reconstruit dans la banlieue sud de Londres, le Crystal Palace se convertit en hall d'expositions, de concerts et de répétitions pour les orchestres de cuivres et les grandes chorales religieuses.

Un an plus tard, le peuple et la couronne se retrouvent unis dans la même émotion avec la mort de Wellington. C'est à Balmoral que Victoria consternée apprend, par une lettre de lord Derby, que le héros de Waterloo s'est éteint paisiblement le 14 septembre 1852 dans un fauteuil de son château de Walmer près de Douvres : « On n'arrive pas à imaginer le pays sans le duc, notre immortel héros. La Couronne n'a jamais eu et, je le crains, n'aura jamais plus de sujet aussi dévoué, loyal et fidèle, de soutien aussi ferme. Pour nous sa perte est irréparable car sa disponibilité pour un conseil ou un soutien, s'ils pouvaient nous être utiles quelles que soient les difficultés, était sans égale. »

Depuis longtemps, les querelles sur le titre d'Albert, auxquelles Wellington a pris part, sont oubliées. Le 1er mai 1850, Victoria a mis au monde son troisième fils et septième enfant dont le parrain est le duc. Comme lui, il s'appelle Arthur. Le grand homme a proposé au prince de lui succéder comme généralissime. Mais Albert, qui est tout sauf un guerrier, a décliné l'offre.

Honneur exceptionnel, la reine décrète aussitôt le deuil de la cour. Les obsèques ont lieu deux mois plus tard. Le cercueil est ramené en procession jusqu'à Chelsea où un immense catafalque a été dressé. Le dernier jour, la foule est admise à défiler et la bousculade est telle que l'on compte trois morts.

Albert conduit le deuil dans une voiture drapée de noir. Victoria regarde passer le cortège du haut du balcon de Buckingham. L'Angleterre est là tout entière derrière le gigantesque corbillard en bronze tiré par douze chevaux noirs attelés trois par trois. Les régiments défilent l'arme renversée et, avec eux, la fine fleur des gentlemen du royaume qui tous se reconnaissent dans le héros disparu.

Des Anglais, le duc possédait le défaut d'imagination et le mépris des théories abstraites. Il en avait aussi les qualités : la ténacité, la maîtrise de soi, le pragmatisme, la foi dans la destinée et la *good fortune* de l'Angleterre. Au baron Stockmar qui reprochait à Wellington d'être tout d'une pièce, Albert a répondu un jour : « Sans doute mais il est une preuve nouvelle de cette vérité que pour réaliser de grandes choses, un homme doit jusqu'à un certain point avoir des œillères. »

Sur le parvis de St. Paul attendent le clergé et le corps diplomatique. Au premier rang se trouve l'ambassadeur de France,

Walewski, le fils naturel de Napoléon. Il a hésité à venir mais l'ambassadeur russe Brunnow l'a décidé : « Mon cher, si cette cérémonie était destinée à ressusciter le pauvre duc, je comprendrais votre répugnance. Mais comme il s'agit de l'enterrer, je ne vois pas de quoi vous pouvez vous plaindre. »

Trois cent mille sièges drapés de noir ont été dressés le long du parcours. Une foule immense d'un million et demi de personnes se presse sur les trottoirs. En silence, chapeau bas, les hommes saluent la dépouille tandis que résonnent les salves d'artillerie. Sous la pluie, deux siècles se frôlent pour la dernière fois.

11.

Dans les corridors de Buckingham et de Windsor, Albert court, court sans relâche. Ses bras sont chargés des innombrables mémorandums qu'il remplit chaque jour à l'intention des différents ministres, de l'archevêque de Cantorbéry, des professeurs de Cambridge dont il a été élu chancelier, de la Société pour l'amélioration des conditions de vie des classes laborieuses qu'il préside, du conservateur de la National Gallery et surtout de Gibbs, le précepteur de Bertie.

De Gibbs, il exige aussi un rapport détaillé et quotidien sur les activités du jeune prince héritier. Mais si la brillante Vicky offre à son père toutes les satisfactions, Bertie ne s'intéresse à rien sauf aux uniformes. Les réprimandes, les sarcasmes dont le prince accable son fils restent sans effet.

Bertie est d'ailleurs persuadé que sa sœur aînée, si douée, deviendra reine. Gibbs est chargé d'annoncer à son élève que l'héritier de la couronne, c'est lui. Le petit prince s'en étonne devant sa mère : « 12 février 1852 : promenée avec Bertie... Il me confie, tout en marchant près de moi, une chose ou une autre qui occupe son esprit... Il m'a dit qu'il avait toujours cru que ce serait Vicky qui me succéderait mais qu'il savait maintenant qu'à défaut de lui-même, Affie, le petit Arthur et "un autre frère si peut-être nous en avons un", passeraient avant Vicky. Je lui ai expliqué les lois de la succession... Il a tout accepté très naturellement. »

Stockmar a recommandé à Gibbs de reporter ses efforts sur le second fils, Alfred, s'il ne parvient à rien avec le premier. Mais Affie ne rêve que de sillonner les mers. Le baron allemand est hanté par la certitude que la reine et ses fils sont frappés par la malédiction des Hanovre. Un sang mauvais coule dans leurs veines, celui du roi fou et des oncles débauchés. Le système éducatif des deux princes, mis au point par Albert sur les conseils du baron, est si inhumain que le professeur d'allemand des deux enfants signale à Albert que ses fils sont menacés d'épuisement.

Mais « le travail doit être du travail » répète Albert qui court poser la première pierre d'un hôpital, disserter sur l'élevage du bétail devant la Société royale d'agriculture ou établir avec l'archiviste Henry Cole le catalogue de toutes les collections de la couronne. Il fait exhumer des caves tableaux et sculptures, des tiroirs dessins et gravures qu'il accroche dans les galeries des différents palais selon une hiérarchie méthodique. Il esquisse les plans du château qu'il va construire à Balmoral pour sa nombreuse famille, il choisit les couleurs de son tartan, décide de celui de Victoria. Il met en scène la famille royale quand elle pose pour Winterhalter. Il fait mouler les pieds et les mains de ses enfants et les dispose sur un coussin rouge. Même à Osborne, il n'a pas de répit. Il crée des égouts et ne quitte guère son austère cabinet de travail où il épluche les dépêches et rédige son courrier sous le tendre regard d'une madone de Raphaël : « J'ai toujours vu mon père travailler », dira plus tard Arthur.

Tant d'activités épuisent sa frêle constitution. Les dîners officiels qui se sont succédé lors de la clôture de l'Exposition universelle l'ont affaibli. Il reste séduisant mais à trente-trois ans, il commence déjà à se voûter et à perdre ses cheveux. Il déteste toujours autant se coucher tard. Il souffre de rhumatismes à l'épaule et surtout de maux d'estomac. Mais, à sept heures chaque matin, hiver comme été, il est debout et s'installe à sa table de travail sous la lampe à abat-jour vert dont il a amélioré l'éclairage par un ingénieux mécanisme.

Victoria ne se lève qu'une heure plus tard. Le « cher ange » la réveille d'un *Es ist Zeit, steh'auf !,* « c'est l'heure, lève-toi ». Après le breakfast, elle trouve déjà sur son bureau une pile de lettres qu'il soumet à sa signature. Il lui demande seulement de corriger ses fautes d'anglais. Car désormais, c'est lui qui décide de tout. Il est l'intermédiaire obligé entre la reine et le gouvernement. Il étudie tous les rapports auxquels Victoria ne parvient pas à s'intéresser. Il n'a toujours pas le titre de prince consort. Mais il est le chef de la famille. En vérité il est le roi. Nul ne l'ignore.

La fragilité des gouvernements l'inquiète au moment où la France redevient impériale. « Mon bien cher oncle, je vous écris un mot pour savoir ce que vous pensez des merveilleux événements de Paris, vraiment on dirait un roman ou une pièce de théâtre », s'enthousiasme Victoria le 4 décembre 1851 au lendemain du coup d'État. Sans perdre une minute, Palmerston a déjà adressé une note à son ambassadeur pour soutenir le nouvel empereur. Cette fois Albert explose et obtient son renvoi. Le prince se méfie de ce Napoléon qui, à nouveau, risque de mettre le feu à l'Europe. Les royaumes allemands ont tant souffert des carnages de l'oncle. L'histoire va-t-elle se reproduire sous l'œil d'une Angleterre impuissante ? Car lord Russell qui a enfin accepté de se séparer de Palmerston est remplacé par lord Derby. Ce mondain n'a qu'une ambition : que ses couleurs remportent le derby d'Epsom. Il distribue titres et privilèges « aux dandies et aux oisifs de la ville et du turf » pendant que Disraeli, chancelier de l'Échiquier, continue, Albert en est certain, sa croisade contre le libre-échange. Au milieu de tous les soucis qui le minent, le prince est obligé de convaincre un Premier ministre de vingt ans son aîné de ramener dans le royaume une moralité seule capable de sauver la couronne. Mais déjà lord Derby est battu aux Communes et lord Aberdeen le remplace.

Les nobles manières et l'aisance du discours de lord Aberdeen impressionnent le monde entier et rassurent d'autant plus le couple royal que ce « cher » lord Aberdeen a relégué l'indestructible et belliqueux Palmerston au ministère de l'Intérieur. Une bénédiction. Car une odeur de poudre vient de la Russie. Le tsar Nicolas Ier ne cache plus son intention de profiter de la faiblesse de l'empire turc. La garde des Lieux saints, entre les mains de l'Église orthodoxe, lui sert de prétexte pour une croisade slave.

Napoléon III la revendique également et il fait remplacer à l'entrée du Saint Sépulcre les moines orthodoxes grecs par des prêtres catholiques. Soutenu par les monarchies catholiques, l'Espagne et surtout l'Autriche qui souhaite, comme le tsar, prendre le contrôle des provinces danubiennes, il rêve de briser la Sainte-Alliance qui isole la France depuis 1815. Nicolas Ier, persuadé que l'Angleterre ne soutiendra jamais son ennemie héréditaire, mobilise ses troupes.

En février 1853, le prince Menschikov, ministre russe de la Marine, arrive à Constantinople et réclame avec éclat la garde des Lieux saints. Le 23 mars, une escadre française quitte Toulon. Tout en étant désireux de préserver leur allié de toujours, le sultan de Turquie, les Anglais ne s'engagent pas. Le prince Albert est pour la paix. Lord Aberdeen est pour la paix. Mais c'est lord Stratford de Redcliffe qu'on envoie négocier à Constantinople. Grand ami de Palmerston, le diplomate est favorable à la guerre contre la Russie. Il ne pardonne pas au tsar de l'avoir récusé en 1832 comme ambassadeur à Saint-Pétersbourg et s'ingénie à faire échouer les négociations.

À Londres, Victoria met au monde, le 7 avril, son huitième enfant, Léopold. Le docteur Snow, d'Édimbourg, ami du docteur Clark, lui a administré du chloroforme avec un mouchoir sur le visage. Elle est une des premières à expérimenter cette forme d'anesthésie mise au point six ans plus tôt par un Écossais, le docteur Simpson. La reine en apprécie « l'effet apaisant, calmant et délicieux ». Mais la naissance est suivie par une dépression de Victoria, plus sérieuse que d'habitude. Ses moments de prostration alternent avec des accès de colère qui durent une heure et parfois une journée entière. Le prince s'en plaint. Ne l'a-t-elle pas poursuivi comme une furie de pièce en pièce parce qu'il a mal classé des gravures ! Une fois encore, Albert s'installe à son bureau et lui écrit un long mémorandum qu'il commence d'un ton paternel par : « Chère enfant ». Il lui reproche d'être trop souvent l'objet et non la cause de ses explosions de colère. Il diagnostique : une excessive « quantité de combustible » dans son organisme.

À sa naissance, le petit Léo est moins robuste que ses frères. « Il est vilain, très laid et c'est la chose la plus vexante du monde pour une mère », s'exclame Victoria. Dès ses premiers pas, on remarque qu'il se fait beaucoup de bleus et qu'il en souffre de façon anormale. Le pauvre Léo est atteint d'hémophilie, une maladie du sang héréditaire transmise par les femmes et qui ne frappe que les hommes. D'où vient-elle ? « Pas de notre famille », déclare la reine. La porphyrie, autre anomalie sanguine dont souffrait le roi George III, est sans rapport avec l'hémophilie. Des générations de généticiens se sont penchés sur la question. Certains ont donné des versions les plus extravagantes sans jamais trouver de réponse satisfaisante. Deux filles de Victoria, Alice et Béatrice, transmettront la maladie à leurs descendants et contamineront les cours de Russie, d'Espagne, de Roumanie, de Prusse.

La reine s'intéresse peu à Léo et beaucoup à la guerre. À la fin de l'été, les troupes russes envahissent la Moldavie et la Valachie. Elle s'indigne dans une lettre en français au tsar : « Je ne cacherai pas à Votre Majesté l'impression douloureuse qu'a produite sur moi l'occupation des principautés. » La Turquie riposte en déclarant la guerre à la Russie le 4 octobre. Albert affolé écrit à Stockmar : « Venez vite si vous le pouvez. Vos conseils et votre soutien seront d'une extraordinaire valeur ! » Début novembre, la flotte russe écrase les Turcs à Sinope, un véritable massacre, tuant quatre mille hommes et ne laissant que quatre cents survivants.

Le 4 janvier 1854, les flottes française et anglaise pénètrent dans la mer Noire. Lord Palmerston lève son verre : « Je porte un toast nouveau… nouveau depuis l'époque des Croisades. Je bois aux marines réunies de France et d'Angleterre. » Palmerston, d'accord avec lord Stratford de Redcliffe, affirme que l'ennemi c'est la Russie. La pugnacité du ministre est applaudie par l'opinion. Les répressions brutales des troupes du tsar venues en 1848 aider l'Autriche en Hongrie ont développé en Angleterre un violent sentiment anti-russe. Victoria souhaite aussi administrer une bonne leçon à Nicolas Ier. Elle se plaint d'un conflit causé par « l'égoïsme et l'ambition d'un seul homme ». Mais le gouvernement reste divisé. Aberdeen, soutenu par le prince Albert, penche toujours pour des négociations : « Sans doute, il serait très agréable d'humilier le tsar mais lord Aberdeen pense que ce serait payer un peu cher ce plaisir, menacer la prospérité du pays et submerger l'Europe de troubles, de misère et de sang. »

C'est le moment que choisit Palmerston pour donner avec fracas sa démission du ministère de l'Intérieur. La guerre d'Orient n'a rien à voir avec son départ. Il n'est pas d'accord avec un projet de réforme sociale. Mais les Anglais, excédés par les atermoiements du gouvernement, reprochent à Albert d'avoir exigé son renvoi, il y a quelques mois, des Affaires étrangères. Une campagne d'une violence inouïe se développe contre ce « prince-Premier ministre » comme l'appelle avec aigreur le *Reynold's Weekly*. On l'accuse d'avoir usurpé le pouvoir de la reine, de correspondre avec les cours étrangères à l'insu du gouvernement, d'affaiblir l'État et surtout d'agir contre les intérêts de l'Angleterre. N'est-il pas allemand ? Et derrière lui, ne trouve-t-on pas l'éternel Stockmar, allemand lui aussi, qui défend la politique de Berlin et de Saint-Pétersbourg ? La reine de Prusse n'est-elle pas la sœur du tsar ? « Agent numéro un de la clique Autriche-Belgique-Cobourg-Orléans », Albert est traité d'espion. Les calomnies sont relayées et amplifiées par les feuilles populaires, le *Morning Herald* et le *Standard*, qui n'hésitent pas à affirmer que le prince a été arrêté pour haute trahison et qu'il va être emprisonné à la Tour de Londres. Des foules y croient et se massent pour assister à l'incarcération du « traître royal » accompagné de la reine qui aurait « annoncé son intention de suivre son époux ». Le 23 décembre, Albert écrit à Stockmar : « L'état de la politique est proche de la folie. » Par retour du courrier, le baron lui envoie un mémorandum en six parties, huit chapitres et quatorze alinéas analysant les motifs de l'impopularité de la couronne. L'hospitalité accordée aux Orléans bien sûr, mais Stockmar met surtout en cause les deux partis, les tories devenus des « voyous dégénérés » depuis la réforme électorale et les whigs, de « purs républicains ». Au mépris des mœurs politiques anglaises, des combats que le Parlement a menés depuis un siècle pour limiter le pouvoir royal, le pointilleux professeur allemand de monarchie assure la reine qu'elle est le « Premier ministre permanent » et qu'elle a le pas sur le « chef provisoire du gouvernement ».

Les attaques ont profondément blessé le couple royal. Victoria, ulcérée, écrit à lord Aberdeen : « La reine doit dire qu'elle ne s'attendait pas à ce qu'une partie de ses sujets récompense de cette façon le labeur incessant du prince. » Le 4 janvier, elle demande au Premier ministre qu'Albert soit nommé prince consort : « Si le peuple s'y oppose, la reine est prête à abandonner une fonction dont seul son bonheur privé lui permet de supporter les chagrins, et à abdiquer. »

Palmerston retire sa démission et la fureur de ce peuple incorrigiblement versatile s'éteint aussi soudainement qu'elle s'est éveillée. Dès la rentrée du Parlement, le 31 janvier, les deux Chambres, conscientes de la stupidité des accusations contre Albert, affirment leur totale confiance dans la loyauté du prince à la couronne : « La position de mon bien-aimé maître et seigneur a été consolidée une fois pour toutes et son mérite dûment reconnu par tous les partis. Il y avait une foule immense quand nous sommes allés à la Chambre des lords », écrit la reine à l'indispensable Stockmar.

Le 28 mars 1854, un jour après la France, la Grande-Bretagne déclare la guerre à la Russie. Depuis deux mois, Albert bombarde de notes l'état-major : le duc de Wellington a laissé une armée arriérée, avec des services sanitaires inexistants, le même armement et les mêmes chefs depuis Waterloo. Les régiments sont encore la propriété des lords et formés de soldats de fortune plus entraînés à vider les bouteilles de bière qu'à manier les armes : « C'est tout sauf une armée », s'exclame le prince qui, entre deux mémorandums, arpente les casernes. Enfin, ils embarquent. Victoria raffole des parades militaires et se lève au petit matin pour voir partir le dernier bataillon de ses gardes : « Un spectacle beau et émouvant. » Quelques jours plus tard, à Osborne, elle reçoit les adieux de la flotte : « L'homme au sommet du mât du *Duke of Wellington* a agité les deux bras à notre passage. »

Comme elle, l'Angleterre plonge dans la veillée d'armes avec une certaine volupté : « La guerre ici est incroyablement populaire », écrit la reine à son oncle Léopold. Le 3 septembre, Albert rencontre Napoléon III à Boulogne où il passe en revue les troupes françaises. Victoria attache tant d'importance au voyage de son mari qu'elle a envoyé une équipe de dessinateurs pour reproduire l'intérieur et l'extérieur de l'hôtel Brighton loué pour six semaines par le prince. L'hôtel a été remeublé par le conservateur du Mobilier de la couronne qui a choisi de ravissants vases de nuit en faïence, d'élégants bidets à planche en acajou ainsi que des jeux de toupies hollandaises pour égayer les soirées.

Avec sa tête un peu lourde pour son corps trapu, son regard trouble, Napoléon III n'est pas beau mais ni les femmes ni même les hommes ne résistent au charme du fils de la belle Hortense et petit-fils de la ravageuse Joséphine. Le prince, qui a grandi dans une Allemagne piétinée par les armées du grand Napoléon, reste sur ses gardes. L'empereur est un jouisseur. Pour Albert, c'est surtout un usurpateur. Leur unique point commun est une trace d'accent germanique que l'empereur conserve de son enfance sur le lac de Constance. Par ailleurs, on ne peut trouver deux êtres plus opposés. Mais Napoléon III, bien décidé à faire aboutir sa stratégie de conquête, écoute avec déférence les avis du jeune prince. Après son départ, il écrit à Victoria une lettre qui la fait fondre de bonheur. Il dépeint un « prince accompli », « un homme doué de qualités si séduisantes et de connaissances si profondes ». La reine relit vingt fois ces mots. Son bien-aimé est si décrié en Angleterre ! Pourquoi seul un Français est-il capable de lui rendre justice ! Toute sa vie, elle vouera à Napoléon III, à Eugénie et à leur fils une amitié indéfectible.

Le 20 septembre c'est la victoire de l'Alma où les zouaves français et George de Cambridge se distinguent par leur bravoure. Les Russes contre-attaquent à Balaklava mais les Alliés gagnent la bataille d'Inkerman. Sébastopol, avec ses dômes de cuivre et sa tour Malakoff construite au début de la guerre par les marchands pour protéger leur ville, semble à portée de canon. La reine, excitée par les prouesses de son cousin, écrit à Augusta de Prusse : « Vous comprendrez combien je regrette de ne pas être un homme et de ne pouvoir me battre dans cette guerre. Mon cœur saigne pour tous ceux qui sont tombés mais je trouve que mourir sur un champ de bataille est la plus belle des morts. » Lorsqu'en novembre les demandes de renfort de lord Raglan, vieux héros qui a perdu un bras à Waterloo, se heurtent à des problèmes de transport, elle propose son yacht royal. Mais la compagnie Cunard met sa flotte marchande à la disposition de l'état-major.

Seul dans le royaume, Albert s'efforce de rester objectif vis-à-vis des Russes, ce qu'elle juge déplacé : « Les Russes sont si cruels et si sauvages. » Elle enregistre et répète avec ferveur tous les témoignages de barbarie : « Les Russes n'ont pas enterré leurs morts, ils ont abandonné leurs blessés, c'est une honte. Plusieurs blessés russes ont tiré sur nos soldats et nos officiers venus les secourir. »

La grotesque charge de cavalerie de lord Cardigan qui mène à la boucherie les six cents hommes du plus élégant régiment du royaume avant de rentrer dormir sur son yacht, l'incurie du ministère et du haut commandement anglais en Crimée seraient restées ignorées sans les récits, dans le *Times,* du premier correspondant de guerre de l'histoire, W. H. Russell. Ses articles décrivent l'héroïsme des soldats français aguerris par les campagnes d'Algérie, la fraternité entre zouaves, voltigeurs, Écossais et Irlandais, mais aussi les flottements des lords et l'état déplorable des hôpitaux britanniques comparés à ceux des Français administrés par des religieuses catholiques. Scandalisé par cette impertinence du journaliste, le couple royal voudrait le traduire en justice ou du moins lui interdire de publier, dans le premier quotidien du pays, des vérités qui dévalorisent la nation.

Les Anglais ont établi leur hôpital de campagne à Scutari dans une caserne de la banlieue de Constantinople. Six kilomètres de lits serrés les uns contre les autres, sans aération, sans hygiène, sans lumière à part quelques bougies plantées dans des bouteilles.

Le 4 novembre débarque de Grande-Bretagne un ange ou plutôt une fanatique, Florence Nightingale. Cette jeune femme de riche famille va réussir là où des générations d'hommes, ministres, lords et généraux, ont échoué. Elle a refusé bals et mariage pour accomplir sa vocation d'infirmière. Elle aurait choisi d'être fille de cuisine que ce n'eût pas été plus scandaleux. Car les infirmières britanniques de l'époque sentent plutôt la bière que le camphre. Ce sont de grosses femmes sales et brutales. Et c'est justement ce que Flo Nightingale ne supporte pas. Dès l'âge de six ans, elle recousait ses poupées et a profité de chacun de ses voyages sur le continent avec sa mère et sa sœur pour découvrir les secrets d'un bon hôpital et l'art de sauver les vies humaines.

En cet automne 1854, elle est prête. Elle a trente et un ans. Par chance, le nouveau ministre de la Guerre, Sydney Herbert, son ami, est aussi heureux qu'elle de la voir arriver à Scutari où sévissent les épidémies. Ce que découvrent d'abord Flo Nightingale et sa petite troupe d'infirmières ce sont les montagnes d'immondices qui entourent l'hôpital d'une puanteur abominable.

Malgré le choléra, les pertes alliées sont encore modérées : deux mille six cents Britanniques, mille Français contre quinze mille Russes. Mais le 14 novembre, un terrible ouragan renverse les tentes des camps alliés et détruit vingt et un navires anglais chargés d'approvisionnements. Les légumes, le lard salé, le pain et même le bois pour faire chauffer la soupe commencent à manquer. Lord Raglan et lord Cardigan portent des vestes de laine tricotées et boutonnées qui garderont leur nom mais beaucoup de soldats grelottent dans leurs vêtements d'été. Leur moustache est parfois si gelée qu'ils n'arrivent plus à ouvrir la bouche. Fuyant une nouvelle épidémie, l'hiver russe et les bourrasques de neige, la boue glacée, ils affluent par milliers à Scutari atteints de choléra, de dysenterie et de scorbut. En trois mois de ce terrible hiver du siège de Sébastopol, il meurt près de neuf mille Anglais en Crimée.

Avant de partir, Flo Nightingale a récolté des sommes importantes auprès de ses amis londoniens. Avec obstination et malgré l'hostilité du médecin-chef de Scutari, elle réorganise les salles, les cuisines, le ravitaillement, achète des fourchettes et, désormais, des plats sont servis chauds à intervalles réguliers. Elle fait rénover l'installation sanitaire de la caserne et chaque malade prend un bain hebdomadaire. Elle réquisitionne une maison turque, y place les femmes des soldats devant des lessiveuses et le linge devient propre. Elle aère les salles et fait pénétrer le soleil sur les lits. Rien n'échappe à son œil vigilant et lorsque l'économe, les médecins militaires ou ses propres infirmières prétendent : « On ne peut pas le faire », elle répond sans élever la voix : « Mais il faut le faire. » Quand dort-elle ? Ses infirmières l'ignorent. Entre deux ou trois rondes de nuit, elle écrit un livre sur Dieu et s'attelle à son immense correspondance avec le ministère de la Guerre, ses généreux donateurs, les parents et amis des malades.

Elle sait qu'un bon moral est un facteur important de guérison. Aussi, d'une plaisanterie, elle galvanise les opérés et sauve, par sa seule présence, ceux dont l'état semble désespéré. Elle crée une salle de lecture, des conférences y sont données. Et le miracle s'accomplit : la proportion des décès tombe de quarante-deux pour cent à vingt-deux pour mille.

Les hommes, qui en oublient de jurer, « baisent son ombre sur son passage ». Elle en profite pour leur servir de banquier afin qu'ils ne boivent pas toute leur solde. Victoria, qui tricote écharpes et mitaines avec ses filles et ses dames d'honneur, lui rend hommage et l'envie d'être si utile : « Je désire que Miss Nightingale et ces dames fassent savoir à nos pauvres héroïques blessés et malades que personne ne prend un plus chaleureux intérêt, ni ne ressent plus leurs souffrances, ni n'admire plus leur courage et leur noblesse que la reine. Jour et nuit elle pense à ses troupes bien-aimées. Et le Prince aussi. » La lettre est lue à haute voix dans les salles d'un hôpital ému aux larmes.

Mais ces prodiges ne suffisent pas à l'inépuisable énergie de cette vierge au grand cœur qui part visiter les autres hôpitaux de Crimée : « Le voyage fut extrêmement pénible, et se fit dans des conditions matérielles épouvantables. Elle passa des jours entiers en selle et traversa dans un fourgon à bagages des plateaux rocheux et désertiques. Il lui arriva de rester des heures durant sous la neige tombant à lourds flocons, et de n'arriver à son baraquement qu'au milieu de la nuit, ayant marché pendant des lieues dans de dangereux ravins... Elle eut une attaque de fièvre et pendant un moment vit la mort de très près. Mais elle continua à travailler. Si elle ne pouvait bouger du moins pouvait-elle écrire ; et elle écrivit jusqu'à ce que sa raison la trahît... Lorsque, après de longues semaines, elle redevint assez forte pour tenter le voyage, on la supplia de rentrer en Angleterre, mais elle refusa catégoriquement. Elle ne s'en irait pas, dit-elle, que le dernier soldat n'eût quitté Scutari*. »

Car Sébastopol tient toujours. À l'intérieur de la ville, marins, soldats, ouvriers, bourgeois et même détenus exhortés par les popes et l'amiral Kornilov terrassent jour et nuit. Des remparts défendent désormais tout le périmètre extérieur : bastion de la Quarantaine, bastion Central, bastion du Midi, Grand et Petit Redans, batterie des Casernes et de la Pointe, tour Malakoff sans cesse fortifiée... Le siège s'éternise. À Londres, Palmerston a fini par remplacer un lord Russell incapable de mener la guerre.

Après Scutari, la Crimée provoque un autre miracle, la réconciliation du couple royal avec le vieux Pam : « Nous trouvons, Albert et moi, que de tous les Premiers ministres, lord Palmerston est celui qui suscite le moins de difficultés. Le grand danger était les Affaires étrangères, mais maintenant que celles-ci sont dirigées par un homme capable, sensé et impartial (lord Clarendon) et que lui (lord Palmerston) est responsable de l'ensemble, tout est bien différent. »

Palmerston, Premier ministre, découvre lui aussi les qualités du prince. À la demande de Victoria, il invite Albert à participer aux conseils des ministres consacrés à la conduite des opérations militaires. Sur le front, la situation semble si bloquée que Napoléon III veut à tout prix se rendre en Crimée. Mais voir l'empereur des Français s'approprier la victoire, « ça, nous ne pourrions pas le supporter ! » s'écrie la reine. Albert redoute aussi qu'il ne reçoive un boulet dans la tête : « L'Empereur était l'âme du parti de la guerre et si un malheur lui était arrivé, nous nous serions probablement trouvés dans l'obligation de continuer seuls le combat dans lequel nous étions engagés. » Palmerston suggère à Victoria d'inviter l'empereur à Windsor pour le dissuader d'entreprendre cette nouvelle équipée napoléonienne.

* Lytton Strachey, *Victoriens éminents*, Gallimard, Paris, 1933.

La *Belle Hortense* arrive à Douvres le 16 avril 1855 par un tel brouillard qu'on distingue à peine le tapis rouge sur lequel Albert fait les cent pas en laissant frissonner l'or de ses épaulettes. Le royaume déploie un faste inattendu pour le neveu et successeur de son mortel ennemi.

À Londres, l'orchestre joue *En partant pour la Syrie,* une fade romance de la reine Hortense. À force de l'entendre jusqu'à quatorze fois en une journée, l'empereur finira, à la fin du voyage, par en avoir une indigestion.

Mais en ce premier jour, il exulte. Le cortège traverse les rues pavoisées où, il y a sept ans encore, il vivait en exil. D'un sourire radieux, il montre à Eugénie sa maison de King Street. Il aime cette Angleterre qui l'a accueilli quand il était proscrit et où il a rencontré le grand amour de sa vie, Miss Howard, une richissime demi-mondaine qui l'a suivi à Paris et a vendu châteaux et bijoux pour financer son coup d'État. La foule est si enthousiaste que le train royal n'atteint Windsor qu'en fin d'après-midi, remorqué par une nouvelle locomotive baptisée *Alma.*

La reine, au comble de l'excitation, attend au pied du grand escalier. La veille, avec le prince et ses sept enfants, elle a admiré les quatorze magnifiques chevaux expédiés par l'empereur et découvert avec ravissement que le chef palefrenier est anglais et qu'un groom est allemand. Ce matin, elle a inspecté une dernière fois le grand lit où, il y a quelques années, a dormi leur ennemi d'aujourd'hui, le tsar Nicolas Ier. On l'a tapissé de satin vert brodé des initiales du couple impérial et de l'aigle napoléonienne, décoré de nouveaux rideaux violets et surmonté d'un plumet. Victoria n'arrive pas à y croire : « Je ne puis dire quelle indescriptible émotion m'envahissait, combien tout m'apparaissait comme dans un beau rêve. J'avançai, l'Empereur me baisa la main et je l'embrassai à deux reprises sur chaque joue. J'embrassai ensuite la gracieuse, aimable et de toute évidence fort nerveuse impératrice. Nous présentâmes les princes et nos enfants. Vicky faisait de profondes révérences en roulant de grands yeux effrayés. L'Empereur embrassa Bertie et nous gravîmes le grand escalier. À mon bras, il me disait sa grande satisfaction d'être ici, de me voir, d'admirer Windsor. »

Surprise ! Napoléon III n'est pas l'ogre qu'elle redoutait et Eugénie n'a rien de la « femme fatale » décrite par lord Cowley, ambassadeur à Paris. Elle est ravissante, pleine de simplicité et de fantaisie. À cause du brouillard, le *Petrel* qui devait apporter ses nombreuses malles n'a pu accoster. Elle n'a pas non plus de coiffeur. Elle est en peignoir, au bord des larmes dans ses appartements et Napoléon lui conseille de prétexter les fatigues de la traversée pour ne pas paraître au dîner. Mais une de ses dames d'honneur lui prête une crinoline grise à nœuds roses ornée de dentelle noire. Eugénie aperçoit, dans un vase, un bouquet de chrysanthèmes. Elle en coupe les tiges et en parsème sa robe ainsi que ses cheveux ondulés et cuivrés. Victoria, en jaune canari, couverte de ses plus gros diamants, admire cet à-propos français et, avec moins de goût, parsèmera de fleurs rouges ses futures toilettes.

Durant le dîner, l'empereur lui parle d'une voix enjôleuse de son admiration pour la « jeune personne » qu'il a vue, dix-huit ans plus tôt, ouvrir le Parlement pour la première fois. Il a aussi payé un ticket quarante livres pour l'apercevoir au théâtre. En 1848, lors des menaces chartistes, il s'est engagé comme *constable* volontaire contre les manifestants. Il a le sourire caressant, la moustache conquérante. Elle ne peut pas résister quand il la regarde de son œil langoureux comme s'il cherchait à la faire tomber dans ses bras : « Il y a en lui quelque chose de charmant, de mélancolique, d'engageant qui vous attire, quelques préventions qu'on ait pu avoir contre lui… Je goûte beaucoup son visage. » Et Napoléon, qui s'en doute, calamistre chaque matin ses moustaches avec une attention redoublée.

Les journées ne sont qu'une suite d'émerveillements : « Il monte très bien à cheval… Il danse avec beaucoup d'entrain. » Albert, lui, est sous le charme de la pétulante Eugénie dont les épaules, célèbres dans toute l'Europe, émergent d'un nuage de tulle blanc : « Je suis ravie de voir combien il est admiratif. C'est tellement rare de le voir ainsi avec une femme », note Victoria, sans la moindre jalousie. Après le grand dîner dans la galerie de Waterloo rebaptisée diplomatiquement galerie des Peintures, les deux couples rivalisent d'ardeur dans les quadrilles et les valses.

Les souverains français ont apporté des cadeaux pour les enfants. L'impératrice joue avec eux, les prend dans ses bras, les embrasse. L'empereur déclare en riant à la reine qu'il est jaloux d'Arthur qui lui a volé le cœur de sa femme. Eugénie déplore en privé avoir fait une fausse couche. Victoria l'encourage à consulter un célèbre praticien londonien.

Napoléon III visite la ferme modèle d'Albert et écoute avec un tel intérêt les explications du prince que celui-ci, pour une fois déridé, s'exclame avec humour à propos de ce séjour d'un Bonaparte à Windsor : « Je ferais bien de surveiller la crypte de la chapelle St. George afin que George III ne puisse se retourner dans sa tombe. »

La petite-fille du vieil ennemi de Napoléon Ier ne s'est, elle, jamais sentie si à l'aise avec des invités officiels : « L'Empereur est aussi peu français que possible. Il a beaucoup plus le caractère d'un Allemand. » Durant la parade militaire, le ciel est bleu et le soleil printanier. Eugénie a pris place dans le grand phaéton à côté de Victoria et des enfants : Vicky, Bertie et Arthur. Napoléon caracole sur son splendide alezan. Entre deux roulements de tambour, il vient trotter à côté de la reine et lui fait l'éloge de la tenue de ses régiments. Victoria, tremblante à l'idée d'un attentat, surveille du coin de l'œil la foule dense et excitée.

Napoléon III est « si plein de tact, de dignité, de modestie, si généreux en aimables attentions, ne disant ni ne faisant jamais rien qui puisse m'être désagréable… » que, durant un concert, la reine se risque même à lui demander s'il a vraiment eu l'intention d'envahir l'Angleterre en 1853. « Mon Dieu ! comment a-t-on pu croire cela ! » se récrie l'empereur. Elle répond que le royaume vit dans la crainte d'un débarquement français. Elle insiste pour qu'il ne se rende pas en Crimée, mais Napoléon reste évasif. Il est convaincu qu'un assaut puissant et bien mené suffirait à rompre les fortifications de Sébastopol.

Comme Louis-Philippe dix ans plus tôt, il reçoit l'ordre de la Jarretière. En culotte et bas de soie, il n'est pas à son avantage lorsqu'il entre dans la salle du trône encadré d'Albert et du duc de Cambridge. Le prince attache le ruban bleu autour de la cuisse de l'empereur qui pose le pied sur un coussin pour que la reine serre le nœud : « Comme d'habitude, elle le fit avec gaucherie afin de montrer son manque de familiarité avec cet ornement masculin », remarque lord Clarendon avec impertinence. Napoléon III, ravi, murmure à Victoria : « C'est un lien de plus entre nous. J'ai prêté serment de fidélité à Votre Majesté et je le respecterai scrupuleusement. » Quelle revanche pour le prisonnier évadé du fort de Ham qui, lors de son dernier séjour à Londres, a été adopté par la haute société, toléré par le gouvernement, mais jamais admis à la cour. Comme ils passent la porte, il s'écrie : « Enfin, je suis un gentleman ! »

Le lendemain, ils dorment à Buckingham. Après un brillant déjeuner offert par le maire de Londres, une soirée à l'Opéra pour écouter *Fidelio,* et un dernier *En partant pour la Syrie*, ce sont les adieux : « Il y eut une très longue embrassade au moment du départ et beaucoup de larmes. Lorsque la porte du carrosse fut enfin fermée et que tout parut terminé, l'Empereur la rouvrit lui-même, sauta à terre, serra Victoria sur son cœur et l'embrassa sur chaque joue les yeux pleins de larmes », écrit Disraeli. La fête est finie. La cour retombe dans sa morosité pesante. Windsor ne résonne plus des rires des dames d'honneur qui s'habillaient en laissant ouvertes les portes de leurs chambres. Le prince est bien obligé de reconnaître que la cour de Napoléon composée des Ney, Murat et autres généraux ou « nouveaux riches » du Premier Empire est « bien tenue » mais que « ces gentlemen ne possèdent aucune distinction, ni dans leur naissance, ni dans leurs manières, ni dans leur éducation ».

Pour Victoria, toute la visite n'a été qu'un rêve, « un rêve brillant, réussi, agréable ». Il n'y a pas eu la moindre fausse note : « Il pourrait être le fils d'un vrai roi », conclut la reine définitivement ensorcelée. La veille de son départ, l'empereur lui a présenté le baron Haussmann et le préfet de la Seine lui a demandé s'il pouvait espérer sa visite. Avant de partir, l'impératrice en larmes s'est écriée en montant dans le carrosse : « Promettez que vous viendrez, sinon cette séparation serait trop dure. » Victoria le souhaite depuis tellement longtemps. Toute la bonne société raconte les délices de la vie parisienne. Cette fois, elle a une bonne raison d'y aller : tant que Napoléon reste son ami, la France sera l'amie de l'Angleterre.

Car la guerre n'est pas finie. Pourtant, l'irascible Nicolas Ier meurt brutalement de congestion pulmonaire. À Londres, devant le rideau baissé, les directeurs de théâtre lisent la dépêche annonçant le décès de « l'ennemi du genre humain ». Les spectateurs applaudissent et réclament le *God save the Queen* que les artistes chantent avec eux. Son fils, le charmant Alexandre II, qui, autrefois, dansait avec la reine des mazurkas endiablées, n'est pas favorable à la poursuite des combats. Mais sur son lit de mort son père s'est écrié rageusement « Tiens tout » et les espoirs de négociations échouent devant l'intransigeance de Vienne.

Sur le terrain, les nobles lords effectuent des tournées d'inspection dont ils ne rapportent que des constats désolés mais aucun plan de bataille. De plus en plus d'Anglais critiquent la conduite des opérations et la désorganisation de l'armée britannique. Albert noircit les mémorandums.

Le prince ne peut imposer la création d'une légion étrangère mais il a l'idée d'une « Victoria Cross ». En robe lilas, châle vert et capote blanche, Victoria remet pour la première fois cette décoration aux soldats qui défilent devant elle avec leurs béquilles ou en petite voiture : « Beaucoup de soldats ont souri, d'autres osaient à peine lever les yeux... Tous m'ont touché la main. C'était la première fois que de simples soldats touchaient la main du souverain... J'en suis fière, fière de ce contact qui lie l'humble et courageux soldat à sa reine. » Certains refusent de rendre leur médaille pour qu'on y fasse graver leur nom et la date. Ils préfèrent garder telle quelle celle que la reine a touchée. La guerre a rendu Victoria plus populaire que jamais : « Tout le monde semble avoir confiance en moi. Sauf moi-même… »

En juin, le couple royal découvre un compositeur dont la musique semble inspirée par le fracas des canons. Proscrit en Bavière pour s'être fâché avec le roi, Wagner, après avoir été sifflé à Paris, a, comme beaucoup de révolutionnaires, trouvé refuge à Londres. La reine et le prince assistent à l'un de ses concerts et donnent le signal des applaudissements après l'ouverture du *Tannhaüser.* À l'entracte, le musicien vient les saluer dans leur loge. En dépit d'un pamphlet antisémite qu'il vient de publier contre leurs compositeurs préférés, Mendelssohn et Meyerbeer, la reine lui suggère arranger certaines de ses œuvres, par exemple *Lohengrin*, pour Covent Garden, fief de l'opéra italien, les chanteurs, pour la plupart allemands, pouvant chanter dans leur langue maternelle. Après cette rencontre, Wagner avoue à Minna, sa première épouse, que le couple royal est « aimable et bienveillant » mais que Victoria est « toute petite et loin d'être jolie avec un nez regrettablement rouge ».

Napoléon, plus galant, lui écrit pour l'inviter à Paris visiter l'Exposition universelle. Albert et Victoria décident de n'emmener que les deux aînés, Vicky et Bertie : « Une série de *bambinos* prêterait au ridicule et provoquerait des plaisanteries sur le ménage anglais », explique, dans une note, lord Clarendon, chef de la diplomatie et très au fait des impertinences gauloises.

Le 16 août, les troupes françaises mettent en déroute soixante mille Russes venus défendre Sébastopol. Deux jours plus tard, c'est un Napoléon III presque aussi glorieux que son oncle après Austerlitz qui accueille à Boulogne le yacht *Victoria and Albert.* La chaleur est caniculaire et les retrouvailles émouvantes : l'empereur et la reine s'embrassent sur les deux joues. C'est le jour de la Sainte-Hélène mais personne n'y voit malice. Victoria a apporté à son hôte une sélection de photos de Crimée, premiers clichés de guerre de l'histoire. Leur auteur, Roger Fenton, a fondé la Société photographique de Londres dont la reine et le prince sont les parrains enthousiastes.

Au crépuscule, le train impérial arrive en gare de l'Est, brillamment éclairée et décorée comme un théâtre, d'immenses portières de velours rouge bordé d'une frange dorée. Pour éblouir ses invités, Napoléon a joué les metteurs en scène dans une capitale éventrée et en pleine reconstruction sur les plans du baron Haussmann. Le long des nouveaux boulevards, les drapeaux, les oriflammes, les mâts vénitiens, les statues représentant la Civilisation, l'Industrie, la Concorde et la Justice, les aigles dorées succèdent aux arches monumentales en faux marbre et décorées de guirlandes.

La calèche vernie d'un vert anglais rehaussé de filets vermillon traverse la place de la Concorde, remonte les Champs-Élysées, passe sous l'Arc de Triomphe et se dirige vers le bois de Boulogne. Les torches, les cris de la foule, les soixante mille gardes républicains postés sur le parcours bouleversent la reine : « L'enthousiasme était tel que même Napoléon Ier n'a pas dû connaître un tel accueil au retour de ses campagnes », écrit-elle à son oncle Léopold.

Avec la même extase, elle arpente ses appartements de Saint-Cloud où a vécu Marie-Antoinette. Ils ont été repeints de blanc et or et sa chambre meublée comme à Buckingham. Les décorateurs n'ont pas hésité à scier les pieds d'un bonheur-du-jour pour qu'il soit à sa hauteur. Eugénie qui a visité le chantier a éclaté en sanglots devant tout ce gâchis. Mais Victoria se sent chez elle. Il ne lui manque que son petit chien. Trois jours plus tard, des jappements l'accueillent à son retour. L'empereur, véritable magicien, l'a fait chercher en Angleterre.

Elle visite l'Exposition universelle à son bras, déjeune au grand Trianon et se promène incognito en calèche sous un chapeau parisien. Eugénie, enfin enceinte, se repose. L'estomac d'Albert supporte mal la riche cuisine française mais la reine, infatigable malgré la canicule, ne veut rien manquer du spectacle : « je n'ai jamais vu autant d'énergie chez une personne royale », soupire au Louvre un lord Clarendon transpirant et épuisé de la suivre de salle en salle. Le soir, elle est à l'Opéra-Comique, « une comédie convenable et sans équivoque où je puisse emmener les enfants », a-t-elle réclamé à lord Clarendon. Le rideau se lève sur *Haydée ou le Secret*, un beau drame des deux compères, Auber et Scribe, fournisseurs attitrés de l'Opéra-Comique. Le sang coule en abondance et le décor du second acte, un voilier dans les eaux de Venise, attire les foules depuis sept ans.

À l'Opéra, la reine applaudit la divine Rosati dans un ballet réglé par l'illustre Marius Petipa qui, à trente-sept ans, danse lui-même le second rôle. Insatiable, Victoria veut voir aussi une comédie de boulevard. La troupe du Gymnase se déplace à Saint-Cloud jouer son succès de l'année, *Le Fils de famille*. Dans le parc, les soldats du Second Empire montent la garde. Entre deux applaudissements, deux visites, elle dessine dans son carnet leurs uniformes dont comme Bertie elle ne se lasse pas.

Au bal de l'Hôtel de Ville, les crinolines, les hommes en frac montent et descendent le majestueux escalier de marbre qu'Haussmann a commandé à Baltard en son honneur. Au bal des Tuileries, le château est éclairé de tant de torches et de bougies qu'elle a l'impression qu'il va s'embraser. Elle ne ressent aucune migraine comme à Londres, l'été. Le 23, elle écrit à Léopold : « Je suis ravie, amusée, enchantée, et pense n'avoir jamais vu quelque chose de plus beau et de plus joyeux que Paris. »

Le lendemain, avec Albert, elle doit passer en revue le bataillon de Saint-Cyr à l'École militaire et Napoléon lui a réservé une nouvelle surprise. La reine découvre le plumet rouge et blanc des officiers de sa maison sur les shakos français. Déjà, les élèves de Saint-Cyr ont surnommé leur nouveau bonnet « casoar » en référence à cet étrange oiseau qui vient d'arriver au Jardin des Plantes. Touchée par cette « galanterie », elle demande à s'incliner devant le tombeau du grand Napoléon.

Louis-Philippe a fait ramener les cendres de l'Empereur en décembre 1840. La crypte des Invalides n'est toujours pas terminée et le cercueil, recouvert de velours violet brodé d'abeilles dorées, repose dans une chapelle latérale avec le chapeau d'Eylau, l'épée d'Austerlitz, la plaque de la Légion d'honneur. « J'étais là, devant le cercueil de notre pire ennemi, au bras de son neveu, Napoléon III, moi la petite-fille du roi qui l'avait tant haï. Et ce neveu est devenu mon allié le plus cher. » La famille royale se recueille silencieuse et immobile sous l'œil humide des grognards du Premier Empire porteurs de torches. Victoria pose la main sur l'épaule de Bertie : « Agenouille-toi devant la dépouille du grand Napoléon. »

L'orage éclate au même instant. Les éclairs zébrant les flammes des torches et les moustaches des vieux soldats, les coups de tonnerre résonnant de façon effrayante sous la voûte se mêlent au *God save the Queen* de l'orgue. Bertie en tremble. « On aurait dit que cet hommage à notre grand adversaire balayait les vieilles rivalités et que le ciel scellait la nouvelle amitié qui lie désormais deux grandes nations ! Dieu la bénisse et la fasse prospérer ! » note Victoria le soir même.

De ce jour, la France sera toujours chère à son cœur. Et Bertie sera bientôt pris à son tour d'une folle passion pour Paris. Napoléon l'a kidnappé un jour pour l'emmener faire un tour en calèche rue de Rivoli. Il se promène avec lui sur les terrasses du château des Tuileries. Fasciné par cette liberté et cette gaieté qu'il ne connaît guère à Londres, le jeune prince dévisage l'empereur tirant sur son cigare, si « bon vivant », si différent de son père : « Vous avez un beau pays. J'aimerais être votre fils. » Vicky, elle, ne quitte pas des yeux l'impératrice qu'elle trouve fascinante. Le dernier jour, en compagnie de Bertie, elle lui déclare : « Oh ! comme nous aimerions rester ! – C'est impossible, les gronde tendrement Eugénie, vos parents ont besoin de vous. – De nous ! Mais ils en ont six autres à la maison. »

La traversée de Paris sous un soleil tropical se fait en grande cérémonie. À Boulogne, quarante mille soldats défilent devant la mer : « Nous avons parcouru les rangs. Une vraie forêt de baïonnettes dont l'effet sur fond de mer bleue et calme, avec les rayons cramoisis du soleil couchant, était grandiose. Ils marchent bien, les soldats français, moins serrés que les nôtres, mais ils marchent bien au pas. » Le dernier dîner à l'hôtel du Pavillon impérial sur le quai de Boulogne est mélancolique : « Ah ! comme j'aimerais être au milieu de la foule pour crier : vive l'Empereur ! » soupire Vicky. La barque royale ramène la souveraine d'Angleterre sur son yacht tandis qu'éclate un dernier feu d'artifice. Resté à terre, Napoléon lui crie :

– Adieu, Madame, au revoir !

– Je l'espère bien ! réplique la reine dans son meilleur français.

« La splendeur de la fête à Versailles, je ne peux en donner la moindre idée. C'était inimaginable ! » écrit-elle à peine ont-ils levé l'ancre. À ce dernier bal, le château de Louis XIV a revécu les fastes du Roi-Soleil, des centaines de lampions illuminant la galerie des Glaces, les cascades et les bosquets dessinés par Le Nôtre. À dix heures du soir, un feu d'artifice a été tiré au-dessus du bassin des Suisses. Le bouquet final représentait en gerbes étincelantes la tour de Windsor. Dans son uniforme noir des riflemen Albert dansait avec la vaporeuse Eugénie tandis que Victoria, en robe blanche lamée d'argent, le cordon de la Jarretière en sautoir, le Koh-i-Noor dans les cheveux, rencontrait l'ambassadeur de Prusse, un bel homme qui pourtant ne réussira jamais à la séduire : Bismarck.

« Pour l'Empereur, personnellement, je ressens une réelle affection. Il sait, d'une façon incroyable, s'attacher ceux qui l'approchent », écrit-elle à Stockmar. Ce qui agace le baron allemand et même Albert. Durant tout le séjour, le prince est resté sceptique devant les intentions de Napoléon III, méfiant devant la puissance arrogante de l'empire français. Stockmar et Albert ne rêvent pas d'une « entente cordiale » avec la France, mais d'une alliance avec la Prusse. Une Prusse forte et libérale qui engloberait les principautés réactionnaires d'Allemagne et leur imposerait une démocratie exemplaire, un modèle d'État constitutionnel à l'opposé du despotisme et du militarisme de Napoléon III.

Dans une lettre à Victoria, la princesse Augusta de Prusse s'inquiète : « Est-il exact que les officiers britanniques aient reçu l'ordre d'effacer le nom de Waterloo de leurs décorations ? » La reine prend la plume sur-le-champ : « Certainement pas. Le nom est là. Il y restera. Mais nous espérons qu'on pourra bientôt y ajouter celui de Sébastopol. »

12.

Pendant toute la visite, les bombardements se sont succédé sans relâche en Crimée et les fortifications de Sébastopol cèdent enfin début septembre. La reine apprend la nouvelle deux jours après son arrivée à Balmoral. Les zouaves de Mac-Mahon se sont distingués en escaladant au son du clairon les talus de la tour Malakoff, alors que les Anglais n'ont pu atteindre le Grand Redan et ont dû se replier. « Qu'allez-vous faire ? a envoyé demander le général Simpson. – J'y suis, j'y reste », a répondu Mac-Mahon. Une nouvelle fois, le *Times* relate l'incapacité britannique : « Très agaçant », déplore Victoria. D'autant que les pertes ont été lourdes.

Paris célèbre la victoire avec un faste dont Napoléon III a le secret. En Angleterre, la journée est fériée. Dix mille fusées éclatent dans le ciel de Londres et le feu d'artifice retombe sur les applaudissements en une pluie de perles d'or. À Balmoral, Albert allume lui-même, en haut du Craig Gowan, un grand feu de joie préparé depuis un an. Il fait réveiller les enfants et invite toute la population des environs à venir danser, chanter et boire du whisky. Le prince est presque le seul en Angleterre à être partisan du traité de paix. Ses positions sont aussi étayées que les remparts de Sébastopol. Durant la guerre de Crimée, il a rempli cinquante volumes sur la question d'Orient.

Victoria préférerait poursuivre la guerre afin que l'Angleterre administre une correction exemplaire et définitive à la Russie : « On ne peut nier qu'une nouvelle campagne aurait contribué à réhabiliter les armes de Votre Majesté et permis à l'Angleterre d'imposer ses conditions de paix », écrit lord Clarendon. Palmerston partage son point de vue et accepte, de mauvaise grâce, les négociations de paix. Mais Napoléon III a fait savoir qu'il ne continuerait la guerre, malgré le désir de paix des Français, qu'à une seule condition : qu'il s'agisse d'une guerre révolutionnaire contre l'Autriche et la Russie impliquant la libération de la Pologne. Le gouvernement britannique refuse. Le 30 mars 1856, le traité de paix est signé à Paris avec la plume d'un aigle du Jardin des Plantes. Cette première victoire efface la honte de 1815 et donne à l'empereur des appétits de gloire militaire.

Bonne joueuse, Victoria le félicite mais, dans ses lettres, elle s'intéresse surtout à la naissance du prince impérial et à l'accouchement, « paraît-il atroce », de la pauvre Eugénie. Tout autant que la guerre, les affaires de famille occupent les pensées de la reine.

Tandis que Paris pavoise, les cours de Londres et de Berlin s'interrogent sur l'opportunité d'annoncer officiellement les fiançailles de Vicky et du prince héritier de Prusse. C'est la première de ces grandes alliances qui feront de Victoria la grand-mère de l'Europe. L'idée vient d'Albert et surtout de Stockmar. Un jour, Fritz régnera sur la Prusse. Marié à Vicky, il apprendra les bienfaits de la monarchie constitutionnelle britannique. Le prince et le baron voient déjà l'Allemagne protestante réunie sous l'égide d'une Prusse libérale, et ouverte au progrès. Alliée de l'Angleterre, elle arracherait l'Europe à la barbarie russe et à la frivolité française.

Il y a quatorze ans, le prince a ainsi invité le roi de Prusse au baptême de Bertie en lui demandant d'être le parrain du bébé. À cette occasion, les deux familles royales ont traversé Londres en carrosse pour ouvrir la session du Parlement. Depuis, elles entretiennent des liens étroits et se rendent régulièrement visite. En 1851, à l'inauguration de l'Exposition universelle, Guillaume et Augusta de Prusse étaient les invités d'honneur et leur fils, le jeune Fritz, promenait Vicky au milieu des merveilles de la technologie. Elle n'avait que dix ans et lui vingt.

Fritz arrive à Balmoral en septembre 1855, quelques jours après la chute de Sébastopol. Il est charmant avec son air doux, ses yeux bleus, et sa moustache blonde. Dès le premier jour, il a tué son cerf. La reine lui reproche pourtant de ne rien comprendre aux règles du plus simple des jeux de cartes : le vingt-et-un.

Le nouveau château se termine non sans mal sur les plans du prince. La tour est à moitié construite et les cuisines sont toujours installées dans la vieille demeure. À cause de l'émigration vers les mines d'or d'Australie, les deux mille ouvriers ont été recrutés avec difficulté. Ils se sont mis plusieurs fois en grève parce qu'ils n'étaient pas assez payés « ce qui est presque une mode désormais dans tout le pays », écrit Albert à Stockmar. Leurs baraques en bois ont brûlé et Victoria a dû les reconstruire à ses frais. Le prince a tenu à dessiner lui-même les allées, les pelouses, à choisir les plantations des jardins et les rosiers pour qu'ils fleurissent en septembre, pendant leurs séjours. Il aime le jardinage qu'il considère comme « une activité créatrice ».

En solide grès gris du pays, le château ne ressemble pourtant pas à ceux d'Écosse. Sa salle de bal a un petit air gothique bavarois et dans le pays, on l'appelle le « schloss d'Albert ». Les rideaux et les tapis sont en tartan vert, jaune et bleu, les canapés en chintz, la chambre de la reine tapissée d'un papier peint bleu à fleurs de lys et les couloirs pleins de têtes de cerf. Dans une niche du vestibule trône une statue grandeur nature d'Albert en kilt. À sa première visite, lord Rosebery qui sera Premier ministre de la reine à la fin de son règne s'écriera : « J'ai cru qu'il n'y avait rien au monde de plus laid qu'Osborne, jusqu'au jour où je suis allé à Balmoral. » Mais Victoria est subjuguée par le goût de son « ange bien-aimé ». L'Angleterre sera littéralement défigurée par ce pot-pourri d'architecture gothique, de folklore allemand et de légendes de la Table ronde.

Six jours après son arrivée, Fritz ose affronter le couple royal à la fin du breakfast. Il reste quelques instants sans qu'un son puisse sortir de ses lèvres puis, courageusement, il se lance et aborde « un sujet très cher à son cœur, son désir d'appartenir à la famille ». La reine est si émue qu'elle ne peut, en guise de réponse, que serrer sa main dans la sienne. Mais Vicky a quatorze ans et ses parents ne désirent pas la marier tout de suite. On décide que Fritz lui demandera officiellement sa main à Pâques, après sa confirmation.

Albert s'empresse d'envoyer à Stockmar un communiqué de victoire : « L'événement qui vous intéresse est entré dans une phase décisive après le breakfast. » Il prévient aussi lord Clarendon, ministre des Affaires étrangères : « Je tiens à vous dire, sous le sceau du secret, que le prince Frédéric-Guillaume nous a demandé la main de la Princesse Royale, avec le consentement de ses parents et celui du Roi de Prusse. Nous avons accepté sa demande, en ce qui nous concerne personnellement, mais à condition que l'enfant soit tenue dans l'ignorance absolue de cet engagement jusqu'à sa confirmation... La Reine me charge de vous dire que vous pouvez communiquer cette nouvelle à lord Palmerston, mais dans les circonstances présentes, nous vous demandons le secret le plus absolu. Quant à ce que le monde dira, nous n'y pouvons rien. » Cette nuit-là, Victoria, inquiète des sentiments de sa fille, a du mal à trouver le sommeil. Mais le lendemain, elle écrit à l'oncle Léopold : « Ce qui nous enchante, c'est de voir qu'il est vraiment fou de Vicky. » Le secret ne dure pas une semaine. Le 25 septembre, la reine autorise Fritz à offrir un bracelet à sa future fiancée : « Nous lui avons dit aussi qu'il fallait parler à Vicky et que c'était à lui de le faire. »

Excitée par cette romance, Victoria ménage aux jeunes gens des apartés. Le 29, la famille royale fait, à poney, l'ascension du Craig-na-Ban. Vicky et Fritz restent à l'arrière de la petite troupe. Le jeune homme lui offre un brin de bruyère blanche, le porte-bonheur traditionnel des Écossais : « Quand nous descendîmes de nos poneys, raconte la reine, Fritz me fit comprendre d'un clin d'œil qu'il avait parlé à Vicky. »

De retour au château, ses parents la font venir dans leur chambre. Aime-t-elle Fritz autant qu'il l'aime ?

– Oh ! oui…

Victoria est apaisée. Cette union politique est aussi un mariage d'amour. Le *Times*, moins enthousiaste, annonce la nouvelle en traitant la famille de Prusse de « minable dynastie allemande » soumise au bon plaisir du « maître impérial », le tsar, et craint que la princesse ne soit un jour « dans une situation où sa loyauté envers son mari l'obligerait à trahir son pays ».

Les Prussiens ne se sentent pas plus honorés par cette alliance avec les « étalons de l'Europe », comme Bismarck surnomme dédaigneusement les Cobourg. Napoléon, lui, se sent outragé et trahi après les chaleureuses et dispendieuses rencontres de Windsor et de Paris. En janvier 1856, la reine est prise de scrupules : « Je n'aime plus l'idée de voir notre enfant aller à Berlin qui est plus ou moins le repaire de l'ennemi. »

Elle est scandalisée d'apprendre que sa fille ne pourra avoir qu'une cour prussienne. Quant à la prétention du roi de célébrer le mariage à Berlin ! Elle en reste muette d'indignation. Elle envoie une note rageuse à son ambassadeur à Berlin : « Serait-ce trop demander à un prince royal de Prusse de venir épouser la princesse royale de Grande-Bretagne en Angleterre ? Voilà qui est absurde et c'est peu dire… Quel que soit l'usage chez les princes prussiens, ce n'est pas tous les jours qu'on épouse la fille aînée de la reine d'Angleterre. L'incident doit être considéré comme clos. »

Albert estime depuis longtemps que former sa fille à son futur rôle est son devoir le plus sacré. Désormais, il s'enferme chaque jour avec elle entre dix-sept et dix-huit heures. Il lui fait lire les effrayants mémorandums de Stockmar. Vicky a toujours été une enfant précoce et studieuse. Si Bertie, Affie, Louise sont, comme leur mère, gourmands de la vie, sa fille chérie a hérité du sérieux de son père. Vicky aime la politique, elle s'intéresse aux arts, aux sciences et elle est très consciente des devoirs qui seront les siens en Prusse. Albert a tenu à lui faire suivre, incognito, une séance des Communes et elle s'est passionnée pour les joutes violentes entre Gladstone et Disraeli, feuilleton quotidien dont l'Angleterre et Victoria se délectent.

En mars 1856, Vicky est confirmée en présence de la cour, des ministres et de son parrain, le roi Léopold. Sous son voile blanc et sa robe de soie glacée, on dirait déjà une petite mariée. En mai, elle fait ses débuts dans le monde. Un bal est donné en son honneur dans la nouvelle salle de Buckingham dont Albert a tracé les plans. Jamais la saison londonienne n'a été aussi brillante. Victoria danse à l'ambassade de Turquie. À Windsor, dans la galerie de Waterloo, elle exécute à la perfection un *reel* écossais au son des cornemuses.

Quatre mois auparavant, elle a fêté son seizième anniversaire de mariage. Elle raffole toujours des bals et elle aime son mari comme au premier jour. Mais elle souffre du temps qu'il consacre à Vicky. Le prince a décidé que leur fille aînée partagerait leurs soirées le plus souvent possible : « Nous avons dîné avec Vicky. Elle nous quitte généralement à dix heures. J'ai alors le bonheur rare d'être seule avec mon Albert bien-aimé. » La passion dévorante que le prince porte à sa fille attire bien des nuages sur le couple.

En septembre, la reine découvre qu'elle est enceinte et une fois de plus la dépression l'envahit. Elle se sent humiliée par cette neuvième grossesse et la déformation de son corps. La mort, en novembre, de son demi-frère, Charles de Leiningen, plonge toute la famille dans le chagrin et Victoria dans des abîmes de désespoir. Elle est persuadée qu'elle ne survivra pas à son accouchement. Un rien l'irrite : la présence du pontifiant Stockmar et même de ce pauvre Fritz qui revendique une heure par jour en tête à tête avec Vicky. Victoria doit alors jouer les chaperons dans la pièce voisine dont la porte reste ouverte : « Quelle perte de temps ! » s'exclame-t-elle. À bout de nerfs, elle s'emporte contre la petite tribu. Elle écrit à la mère de Fritz : « Les enfants ne remplacent pas un mari. »

Stockmar et le docteur Clark répètent qu'ils craignent plus pour « la santé mentale que physique de Sa Majesté ». Le prince recommande à sa femme de se préoccuper moins de ses souffrances et davantage de ses enfants, notamment de Vicky « dont tu n'es pas fâchée d'être débarrassée ». Il la réprimande devant eux et elle lui reproche de saper ainsi son autorité maternelle. Les scènes se multiplient, s'aggravent. Albert en établit un compte rendu dans un mémorandum dont chaque paragraphe est numéroté et il conclut, après en avoir récapitulé les symptômes : « Mon amour et ma compassion sont illimités et inépuisables. »

La reine, aidée par le chloroforme, donne naissance, le 14 avril, à la princesse Béatrice. L'accouchement, pénible, dure quatorze heures : « J'ai été amplement récompensée et j'ai oublié tout ce que j'avais souffert quand j'ai entendu mon très cher Albert dire : c'est un bel enfant et une fille ! » Elle a d'ailleurs invité le médecin de la cour de Prusse, le docteur Wegner, qui bientôt s'occupera de Vicky, à assister à la naissance « pour voir comment les choses se passent ici ».

Fritz et Vicky sont parrain et marraine du bébé. En visite à Londres, Maximilien, frère de l'empereur d'Autriche, fait partie des invités au baptême. Il vient de se fiancer avec Charlotte, la fille de l'oncle Léopold. Albert apprécie le charmant caractère de l'archiduc et ses idées libérales. Au déjeuner, la reine prend les deux jeunes princes à ses côtés : « J'espère que c'est un heureux présage pour l'avenir qu'en cette occasion l'Angleterre soit assise entre l'Autriche et la Prusse. »

Avec neuf prétendants à la succession royale, la couronne britannique est plus solide que jamais. Le Parlement vote sans difficulté la dot de Vicky et la liste civile des autres enfants. Moitié moins élevées cependant que ce que la reine espérait : « C'était vraiment bon marché à côté de ce que les filles de George III avaient coûté à la nation. » Un député désapprouve le versement d'une pension annuelle alors que Vicky quitte le pays. Mais un autre prend la défense de la reine qui a eu beaucoup de dépenses notamment lors de sa visite en France, « un voyage, affirme-t-il, qu'elle n'a pas effectué pour son plaisir personnel ».

Dans la foulée, Victoria a réclamé à Palmerston le titre de « prince consort » que son mari attend depuis plus de dix-sept ans. Elle menace de ne pas ouvrir la prochaine session du Parlement si elle n'obtient pas gain de cause. Comme l'écrit Albert à son frère, « des méchants pourraient un jour vouloir donner à Bertie droit de préséance sur son propre père ». Mais le lord chancelier répond que les Communes ont un ordre du jour si chargé qu'il serait dangereux de faire voter à la sauvette une dignité aussi controversée. La reine, écœurée, décide, le 25 juin 1857, de donner elle-même à son mari, par lettres patentes, le titre qui lui revient. Ironie du sort, ce Parlement débordé discute depuis des semaines d'une loi sur le divorce. Une femme abandonnée par son mari pourra désormais demander à la justice de récupérer sa dot et pour les ouvrières leur salaire qu'elles devaient jusque-là remettre intégralement à leur mari. La loi prévoit un « tribunal du divorce » pour régler les litiges. Albert fait écrire à Victoria une lettre indignée au lord chancelier : « Pourquoi rien n'a-t-il été fait pour interdire la publicité faite aux affaires jugées par le tribunal du divorce. Elles sont de plus en plus nombreuses, remplissent des pages entières des journaux avec des détails tellement scabreux qu'il est impossible de les laisser tomber sous les yeux des jeunes gens. Aucun de ces affreux romans français que les parents sérieux refusent de voir entre les mains de leurs enfants n'est aussi répugnant que ce que les journaux déposent tous les jours sur la table du breakfast ! »

En juillet, à Bruxelles, Albert représente Victoria au mariage de Charlotte et de Maximilien. Pour la première fois, il a le pas sur les archiducs autrichiens et, à sa grande satisfaction, se voit placé juste derrière le roi des Belges. À Osborne, la reine fait distribuer du vin aux domestiques et des grogs aux marins pour qu'ils portent un toast aux nouveaux époux. Elle se plaint à l'oncle Léopold de l'absence de son ange : « Les enfants ne sont rien quand il n'est pas là. On dirait que toute la vie de la maison s'est envolée quand il est en voyage. »

Le vieux Pam vient de fêter son jubilé parlementaire. Depuis cinquante ans, il siège aux Communes. Il est sourd, à moitié aveugle, son râtelier flotte dans sa bouche, mais il a prononcé à cette occasion l'un de ses plus beaux et longs discours dont Victoria l'a félicité. Elle lui a remis l'ordre de la Jarretière et l'a invité à Balmoral. Pam a refusé sans qu'elle songe à s'en offusquer. Au sommet de sa popularité, le vieux dandy a toujours autant de goût pour les pantalons verts et les redingotes bleu roi.

Champion de la première guerre de l'opium, Palmerston défend mieux que personne le drapeau et l'orgueil britanniques. En septembre 1856, les Chinois ont arraisonné un navire britannique, *The Arrow*, et le Premier ministre s'en est presque étouffé : « Il dit que c'est une affaire très grave et il veut envoyer cinq mille hommes. » Affolé par les ravages de la drogue, un certain commissaire Yeh proclame que les « diables étrangers » doivent quitter la Chine. Il offre une récompense pour la capture de chaque « cheveux rouges » mort ou vivant. L'expédition punitive britannique bombarde et occupe Canton, détruit les forts de la côte. Cette fois l'Angleterre impose un ministre en poste à Pékin, des consuls dans les autres villes. À sa plus grande honte, la Chine accepte toutes les conditions des « barbares ». L'opium reprend le chemin des fumeries clandestines, les pipes s'allument à la barbe de la police, les Chinois se consument et, aux Communes, il n'y a plus que le pacifiste Cobden pour s'en indigner. Le grand orateur propose en vain depuis sept ans le désarmement total de l'Europe.

Mais ce sont les colonies, les mines d'or d'Australie et surtout les Indes qui captivent l'Angleterre. Le gouverneur du Canada, lord Elgin, est en route pour Hong Kong où il vient d'être nommé. À Singapour, il apprend qu'une terrible mutinerie vient d'éclater au

Bengale dans un régiment de spahis indiens, les cipayes, et il décide immédiatement de diriger ses hommes vers Calcutta où la colère couve depuis longtemps.

Les troupes indiennes supportent de plus en plus mal l'autorité des vieux officiers hautains de la Compagnie des Indes qui, par souci de modernisation du pays, heurtent coutumes et croyances religieuses. Les échecs des Anglais en Crimée remettent en question leur suprématie. La rumeur court que les astrologues ont prédit la fin de la présence britannique en 1857. Certains maharadjahs dépossédés attisent le feu sous la cendre. Les espions russes font le reste.

Une cargaison de nouveaux fusils vient d'arriver. Les cartouches enduites de graisse animale que les soldats décapsulent avec leurs dents sont l'objet de toutes les suspicions. Les meneurs convainquent facilement les hindous qu'il s'agit de graisse de vache et les musulmans de graisse de porc. Quatre-vingt-cinq cavaliers bengalis de la caste des brahmines refusent de toucher à ces nouvelles cartouches. Ils sont jetés en prison. Le lendemain, la garnison de Meerut, la plus importante des Indes, se mutine. Quarante mille cipayes occupent Delhi et proclament empereur le vieux descendant moghol. Dans tout le nord-ouest de l'Inde, les Anglais sont assiégés par des foules paysannes enragées qui tuent les Européens et s'emparent des dépôts d'armes.

À Lucknow, les Britanniques sont encerclés dans la ville. Au Rohilkland, les musulmans appellent à la guerre sainte. À Kânpur, quatre cents Anglais, à bout de souffrances et de privations, se sont rendus sur la promesse qu'ils auraient la vie sauve. Mais la garnison a été massacrée et deux cents femmes et enfants égorgés au sabre et au couteau avant d'être jetés dans un puits : « De telles horreurs commises sur ces pauvres femmes et ces enfants sont inconcevables à notre époque et glacent le sang ! Pas une famille qui ne soit épargnée par la peine et l'anxiété. Car le rêve de tout Anglais est d'avoir un fils en Inde ! » écrit Victoria à l'oncle Léopold.

Les insurgés sont maîtres de Bareli, Jhansi, de Gwailior. À Bombay, la « Présidence » est assiégée. L'émotion est accrue car ces nouvelles épouvantables arrivent par bateau avec quinze jours de retard. Les débats aux Communes atteignent une rare violence. Pour le chef de l'opposition tory, Disraeli, il ne s'agit pas d'une simple « mutinerie » mais d'une « révolution nationale ». Il dénonce avec véhémence la politique de la Compagnie des Indes, fustige les administrateurs corrompus incapables de maintenir le prestige de l'armée et de la civilisation britanniques. Après avoir perdu l'Amérique il y a soixante ans, l'Angleterre va-t-elle voir l'Inde se détacher de la couronne ?

Quelles angoisses et quels chagrins, au moment où Napoléon III se rapproche du tsar ! Palmerston suggère à Victoria d'inviter le couple impérial à passer quelques jours en famille à Osborne pour discuter avec franchise : « Le prince peut dire bien des choses que nous ne pouvons pas dire. » La reine ne refuse pas : « L'empereur et l'impératrice sont les plus faciles du monde à recevoir. »

Dans le parc vallonné de l'île de Wight, des policiers français en habit et cravate blanche veillent pourtant à la sécurité : « Ils auraient au moins pu se mettre en redingote », grogne le vieux Pam. Car les ministres sont de la partie. Entre deux promenades en charrette à cheval avec les enfants jusqu'au chalet suisse, on discute des suites de la guerre de Crimée. Par le traité de Paris, la Moldavie et la Valachie sont devenues principautés indépendantes de l'empire turc. Napoléon III veut, selon leurs désirs, les réunir et créer la future Roumanie. Des élections ont été organisées, mais elles ont été truquées par les Turcs qui veulent garder leur suzeraineté. Albert reproche à l'empereur de faire la politique du tsar : « Ce que veulent les Russes, c'est transformer l'empire ottoman en une sorte d'Allemagne avec de petits États qu'ils contrôleraient facilement. » L'empereur, qui songe à l'unité de l'Italie, veut revoir les traités de 1815 et, par un nouveau congrès de Vienne, retracer les frontières de l'Europe : Albert répond que chacun voudra en tirer parti et qu'il sera alors difficile de satisfaire tout le monde…

Finalement, on décide que l'Angleterre appuiera la France pour l'organisation de nouvelles élections dans les principautés mais que l'empereur renoncera à la nomination d'un prince unique : « Nous avons chacun eu notre pilule à avaler et c'est très bien ainsi », sourit Napoléon à la reine en lissant sa moustache. Mais Victoria se laisse moins facilement séduire. Depuis le merveilleux voyage à Paris, l'empereur est tombé sous le charme de la comtesse de Castiglione, une splendide créature envoyée par Cavour pour rallier Napoléon à la cause italienne. Albert répète qu'on ne peut se fier à un Bonaparte !

Les nouvelles de l'empire sont, elles aussi, consternantes. La reine et le prince apprennent le 22 août que Henry Lawrence, un commissaire de la Compagnie des Indes, a été tué par un obus dans sa résidence assiégée de Lucknow. Albert affirme que les troupes de la Compagnie sont trop disséminées et incapables de maintenir l'autorité anglaise en Inde. Sous sa dictée, Victoria écrit : « Ce n'est pas le moment de faire des économies sur le budget de l'armée. » Trois jours plus tard, elle lance un avertissement à Palmerston :

« Le gouvernement, par son apparente indifférence, encourt une terrible responsabilité devant le pays. » Des troupes sont envoyées en urgence. Pour gagner du temps, le Premier ministre obtient de la France qu'elle permette aux soldats britanniques de traverser son territoire pour s'embarquer à Marseille.

Les princes indiens laissent passer cette bonne occasion de se coaliser. Les insurgés manquent aussi de chefs. Le 14 septembre 1858, Delhi est reconquise et le vieil empereur moghol déporté en Birmanie.

La répression est à la mesure de l'horreur qu'ont subie les Anglais ces dernières semaines. Deux mille hommes sont fusillés ou attachés à la bouche des canons, près de quatre cents pendus et cette « pacification » durera dix-huit mois. Elle indigne Karl Marx, correspondant à Londres du *New York Daily Tribune* : « Les troupes européennes sont devenues des démons » face à ce qu'il appelle la « première révolution agraire de l'histoire ».

La Compagnie des Indes a vécu. Tous ses droits et pouvoirs sont transférés à l'État britannique. La reine voit le nombre de ses sujets s'accroître brusquement de cent millions. La couronne est désormais représentée par un vice-roi. Toujours aidée d'Albert, Victoria veille à la rédaction de la proclamation en rejetant un projet de lord Stanley et en demandant à lord Derby de « l'écrire lui-même, dans son excellente langue, en se souvenant que c'est une femme souveraine qui s'adresse à plus de cent millions de personnes appartenant à un peuple d'Orient... »

Le texte final est presque révolutionnaire : « Par volonté et plaisir royal, personne n'aura à souffrir en quoi que ce soit de ses opinions, ne sera inquiété pour sa foi ou sa pratique religieuse... C'est également notre volonté que dans toute la mesure du possible, nos sujets quelles que soient leur classe ou leurs convictions accèdent pleinement et librement à toutes les charges pour lesquelles ils sont qualifiés. »

Le couple royal n'est pas étranger à la nomination, au poste de vice-roi, de lord Canning connu pour son indulgence à l'égard des indigènes. Surnommé à Londres « Canning la clémence », il écrit dans une longue lettre à la reine : « Une des grandes difficultés que nous aurons à surmonter – lord Canning regrette d'être obligé de le dire à Votre Majesté – est la violente rancune manifestée par la plupart des Anglais contre tout Indien... Il y a ici une soif de vengeance furieuse et aveugle même chez ceux qui devraient montrer le bon exemple. » Victoria lui exprime sa « grande satisfaction et fierté de se sentir en prise directe avec cet énorme empire, le joyau le plus brillant de sa couronne qu'elle souhaite voir comblé et paisible ».

La reine et le prince ne travaillent pas seulement au bonheur de leurs peuples mais à celui de leur fille aînée. Le 21 novembre 1857, Victoria a versé une larme : « Le dernier anniversaire heureux de notre pauvre Vicky chérie dans notre cercle d'enfants. C'est trop triste. » Albert est presque plus ému encore : « L'année qui s'écoule a été si troublée que nous sommes bien contents qu'elle arrive à son terme. La nouvelle débute avec la séparation d'une fille adorée, départ qui me sera spécialement douloureux. Je ne dois pourtant pas le montrer et me réjouir avec elle de son bonheur. »

Le trousseau est digne d'une princesse royale partant en terre inconnue et soumise aux blizzards : « Plusieurs dizaines de paires de snow-boots et deux tiroirs d'éponges. » Importée par Eugénie, la mode des crinolines s'est imposée à Londres. Victoria et sa fille s'y soumettent bien que la reine la trouve « inélégante, coûteuse, affreuse et par-dessus tout dangereuse ». Vicky a failli prendre feu en s'approchant d'une cheminée. Et les pasteurs s'insurgent en chaire contre les corsets trop serrés. Ils condamnent aussi les *pantaloons* moulants mis à la mode par Brummell qui soulignent la virilité, et reprochent aux hommes leur manie de se farder les joues.

Le mariage a été fixé au 25 janvier 1858. Victoria dresse personnellement la liste des invités. Dix-sept familles régnantes allemandes sont conviées aux réjouissances : « Trouver une chambre pour chacun est un exploit. Si j'y parviens, je pourrai m'inscrire comme professionnel de la prestidigitation », s'exclame Albert en courant de plus belle dans les couloirs. Pour quelques semaines, Buckingham se métamorphose en un grand hôtel où stoppent les calèches armoriées, où les plus grands noms de l'almanach de Gotha grimpent les escaliers, suivis de domestiques chargés de malles et de cassettes de bijoux. Le prince emmène les hommes à la chasse. Des visites de Londres sont organisées pour les dames. Le soir, des orchestres jouent dans chacun des salons où dansent les jeunes tandis que la duchesse de Kent préside sa table de whist. Il n'y a jamais moins de quatre-vingts dîneurs à table. On reconnaît les Hohenzollern à leurs ventres énormes, leurs visages sanguins et leurs moustaches en croc. Leurs grosses plaisanteries sur les joueurs de cornemuse en kilt, les entremets anglais et l'étiquette pointilleuse agacent Victoria pourtant rayonnante en maîtresse de maison d'une si éblouissante assemblée. Le pauvre Albert, lui, est « en miettes ».

Mille personnes se pressent au grand bal qui couronne une semaine de festivités. Ce soir-là, l'éclat des diadèmes, des aigrettes de diamants, des parures de rubis, des robes lamées d'or ou brodées d'argent reflété par les glaces et les candélabres est si intense que certains en ont mal aux yeux. Les somptueux cadeaux sont étalés sur plusieurs tables. Victoria a offert des diamants, des opales, des émeraudes. Fritz un magnifique collier dont chaque perle a la taille d'une noisette : « Je n'en ai jamais vu d'aussi grosses », s'exclame la reine. Vicky ne touche plus terre. Elle donne à sa mère une broche avec une mèche de ses cheveux en murmurant : « J'espère me montrer digne d'être votre enfant. »

Pour la dernière fois, Vicky dort avec Alice. Ses parents la conduisent jusqu'à sa chambre où le prince lui accorde sa bénédiction. « Elle était bouleversée. Je la serrai dans mes bras et elle s'accrocha à son père avec une tendresse indescriptible. »

Rentrée dans ses appartements, la reine éclate en sanglots : « En somme, c'est comme mener un pauvre agneau au sacrifice. » Le lendemain, c'est son propre mariage qu'elle revit, en « beaucoup plus nerveuse ». Elle porte une toilette mauve lamée d'argent, la duchesse de Kent est en velours violet bordé d'hermine.

Le daguerréotype vient d'être inventé et Vicky est photographiée entre ses parents, dans sa robe de moire blanche garnie de dentelle. Mais Victoria, trop excitée, bouge et l'image est brouillée.

Le cortège compte près de trente carrosses. Dans le premier montent l'oncle Léopold, Albert et ses deux fils aînés en kilt, à l'ébahissement des hobereaux prussiens. Les princesses sont en robes roses et couronnes de fleurs des champs. La mariée est assise face à sa mère. Ses demoiselles d'honneur tiennent à la main des bouquets de roses et de bruyères blanches, porte-bonheur. Fritz leur a offert à chacune un bracelet en or.

Nerveux et fort pâle, il est déjà à l'autel de la chapelle St. James. Vicky s'agenouille près de son fiancé et lui prend la main à l'endroit même où, dix-huit ans plus tôt, Victoria s'est agenouillée, elle aussi, « avec fierté, tendresse, confiance et beaucoup d'amour » au côté d'Albert.

Le jeune couple traverse la nef aux sons de la *Marche nuptiale* de Mendelssohn, jouée pour la première fois dans un mariage. Des coups de canon, des cris et des fanfares saluent leur apparition à la porte de la chapelle royale. « J'étais si émue, si débordante de joie et si soulagée que j'aurais embrassé tout le monde ! » s'exclame la reine. Dans le carrosse, au retour, elle invite son amie Augusta, mère du marié, à la tutoyer.

Après le déjeuner, Fritz et Vicky partent en train pour Windsor sous les acclamations. L'enthousiasme est tel qu'à leur sortie de la gare les écoliers d'Eton dételent les chevaux pour tirer eux-mêmes le carrosse des nouveaux mariés.

Leur solitude est de courte durée. Après deux jours, la cour les rejoint. À Fritz, la reine remet l'ordre de la Jarretière et le prince un mémorandum sur les bienfaits du libéralisme. Le dernier soir, Albert s'isole pour un dernier tête-à-tête avec sa fille : « Voici venue la fin des festivités sinon de ta lune de miel. Je souhaite qu'avec le temps tu graves dans ton cœur toutes les nouvelles émotions que tu viens de vivre. »

Le lendemain, les adieux se font à Buckingham. La reine en larmes embrasse une dernière fois Vicky avant de voir disparaître la petite silhouette de velours blanc dans la grande berline sombre. Quelques flocons tombent sur les grilles du palais : « Un jour terrible. J'étais malade, le cœur réellement serré à l'idée que notre fille chérie s'en allait pour si longtemps. »

Albert, Bertie et Alfred accompagnent les mariés jusqu'à Gravesend à l'embouchure de la Tamise où attend le yacht royal *Victoria and Albert*. Le père et la fille s'étreignent avec ferveur une dernière fois. Et dès le lendemain, c'est la première lettre :

« Mon bien-aimé papa, J'ai cru que mon cœur allait se briser quand vous avez refermé la porte de la cabine. L'instant cruel que je n'osais même pas imaginer depuis deux ans et demi était passé. Il avait été plus douloureux que je ne l'aurais jamais pensé… J'avais votre portrait à côté de moi toute la nuit, c'était réconfortant de penser que j'avais au moins cela. Je voulais vous dire tant de choses hier, mais mon cœur était trop gros. J'aurais aimé vous dire merci pour tout ce que vous avez fait pour moi, pour toute votre bonté… C'est à vous, cher papa, que je dois le plus de choses en ce monde. Je n'oublierai jamais les conseils que j'ai eu le privilège de recevoir de vous plusieurs fois, je garde vos paroles dans mon cœur comme un trésor ; avec l'aide de Dieu, elles influenceront ma vie entière… Au revoir, papa chéri. Je dois m'arrêter. Votre fille très respectueuse et affectueuse. »

Albert est aussi bouleversé que sa fille. Avant même de recevoir sa lettre, il lui écrit quelques lignes : « J'avais le cœur gros hier, lorsqu'en posant ton front contre ma poitrine, tu as laissé libre cours à tes larmes. Je ne suis pas d'une nature démonstrative et il est ainsi difficile pour toi de savoir à quel point tu m'as toujours été chère et quel vide tu laisses dans mon cœur. Pas vraiment dans mon cœur car il reste bien entendu ta demeure comme par le passé, mais dans la vie de tous les jours qui me rappelle sans cesse ton absence. »

The Royal Collection © 2000, HM Queen Elizabeth II

Nice, 1898 : la reine avec Jacquot, en promenade dans le parc de la villa Liserb à Cimiez.

The Royal Collection © 2000, HM Queen Elizabeth II

Victoria âgée se plaint de voir moins bien avec ses lunettes.

Towneley Hall Art Gallery and Museum, Burnley, Lancashire © Bridgeman Art Library, Londres

Le *Te Deum* du jubilé de diamant devant la cathédrale Saint-Paul.

Mais le prince n'a pas le loisir de s'abandonner à sa tristesse de père. Dix jours avant le mariage de Vicky, le 14 janvier, Napoléon III a échappé de justesse à un attentat alors qu'il se rendait à l'Opéra. Les trois bombes lancées sur le carrosse ont tué dix passants et en ont blessé plus de cent cinquante. Ernest, le frère d'Albert, qui séjournait à Paris, a donné au lunch de mariage des détails effroyables : les chevaux se sont emballés avant de s'affaler, l'empereur et l'impératrice ne s'en sont sortis que miraculeusement.

Le coupable, le comte Orsini, est un partisan de l'unité italienne. Il a croupi dans les prisons de Metternich et ramé sur les galères du pape. Il s'est échappé de sa prison de Mantoue pour se réfugier à Londres. Dans sa jeunesse, Napoléon a combattu aux côtés des carbonari mais à présent, il devient chaque jour plus conservateur. Orsini souhaite rétablir, en France, une république qui favorisera l'unité de l'Italie.

En passant par la Belgique, il a gagné Paris sous le nom d'Allsopp. Les bombes ont été fabriquées à Birmingham et ont traversé les frontières en pièces détachées.

Trois jours après l'attentat, Napoléon écrit une lettre à Victoria : « Dans l'effervescence du moment, les Français veulent voir partout des complices du crime et j'ai peine à résister aux mesures extrêmes qu'on veut me faire prendre. Cet événement ne me fera pas dévier de mon calme habituel. » Mais il est débordé par la colère française.

Walewski, son ministre des Affaires étrangères, envoie une note sévère à Londres : « L'assassinat érigé en doctrine, est-ce le droit d'asile ? L'hospitalité est-elle due à des assassins ? La législation anglaise doit-elle servir à favoriser leurs desseins, leurs manœuvres ? » Palmerston évite de répondre. Il notifie à son ambassadeur : « Le Parlement britannique ne votera jamais une loi d'exclusion contre les réfugiés. Autant vaudrait lui proposer l'annexion de l'Angleterre à la France. » Il fait pourtant étudier un projet de loi qui punirait comme crime et non plus comme délit une conspiration tramée sur le sol anglais contre un souverain étranger. Le texte est voté en première lecture. Mais à Paris les colonels des régiments font parvenir à l'empereur des protestations de dévouement dans lesquelles ils traitent l'Angleterre de « repaire infâme qu'il faudra détruire ». Leurs déclarations paraissent dans *Le Moniteur*. La presse anglaise s'en empare. Le Parlement, ulcéré, refuse d'examiner la loi en seconde lecture et accuse le gouvernement d'avoir « manqué de dignité ». Brusquement déchu de son éclatante popularité, Palmerston démissionne. Il est remplacé par lord Derby.

La bonne entente avec l'Angleterre perdue ! Tous ses efforts pour séduire Victoria anéantis ! Napoléon ne peut s'y résoudre ! Il ordonne à Walewski d'écrire immédiatement à Londres : « Ma dépêche du 20 janvier n'a eu d'autre but que de signaler un état de choses que nous jugeons regrettable. Nos intentions amicales ayant été méconnues, nous nous abstiendrons de toute discussion ultérieure qui porterait atteinte à la bonne intelligence des deux nations et nous nous en rapportons à la loyauté du peuple anglais. »

Albert ne se contente pas de lire et d'annoter toutes les dépêches en provenance de l'Europe ou de l'empire. Les sociétés qu'il préside sont chaque jour plus nombreuses. S'il ne s'était pas marié avec Victoria, il aurait aimé être professeur d'université. Depuis qu'il dirige les destinées de Cambridge, il s'efforce d'ouvrir l'enseignement aux nouvelles sciences : chimie, physique, botanique, géologie, droit, philosophie, histoire moderne, médecine... Il organise des conférences où il invite toutes les sommités du moment comme l'explorateur-missionnaire Livingstone. Il réforme le programme des *public schools* qui se résume trop souvent à jouer au football, au cricket et à se battre. Chargé de gérer les fonds recueillis après la mort de Wellington, il ouvre à Sandhurst une école pour les fils d'officiers morts au combat et veille avec une attention particulière à ce qu'ils puissent avoir accès à une bibliothèque riche en livres d'histoire et de morale.

Le prince patronne aussi les écoles de la *Ragged School Union* créée à l'initiative de lord Shaftesbury. Des milliers d'enfants pauvres y apprennent à lire et à écrire et les mères à coudre. Les gamins qui doivent travailler sont organisés en équipe de cireurs de chaussures. Une Penny Bank a été ouverte pour recevoir les petites sommes d'argent.

Albert imagine déjà des pubs où le petit peuple viendrait, comme en Allemagne, se distraire en famille le dimanche. Son exaltation vertueuse, sa voix où l'émotion réveille des tonalités germaniques agacent les nobles lords et excitent l'ironie de la presse. Mais le prince est le premier à montrer le bon exemple. Il organise des cours d'alphabétisation pour les paysans de Windsor et examine lui-même régulièrement leurs cahiers. Pour ceux d'Osborne, il construit des cottages modèles avec des égouts qu'il aimerait imposer à tout le royaume.

L'été débute sous la canicule. Londres est submergée par une telle puanteur que l'air y est irrespirable et qu'aux Communes les députés sont obligés d'interrompre leur session. Victoria et Albert se rendent à Deptford pour lancer le nouveau monstre des mers, baptisé *Leviathan*. Ce paquebot de trente-trois mille tonnes, doté de toutes les innovations technologiques, ne réussira pas à quitter son quai malgré quelques grognements poussifs : « Nous avons dû battre précipitamment en retraite, empoisonnés par l'odeur de la Tamise. J'étais bien malade en rentrant à la maison. » Depuis plusieurs semaines, Victoria souffre de névralgies faciales que la chaleur aggrave encore.

Sous la pression de ses ministres, elle a accepté une invitation de Napoléon III et le yacht royal cingle vers Cherbourg où l'empereur inaugure la ligne de chemin de fer, le nouveau port et doit dévoiler une statue du grand Napoléon : « Les réjouissances seront à la gloire de la marine et de l'armée françaises ennemies de l'Angleterre et nous n'y prendrons pas part. Nous partirons avant qu'elles ne commencent. Ce n'est qu'une visite privée », écrit le prince à son frère. Une flottille de voiliers anglais escorte le yacht royal tandis qu'Albert lit à haute voix à Victoria la fin de *Jane Eyre* qu'elle n'a pas la force de terminer seule.

Disraeli, chancelier de l'Échiquier, représente le gouvernement et les attend sur place avec le duc de Cambridge, chef des armées, l'amiral Lyons et trente députés. Des toasts chaleureux sont portés à « la bonne entente franco-anglaise ». Mais la flotte française n'a jamais été aussi puissante et les nouveaux docks sont impressionnants. Avec le couple impérial, la reine et le prince en font le tour et admirent, le cœur pincé, tous ces bateaux et ces canons pointés vers les côtes anglaises. Albert reste persuadé que l'empereur se prépare à envahir l'Angleterre. Alors qu'ils repartent vers Osborne, Victoria écrit sous sa dictée une lettre de reproches au gouvernement : « Ce sera la première fois dans son histoire que la Grande-Bretagne se trouvera en complète minorité sur mer ! »

Le soir ils sont réconfortés par les joies de la famille qui fête les quatorze ans d'Alfred : « À cinq heures vingt nous sommes arrivés à notre doux Osborne... La soirée était chaude et calme. Affie chéri sur le quai et tous les autres enfants (même bébé) nous attendant devant la porte. Deckel (notre chien favori) et notre adorable kennel Boy nous retrouvant aussi avec joie. Nous sommes allés voir les cadeaux d'Affie étalés sur une table. Rien que des cadeaux nautiques. Albert avait mal à la tête, à la suite de son discours. Je l'ai rejoint une heure sur la pelouse puis je suis allée avec les enfants jusqu'au chalet suisse décoré de drapeaux en l'honneur de l'anniversaire... Je me suis assise au dîner entre Albert et Affie. Les deux petits princes (Arthur et Léopold) ont fait leur apparition. Un orchestre s'est mis à jouer et après le dîner, nous avons dansé avec les trois garçons, les trois filles et quelques autres, une joyeuse danse folklorique sur la terrasse... Je n'arrivais pas à croire qu'à midi j'étais encore à Cherbourg avec l'Empereur et l'Impératrice à bord de notre yacht. »

À la fin du mois, c'est la première visite à Berlin. Dès avril, ils ont appris que Vicky était enceinte. « Horrible nouvelle ! » pour Victoria qui souhaitait que sa fille profite au moins un an des ivresses du mariage. La reine abreuve la jeune mariée de lettres quotidiennes réclamant les croquis de ses nouvelles robes et le plan de ses appartements. Elle s'indigne devant le manque de confort et les froideurs de la cour de Potsdam. Bismarck appelle Vicky « l'Anglaise » et les énormes Prussiens la trouvent petite. Victoria, furieuse, s'insurge : sa fille est plus grande qu'elle « et je ne suis pas une naine ! ».

Les conseils maternels redoublent avec la grossesse. Vicky doit marcher, se laver le cou au vinaigre, ouvrir les fenêtres trois fois par jour, placer un thermomètre à côté de chacune et exiger l'aménagement de salles de bains et de water-closets. On la copiera et ce sera « un bienfait pour l'Allemagne entière ».

La mère n'est pas toujours d'accord avec sa fille si heureuse d'être enceinte : « Ce que tu dis de la fierté de donner la vie à une âme immortelle est très beau, ma chérie, mais j'avoue que je suis incapable de te suivre. Je trouve qu'à ces moments-là, on est plutôt comme une vache ou une chienne quand notre nature devient tellement animale et si peu extatique. » Stockmar alerte Albert qui reproche à Victoria d'excéder Vicky avec sa correspondance abominable : « Papa trouve que je t'écris trop souvent, il me le reproche méchamment. » Albert, pourtant, écrit aussi de son côté mais, jaloux des relations privilégiées qu'il a toujours eues avec sa fille, il aimerait la conserver toute à lui.

Le voyage en train est « atroce ». La poussière et surtout la canicule, à travers ce pays « tout plat et laid », sont telles que la reine « sent sa tête éclater ». La traversée du Hanovre met un comble à son exaspération. Quelques mois auparavant, elle a été obligée de restituer à « cet insignifiant royaume » certains de ses plus beaux bijoux que lui réclamaient les héritiers de l'affreux oncle Ernest.

Mais à la gare de Berlin, Vicky est là, sur le quai, un bouquet de fleurs blanches dans les bras. Elle grimpe dans le wagon, embrasse longuement ses parents et tout est oublié : « C'est bien toujours notre VIEILLE Vicky. »

Escortée de soldats et de fanfares, la cavalcade gagne le petit château tout neuf de Babelsberg prêté par le père de Fritz. Victoria est émerveillée par la salle à manger et la salle de bal gothique, son style préféré : « Tout le palais est un bijou », écrit-elle en français.

Elle est moins enthousiaste au château de Sans-Souci qu'elle trouve sombre et froid : « Son seul intérêt c'est que Frédéric le Grand y a vécu. » Ses retrouvailles avec sa fille chérie consolent Albert de la mort de Cart, son valet suisse fidèle depuis vingt-neuf ans. Quand le prince tout pâle, le télégramme à la main, lui a annoncé la nouvelle Victoria a beaucoup pleuré : « Le seul lien que mon aimé conservait avec son enfance. »

Ensemble, ils visitent Berlin, parcourent les larges avenues et assistent aux parades de la machine militaire prussienne sous une chaleur « à tomber malade ». Les réceptions de cette cour « boutonnée », les hobereaux géants et caparaçonnés dans leurs uniformes d'apparat, l'étiquette sans grâce, tout déplaît à Victoria. Oncle de Fritz, le vieux roi est devenu fou.

Surprise, Ernest et Stockmar arrivent de Cobourg pour l'anniversaire d'Albert le 26 août. Le matin, Victoria lui remet toutes les lettres que les enfants ont écrites en cachette pour leur cher papa avant leur départ d'Osborne. Sur la table d'anniversaire, décorée de fleurs, elle a disposé un portrait de bébé Béatrice par Horsley, une collection de photos de Gotha et ses environs, et un presse-papier en granit de Balmoral décoré de dents de cerf. Vicky une petite huile d'Hartmann, et une chaise de jardin pour Balmoral…

La séparation est particulièrement triste. Albert, angoissé, redoute de ne jamais revoir sa fille. Vicky n'a que dix-sept ans et les médecins prédisent un accouchement difficile. L'année dernière, Victoire de Nemours est morte à Claremont quelques jours après la naissance de son bébé. Le drame de la princesse Charlotte hante toujours la famille royale.

L'automne à Balmoral ne parvient pas à l'arracher à sa mélancolie. Albert a grossi et perd ses cheveux. Il vient de fêter ses trente-neuf ans mais on lui en donne soixante. Pour éviter de prendre froid, il porte parfois une perruque le matin et allume un feu en cachette de sa femme : « Mamma sera furieuse quand elle se lèvera et le verra », écrit-il à Vicky. Obsédé par la mort, il se plonge dans des lectures philosophiques et religieuses que, dans ses lettres, il recommande à sa fille. À Berlin, elle a fait une chute en se prenant le pied dans une chaise. Elle n'a pas osé en parler à sa mère mais elle s'est confiée à son père qui se ronge d'inquiétude. Vicky supporte d'autant moins sa fin de grossesse qu'elle se sent terriblement isolée en Prusse. Seule tante Feodora la réconforte. Victoria envoie sa sage-femme, Mrs. Innocent, pour lui redonner confiance. Elle dépêche aussi le docteur Clark et son propre accoucheur, le docteur Martin.

Vicky ressent les premières douleurs au matin du 26 janvier. Elle souffre de façon effroyable toute la journée. Le lendemain le bébé, mal placé, n'apparaît toujours pas. Les médecins allemands ont omis de prévenir le docteur Martin. Lorsqu'il arrive, ses confrères lui annoncent que la mère et l'enfant sont mourants. L'accoucheur anglais administre aussitôt du chloroforme à la jeune femme. Le bébé sort enfin, mais très mal en point. Il faudra près d'une heure pour le ranimer. Malmené, le bras gauche du futur kaiser Guillaume II restera à jamais inerte et atrophié. Plongée dans le coma, Vicky reste plusieurs jours entre la vie et la mort. Elle ne fera plus jamais confiance aux médecins allemands.

Albert et Victoria n'assistent pas au baptême de leur petit-fils. Ils se font représenter par lord Raglan : « Je donnerais cher pour être le domestique de lord Raglan », confesse la reine. Mais le couple royal est retenu à Londres par une session parlementaire qui s'annonce difficile, avec le retour d'un Palmerston plus arrogant que jamais. Napoléon s'apprête à entrer en Italie à la tête de ses troupes. Albert, accablé de travail, s'est mis en tête de doter l'école militaire de Sandhurst de nouveaux bâtiments sur le modèle de ceux de Versailles. Il est toujours absent. Victoria se prend à rêver d'une vie sans couronne. Elle écrit à Vicky : « Je suis excédée par la politique et toutes ces histoires d'Europe. Tu vas apprendre un de ces jours que ta mère est partie pour l'Australie y vivre avec ses enfants. »

13.

Le jour de ses dix-sept ans, Bertie reçoit le grade de colonel, l'ordre de la Jarretière et une lettre de ses parents l'adjurant de remplir enfin avec sérieux son rôle d'héritier de la couronne : « La vie est faite de devoirs et c'est en les exécutant respectueusement, régulièrement et joyeusement qu'on se montre aux yeux de tous un vrai chrétien, un vrai soldat et un vrai gentleman. » À sa lecture, Bertie éclate en sanglots.

En 1854, il a accompagné ses parents au Parlement lors de la déclaration de guerre à la Russie. Après la victoire de Sébastopol, il a participé aux innombrables défilés, cérémonies et remises de médailles aux soldats méritants. Victoria lui a transmis sa passion des uniformes. Il connaît chaque régiment, chaque tunique noire, rouge ou bleue, chaque bouton. Il confie au prince qu'il souhaite faire une carrière militaire, comme Fritz en Allemagne.

Dans son vaste plan de réforme de l'armée, Albert vient de créer le camp militaire d'Aldershot. Bertie souhaite y être incorporé. Mais pour son père ce n'est pas dans une caserne qu'on apprend le métier de roi. Il désapprouve le choix de Fritz et entend donner à son fils aîné l'éducation qu'il a reçue lui-même de Stockmar : des études juridiques, historiques et scientifiques approfondies, des lectures sérieuses et des voyages instructifs.

En 1857, Bertie est parti en excursion en Écosse dans la région des lacs avec Gibbs et quatre élèves d'Eton dont le fils de Gladstone. Son précepteur doit veiller à ce qu'il remplisse chaque soir un journal précis et détaillé. Mais Bertie s'endort sans écrire une ligne, après s'être amusé avec ses camarades. Un soir, ils ont même « rencontré des filles ». Gladstone n'a pas osé en parler à Albert.

Accablé par le journal insignifiant de son fils, le prince ne cède pas. Il l'envoie étudier la littérature allemande à Königswinter, près de Bonn. Bertie déteste toujours autant Gibbs ? Le prince ne cède pas davantage. Son précepteur l'accompagne. Avec lui, Bertie visite l'Autriche où le vieux Metternich lui trouve « l'air embarrassé et triste ». Puis ils se rendent à Chamonix où ils explorent la mer de Glace avec Albert Smith, auteur d'un livre, *L'Ascension du mont Blanc*, dont l'humour alpestre fait les délices d'Albert.

Bertie s'entend bien avec Alfred. Les deux frères sont heureux ensemble. Curieux de tout, Affie s'est mis au violon en cachette pour faire une surprise à ses parents et ne se déplace jamais sans une meute de chiens à qui il apprend des tours qui font rire la reine aux larmes. Albert pensait que les qualités du second allaient déteindre sur le premier. C'est hélas, aux dires des professeurs, l'inverse qui se produit. Au contact de Bertie, Affie prend les mauvaises habitudes de l'héritier de la couronne trop préoccupé de la couleur de ses redingotes. Leur père décide de les séparer.

À White Lodge, le prince de Galles est tenu à l'écart des mondanités de la cour et de la saison londonienne. Désormais, il reçoit une mensualité pour s'habiller. La reine l'avertit : « Nous espérons que tu ne porteras jamais rien d'extravagant ou de vulgaire. » Mais elle se plaint à Vicky : « Il ne s'intéresse à rien d'autre qu'à ses vêtements. Mon Dieu qu'arriverait-il si je mourais l'hiver prochain ! »

Ses parents rêvent de le voir grandir mais l'empêchent de vivre comme les jeunes gens de son âge qu'il doit fréquenter le moins possible. Albert a remis à chacun des aides de camp du prince un mémorandum confidentiel et sévère : « Le prince de Galles ne doit ni se vautrer sur les fauteuils, ni mettre ses mains dans ses poches, mais répondre aux marques de respect avec cordialité... Son rang et sa position le désignent pour être le premier gentleman du pays. »

Désormais l'affable colonel Bruce remplace Gibbs. Et les voyages sont toujours au programme. Bertie part pour Berlin rendre visite à sa sœur Vicky : « Il importe de ne pas le traiter en prince et de lui lire à haute voix des livres allemands », recommande la reine.

À Rome, chaque matin, il doit apprendre un texte par cœur avant le breakfast puis faire une heure d'italien et une heure de français. Le soir, il dîne avec des sommités de la culture qui lui parlent doctement des bustes et des peintures devant lesquels il lui a fallu s'attarder pendant la journée. Son père lui a demandé de tenir un journal archéologique. Malheureusement, Bertie a peu de goût pour les ruines : « Vous regardez deux malheureuses pierres et on vous dit que c'est le temple de machin chouette. »

L'entrée de Napoléon III en Italie et la guerre contre l'Autriche interrompent brusquement le voyage. On rapatrie d'urgence l'héritier de la couronne sur un sloop, *The Scourge*, qui revient d'Alexandrie. Après un arrêt au Portugal pour saluer son jeune cousin Pedro V qui occupe le trône, il débarque, à l'étonnement de sa mère, « très embelli » (en français). Il a un peu minci. Il est presque un adulte.

Intellectuellement, hélas, il n'a pas grandi. Albert ne lit dans le journal de son fils que quelques platitudes indigentes empruntées à des guides touristiques. La semaine de carnaval l'a plus intéressé que la chapelle Sixtine. L'allégresse romaine lui a plu. Il observe que les batailles de confetti du Corso seraient moins joyeuses si elles se déroulaient dans Regent's Street.

Une grande tristesse oppresse le prince. Son fils, sans ambition, ni de faire le bien, ni de s'améliorer, n'a rien d'un gentleman, sérieux, érudit, attentif au bonheur de son futur peuple. Chaque jour amène une nouvelle déception ! Albert, néanmoins, ne change rien au programme de Stockmar. Bertie part pour Édimbourg suivre une université d'été. À son retour, il entre à Oxford. Non pas dans un collège mais dans une maison isolée « afin d'être loin du monde et de pouvoir se livrer complètement à l'étude ». Pour seule distraction, on ne lui permet que la chasse à courre, un sport dans lequel bientôt il excelle. L'hebdomataire satirique *Punch* se demande s'il est utile de soumettre le prince héritier à un tel bourrage de crâne et accuse Albert d'acharnement pédagogique.

Le Canada, qui a pris toute sa part à la guerre de Crimée, mérite une visite royale et Palmerston suggère à la reine de s'y rendre. Mais Victoria aime trop les voyages confortables pour s'aventurer dans une colonie sans chemin de fer : Bertie ne pourrait-il pas la remplacer ? À la dernière minute, on y ajoute une visite des États-Unis : « Les Canadiens montreront aux républicains américains qu'on peut être heureux, en paix et en monarchie », dit Albert qui ne perd jamais une bonne occasion d'instruire son prochain.

Le prince accompagne son fils jusqu'à Plymouth. Le jeune homme écoute distraitement ses dernières consignes en montant sur le paquebot. Comme sa mère, il adore et adorera toute sa vie les voyages.

À Ottawa, il pose la première pierre du Parlement. Il inaugure un grand pont ferroviaire au-dessus du Saint-Laurent. Il chasse, visite les chutes du Niagara, descend les rapides sur un radeau de troncs d'arbres et ne manque aucune des vingt-deux danses au bal donné par le maire de Québec en son honneur. Dans ce pays de pionniers, tout est nouveau et tout l'enchante. Souriant, aimable, le mauvais élève de Stockmar remplit avec brio une mission à laquelle aucune université ne pouvait le préparer.

Dès son premier rapport, Bruce fait savoir au couple royal que Bertie s'acquitte de ses devoirs de « façon admirable ». Il omet soigneusement d'ajouter que son élève chuchote des compliments aux dames en dansant et qu'il préfère la compagnie d'une jolie fille à toutes les cérémonies officielles.

Aux États-Unis, il visite Detroit, Chicago, Saint Louis, Cincinnati, Pittsburgh, Baltimore. À Washington, il est l'hôte du président Buchanan qui l'emmène à Mount Vernon planter un châtaignier sur la tombe de Washington. Un geste qui émeut l'Amérique. La simplicité et la bonne humeur du prince de Galles conquièrent tous les cœurs. Le jeune homme, lui, est surtout sensible au charme et à la beauté de la nièce du président.

À New York l'attend une foule en délire. Un milion d'hommes et de femmes surexcités, agitant des drapeaux, hurlent leur joie : c'est la première visite d'un membre de la famille royale anglaise depuis la guerre d'indépendance. Ovation dont Bertie est le premier surpris. Il découvre son charisme. Autre point commun avec sa mère : toute sa vie, il sera adoré par les foules.

Au grand bal de l'Académie nationale de musique défilent devant lui les jeunes femmes les plus élégantes, les hommes les plus riches : « L'Amérique est fière de penser que tout l'empire britannique n'aurait pu offrir autant de beautés et de toilettes », écrit le *New York Evening Post.* À son départ, Bertie insiste pour payer la note de son hôtel de la Cinquième Avenue, ce qui accroît encore sa popularité. Un ouvrier lui crie : « Si vous revenez dans quatre ans, sir, vous serez notre candidat pour la présidence. » Dans son dernier rapport, Bruce ne tarit pas d'éloges : « Le prince de Galles s'est conduit de telle manière qu'il a tiré de son voyage le plus grand profit possible et a lui-même provoqué un intérêt et une sympathie qui ne sont pas minces. Le défi n'était pas sans risque. Son caractère et sa bonne éducation ont été mis à rude épreuve. Il a laissé partout une impression des plus flatteuses. »

La reine envoie aussitôt un bulletin de victoire à Vicky : « Sa popularité partout est immense. Il mérite bien toutes les félicitations d'autant qu'on ne lui a jamais ménagé les reproches. » Albert pourtant ne s'en prive pas. Il l'appelle sarcastiquement « notre héros » et lui rappelle que les ovations du Nouveau Monde étaient plus destinées à la reine d'Angleterre qu'à son fils.

Le prince, qui a épluché les journaux américains, est tombé avec dégoût sur trois lignes du *New York Times* évoquant une jeune femme qui aurait dansé et flirté avec Bertie « de façon presque impudique ». Toujours ce sang des Hanovre ! Ne vaudrait-il pas mieux marier Bertie au plus vite, avant qu'il ne soit saisi par la débauche ! C'est l'avis de Stockmar et de l'oncle Léopold.

Depuis un an déjà, le roi des Belges, toujours en avance d'un mariage, a dressé, à Bruxelles, une liste de sept princesses protestantes. Bertie en a rencontré quelques-unes à Berlin. Mais la princesse de Meiningen et la fille du prince Albrecht de Prusse ne lui ont pas plu. Quant à la princesse des Pays-Bas, elle est vraiment trop laide. La plus jolie est la princesse Alexandra de Danemark. Pour une fois, le prince est d'accord avec son fils. Seule réticence : la Confédération germanique réclame au Danemark les duchés du Schleswig et du Holstein. Et Albert est d'abord allemand.

Vicky s'occupe d'ailleurs de marier sa sœur « la bonne et aimable Alice » à un prince prussien. Âgée de seize ans, Alice n'a jamais accompagné ses parents dans leurs voyages sur le continent et n'est admise à la table royale que depuis deux ans. Elle est douce, jolie, avec un esprit indépendant. Dans la chapelle de Windsor, elle aime se mêler à l'assistance. En Écosse, elle part souvent visiter les cottages incognito, et rentre ravie quand les femmes ne reconnaissent pas son kilt. Elle voue une admiration sans bornes à Florence Nightingale que sa mère a reçue et décorée à Balmoral. La princesse rêve, comme son héroïne, de consacrer sa vie aux malades.

Le ministre des Affaires étrangères, lord Clarendon, mène une offensive en faveur de Guillaume, futur roi de Hollande. Albert n'est pas contre. La Hollande est un pays libéral et, à la différence de Bertie, le jeune prince est attentif à ses conseils. Alice ne refuse pas de devenir reine de Hollande, mais Guillaume n'est pas à son goût. Le prince d'Orange a les dents si jaunes qu'on le surnomme « Citron ». La reine trouve qu'il fréquente trop les actrices parisiennes et soutient sa fille.

En juin 1860, à la demande de sa mère, Vicky envoie à Londres les deux princes de Hesse, Louis et Henri, pour la semaine d'Ascot. L'aîné plaît beaucoup à Alice et surtout à Albert : Louis est protestant et chaste. Pour Victoria, il est aimable, jeune, spirituel. Le grand-duché de Hesse-Darmstadt est surtout une petite principauté de 836 230 habitants : « Comme il n'a pas beaucoup d'obligations, nous pourrons les avoir souvent chez nous. » Très excitée, elle craint, à son habitude, d'en faire trop et de gâcher l'avenir de sa fille. Albert lui envoie une note : « Chère enfant... Je ferai certainement tout ce que je peux pour calmer ta nervosité. » Mais après avoir signé la paix avec l'empereur d'Autriche, Napoléon vient d'annexer la Savoie et Nice, et le prince a bien d'autres soucis que le bonheur d'Alice. Il s'occupe toujours aussi activement de la réforme de l'armée. À son grand mécontentement, Gladstone, chancelier de l'Échiquier, menace de démissionner si les crédits militaires augmentent. De telles idées pacifistes, presques radicales, mettent en péril les monarchies et épouvantent Albert.

Son estomac le fait souffrir et le tient éveillé une bonne partie de la nuit. Il mange peu, digère difficilement. Il a mal aux dents et se plaint continuellement du brouillard, et de la suie des cheminées d'usine, des bateaux à vapeur, des locomotives. Il est d'humeur morbide et avoue à Stockmar : « Je suis mortellement fatigué par le travail, les contrariétés et les chagrins. »

À Berlin, Vicky donne naissance à un second bébé : Charlotte. Terriblement inquiets, la reine et le prince ne peuvent, cette fois encore, se rendre à son chevet. Sous l'œil vigilant des médecins anglais, l'accouchement s'est bien déroulé et le prince écrit aussitôt à sa fille : « J'espère que tu es calme. Garde à l'esprit que, quoique tu te sentes bien, le corps doit reprendre sa forme et le système nerveux, une vie normale. Repos de l'esprit, du cœur, du corps avec une bonne nourriture régulière, une digestion calme. Cela seul peut restaurer les forces animales. La petite doit être adorable. Les bébés filles sont plus jolies que les garçons. Je lui conseille de prendre modèle sur sa tante Béatrice. Cette petite dame n'a plus un instant à elle : "Je n'ai pas le temps de faire quoi que ce soit, dit-elle, je dois écrire à ma nièce." »

Après Osborne, ils sont à Balmoral. Seul, l'air froid d'Écosse lave Albert des miasmes de Londres et de la politique. Au milieu des collines et des lacs, du velours grenat des bruyères et des sentiers discrets, il retrouve avec Victoria le goût du bonheur. Le prince se sent si bien en Écosse que la moindre promenade en barque au coucher de soleil, la moindre hutte inspirent à la reine des aquarelles pleines d'émotion. Comme elle aime les Écossais ! Et surtout les plus humbles de ses serviteurs, ces ghillies qui « ne posent jamais de problèmes, sont joyeux, heureux, toujours prêts à marcher, à courir, à faire tout ce qu'on leur demande ! ». Lors d'une promenade au Old Corrie Muie, deux ans plus tôt, l'herbe était si mouillée qu'Albert avait suggéré de mettre un plaid sur les épaules de deux hommes pour la porter : « Brown et Duncan, les deux plus forts et les deux plus malins, comprirent tout de suite comment s'y prendre et je m'assis avec un bras sur l'épaule de chacun des hommes qui me portèrent sans problème. »

Cette année, le général Grey, secrétaire du prince, organise une randonnée incognito de deux jours à Glen Feshie. Seuls le général et lady Churchill, jeune dame d'honneur de Victoria, font partie de l'expédition. Grant et Brown, sélectionnés par Albert, les acccompagnent. En route, dans un éclat de rire, la reine et le prince décident de se faire appeler « lord et lady Churchill », le général devient le docteur Grey et lady Churchill Miss Spencer. Le soir, ils couchent dans un simple relais et s'amusent des gaffes de John Brown qui un instant appelle Victoria « Votre Majesté ».

Le prince apprécie particulièrement ce « Johnny Brown » pour sa loyauté et son franc-parler. Ses longues enjambées élastiques en font le champion des ghillies de Balmoral pour la chasse au cerf. L'infatigable Brown a rattrapé Jane Churchill qui dégringolait la pente du Craig Nordie. Victoria décrit la scène à sa fille : « Comme elle le remerciait, il dit : "Votre Grâce est moins lourde que Sa Majesté", ce qui nous fit beaucoup rire. Je dis : "Vous pensez donc que j'ai grossi ? – Oh que oui, je le pense", répondit-il carrément. J'ai donc décidé de me peser car je m'étais toujours crue légère. »

Brown est arrivé à Balmoral à l'âge de seize ans comme garçon d'écurie. Son père, autrefois directeur d'école, est désormais un petit fermier des environs. John est le second de neuf garçons. Trois sont morts, l'un a émigré en Australie, un autre en Nouvelle-Zélande et le plus jeune, Archie, est le valet du pauvre Léo. Brown conduit le poney de la reine. Il connaît l'histoire de chaque famille. Grâce à lui, Victoria et Albert peuvent converser avec les bergers, les femmes et les Highlanders qu'ils croisent au cours de leurs promenades. Le prince s'est mis au gaélique. Le ghillie apprend de son côté quelques mots d'allemand, une langue qu'en privé la famille royale emploie autant que l'anglais.

Après Balmoral, Alice, pour la première fois, accompagne ses parents à Cobourg où Vicky et Fritz doivent les retrouver. À Darmstadt, non loin de là, elle verra Louis, son futur fiancé. Albert souffre à nouveau de maux d'estomac et de rhumatismes. Il est si abattu qu'ils ont failli annuler le voyage à la dernière minute. Mais le docteur Baly, en qui le prince a toute confiance, les accompagne. Ce médecin compétent remplace le vieux Clark qui, à soixante-treize ans, prend enfin sa retraite.

À la gare de Francfort, un télégramme annonce le décès de la duchesse douairière, « Mutter Marie », la deuxième femme du père d'Albert. Elle est morte d'érysipèle, une maladie de la peau fort répandue à l'époque. Le château est en grand deuil quand ils arrivent à Cobourg. Vicky, dans ses longs voiles noirs, est impatiente de présenter enfin à ses parents leur premier petit-fils, Guillaume, qui, mené par sa nurse anglaise, s'avance à leur rencontre « vêtu d'une robe blanche ornée de nœuds noirs ». Victoria ne s'attarde pas sur son petit bras blanc et sans vie. Le docteur Clark l'a rassurée : avec lui, tout s'arrange toujours.

Ils rendent visite au vieux Stockmar qui s'est définitivement retiré à Cobourg et, le lendemain, se promènent jusqu'à Rosenau. Victoria grimpe dans la première voiture avec Ernest et Fritz. Albert s'installe à côté de Vicky dans la seconde. Le prince fait stopper le cocher avant d'arriver au château et, prenant sa fille par la main, il la conduit par un chemin secret qu'il empruntait autrefois. Depuis la naissance de Vicky, il rêve de cet instant. L'émotion le force à s'arrêter. Il tomberait même si sa fille ne le soutenait pas. D'une voix sourde, il lui montre les fenêtres et décrit, une à une, les pièces du ravissant château de son enfance.

À Callenberg, altière forteresse et autre résidence de famille, il chasse avec Ernest. Sur la terrasse, Victoria et Vicky font de l'aquarelle. Les douces collines leur offrent toutes leurs gammes de verts. Après le déjeuner, Albert rentre seul à Cobourg. Au passage à niveau, les chevaux s'emballent et il n'a que le temps de se jeter hors de la voiture. Le cocher est grièvement blessé. La reine trouve son mari au lit, très secoué et plein de courbatures, des compresses sur le nez, la bouche et le menton. Le soir, le prince plaisante sur ses quelques contusions mais il confie à Vicky qu'il a bien cru sa dernière heure arrivée. Depuis des mois, il est hanté nuit et jour par le spectre de sa mort.

Stockmar accouru à son chevet s'inquiète du surmenage avec lequel le prince torture sa fragile constitution. La reine, bouleversée, décide, pour commémorer ce miracle, de créer une fondation dotée de mille livres dont les intérêts seront distribués chaque année à des jeunes Cobourgeois méritants de milieu modeste, les garçons pour acheter des outils, les filles un trousseau.

Le dernier jour, Albert retourne à Rosenau avec son frère. Sa chère campagne de Thuringe le rend si nostalgique qu'il en est ému aux larmes. Ernest le voit enfouir son visage dans son mouchoir en murmurant : « Je suis certain d'être ici pour la dernière fois de ma vie. »

La traversée des principautés allemandes est ponctuée des habituelles réceptions officielles. Vicky les accompagne et découvre le Rhin et la Moselle. La pluie est glaciale et la reine attrape mal à la gorge. À son habitude, Albert s'efforce de dissimuler ses continuels maux de tête et d'estomac. À l'arrivée du train en Belgique, l'oncle Léopold s'alarme de la mauvaise mine du couple.

À Windsor, « triste et vieille prison », Victoria retrouve son « bébé Béatrice ». Hélas, Affie, si drôle et plein d'entrain, n'est pas là. Elle écrit à Vicky : « On m'avait promis qu'il serait avec nous mais il est reparti en mer… Papa est terrible sur ce sujet ! Je t'assure, il vaut mieux ne pas avoir d'enfant que de les voir partir si vite ! Cela vous brise le cœur ! »

Eugénie est en voyage privé à Londres pour se remettre d'une nouvelle infidélité de Napoléon III. Elle est descendue à l'hôtel Claridge, ce que Victoria juge extravagant. L'impératrice a décidé de visiter l'Écosse. Les journaux de cette Angleterre qui termine la conquête de l'Australie et se taille le plus grand empire de l'histoire ne pardonnent pas à la France ses modestes annexions. Ils écrivent d'une plume acide : « Pourquoi ne va-t-elle pas en vacances à Nice ou en Savoie, au climat plus clément ? »

À Londres, l'hiver est rigoureux. Au froid humide s'ajoute une nouvelle épidémie de choléra. Albert, souffrant, garde le lit une dizaine de jours : « J'ai eu une véritable attaque de choléra anglais, un individu que je n'avais pas la moindre envie de connaître et que j'espère ne plus jamais rencontrer », écrit-il à Vicky.

Noël réunit la famille à Windsor. Bertie est là. Ainsi qu'Alfred. Et aussi la duchesse de Kent, leur grand-mère. Et Louis de Hesse, qui depuis un mois est officiellement fiancé avec Alice. Les fenêtres étincellent de givre et les salons sont décorés des traditionnels sapins dont certains descendent du plafond et remplacent les lustres avec leurs bougies allumées. D'autres sont posés sur les tables. Chaque membre de la famille royale donne et reçoit treize cadeaux. Dans un compte rendu pour le *Times*, lord Torrington décrit l'ouverture des paquets : « On se serait cru dans un bazar, les lords, les gentlemen, la reine et les princes riaient, s'interpellaient. Les révérences étaient oubliées et certains tournaient même le dos à Sa Majesté. » Chacun a droit à un grand gâteau de Nuremberg au gingembre. Albert va mieux. Il fait des plaisanteries. Il balance « bébé » dans une grande serviette de table. Il fait du patin sur le lac gelé et pousse Victoria assise dans sa chaise. Torrington, qui signe son article : « de notre envoyé spécial à Windsor », s'est aussi glissé en cuisine pour voir rôtir la pièce de bœuf, les oies et les volailles : « Majestueux spectacle : au moins cinquante dindes devant un feu. » Sur une table trône l'immense pâté de bécasse, farci d'une centaine d'oiseaux, que le lord lieutenant d'Irlande se doit d'envoyer au palais pour les fêtes.

Comme chaque année, le 1er janvier, la reine prend dans son journal intime la grande résolution de ne plus s'emporter contre son cher ange : « Je promets de corriger mes fautes. » Les scènes conjugales reprennent pourtant, plus fréquentes et plus violentes que jamais. Victoria reproche à Albert de s'occuper peu d'elle, d'avoir un besoin névrotique de travail et de se plaindre ensuite de toutes sortes de douleurs.

Quelques semaines plus tard, pour son vingt et unième anniversaire de mariage, elle s'accuse de « stupide sensiblerie et d'irritabilité ». Le prince écrit à Stockmar : « Demain nous fêtons notre anniversaire de mariage. Nous avons connu bien des orages mais notre amour est toujours là, verdoyant et frais comme au premier jour. De cette union, je peux, grâce à Dieu, constater que l'humanité a retiré beaucoup de bienfaits. Comme le dit le quatrième chapitre de la Bible (version de Luther) nous avons connu des délices mais aussi beaucoup de peines et de tourments. »

Lorsque Vicky annonce qu'elle a assisté en pleine nuit au décès du roi de Prusse, la reine s'écrie : « Je te plains ma pauvre enfant, moi qui n'ai jamais vu un mort de ma vie. » Hélas, les corbeaux qui tourbillonnent en croassant autour des tours crénelées de Windsor sont porteurs de noirs présages.

L'intendant de la duchesse de Kent meurt subitement et Albert ajoute à ses lourdes responsabilités la gestion des affaires de sa belle-mère. Fuyant l'hiver froid et gris, le couple royal se rend à Osborne où le docteur Baly doit les rejoindre. La locomotive s'ébranle dans un panache de fumée blanche quand il arrive à la gare de Wimbledon, le 29 janvier. Il court. Il est le médecin de la reine en service commandé ! Le chef de gare fait stopper le train. Baly monte dans le premier wagon. Et voilà que le convoi déraille et que le malheureux médecin est happé à travers le plancher : « Le seul tué est notre précieux Baly » déplore la reine. Pour Albert, c'est une « perte incalculable ». Personne d'autre n'arrivait à soulager les névralgies qui le torturent.

Trois semaines plus tard, Clark présente au couple royal le docteur Jenner qui vient de découvrir les germes du typhus et de la typhoïde. Albert souffre à nouveau affreusement d'un abcès aux dents. Il dîne peu, à peine une tasse de bouillon, dort mal et se tue toujours à la besogne pour le plus grand agacement de Victoria qui écrit à Vicky : « J'espère qu'il ira mieux aujourd'hui. Mais notre cher Papa n'admet jamais qu'il va mieux ou qu'il se rétablit. Il fait une tête tellement sinistre que tout le monde le croit au plus mal. Moi, c'est le contraire, je ne montre rien et on ne me croit jamais malade. Lui, il est si sensible et vulnérable qu'un rien l'abat. »

La duchesse, elle, a depuis longtemps une tumeur maligne au bras qui l'empêche désormais de jouer du piano et même de lire. Clark décide de la faire opérer. L'intervention a lieu le 9 mars. Elle s'est admirablement passée selon l'impavide docteur... Mais le 15 mars, l'état de la malade s'aggrave brusquement et Clark alerte le palais ! Quand Victoria et Albert arrivent à Frogmore, la duchesse ne les reconnaît pas. La reine veille sa mère toute la nuit.

Sa main dans la sienne, elle entend le coq chanter, les chiens aboyer et la vieille pendule de son père, en écaille de tortue, égrener les heures. Quand sonne la demie de neuf heures, le faible souffle de la duchesse s'arrête : « J'éclatai en sanglot et couvris sa main de baisers. Albert me releva et m'emmena dans une autre pièce. Il pleurait ce qui est très inhabituel chez lui. »

Le prince la confie à Alice : « Console mamma », lui dit-il. À dix-sept ans, la brave Alice est devenue indispensable à ses parents. Dans le cœur d'Albert, elle ne remplace pas Vicky, mais elle est serviable, efficace, apaisante. Mieux que personne, elle comprend l'amertume de son père devant les sarcasmes qui saluent chacun de ses trop vertueux discours. Elle l'écoute et s'indigne avec lui des caricatures des journaux et de la bêtise du monde. Elle le soulage de l'aigreur qui lui ronge l'estomac. Le prince a jusqu'ici repoussé la date du mariage de son infirmière chérie au grand désespoir du fiancé.

La cour entre en deuil. Et Victoria en pleine dépression. Le vide est d'autant plus grand que la reine passait ces deux dernières années beaucoup de temps auprès de sa mère. Avec qui parler désormais de la troublante ressemblance de Bertie avec ses oncles-rois ou de l'hémophilie du pauvre Léo ? Feodora, sa demi-sœur, n'a pu se déplacer. Personne, ni le prince ni aucun de ses enfants, ne peut partager ses souvenirs. Elle n'est plus qu'une pauvre orpheline et vit son chagrin emprisonnée sous ses voiles noirs.

Le couple se retire à Osborne. Durant trois semaines, Victoria prend ses repas seule dans sa chambre. Albert confie à Stockmar qui s'inquiète de l'état nerveux de la reine : « Vous comprendrez qu'il n'était pas facile pour moi de la réconforter et de la soutenir tout en tenant les autres à distance sans pour autant gâcher l'occasion que donne un moment comme celui-là de renforcer l'unité de la famille. »

Dans ce XIXe siècle moraliste, chaque deuil est honoré par un long et austère rituel, chaque décès respecté comme une manifestation de la volonté divine, effrayante et inéluctable. En 1851, le peintre Millais a provoqué l'émotion en exposant son réaliste *Christ en famille*. Comme lui, ses élèves s'opposent à Raphaël et ne veulent plus embellir la triste réalité de la mort. Cette nouvelle école pré-raphaélite peint des jeunes filles diaphanes et agonisantes au milieu de familles éplorées. Tennyson a mis quinze ans à achever son *In Memoriam* que la reine et le prince comme tous leurs sujets ont lu et relu. Toujours soucieux d'étiquette, Albert participe à cette célébration ostentatoire. La duchesse souhaitait être enterrée près du duc de Cobourg dans sa Thuringe natale. Le prince lui a expliqué que c'était impossible et elle a accepté la construction d'un mausolée à Frogmore. En attendant son achèvement, le catafalque repose dans la chapelle de Windsor tendue d'immenses draperies funèbres à glands d'argent.

Victoria s'y rend chaque jour et en revient accablée : « Tu as raison, je ne veux pas me sentir mieux. J'ai la tête fatiguée et troublée et ne puis supporter le moindre bruit. Les larmes sont d'un grand soulagement et bien que, depuis la nuit de mercredi, je n'aie pas eu de crise violente, elles viennent et reviennent chaque jour et calment les meurtrissures du cœur et de l'âme », écrit-elle à Vicky le 10 avril. Elle pleure en vidant avec Albert les tiroirs de sa mère, elle pleure en retrouvant une boucle de ses cheveux, un dessin de la chambre mortuaire de son père, elle pleure en lisant les tendres pages écrites par la duchesse à la mort de son mari. Elle revit son enfance à Kensington, acccuse Conroy et Lehzen de l'avoir séparée de sa chère mamma. C'est Albert qui les a réconciliées ! Depuis, la duchesse est devenue la meilleure des grand-mères, comme le lui fait remarquer le prince toujours prêt à exalter le culte de la famille de Cobourg. Elle reste inconsolable : « Sa Majesté est tellement dans son chagrin qu'elle ne veut pas en sortir », s'inquiète le distingué lord Clarendon.

La rumeur court déjà les clubs et bientôt tout Londres : Victoria ne fait pas une simple dépression, elle a perdu la raison. Des bruits alarmants gagnent les cours étrangères. Vicky, affolée, en informe son père : « On prétend ici que mamma est soignée par tous les docteurs d'Europe. » Albert s'alarme des dommages qui pourraient en résulter pour la couronne. Il rédige lettre sur lettre : « Victoria se porte tout à fait bien et je ne puis comprendre d'où viennent ces rumeurs méprisables et horribles sur son état mental. Les gens, sur le continent et ici, en sont pleins. Elles me préoccupent beaucoup car j'en vois les conséquences possibles. Quant à elle, elle ignore tout de ce scandale », écrit-il à Ernest le 18 juin.

La mort de la duchesse, la succession, les lettres de condoléances alourdissent encore les innombrables charges du prince. Il dort mal, souffrant une fois de plus de rhumatismes. En juin, à l'inauguration de l'exposition royale d'horticulture, il est pâle à faire peur.

Léopold accourt de Bruxelles avec son second fils pour tenter de l'aider à arracher la reine à son hystérie dépressive. Vicky et Fritz leur succèdent en juin. Puis Maximilien et Charlotte d'Autriche, la princesse Charles de Hesse, mère de Louis, le duc d'Operto, le roi de Suède. Avec tous, Victoria évoque interminablement la chère disparue. Le 17 août, le cercueil de la duchesse est transféré dans le mausolée dont la voûte est « si légère, si haute et pure qu'en dépit de l'émotion, on ne ressentait pas l'angoisse ou l'amertume du chagrin, mais un sentiment de calme et de repos ».

La vie, enfin, reprend le dessus. Le mariage de Bertie meuble les conversations et chasse les idées noires. Vicky ne cesse de faire les louanges de la ravissante princesse Alexandra et Albert a fini par consentir à l'alliance avec le Danemark. Depuis le début de l'été, le prince de Galles accomplit une période militaire près de Dublin et le prince, malgré sa fatigue, décide d'y emmener Victoria avec Alice, Lenchen et Affie tout juste rentré des Antilles. En Irlande, ils visiteront les lacs et pourront mesurer de leurs propres yeux les efforts de Bertie pour devenir un gentleman.

Albert a établi par mémorandum un programme rigoureux : le prince héritier doit loger au camp militaire et donner des dîners deux fois par semaine pour les officiers supérieurs. Chaque quinzaine, il doit monter d'un grade. Bertie remplit à la perfection ses devoirs mondains. En le voyant défiler, la reine s'enthousiasme : « Il n'est pas si petit ! » Hélas, Bruce fait savoir qu'il est hors de question de nommer le prince de Galles chef de bataillon : il n'a pas une voix assez forte pour commander la manœuvre.

Le 26, ils fêtent l'anniversaire d'Albert : « Tellement différent cette année. Aucune réjouissance… moi, toujours abattue », avant de gagner leur paradis écossais. Et une fois encore le miracle se produit. Au grand air des montagnes s'envolent les chagrins, les fatigues, les douleurs. Leurs ghillies sont là, solides, enjoués, attentifs à leurs moindres désirs.

Comme l'année précédente, le général Grey organise une expédition incognito. Alice et Louis les accompagnent. Quel plaisir pour la reine de dormir dans une chambre « excessivement petite » au Temperance Hotel sans avoir été une seule fois reconnue. Le matin, il n'y a que Brown pour brosser « ma jupe et mes bottes ». L'après-midi, elle entre avec Alice dans l'échoppe d'un tailleur. Ils reviennent à Balmoral revigorés par la beauté des champs moissonnés et des paisibles lacs.

Quinze jours plus tard, ils repartent. Grey a reconnu le parcours et a donné des consignes à la duchesse d'Athole dont ils traversent le domaine : « 1) Sa Majesté ne vous rend pas une visite habituelle, 2) il faut préserver son incognito, 3) ne lui servir aucun repas mais seulement une tasse de thé ou plutôt (Sa Majesté ose à peine le dire) un verre de whisky chaud. » Cette fois, il pleut, le sentier est étroit et glissant mais la lande et les collines délicieusement sauvages. Les paysans devant leurs pauvres huttes s'interrogent au passage de ces voyageurs d'un monde enchanté. Grant et

Brown donnent des réponses évasives. Le soir, ils dorment à l'auberge de Fettercairn et dînent de deux misérables poulets, « sans pommes de terre, sans pudding, sans *fun* ». Heureusement, le lendemain lorsqu'ils parviennent au col de Killiekrankie, le ciel s'éclaircit et le soleil illumine les bouleaux dorés qui dévalent les pentes couvertes de bruyères : « C'est la randonnée la plus agréable que j'aie jamais faite… Rien ne m'a davantage retapée depuis mon grand chagrin ! »

Le 16 octobre, Albert emmène Victoria pour une balade avec Alice, Lenchen et Louis. Ils piquent-niquent au sommet du cairn Lochan sous un ciel sans nuage. Sur l'herbe, Brown a étalé des plaids, ouvert les mallettes en osier. Les gobelets et les couverts sont en argent, comme les flasques de whisky. Albert porte une cape en tweed et un chapeau de chasse, Louis a des jumelles. Victoria et ses filles, chacune sa boîte à aquarelle. Si grand est leur enthousiasme pour ces expéditions que tout le royaume se mettra à cette mode des pique-niques raffinés où chaque fourchette, chaque terrine répond à un code quasi royal. La bonne société européenne et américaine l'adoptera à son tour. Au dessert, le prince enterre une bouteille d'eau de Seltz dans laquelle il a placé un papier en témoignage de leur passage.

Brown, attentif et sûr, facilite ascensions et descentes. Le 21 octobre, dans une lettre à l'oncle Léopold, Victoria brosse un portrait élogieux du ghillie dont elle ne peut plus se passer : « Je sors chaque jour vers midi ou midi et demi, notre lunch est dans un panier porté sur le dos d'un Highlander et servi par un extraordinaire domestique écossais qui est mon factotum, qui fait tout pour moi. Il est à la fois mon valet, mon écuyer, mon page et je dirai même ma femme de chambre tellement il prend soin des manteaux, des châles, etc. C'est toujours lui qui conduit mon poney, qui s'occupe de moi dehors. Je crois que je n'ai jamais eu un domestique aussi serviable, fidèle et attentionné. C'est un vrai chagrin de le laisser derrière moi. »

Le lendemain, avant de quitter Balmoral, Albert délivre à Victoria un « très bon certificat » de « progrès ». Tous les serviteurs sont alignés pour les saluer. Brown avec son incroyable accent gaélique lance : « J'espère que vous reviendrez l'an prochain tous en bonne santé et qu'il n'y aura eu aucun mort dans la famille. »

Les chagrins, pourtant, ne se font pas attendre. Dès leur retour à Windsor, ils apprennent le décès du jeune Ferdinand de Portugal. Quelques jours plus tard, son frère aîné le roi Pedro est à son tour emporté par la typhoïde. Il n'a que vingt-quatre ans et sa disparition terrasse Albert qui aime comme un fils ce cousin aux idées libérales.

Ah ! si seulement Bertie avait pu lui ressembler ! Hélas, le prince héritier est charmant et frivole à la manière des aristocrates français si accaparés par leurs plaisirs qu'ils ne voient jamais venir les révolutions. Il est passé d'Oxford à Cambridge sans que son bagage juridique ou scientifique ait notablement augmenté. Il vient d'avoir vingt ans. À la politique, il préfère les cigares, le théâtre et les jolies filles.

Le 12 novembre, Albert reçoit du vertueux Stockmar une lettre dénonçant l'inconduite de Bertie en Irlande. Ses camarades, qui tous entretiennent au moins une maîtresse, déploraient que le jeune prince dorme seul. Le dernier soir, ils ont mis dans son lit une jolie actrice, Nelly Clifden. Bertie a passé la nuit avec la créature et l'aurait même fait coucher à Windsor. Selon les rumeurs, cette Nelly Clifden se présenterait déjà comme la future princesse de Galles ! Cette dernière phrase de Stockmar glace le sang du prince qui, depuis vingt ans, impose au royaume une moralité « impeccable ». Bertie quasiment fiancé ! Comment, après cela, se présenter le front haut devant la cour de Danemark.

Sans en parler à Victoria, il fait faire une enquête. Lord Torrington, la « pipelette » de Windsor, ne peut que confirmer les révélations du baron allemand : « Tout le monde est au courant. »

Albert, dans une longue lettre à son fils, détaille les épouvantables conséquences de sa légèreté : « Je t'écris le cœur lourd sur un sujet qui m'a causé le plus profond chagrin que j'aie jamais éprouvé de ma vie. Je m'adresse à mon fils sur qui nous avons, pendant vingt ans, fondé l'espoir qu'il deviendrait un Prince et le joyau d'une nation grande, puissante et religieuse, à mon fils qui a sombré dans le vice et la débauche... Si tu cherches à nier, cette créature risque de te traîner en justice, tu seras obligé de venir à la barre des témoins, et là elle fournira devant un public qui en salivera d'avance les détails répugnants de votre liaison, tu seras interrogé par un petit juge graveleux, tu seras conspué et raillé par une foule sans foi ni loi ! Oh quelle horrible perspective ! Cette fille possède une arme dont elle peut se servir à tout moment et briser à jamais le cœur de tes pauvres parents !!! »

À chaque ligne perce la souffrance. Depuis la lettre de Stockmar, le prince ne ferme plus l'œil : « Je me sens affreusement mal, perclus de douleurs. »

Le 22 novembre, les nuages sont gris et la pluie tombe en rafales. Albert va pourtant à Sandhurst, pour visiter les nouveaux bâtiments du collège militaire. Il rentre trempé jusqu'aux os et secoué de frissons.

Le dimanche 24, stoïque, il va prier avec la reine au mausolée de la duchesse, à Frogmore.

Le lundi 25, toujours malade, il se rend à Cambridge. Bertie lui a écrit une touchante lettre d'excuses, mais le prince désire avoir une franche explication avec lui. Le père et le fils se promènent côte à côte. Les passants les reconnaissent et les saluent. Le prince domine le jeune homme d'une tête et se penche vers lui. Ils tombent d'accord : le mariage avec Alexandra doit être célébré le plus tôt possible pour que Bertie puisse « canaliser ses dangereux instincts ».

À son fils, il prétend que « mamma » n'est pas au courant de l'affaire. Mais Victoria sait. La lettre de Stockmar à la main, le prince est entré dans sa chambre, le visage décomposé. Depuis de longs mois, il souffre de tant de maux, au physique comme au moral, que la reine ne prend plus au tragique ses éternelles lamentations.

Le lendemain, elle écrit à l'oncle Léopold qu'Albert est devenu « irritable et difficile ». Sortir au grand air lui ferait le plus grand bien.

Elle est trop excentrique et égocentrique, trop femme et pas assez politique pour comprendre la passion de la réforme qui dévore son bien-aimé. N'ont-ils pas tout pour être heureux ! Mais comment Albert pourrait-il être heureux avec ses rêves de vertu et de piété, d'ordre et de paix qu'il désespère de voir jamais se réaliser ?

Il est malade, angoissé, déprimé, seul dans ce pays aux passions tumultueuses, aux modes extravagantes, aux plaisirs trop violents pour sa sensibilité et sa fragile santé. Seul à supporter l'indifférence de la bonne société, les critiques des journaux, les sarcasmes contre un prince étranger qui tente d'imposer à tout un peuple sa soif d'absolu. Seul, sans que personne puisse mesurer les efforts qu'il livre depuis vingt ans pour faire de ce royaume une terre que Dieu veuille bénir !

14.

L'Amérique est en guerre. Un vapeur postal anglais, le *Trent,* vient de quitter les Antilles à destination de l'Angleterre. À bord se trouvent deux plénipotentiaires sudistes qui ont bravé le blocus des États nordistes. James Mason est envoyé auprès des Anglais, John Slidell, chez les Français pour leur demander aide et armes. Un garde-côte yankee du Nord arraisonne le *Trent* et arrête les deux hommes. Leurs documents sont sauvés in extrémis, cachés sous la crinoline de Mrs. Slidell.

La presse anglaise, devant un tel outrage au drapeau, mobilise le pays contre les Yankees. L'industrie textile s'approvisionne en coton de Louisiane et soutient le Sud en fermant les yeux sur l'esclavage qui règne encore dans les plantations.

Palmerston a déjà expédié huit mille hommes au Canada. Et lord Russell, ministre des Affaires étrangères, rédige un message comminatoire : si les émissaires du Sud ne sont pas immédiatement relâchés, l'Angleterre rappellera son ambassadeur à Washington et ce sera la guerre. Gladstone, chancelier de l'Échiquier, assure la reine que le pays est d'accord avec le gouvernement pour se battre contre les Yankees.

Leurs journaux, aux mains des immigrés irlandais, sont d'ailleurs violemment anti-britanniques : « Si l'Angleterre nous déclare la guerre, elle mourra de faim. Nous sommes ses meilleurs clients. Nous lui fournissons du blé et nous achetons ses produits. Au premier coup de canon, nous claquerons la porte du commerce au nez de l'insolente Britannia. Pas un grain de blé, pas un centimètre de tissu ne traverseront l'océan », proclame le *Boston Post.*

Victoria traite les nordistes de « ruffians ». Mais Albert n'est d'accord ni avec elle, ni avec le gouvernement, ni avec ces journaux qu'il accuse depuis toujours de manipuler l'opinion. Le dimanche

1er décembre, plus fiévreux que jamais après une nuit blanche, il s'emmitoufle dans sa robe de chambre à col de velours et allume une dernière fois sa lampe à abat-jour vert.

Il est si faible qu'il a du mal à tenir son porte-plume. Il cherche les mots qui sauveront la paix, trouve une porte de sortie acceptable pour les Yankees. Le gouvernement britannique doit exprimer l'espoir « que le capitaine du navire américain n'avait pas agi sur ordres ou en tout cas qu'il les avait mal interprétés ». Il montre à Victoria les corrections qu'il vient d'apporter au message de Russell au prix d'un effort surhumain. Palmerston lui-même se range à son avis. La dépêche est confiée à lord Lyons, grand amiral de la flotte. En plein hiver, il faut au moins dix jours pour traverser l'Atlantique.

Albert s'habille, parcourt en frissonnant la terrasse glacée de Windsor pour aller suivre l'office religieux dans la chapelle. Il ne peut rien avaler à midi ni le soir : « Même un bol de bouillon et un simple morceau de pain me feraient vomir. » Au salon, il écoute Alice jouer du piano avant de se remettre au lit. Clark et Jenner ne lui prescrivent aucun médicament.

Pour ne pas incommoder Victoria, il se couche sur un divan au pied du grand lit royal. Mais toute la nuit, il se retourne sans trouver le sommeil. Victoria lui donne à boire et écoute, elle aussi, sonner les heures. Le matin, il se traîne jusqu'à sa chambre où il espère se reposer. La reine le suit avec un flacon de sels et asperge les draps d'eau de Cologne. Il a la fièvre, il se sent mourir, dit-il. Mais le docteur Clark a décidé qu'il ne fallait alarmer ni la reine ni le prince : « Ce bon Clark m'a rassurée en disant qu'il n'y avait pas d'inquiétude à avoir, ni pour le présent ni pour l'avenir. Il a le sentiment que la fièvre va tomber et assure qu'Albert ira bientôt mieux. »

Lundi 2 décembre : Albert tient à recevoir son vieux collaborateur, le général Seymour, et lord Methuen qui l'ont représenté à l'enterrement du roi Pedro du Portugal. Il écoute le récit des derniers instants de son cher cousin : « Si la fièvre se déclare, je mourrai moi aussi comme Pedro », soupire-t-il.

Victoria dort dans son dressing pour laisser le grand lit à son mari. Mais une fois encore, la nuit est épouvantable. À la lueur des bougies, Albert passe d'une chambre à l'autre sans pouvoir dormir.

Mardi 3 décembre : à six heures du matin, la reine « dans l'angoisse » fait venir Jenner. Le médecin administre au prince du laudanum qui le fait dormir une heure et demie et apporte un « soulagement béni ».

De son propre chef, Phipps, secrétaire particulier du prince, adresse tous les jours un bulletin de santé au Premier ministre.

Palmerston suggère à la reine de prendre l'avis d'un spécialiste. Mais Victoria pense, comme Clark, que la présence d'autres médecins risquerait de démoraliser Albert. Surtout que la presse ne s'empare pas de la maladie du prince ! Le mot typhoïde ne doit pas être prononcé : « Le prince a eu un refroidissement et de la fièvre ces derniers jours, ce qui a perturbé son sommeil mais Sa Majesté a déjà vu Son Altesse royale dans cet état et espère que dans quelques jours ce sera passé. Outre sir James Clark, la reine bénéficie des conseils permanents du docteur Jenner, un médecin des plus compétents, et Sa Majesté ne voudrait surtout pas provoquer des inquiétudes inutiles et infondées en appelant un médecin extérieur au palais. »

Après avoir envoyé ce message à Palmerston, elle se retire dans sa chambre et confie à son journal qu'elle est dans « un abîme de désespoir ».

Albert, épuisé et privé de toute nourriture, commence à perdre la tête et à tenir des propos incohérents. Alice ne le quitte pas un instant. À dix-huit ans, elle est la plus douce et la plus prévenante des gardes-malades et force l'admiration de la cour : « Elle a compris dès le premier jour que la solidité de son père et de sa mère dépendait de la sienne... Il ne peut parler à la reine de sa souffrance car elle ne supporterait pas de l'écouter et ferme les yeux devant le danger. Sa fille a décidé d'agir autrement et elle ne se laisse jamais aller, sa voix ne tremble pas et elle ne verse pas une larme. Elle est assise à côté de lui, écoute tout ce qu'il dit, lui chante des cantiques et quand elle n'en peut plus, elle marche calmement jusqu'à la porte et s'enfuit en courant jusqu'à sa chambre. Elle revient avec le même air tranquille, le visage pâle mais sans la moindre trace des sanglots qui l'ont secouée. » Elle écrit à son fiancé : « La pauvre mamma... n'a aucune idée de la façon de le soigner et pourtant elle voudrait si bien faire... »

4 décembre, château de Windsor. Victoria au roi Léopold à Bruxelles : « J'ai eu beaucoup à faire avec mon pauvre Albert. Ses rhumatismes se sont transformés en une grippe qui l'a abattu et énormément affaibli. Depuis lundi, il ne sort pas de sa chambre, son appétit et son sommeil sont très perturbés, ce qui est fort désagréable. Vous savez à quel point il est toujours déprimé quand quelque chose lui arrive ! Mais aujourd'hui, il va mieux et j'espère que dans deux ou trois jours, il sera à nouveau sur pied. C'est rageant car il était particulièrement bien jusqu'à ce qu'il attrape ce rhume auquel se sont ajoutés toute sorte de soucis... »

6 décembre, château de Windsor. Victoria au roi Léopold : « Je suis heureuse de vous annoncer que mon Albert chéri est tout

à fait mieux. Il a beaucoup mieux dormi et hier soir, il a pu prendre un peu de nourriture. »

Miné par la douleur le prince murmure : « Ah ! si seulement Stockmar était là... » Seul le docteur Baly arrivait à calmer ses douleurs de gencives. Il n'a pas confiance dans les autres médecins de la cour. L'un d'entre eux lui a déclaré : « Dans quelques jours Votre Altesse sera mieux. » Il a répondu : « Non je ne guérirai pas. Mais je ne suis pas pris par surprise. Je n'ai pas peur. Je crois que je suis préparé. »

7 décembre : le docteur Clark part soigner sa femme malade. Le matin, le prince a entendu les oiseaux chanter et s'est cru revenu dans son cher Rosenau, le château de son enfance. Jenner constate une légère éruption cutanée au niveau du bas-ventre qui le conforte dans son diagnostic. Il profite de l'absence de Clark pour annoncer avec ménagement à la reine que le prince souffre d'une « fièvre gastrique », expression employée pour la typhoïde. L'origine du mal vient du surmenage que le prince s'impose. Compte tenu de son état de fatigue, la maladie risque de durer plusieurs semaines mais il n'y a pas lieu de s'inquiéter, elle suivra son cours.

Pour la première fois, les invités du palais sont décommandés.

8 décembre : Albert n'assiste pas à l'office religieux dominical. Il souhaite pourtant écouter un peu de musique pieuse dans sa chambre. On installe un piano dans la pièce d'à côté et Alice joue un cantique luthérien : *Mon Dieu est ma forteresse.* Elle lui fait aussi entendre ses mélodies allemandes préférées. Il demande qu'on roule son canapé jusqu'à la fenêtre. Le soleil rose de cette journée d'hiver l'apaise. Alice étend une couverture sur lui. Il ouvre les yeux, un sourire au lèvres : « Vous dormiez ? lui demande-t-elle. – Non. Mais mon esprit vagabondait, heureux, et je ne voulais pas bouger pour ne pas le déranger. »

Le soir, le prince change une fois encore de lit et s'installe dans la chambre bleue où sont morts George IV et Guillaume IV. Les médecins interprètent toute l'activité de cette journée comme « positive et bienvenue ». Ils se sont pourtant décidés à consulter deux confrères : les docteurs Holland et Watson. Ce dernier est très pessimiste.

Victoria vient embrasser Albert qui lui prend la main et l'appelle *Gutes Weibchen*, « ma bonne petite femme ».

9 décembre, château de Windsor. Victoria au roi Léopold : « Je vous joins le bulletin de Clark que vous serez content de lire. Notre cher grand malade va mieux. Tout cela est bien pénible et je n'ai pas besoin de vous dire quelle épreuve c'est pour moi. Enfin, chaque jour nous rapproche de la fin de cette épuisante maladie

que j'ai eue dans mon enfance à Ramsgate, à cette nuance près que pour moi c'était pire et qu'on ne m'a pas soignée. »

10 décembre : le prince est si faible qu'il n'a pas le courage de s'habiller. Palmerston revient à la charge et demande que l'on consulte encore d'autres médecins : « L'affaire est de la plus grande importance nationale et toute espèce de considération personnelle ou d'amour-propre doit s'effacer devant l'intérêt de l'État. »

11 décembre, château de Windsor. Victoria au roi Léopold : « Je peux vous annoncer que la nuit a été bonne. Aucun affaiblissement mais toujours des signes favorables. »

À huit heures du matin, elle est au chevet d'Albert qui, au creux de son épaule, pose doucement « son beau visage, plus beau que jamais, si amaigri » et soupire : « Comme c'est confortable, chère enfant. » La reine l'aide à se lever pour gagner le canapé à roulettes qu'elle pousse dans la pièce voisine, le temps de refaire sa chambre. Près de la porte, il s'arrête devant son tableau favori, une madone de Raphaël peinte sur porcelaine « qui me tient compagnie la moitié de la journée ».

Un peu plus tard, il s'inquiète de la santé de Vicky qui est enceinte. Il demande à Alice si elle a écrit à sa sœur : « Oui, je lui ai dit que vous étiez malade. – Tu as eu tort, tu aurais dû lui dire que je suis mourant. Oui, je me meurs. » Il articule difficilement encore quelques mots. Alice se penche vers lui mais elle ne peut pas le comprendre.

12 décembre, château de Windsor. Victoria au roi Léopold : « Je peux encore vous donner des nouvelles satisfaisantes de notre grand malade adoré. Il garde ses forces et a eu encore une très bonne nuit. Il s'est bien nourri et montre une étonnante énergie. Je fais des allées et venues dans sa chambre mais depuis les quatre horribles nuits de la semaine dernière, avant que les médecins aient diagnostiqué la fièvre gastrique, je n'y reste pas la nuit. Je n'y servirais pas à grand-chose et d'ailleurs il n'y a aucune raison de s'alarmer. Deux fois par jour, je prends l'air pendant une heure. Ce sont des jours bien éprouvants. Je ne pourrai jamais assez dire à quel point le docteur Jenner est intelligent, prévenant et dévoué. On peut dire qu'il est le grand spécialiste européen de la fièvre… Notre bon vieux Clark est là aussi tous les jours ».

Pourtant, la fièvre monte. Le prince a de la difficulté à respirer. Il délire. Phipps en informe aussitôt Palmerston qui lui répond : « Votre message m'est tombé dessus comme un coup de tonnerre. On ne peut qu'espérer que la Providence nous épargne cette calamité incommensurable. »

Vendredi 13 décembre. À huit heures du matin, Victoria trouve Albert prostré, les yeux grands ouverts. Il a du mal à respirer. Jenner indique que les symptômes de congestion des bronches sont alarmants. La reine s'enfuit dans sa chambre : « J'ai prié et pleuré à en devenir folle. Oh ! comment ne suis-je pas devenue folle sur-le-champ ! » écrira-t-elle plus tard.

Pour la première fois, elle ne se change pas pour passer à table. Elle est incapable d'avaler une bouchée. Quand elle revient à neuf heures dire bonsoir au prince, les médecins ne la laissent pas approcher du lit.

Alice décide de prévenir Bertie à Cambridge. Pour ne pas l'affoler, elle ne lui dit pas toute la vérité. Nullement inquiet, Bertie dîne avec des amis et n'arrive qu'au petit matin.

14 décembre : « Je n'oublierai jamais combien mon Chéri était beau, ainsi étendu, le visage éclairé par le soleil levant. Ses yeux exceptionnellement brillants semblaient regarder des objets invisibles et ne me voyaient pas. »

Autour de lui, les chandelles sont consumées et les médecins, qui l'ont veillé toute la nuit, décomposés.

Dans la matinée, Alice, Bertie, Lenchen, Louise et Arthur viennent, l'un après l'autre, baiser en tremblant la main de leur père qui ne les reconnaît pas. Il réclame Phipps qui vient à son tour lui embrasser la main. Son secrétaire, le général Grey, et le grand écuyer, Thomas Biddulph, sont admis dans la chambre pour un semblable adieu et éclatent en sanglots.

Victoria est assise au chevet d'Albert. Le docteur Watson lui fait signe de donner une gorgée de cognac au mourant. Elle secoue la tête. Sa main tremble trop.

Dans l'espoir insensé de faire tomber la fièvre, les médecins décident de plonger le prince dans un bain et demandent à Victoria de quitter la pièce. Elle revient un peu plus tard : « Je me penchai vers lui et lui dis : “Es ist kleinest frauchen”*, il inclina la tête. Je lui demandai s'il voulait me donner “ein kuss”** et il remua les lèvres. Il semblait à moitié assoupi, très calme. Je quittai la chambre un instant et tombai par terre de désespoir. On essayait de me consoler mais c'était pire encore. Puis Alice revint me chercher. J'étreignis sa main gauche qui était déjà froide. Il respirait doucement et je m'agenouillai à côté de lui. Alice était de l'autre côté, Bertie et Lenchen agenouillés au pied du lit. Phipps, Bruce et le doyen de Windsor agenouillés en face de moi. Il poussa deux ou trois longs et calmes soupirs, sa main dans la mienne et tout, tout

* C'est ta petite femme.

** Un baiser.

fut fini. Je me relevai, baisai son cher et divin front et lançai un long cri de douleur : oh ! mon amour chéri ! Je tombai à genoux dans un désespoir muet, égarée, incapable de prononcer un mot, de verser une larme. »

À minuit, le glas de la cathédrale St. Paul surgit de la brume silencieuse de Londres. Bientôt toutes les églises du royaume sonnent à leur tour, annonçant aux sujets de Victoria que l'Angleterre vient de perdre son « roi ».

15.

« Comment suis-je encore en vie après avoir assisté à ce que j'ai vu ? Oh moi qui priais tous les jours pour que nous puissions mourir ensemble et que je ne lui survive jamais ! Moi qui croyais, serrée et blottie dans ses bras bénis aux heures sacrées de la nuit où le monde semblait n'être plus qu'à nous seuls, que rien ne pourrait jamais nous séparer ! » sanglote la reine dans une lettre à Vicky quatre jours après la mort du prince.

Le dimanche, soutenue par ses filles, elle est retournée à deux reprises dans la chambre bleue et a trouvé Albert « beau comme une statue de marbre » au milieu d'une mer de fleurs. Pour ne garder en mémoire que cette image de sainteté, elle a décidé de ne pas le revoir une troisième fois. Mais elle a fait photographier la chambre mortuaire afin que tout y demeure à jamais inchangé.

Elle est calme, hébétée plutôt. Elle ne réalise pas encore, surtout elle n'accepte pas. Autour d'elle chacun s'attend à la voir s'effondrer. Alice couche dans sa chambre et Jenner lui administre du laudanum grâce auquel elle sombre dans le sommeil. Le matin, on amène Béatrice, « baby bee », habillée tout en noir, dans son lit. Le soir, elle s'endort en étreignant les vêtements d'Albert.

Comme elle, le pays reste incrédule : « Les nouvelles de la sérieuse maladie du prince consort ont angoissé et stupéfié l'Angleterre, samedi. Les lecteurs de la "Court Circular" avaient seulement appris que Son Altesse royale souffrait d'une légère indisposition », écrit un *Times* bordé de noir qui publie in extenso les derniers et rassurants bulletins de santé signés par les médecins en fin de matinée quelques heures avant la mort d'Albert : « C'est seulement quand ils ont entendu le glas que les Anglais ont compris que la nouvelle était vraie… La première crainte générale et profonde est que la reine n'ait pas la force de supporter le chagrin que la Providence a décidé de lui infliger. »

Si grande est l'inquiétude que Buckingham publie immédiatement un bulletin annonçant : « La reine supporte avec calme son chagrin et son état général n'en souffre pas. »

Le docteur Jenner signe l'acte de décès : « Fièvre typhoïde, durée vingt et un jours. » Mais déjà le *Lancet* et d'autres journaux médicaux mettent en doute ce diagnostic. S'il s'agit vraiment d'une typhoïde, comment se fait-il qu'aucun des enfants, aucun membre de la cour n'ait été contaminé ? Ils émettent l'hypothèse d'un cancer de l'intestin ou de l'estomac qui expliquerait mieux l'état dépressif du prince, les maux continuels dont il souffrait depuis des années. « Je ne pensais pas que c'était si grave ! » soupire Victoria qui garde néanmoins toute sa confiance dans ses médecins. Elle écoute Clark qui incrimine le surmenage, un refroidissement et surtout les chagrins provoqués par l'inconduite de Bertie. Le 17 décembre, lord Clarendon écrit : « Il est affreux de penser qu'une telle vie a peut-être été sacrifiée à la furieuse jalousie que sir James Clark éprouve envers tous ses confrères. »

De Bruxelles, l'oncle Léopold, « atterré et malade », exhorte sa nièce : « C'est un fort sentiment de devoir qui t'aidera à supporter ta peine… Je te conseille de quitter Windsor pour Osborne dès que possible. »

Le 19 décembre, la reine prend la mer habillée de noir après avoir coupé ses cheveux et ceux de ses filles pour que leurs longues mèches soyeuses soient placées entre les doigts de son bien-aimé. L'usage veut que les femmes n'assistent pas aux enterrements. Bertie a accompagné sa mère et ses sœurs jusqu'au yacht royal. À Windsor, il conduit le deuil avec une exemplaire dignité, entouré du prince Arthur, de Fritz et du duc de Saxe-Cobourg. Un enterrement sans pompe comme l'avait souhaité Albert, en présence de tous les hommes politiques du royaume : « En enterrant le Prince Albert, nous avons enseveli notre Souverain. Ce Prince allemand a gouverné l'Angleterre pendant vingt et une années avec une sagesse et une énergie telles qu'aucun de nos Rois n'en a jamais montré », écrit Disraeli. Beaucoup ne peuvent retenir leurs larmes quand le chœur allemand entonne le cantique *Je ne demeure pas dans la tombe*.

Avant de quitter Windsor, Victoria a aussi choisi l'emplacement exact du mausolée où sera enterré Albert. À Frogmore, non loin de celui de sa mère. Une chapelle octogonale dessinée par l'ami du prince Ludwig Grüner sur le modèle des églises italiennes du XIIIe siècle et décorée de peintures dans le style de Raphaël qu'il a tant aimé.

Persuadée qu'elle l'y rejoindra bientôt, elle met en ordre ses papiers : « Il n'existe plus pour moi de bonheur dans la vie ! Le monde entier ne m'est plus rien... Être séparés au printemps de la vie, voir détruire notre foyer pur, heureux et paisible, qui seul me rendait capable de supporter une tâche si détestée... », écrit-elle, d'Osborne, à l'oncle Léopold.

Plus encore que par la douleur, elle est paralysée par le sentiment de ne pas être à la hauteur de l'œuvre colossale que le prince accomplissait avec une telle perfection. Le scrupuleux Albert s'intéressait à tout. En 1859, il avait fait venir deux omnibus pleins de savants à Balmoral. Comment pourrait-elle arriver à sa cheville, elle qui ne sait rien ! Son mari le lui rappelait d'ailleurs continuellement. C'est Albert qui, le matin, approuvait le choix de sa robe et de son chapeau. C'est Albert qui lui dictait chacun de ses discours, chaque lettre qu'elle écrivait. C'est Albert qui lui expliquait comment elle devait poser pour les peintres et les sculpteurs afin de léguer à la postérité une image admirable de la monarchie. Le 21 décembre, Mérimée fait part à la mère de l'impératrice Eugénie d'une rumeur : « On paraît craindre en Angleterre que la reine, qui a des dispositions à une grande *excitation*, comme on dit diplomatiquement et politiquement, ne devienne tout à fait excitée et ne fasse des bêtises. Le prince Albert qui avait un grand bon sens la contenait. Maintenant il n'y a plus personne pour cela. »

Victoria a l'impression qu'elle va devenir folle. Elle a demandé que l'école d'artillerie navale de Portsmouth cesse ses coups de canon trop éprouvants pour ses pauvres oreilles. Elle est tellement emmurée dans son deuil que, certains jours, elle ne peut plus parler. Elle reste de longues heures prostrée à son bureau, fixant sans les voir des nuages lourds d'une infinie mélancolie. Le vent courbe les derniers arbres plantés par Albert. Elle ne peut pas fêter Noël, ce jour, sans son « ange adoré », n'a plus de sens. Même les mots drôles de Béatrice, qui va avoir quatre ans, ne la font plus sourire puisque son « cher papa » n'est plus là pour s'en émerveiller.

Sa mémoire est pleine de tous les gestes, de toutes les paroles du prince. Elle s'y raccroche pour accomplir ses devoirs avec un zèle exemplaire : « Ses souhaits, ses projets, ses avis sur tous les sujets seront désormais ma loi. Aucune puissance au monde ne pourra me détourner de ce qu'il avait, lui, décidé ou souhaité ! » écrit-elle le 24 décembre à l'oncle Léopold qui a annoncé son arrivée et qui prétend à nouveau la guider comme quand elle était gamine.

Mais elle n'est plus la jeune reine innocente d'avant son mariage, elle est mère de neuf enfants, grand-mère aussi. Et c'est pour eux qu'elle doit défendre les intérêts de la couronne, pour eux qu'elle sera la gardienne vigilante de la dynastie. Fidèle aux volontés d'Albert qui avait soigneusement planifié l'avenir de chacun de ses enfants.

Elle puise dans son âme de fer l'énergie nécessaire pour signer tous les documents, mémorandums et suggestions innombrables qu'on déverse sur sa table deux fois par jour. Le prince ne répétait-il pas que « tout être humain, y compris sa femme, était capable de progrès illimités à condition de s'y efforcer ». Les dépêches proviennent des gouverneurs de Malte, de Gibraltar, de Ceylan, de Hong Kong, de Nouvelle-Zélande, de Tasmanie, des Antilles et des Bermudes... Elle met plusieurs semaines à déchiffrer et à reconstituer la méthode personnelle d'Albert pour annoter les dossiers, les classer et les archiver. Elle écrit au moins quinze à vingt lettres par jour. Elle lit trois fois de suite certains mémorandums pour bien en comprendre le sens et le contexte. Le général Grey remplit désormais ses fonctions de secrétaire auprès d'elle. La duchesse de Sutherland et l'attentive Alice ne la quittent pas.

Les dames d'honneur répondent aux sacs de lettres de condoléances que déposent les valets en livrée noire. Un vieux pasteur écrit : « Désormais, vous devez vous rappeler que c'est le Christ lui-même qui sera votre mari. » Dans son journal, Victoria s'indigne : « Voilà ce que j'appellerais volontiers des sottises. »

Oh non ! Albert n'est pas mort ! Elle l'attend à toute heure du jour ou de la nuit, elle ne peut entendre un pas d'homme sans penser qu'il va ouvrir la porte. Il ne l'a pas quittée. Il est juste entré dans une autre vie : « Sa pureté était trop grande, ses aspirations trop élevées pour ce pauvre monde plein de misère. Aujourd'hui seulement sa grande âme jouit de ce dont elle était digne. » Dans ses poches, elle garde la montre d'Albert, sa chaîne en or et son mouchoir. Le 1er janvier, elle choisit, parmi quelques croquis, un portrait de son prince en kilt en prévision d'une statue.

Osborne, la chère maison conçue par son bien-aimé dans le moindre détail, s'est remplie des membres de la famille qui marchent sur la pointe des pieds et se parlent à voix basse. Les parquets sont effleurés par un ballet silencieux de robes noires. Victoria s'efforce de sortir respirer deux fois par jour, mais elle a perdu l'usage de ses jambes et se fait tirer dans une *pony-chair*. Elle est incapable de jouer du piano, d'écouter même de la musique.

Elle se refuse à rencontrer les visiteurs à l'exception de ceux que le prince appréciait et invitait à la chasse. Elle les reçoit « dans le bureau de mon cher Albert où tout reste en l'état ». Avec le général Seymour, elle s'interroge sur la cause de la mort du prince : ne serait-ce pas cette affreuse affaire Bertie comme le répète le docteur Clark ? Mais le vieux compagnon d'Albert se récrie : « Oh non, Madame ! »

Le 29 janvier arrive Palmerston, vêtu d'un pantalon gris clair et d'une chemise à boutons bleus mais « très ému ». Il lui a écrit au début de l'année en formulant le vœu qu'elle ne néglige pas sa santé « dont la sauvegarde est si importante pour le bonheur des enfants de Sa Majesté et pour celui de ses sujets ». Ensemble, ils évoquent l'avenir du prince héritier qui s'est comporté en gentleman pendant ces jours terribles. Devant le vieux Premier ministre, elle reconnaît que son fils est un garçon « gentil et sérieux ». Ils tombent tous deux d'accord pour le marier au plus vite. Le prince de Galles lui ressemble trop, « ce qui est pire pour un homme », écrit-elle à Vicky. Palmerston suggère d'envoyer Bertie plusieurs mois en voyage pour éviter les reproches, les querelles. Victoria acquiesce et croise ses mains potelées et couvertes de bagues sur sa robe monacale.

Ses gros yeux bleus sont sans cesse baignés de larmes, sa bouche exprime une orgueilleuse amertume. Elle est pâle, refuse de mettre de la poudre et du rouge. À son arrivée, Vicky est bouleversée : « Mamma chérie est si touchante à voir. Elle est si jeune et jolie avec son bonnet blanc et ses voiles de veuve. Elle dort toujours couverte du manteau de papa avec la chère robe de chambre rouge à côté d'elle et quelques-uns de ses vêtements sur son lit. La pauvre mamma doit se coucher et se lever seule pour toujours. Elle aimait le pauvre papa exactement comme s'ils s'étaient mariés la veille. Elle avait tellement envie d'un autre enfant. Mais maintenant nous errons comme un troupeau sans berger », écrit-elle à Fritz.

Le 10 février, la reine aurait fêté avec Albert leurs vingt-deux ans de mariage. Cet anniversaire béni devient un jour de prières, une date sacrée comme celle de la naissance du prince et celle de sa mort. Le poète Tennyson, qui est son voisin, lui a envoyé un exemplaire de ses *Idylls* dédiées à « Albert le Bon ». Mais c'est un autre de ses poèmes, *In Memoriam*, qui ne la quitte plus. Elle lit et relit :

Mais je suis restée seule avec bien peu d'espoirs,
Une vie, des pensées, bagages dérisoires
Pour errer, désolée, sur la terre assombrie
Où tout, devant mes yeux, tout me parlait de lui.

Le 17 février, elle écrit à lord Derby : « Exprimer la désolation de la reine et son complet désespoir est une chose presque impossible : tout sentiment semble noyé dans cette douleur sans bornes.

Elle voit bourgeonner les arbres, les jours s'allonger, les primevères éclore, mais elle se croit toujours en décembre. »

Elle qui avait toujours trop chaud grelotte de froid sous ses capes noires, elle a maigri, se plaint de migraines et de manquer totalement d'énergie.

Elle repart pour Windsor où l'attend l'épreuve des innombrables souvenirs auxquels elle ne peut échapper. Dans l'antichambre, les gants et le chapeau de chasse d'Albert sont restés sur un guéridon comme s'il venait de les y déposer. Elle interdit qu'on y touche. Tout ce qui a approché de près ou de loin le prince devient *memorial.* Une pierre marque l'endroit où Albert a tué son premier cerf, où Albert a tiré son dernier coup de fusil. La chambre bleue se transforme en chapelle ardente, les murs sont repeints, des couronnes placées sur le lit.

Chaque matin, des fleurs fraîches recouvrent le cercueil. Chaque jour, Richard, son valet, pose sur le divan du prince son habit, son gilet, ses chaussures, ses chaussettes. Dans le cabinet de toilette, il remplit le pot d'eau chaude comme si son maître allait se raser. Chaque soir, il prépare une chemise propre et change les boutons de plastron et de manchettes. Quelques semaines plus tôt, Richard avait voulu prendre sa retraite : « Restez, Mr. Richard, je n'en ai plus pour longtemps », lui avait dit le prince.

Des photos d'Albert ont été prises sur son lit de mort. Victoria en accroche une sur le dossier de chacun des grands lits royaux de Windsor, Osborne et Balmoral, à sa droite, la place qu'il occupait la nuit auprès d'elle. Un buste est commandé à William Theed, le premier d'une série industrielle qui va faire la fortune du sculpteur. Il y en aura un à côté d'elle partout où elle se tiendra et chaque fois qu'elle sera photographiée, pour rappeler au monde qu'Albert continue de régner.

L'Angleterre se met spontanément à l'unisson du chagrin de sa reine, de son culte pour ce prince allemand dont elle dénonçait, de son vivant, l'ultrapuritanisme. La cour porte le deuil, les voitures se drapent de noir, les livrées des valets, les harnais sont noirs. Le papier à lettres de Victoria est bordé d'une bande noire si large qu'elle peut à peine y écrire quelques mots.

Dans Oxford Street, les boutiques se spécialisent dans la vente des plumes d'autruche noires pour les chapeaux des dames, des brassards de crêpe, des manteaux violets et des plumets noirs pour les chevaux. Une chape de plomb s'abat sur le pays. Plus que jamais les pasteurs se déchaînent du haut de leur chaire pour stigmatiser les plaisirs insouciants et les amours légères qui, orchestrés par Offenbach, entraînent la France de Napoléon III dans un tourbillon de valses et de fêtes. Plus que jamais, les robes se boutonnent et les artistes célèbrent la mort.

Le *Blackwood Magazine* publie un poème destiné à être chanté sur l'air du *God save the Queen* :

Seigneur Dieu, c'est à genoux
Que trois royaumes éplorés s'adressent à Toi
Dieu Sauve la reine
Dieu de la totale tendresse
Allège son fardeau et bénis-la
Au plus profond de sa détresse absolue
Dieu Sauve la reine.

Bientôt les écoliers apprendront que « jamais dans l'histoire de notre nation, le décès d'un prince royal n'a provoqué de douleur aussi profonde et aussi universelle ».

En mai, Victoria est à Balmoral où plus qu'ailleurs règne la mémoire du prince. Elle erre de pièce en pièce, littéralement à l'agonie, soutenue par Alice et Affie. La vue de chaque tête de cerf lui perce le cœur. Elle caresse les manteaux d'Albert, ses chapeaux, ses kilts, en versant des torrents de larmes. Son ami, le duc d'Argyll, ministre de permanence, est, à son arrivée au château, prévenu par le régisseur que la reine a pleuré interminablement toute la journée. Lorsqu'il est admis en sa présence, elle ne peut que hocher faiblement la tête sans articuler un mot.

Ses fidèles ghillies sont aussi émus qu'elle : Grant et particulièrement Brown. Ce célibataire de trente-six ans a la barbe hirsute et la larme facile. L'année précédente, alors que la reine remarquait que le prince ne se plaignait jamais quand il n'avait pas de chance à la chasse, il avait assuré : « Tout le monde dans la propriété dit qu'il n'existe pas de maître aussi bon. » Avec des gestes presque maternels, il la porte jusqu'à sa *pony-chair* et borde soigneusement sa couverture pour qu'elle ne prenne pas froid. Une des premières visites de Victoria est pour une vieille femme des environs dont le mari est mort pendant l'hiver : « Nous avons pleuré toutes les deux, elle et moi, dit la vieille. Je me suis contrôlée dès que j'ai pu et je lui ai demandé pardon de pleurer devant elle. » Elle a répondu : « Mais non c'est si réconfortant de pleurer ainsi avec quelqu'un qui sait exactement ce que vous éprouvez. Vous avez vu venir la mort de votre mari mais moi je n'ai rien vu. Tout a été si brutal. »

Bertie est rentré de son voyage en Égypte « très amélioré ». Il a rapporté des déguisements turcs pour les « petits ». Hélas, bientôt l'attentionné général Bruce, son gouverneur, meurt d'une infection contractée pendant le voyage. Plus que jamais le mariage du prince héritier est à l'ordre du jour. Mais Alexandra n'a-t-elle pas changé d'avis depuis qu'elle a appris son abominable liaison avec Nelly Clifden ? Vicky a la tâche d'informer la mère de la princesse que « des misérables avaient entraîné notre pauvre innocent dans un guêpier qui avait fait une peine profonde à son père bien-aimé et à moi... mais que nous lui avions tous les deux pardonné cette unique triste erreur... et que j'avais confiance qu'il ferait un bon mari... Je compte sur sa femme pour être son salut... ».

Tant de travail, tant de tracas familiaux l'accablent déjà. Elle ne supporterait aucun changement de gouvernement ! En juin, à Windsor, la reine parle à lord Clarendon des attaques de l'opposition en se frappant le front à plusieurs reprises : « Ma raison ! Ma raison ! » Elle lui demande de faire savoir à lord Derby, chef tory de l'opposition, qu'une crise politique rendrait la reine tout à fait folle. Le message est bien reçu. Palmerston reste Premier ministre. Elle consent après bien des palabres à présider son premier conseil privé, mais elle se tient dans la pièce voisine avec la porte ouverte. Elle désire remplir son rôle mais, à la fois fière et timide, elle ne veut pas qu'on ausculte son chagrin. L'idée d'être dévisagée la révulse.

Elle tient à célébrer le mariage d'Alice, le 1er juillet, comme Albert l'avait prévu. Mais à Osborne et dans la plus stricte intimité. Chaque coup de marteau dans la salle à manger où l'on dresse l'autel lui perce le cœur. Le trousseau de sa fille est noir et le rituel ultra-luthérien. Dans sa chambre, Victoria remet à sa fille une bible identique à celle que sa mère lui a donnée la veille du « bienheureux » jour de ses noces.

Les hommes portent le deuil, les dames sont en mauve. Sous son voile de veuve, la reine pénètre dans la salle à manger avec ses fils, esquisse un sourire quand sa fille entre au bras de son oncle Ernest de Saxe-Cobourg. Mais elle est obligée de s'asseoir tant le souvenir d'Albert l'oppresse. L'autel se dresse sous le grand tableau de la famille royale peint par Winterhalter d'où le prince, le doigt levé, semble les bénir.

Victoria déjeune seule avec bébé Béatrice et les mariés. La joie de ce jeune couple, aux mains enlacées, est pour elle une terrible souffrance. Le lendemain, elle écrit à Vicky : « Le pauvre mariage d'Alice (plus un enterrement qu'un mariage) est terminé. Ça y est, elle est une épouse ! Que Dieu la bénisse ! Mais ce matin, un poignard m'a transpercé le cœur quand elle m'a annoncé qu'elle se sentait fière et heureuse d'être la femme de Louis. »

Au cours de l'été, elle se rend incognito à Buckingham et arpente les grands salons, les appartements, les interminables corridors. Albert souffrait de l'air qui y régnait et elle déclare qu'elle ne pourra plus jamais y habiter. Désormais, sa vie sera partagée entre Windsor, Osborne, Balmoral, et réglée selon un calendrier immuable que même les voyages sur le continent ne perturberont pas.

En attendant l'achèvement du mausolée, la chapelle de Windsor est rebaptisée Albert Memorial Chapel. Les murs intérieurs sont recouverts de marbre, sa coupole de cuivre et cinq anges de bronze veillent sur le sarcophage. Victoria avait bien d'autres projets, mais Palmerston a déclaré que tous les frais devaient être payés sur la cassette royale.

Le 26 août, elle célèbre l'anniversaire de son bien-aimé à Balmoral. Elle a fait dresser un obélisque et l'inaugure dans sa *pony-chair*. Bertie marche à son côté. Lenchen et Louise sont à cheval. Puis Brown conduit la légère voiture à travers les bruyères au sommet du Craig Gowan jusqu'à la pyramide construite par Albert en 1852 : « J'ai pensé que vous seriez contente d'être là, dit Grant. Il n'aurait pas voulu que ce soit un jour de deuil. » Dans un soupir, Victoria en convient : « Il y a tant de foi vraie et profonde chez ces gens simples et bons. »

Le 1er septembre, elle s'embarque à bord de son yacht avec ses cinq plus jeunes enfants, Lenchen, Arthur, Louise, Léopold et Béatrice pour un pèlerinage familial sur les lieux où le prince a vécu. Seules six personnes de sa maison dont le général Grey et le docteur Jenner l'accompagnent.

À Laeken, le roi Léopold a organisé une rencontre avec sa future belle-fille : « Il est nécessaire que je rencontre la petite avant que B. ne la revoie afin que je puisse juger, avant qu'il ne soit trop tard, si elle peut me convenir », avait écrit Victoria à Vicky. La première impression est bonne. Dans sa robe noire, ses cheveux bruns juste tirés en arrière avec de longues boucles encadrant son suberbe front et retombant sur ses épaules, la jeune Alexandra de Danemark lui apparaît simple et digne : « Le charme incarné... Je lui tendis un petit brin de bruyère blanche que Bertie avait cueilli à Balmoral et je lui dis que j'espérais qu'il lui porterait bonheur. » Elle écrit à Vicky que désormais « l'image éclatante d'Alexandra semble flotter – mêlée à celle de ton papa adoré – devant mes yeux obscurcis de larmes », mais elle ne peut s'empêcher de déclarer aux parents : « J'espère que votre adorable fille est certaine, si elle accepte notre fils, de le faire sans contrainte et avec tout son cœur. »

Feodora l'accompagne dans le train spécial qui la conduit jusqu'à Gotha où l'accueille Ernest de Saxe-Cobourg. Bertie rejoint ses frères et sœurs quelques jours plus tard après avoir fait officiellement sa demande en mariage. La reine écoute son fils, ébloui par la beauté d'Alexandra : « Elle a tout de suite dit oui. Mais je l'ai suppliée de ne pas répondre trop vite et d'y réfléchir. Elle m'a dit qu'elle y pensait depuis longtemps. Je lui demandai si je lui plaisais. Elle répondit oui. Alors je lui baisai la main et elle m'embrassa. » Léopold les a contemplés avec attendrissement marcher main dans la main : « Bertie s'est bien débrouillé. Il ne voulait pas de cérémonie officielle dans une pièce mais il a eu une conversation en se promenant avec elle dans le parc. Il a eu de la chance d'avoir un beau soleil. Bertie est un délicieux garçon et sa fiancée lui plaît de toute évidence beaucoup. » Il ajoute : « Ce mariage est vraiment un mariage d'amour. »

Le dimanche, la famille, presque complète, assiste à la messe avant de se promener dans les bois. La reine se sent encore si lasse qu'elle a emmené sa *pony-chair* sur laquelle veille un Brown attentionné. Le vigoureux ghillie se démène jour et nuit pour épargner la moindre fatigue à sa souveraine et prévenir chacun de ses désirs. Sa chère Lehzen est venue du Hanovre et, en pleurant, elles évoquent ensemble les premières visites d'Albert à Londres, sa remarquable beauté, ses gestes tendres et son estomac déjà fragile.

Vicky et Fritz arrivent de Berlin avec de bien mauvaises nouvelles. Le roi de Prusse, en difficulté avec son Parlement, a songé à abdiquer en leur faveur. Puis, brusquement, il est revenu sur sa décision. Sous la pression de l'armée et des hobereaux prussiens, il a fait revenir Bismarck de Paris, pour en faire son Premier ministre et son ministre des Affaires étrangères. En cure à Bagnères-de-Luchon, l'ambassadeur a reçu du général von Roon, ministre de la Guerre et de la Marine, un télégramme codé : « La poire est mûre » ce qui signifiait : « Rentrez, vous serez ministre-président. » Le père de Fritz vient d'ailleurs incognito expliquer à Victoria tous ses soucis.

Le vieux lord Russell, ministre des Affaires étrangères, accompagne la reine. Mais le 19 septembre, la guerre de Sécession prend un tournant décisif avec la défaite des confédérés sur le Potomac. Lord Granville relève lord Russell comme ministre auprès de Sa Majesté.

Fritz repart, lui, pour Berlin où, le 30 septembre, Bismarck annonce, devant le Parlement, un programme aux accents terriblement guerriers : « Ce n'est pas par des discours ou par des lois que l'on règle les grandes questions d'actualité comme on commit l'erreur de le faire en 1848 ou 1849 mais par le sang et le fer. » Comme Albert aurait désapprouvé ces mots ! Vicky déteste

Bismarck qui le lui rend bien. Son conseiller, le fils de Stockmar, lui recommande cependant de ne pas intervenir.

Le 3 octobre, Victoria prend la route de Cobourg. Sa fille aînée est partie tôt le matin pour l'accueillir. À l'apparition de la voiture, la garde présente les armes et la musique se met en branle avec ses tambours et ses trompettes : « Quel tapage, ma pauvre tête. Si seulement ce bruit pouvait cesser », gémit Victoria assaillie par les souvenirs. Assis à l'arrière de la calèche, Brown saute à terre, court vers l'officier : « Nix Boom Boom », fait-il péremptoire. La musique s'arrête aussitôt.

La rencontre avec Stockmar est bouleversante : « J'aurais tant aimé revoir mon prince vivant », répète le vieux baron qui a pris sa retraite à Cobourg. La reine raconte qu'elle a chargé sir Arthur Helps, archiviste royal, de relier tous les discours prononcés par Albert et inspirés par le médecin allemand. Le général Grey prépare, lui, une biographie du prince avant son mariage. Pour l'aider, Victoria a confié à Lenchen toutes les lettres qu'elle a reçues d'Albert afin qu'elle les traduise de l'allemand en anglais.

« La reine va aussi bien que possible dans ces moments d'émotions fortes qu'elle passe sur le lieu de naissance du très aimé prince. Elle est sortie tous les jours », relate le *Times*. Tantes et cousins défilent dans les salons. Victoria refuse d'assister au mariage du fils de Feodora, mais va se recueillir devant le cercueil de sa tante, la princesse Ferdinand de Saxe-Cobourg. Arthur part marcher dans la montagne. Le pauvre Léopold s'est blessé. Il n'a que neuf ans et son hémophilie fait toujours craindre le pire. La reine, anxieuse, retarde son départ de deux jours. Une tempête l'oblige aussi à patienter plus longtemps que prévu à Bruxelles. Elle n'atteint Osborne que le 28 octobre après deux mois de voyage.

Le 5 novembre accoste le yacht danois avec Alexandra accompagnée de son père. Victoria a invité sa future belle-fille à passer quelques jours avec elle en l'absence de son fils : « Je veux qu'elle apprenne à nous connaître sans B. et non pas à travers ses lunettes. » Avec patience, la princesse écoute sa future belle-mère évoquer son passé et son cher mari. Elle échange des confidences avec la sauvage Lenchen qui, depuis la mort de son père, ne s'intéresse qu'à ses chevaux. Et surtout, elle parle avec Affie, seul en mer au moment du drame. Il lui raconte comment, sur le bateau, il ne pouvait se cacher pour pleurer. À la différence de Bertie, Affie était très proche d'Albert.

La présence de la jeune Danoise de dix-huit ans, que toute la famille appelle Alix, adoucit le deuil de la reine qui se déclare définitivement conquise par ce « bijou tombé du ciel ». Mais les

Prussiens ne sont pas aussi enthousiastes. Dans le conflit qui les oppose au Danemark à propos des duchés du Schleswig et du Holstein, ils craignent désormais la partialité de l'Angleterre.

La Grèce, elle, se cherche un roi. On propose Affie. Mais Victoria refuse tout net. Le jeune prince n'a que dix-neuf ans et Bertie peut mourir du jour au lendemain de la typhoïde. Au Portugal, « trois princes avaient été emportés en trois mois ». Albert a d'ailleurs prévu qu'Affie prendrait, à Cobourg, la succession d'Ernest sans enfant. « L'élément allemand est celui que je souhaite voir chérir et préserver dans notre foyer bien-aimé », écrit la reine à Vicky. Mais le roi Léopold ne l'entend pas ainsi. Il regrette toujours le trône de Grèce : « Si, en 1830, le duc de Wellington et Aberdeen n'avaient pas mis le projet par terre, j'y serais certainement allé. Et que serais-tu devenue, mon enfant chérie ? Ton si heureux mariage ne se serait pas produit. » Il tient aujourd'hui à ce que cette couronne reste dans la famille : « Le meilleur serait Ernest qui pourrait déléguer Alfred... Il serait sage de faire de la Grèce une Suisse d'Orient. »

Toutes ces discussions donnent à nouveau à Victoria l'impression que sa tête va éclater. D'autant que des rumeurs épouvantables arrivent de Malte où le navire d'Affie a fait escale. En tirant une « bordée » avec ses compagnons marins, il a rencontré une fille. Sans père, sans guide, Affie ne risque-t-il de suivre la mauvaise pente de Bertie ? Comme Albert en aurait souffert ! Qu'aurait-il fait ? Comment réagir ? Elle se sent épuisée, près de la folie. L'oncle Léopold la rassure : « Tu as tort : tes propos sont toujours très clairs et logiques, exactement semblables à ceux que le cher Albert aurait tenus. »

Le 14 décembre, elle doit faire face à ce « jour terrible », l'anniversaire de la mort du prince. Une séance de prières en famille est organisée dans la « chère chambre » bleue au milieu d'une montagne de fleurs, par un beau soleil dans lequel Victoria voit un signe du bonheur présent d'Albert et de sa gloire immortelle : « Cela me fit du bien, c'était comme si l'on fêtait le jour de sa naissance, dis-je au révérend Stanley qui répondit : c'est sa naissance dans l'autre monde. »

Elle souffre pourtant toujours autant dans son cœur, dans sa chair. Elle ne comprend pas que Vicky ait pu vivre cette pieuse journée en voyageant avec Fritz entre Trieste et Venise : « Je n'ai pas reçu de lettre de toi datée du 14, anniversaire sacré et déchirant ; j'ai seulement entendu dire que tu avais passé la journée dans le train et que, le soir, tu avais été reçue par l'Empereur à Vienne !!! Aujourd'hui même, je n'arrive pas à le croire. Je pensais que tu aurais préféré demeurer dans l'auberge la plus modeste et la plus retirée à prier Dieu de soutenir ta pauvre mère au cœur déchiré plutôt que d'agir comme tu l'as fait. Je ne dirai rien pour le moment de l'impression que tu as faite sur moi et sur tous ceux rassemblés ici et je ne dirai rien de la manière solennelle touchante et édifiante dont nous avons passé la journée, ni de la profonde angoisse de mon cœur brisé. » Chaque lettre trop gaie est suivie de reproches. Personne n'est aussi malheureux que la reine d'Angleterre. Et personne n'a plus le droit d'être heureux. Ni sa cour, ni son peuple, ni même ses enfants auxquels elle impose son exaltation morbide et le spectacle de son chagrin théâtral.

Le 17 décembre, l'évêque d'Oxford consacre le mausolée neuf. Les sols de marbre, les anges de bronze, les peintures des chapelles, la coupole qui s'élève à vingt mètres ont coûté deux cent mille livres, une somme, s'indigne la presse, qui aurait permis de rebâtir tous les taudis de Windsor. La reine n'a pas fermé l'œil de la nuit. Le lendemain matin, Bertie, Arthur et même le pauvre Léo aident secrétaires et écuyers du prince à transporter le cercueil. Victoria accompagnée d'Alice et de bébé Béatrice vient s'agenouiller l'après-midi devant le tombeau en granit d'Aberdeen sur lequel repose le gisant en marbre blanc sculpté par le baron Marochetti. Le sien est d'ores et déjà achevé. Elle y dormira le visage tourné vers son bien-aîmé et seule cette pensée la réconforte. Elle confiera vingt-cinq ans plus tard à Vicky qu'elle a alors, à plusieurs reprises, songé à mettre fin à ses jours. Comme la marquise de Sévigné qu'elle admire, elle écrit de longues lettres quotidiennes à sa fille. Elle y déverse généreusement les critiques et les reproches, les peines et les colères de son cœur.

Le 8 janvier, l'oncle Léopold la sermonne : « Tu devrais essayer de ne pas trop t'apitoyer. » Mais comment y arriver ? Avec toutes ces dépêches qui s'accumulent sur sa table, ses ministres qui la harcèlent en permancence pour qu'elle ouvre la session du Parlement, cérémonie qu'elle a toujours détestée et qui l'insupporte plus que jamais. Elle ne donnera à personne le spectacle de son malheur. Elle ordonne à Jenner de signer un bulletin indiquant qu'elle est en trop mauvaise santé.

Le roi des Belges revient aussi tous les jours à la charge sur la Grèce : « L'objectif principal pour le moment est que ce soit une de tes proches relations par le sang (qui reçoive la couronne). Si l'affaire est manquée, tout deviendra très compliqué et ta famille n'aura rien. » Mais Victoria tient bon. Le trône de Grèce échoit à un prince danois, le frère d'Alix.

Le mariage de Bertie s'annonce comme une épreuve de plus. Assister à cette fête, voir le jeune couple rayonner de bonheur, quel horrible cauchemar ! Elle refuse de présider le grand déjeuner, reproche même à Vicky de partager le bonheur de Bertie : « Je redoute affreusement toute l'affaire et je me demande même comment tu peux te réjouir tant à l'idée d'assister à ce que j'aurais cru être pour toi, que ton Papa aimait si tendrement, un si terriblement triste mariage ! Chère enfant, ton extase devant tout ceci me semble inconcevable ! Pense à ce que ce sera de voir Windsor rempli de monde et tes deux parents absents ! Un mariage d'État sans eux. Un jour que nous attendions avec tant de joie et qui est pour moi maintenant pire qu'un enterrement. Seras-tu capable de te réjouir quand à chaque pas notre ange gardien béni, cet être calme et exceptionnel qui nous guidait tous, nous manquera ? »

La liste des invités est si réduite que *Punch* suggère de faire passer une simple annonce dans le *Times* pour ce petit mariage célébré dans un obscur village du Berkshire dont le seul titre de gloire est un château dépourvu d'installations sanitaires : « Le 10 de ce mois, à Windsor, Albert Édouard Angleterre, chevalier de la Jarretière, et Alexandra Danemak ont été unis par le révérend Longley assisté du révérend Thomson. Pas de cartes. »

Le 4 mars, la reine visite avec Vicky et Fritz les ateliers des sculpteurs Marochetti, Theed et Noble à qui elle a commandé de nouvelles statues d'Albert pendant que Bertie part pour Gravesend accueillir sa fiancée et ses parents. Chaque ville, chaque village est décoré d'arcs de triomphe. L'Angleterre et le Danemark sont unis par la même tradition de la mer et c'est le premier mariage d'un prince de Galles célébré depuis longtemps ! La presse s'attendrit devant cette jolie princesse sortie d'un conte d'Andersen. L'écrivain est d'ailleurs un ami de ses parents. Les journaux racontent que dans le château blanc de Bernstorff, elle a mené une vie rustique, tricotant elle-même ses bas de laine blanche et se levant de table devant les invités : « Alexandra, allez chercher le beurre », lui demandait sa mère.

La pluie, qui tombe à verse pendant la nuit, met à mal bannières et décorations mais non l'enthousiasme des Anglais qui tressent de nouvelles guirlandes de fleurs avant l'arrivée du yacht royal danois. « Londres n'a jamais été à pareille fête », écrit le *Times*. Mais la reine ne parle à son Premier ministre que de la joie et de la fierté qu'aurait éprouvées « son grand et noble époux s'il avait accompagné son fils aujourd'hui pour conduire sa ravissante fiancée jusqu'à Windsor à travers les rues bondées… À présent, il nous contemple d'en haut, libéré des soucis… qui font vaciller la reine privée d'aide et de soutien, seule et désespérée, dans la joie comme dans le chagrin… La reine souhaiterait que Lord Palmerston profite de cette occasion pour faire connaître les sentiments qu'elle éprouve quant à ces grandes manifestations, mais qu'il dise aussi que l'on se trompe fort si l'on croit que la blessure peut être guérie par le mariage de notre enfant ! ».

Le 8 mars, les cloches se mettent à sonner quand le cortège arrive à Windsor. Pour la première fois depuis la mort d'Albert, la reine descend solennellement le grand escalier et accueille sa future belle-fille « pareille à une rose » vêtue d'un paletot violet bordé de fourrure et d'une jupe grise. Le soir, elle remonte, seule et triste, dans sa chambre : « C'est affreux d'avoir à subir tout cela, de recevoir des étrangers sans que lui, mon bien-aimé, soit là. » La veille du mariage, elle emmène Bertie et Alix jusqu'au mausolée et joint leurs deux mains au-dessus du gisant d'Albert en murmurant : « Il vous donne sa bénédiction. »

Le 10 mars, elle se contente d'assister à la cérémonie du haut du cabinet de Catherine d'Aragon. Les ambassadeurs, les chevaliers de l'ordre de la Jarretière avec à leur tête lord Palmerston, les hommes politiques ont pris place dans la chapelle St. George lorsque Victoria fait son entrée dans la loge royale à la gauche de l'autel. C'est sa première apparition en public. On entendrait voler une mouche. Son beau-frère, Ernest de Saxe-Cobourg, lui explique le déroulement de la cérémonie, et la ressemblance du duc avec Albert saisit un instant tous les gentlemen du royaume qui ont instinctivement levé les yeux vers leur souveraine. La coiffe noire de Victoria tombe sur sa robe de soie à parements blancs sur laquelle elle a accroché une broche avec la miniature d'Albert. La seule note de couleur est le ruban bleu de l'ordre de la Jarretière. « Elle paraît en bonne santé mais amaigrie et vieillie avec, profondément creusées sur son visage, les traces de son cruel chagrin et de ses soucis », écrit le *Times*. Disraeli qui l'observe un peu trop longtemps au travers de son monocle est foudroyé du regard.

Ses enfants traversent Windsor en carrosse. Le trajet ravit Béatrice, « sweet baby », qui s'exclame : « Je n'aurais jamais cru qu'il y avait des corsets dans les boutiques. » La petite princesse porte une robe lilas et blanc comme ses sœurs Lenchen et Louise. Alice, enceinte, est en violet. Vicky, le regard plein « d'une indicible expression d'amour et de respect », plonge dans une profonde révérence devant sa mère. Elle tient par la main son fils, Guillaume de Prusse, qui ne sait déjà comment se faire remarquer. Il a jeté le manchon de sa tante par la fenêtre du carrosse. Pendant la messe, il arrache l'ornement de cristal de roche de sa petite dague et mord le mollet de son jeune oncle Arthur en kilt qui prétendait le rappeler à l'ordre.

Lorsque l'illustre Jenny Lind entonne un cantique composé par Albert, Bertie surveille sa mère qui lève vers le ciel des yeux éplorés. La cérémonie s'achève avec un faste qui n'a d'égal que sa désorganisation. Palmerston est obligé de rentrer à Londres dans un wagon de troisième classe, comme lady Westminster avec son diadème et son collier de diamants d'une valeur de cinq cent mille livres.

Victoria, elle, quitte la chapelle royale pour accueillir les mariés à leur arrivée au château.

Elle pose pour la photo officielle avec Alix et Bertie, le visage ravagé tourné vers le buste d'Albert, et déjeune seule avec Béatrice. En fin d'après-midi, elle se rend au mausolée avec Louise et revient de ce « cher lieu » calme et apaisée. Mais elle souffre encore, le lendemain, en voyant s'éloigner, au milieu des acclamations, la voiture des jeunes mariés. Derrière sa fenêtre, elle reste désolée et défaite sans personne pour remplir « son grand besoin d'amour et de tendresse, tandis que ses deux filles avaient chacune un époux aimant et que Bertie emmenait à Osborne sa douce et virginale épousée, joyau qu'il avait eu bien de la chance de conquérir ». Dans sa robe noire, elle n'est plus que la veuve de Windsor. Elle caresse le moulage de la main d'Albert qui ne quitte pas sa table de nuit. Jamais elle ne s'est sentie aussi orpheline.

16.

De Paris à Madrid, de Vienne à Saint-Pétersbourg, le bruit court que Victoria refuse de croire que son mari est mort et qu'elle devient folle comme son grand-père. Quand le prince Alexandre de Hesse est parti pour Londres assister au mariage de Bertie, sa sœur, la tsarine, lui a fait promettre d'écrire pour dire après l'avoir vue de ses propres yeux si « la reine a ou non toute sa tête ». Il répond qu'il n'a jamais rencontré une personne aussi sensée.

Joue-t-elle la comédie ? « Depuis l'heure du lever jusqu'à l'heure du coucher, ce n'est que travail, travail, travail : lettres qu'il faut écrire, questions auxquelles il faut répondre, etc. Tout cela est épuisant et si la Reine ne pouvait le soir prendre un repos relatif, elle ne serait sans doute plus en vie. Son esprit est incessamment surmené », s'exclame-t-elle. La vie du gouvernement est rythmée par ses migraines et ses névralgies. Comme du temps de George III, quand un ministre revient de Windsor, ses collègues l'interrogent aussitôt sur l'état de santé de Sa Majesté. Ses médecins, coupables de tant d'erreurs au chevet d'Albert, sont attentifs à ses moindres regards. Elle a souvent les joues rouges, c'est un symptôme de la porphyrie et comme Stockmar et Clark, le docteur Jenner craint qu'elle n'ait hérité de la maladie de son grand-père.

Sur ordre de Victoria, le médecin complaisant rédige des bulletins de santé mensongers qui agacent le général Grey. Mais lui aussi se fait sévèrement réprimander pour avoir osé écrire à l'oncle Léopold qu'elle allait bien. Elle prend aussitôt la plume pour démentir le bulletin optimiste de son secrétaire privé : elle n'a pas passé une journée sans avoir des maux de tête épouvantables. Le roi des Belges, excédé par ses lamentations quotidiennes, répond : « Je suis très, très triste d'apprendre que tu ne vas pas bien. » Feodora, elle, a bouclé ses malles à bout de patience devant les jérémiades de sa demi-sœur : « Je n'ai pas assez de force morale pour t'écouter et te voir invariablement si malheureuse. »

Un jour, Victoria confie à son amie Augusta de Prusse que son « travail » de reine ne l'intéresse plus. Un autre jour, elle annonce à sa fille qu'elle compte se retirer complètement à Rosenau. Elle évoque volontiers sa prochaine abdication. Mais lorsque Palmerston et Russell lui suggèrent d'associer davantage Bertie aux affaires du royaume, elle s'y oppose de façon catégorique. Quelques mois plus tôt, lord Granville, ancien collaborateur d'Albert, s'est risqué à inviter le prince de Galles à présider un dîner littéraire. Victoria, ulcérée, a répondu qu'il était trop jeune et inexpérimenté : « Il ne fallait en aucun cas lui faire présider les réunions scientifiques ou littéraires auxquelles son grand et bien aimé père avait pris une part si éminente. » Elle n'en démord pas. À vingt-deux ans, Bertie, si Hanovre hélas, n'est pas digne d'Albert le Bon : « Je crains qu'Alix ne devienne jamais celle qu'elle aurait pu être avec un mari intelligent, raisonnable et cultivé au lieu du garçon veule et affreusement frivole auquel la voici unie. Ah qu'adviendra-t-il de notre pauvre pays si je meurs ? Si Bertie monte sur le trône je ne prévois que des malheurs ! »

Et, pour comble d'infortune, si Bertie venait lui aussi à mourir, son frère Affie, désormais privé des bons conseils de son père, ne vaut guère mieux ! Après l'affaire de Malte, il s'est maintenant entiché de Constance, l'épouse du duc de Westminster, qui est de douze ans son aînée ! Victoria est d'autant plus furieuse que Constance est la fille de son amie, la duchesse de Sutherland. La reine veut à tout prix le marier. Mais Affie, que les voyages en mer ont mûri et endurci, déclare que les princesses protestantes qu'on lui présente sont totalement dépourvues de séduction. La seule qui le ferait céder est sa cousine, Frederika de Hanovre. Mais son père est aveugle et Victoria s'y oppose : « Trois générations de cécité et de mariages entre cousins suffisent. » Albert savait écouter ses enfants. Leurs innombrables problèmes l'énervent.

À peine les derniers invités au mariage de Bertie sont-ils partis qu'Alice accouche à Windsor. Le duché de Hesse est réputé pour son orchestre, ses compositeurs et ses violonistes mais les médecins n'y sont pas des artistes. La reine a prêté à sa fille sa propre chemise de nuit, vieille de vingt-cinq ans – elle la mettait à la naissance de chacun de ses enfants –, en espérant qu'elle lui porte chance.

Pour la première fois, elle assiste à un accouchement et elle ne peut s'empêcher de chapitrer Louis pour avoir mis sa pauvre épouse dans un état si déplaisant. Elle ne quitte pas Alice de la nuit et n'hésite pas à déclarer au petit matin qu'une naissance est encore pire qu'une mort ! Le bébé reçoit le nom de Victoria. Elle écrit aussitôt à Vicky : pourquoi n'en as-tu pas fait autant ? Sa fille lui a pourtant expliqué les contraintes de la cour prussienne.

Sa peine accroît son royal égoïsme. Elle voudrait qu'Alice, si bonne garde-malade, lui consacre sa vie. Mais la patiente jeune femme aime aussi les réceptions et les dîners dont la mort de son père l'a privée durant sa jeunesse. Comme Feodora, elle refuse de s'enterrer dans ce mémorial funèbre à la gloire du prince.

Victoria s'en plaint auprès de l'oncle Léopold : « Il faut que j'aie une fille mariée près de moi et que je ne sois pas constamment réduite à chercher de l'aide et à me tirer d'affaire au jour le jour comme je peux. C'est trop cruel. J'ai l'intention (et Lenchen elle-même le désire) de chercher pour elle d'ici un an ou deux (car jusqu'à dix-neuf ou vingt ans je ne veux pas la marier) un prince jeune et raisonnable qui, durant MA vie, fasse de ma maison sa demeure principale. Lenchen m'est si utile et son caractère est si bien adapté à notre existence, qu'à moins qu'Alice vienne habiter avec moi, ce dont elle n'a pas l'intention, je ne pourrais me passer d'elle sans succomber sous le poids de mon désespoir. Une fortune suffisante pour vivre dans l'indépendance après ma mort et beaucoup de bon sens et de valeur morale sont les seules conditions requises. »

Christian de Schleswig-Holstein lui convient. De Berlin, Vicky en a tracé un portrait satisfaisant. Il a trente-neuf ans, il est chauve, sans le sou, et Lenchen, bonne fille, s'en contente. À dix-neuf ans, elle n'a jamais assisté à un bal et elle s'accroche comme à une bouée à ce mariage dans l'espoir d'échapper à la tyrannique dépression maternelle. Comme ses sœurs, elle a hérité de la grosse poitrine de Victoria. À force de monter à cheval et de traîner dans les écuries, elle est devenue râblée. Elle manque de charme. Christian n'en a pas davantage mais il est de bonne compagnie, fort doué pour la chasse et la conversation de salon. Il ne reste qu'à lui trouver un toit assez proche pour que le jeune couple demeure à la disposition des royales mélancolies.

Pour assagir Bertie, un héritier serait le bienvenu. Victoria observe la taille d'Alix mais ne voit rien venir ! Le vieux Pam a envoyé une note à la reine la priant de mettre de l'ordre dans les finances du prince de Galles qui, décidément, ne possède aucune des splendides vertus de son cher papa et mène grand train à Marlborough House. Elle le réprimande comme Albert le faisait autrefois. Le 16 juin 1863, lord Stanley s'apitoie : « On parle beaucoup à Londres de la manière incroyable dont la reine régente le prince et la princesse de Galles dans les plus petits détails de leur existence. Ils n'ont pas le droit de dîner dehors, sauf dans les maisons autorisées par elle, ni d'inviter quiconque à dîner sauf avec son approbation. Après avoir fait deux ou trois promenades à cheval dans le parc, la princesse s'est vu interdire de recommencer. Tous les jours, un rapport minutieux de tout ce qui se passe à Marlborough House est envoyé à la reine. »

Aux premiers beaux jours, Victoria retourne à Osborne où la reine de Prusse lui tient compagnie. La belle Augusta a du tempérament et a été autrefois l'amie de Goethe. Elle aime la littérature, la musique et son énergie balaie l'odeur de cendre et de mort qui règne dans la maison.

Sur la terrasse, elles discutent de leurs petits-enfants, maintenant au nombre de trois, parlent de leur avenir, de Bismarck, du roi de Prusse et de sa manie de changer d'uniforme trois fois par matinée. Tous deux ont une âme de guerrier plus proche du tsar autocrate que du libéralisme d'Albert. Le duc de Saxe-Weimar, grand-père d'Augusta, a été le seul prince allemand avec le duc de Saxe-Cobourg à accorder une constitution après le passage des armées napoléoniennes. La Prusse ne s'y est résolue qu'après les troubles de 1848. Comme Vicky et Fritz, la reine de Prusse défend à Berlin les libertés anglaises alors que Bismarck pousse le roi à gouverner sans Parlement et à museler la presse. Vicky s'en est indignée le 8 juin dans une lettre à sa mère : « Fritz a écrit au roi pour le mettre en garde contre les conséquences qu'entraînerait une interprétation tendancieuse de la Constitution au sujet de la liberté de la presse. Le roi n'en fit qu'à sa guise et répondit à Fritz une lettre très courroucée. Fritz envoya alors ses protestations à Bismarck lui demandant une réponse immédiate et Bismarck *n'a pas répondu…* »

Le même jour, à Dantzig, Fritz, dans un discours courageux, a critiqué le gouvernement : « Le Roi a répondu par une lettre furieuse traitant Fritz comme un gamin, le sommant de se rétracter dans la presse, l'accusant de désobéissance, etc., et ajoutant que s'il disait un mot de plus, il le rappellerait d'urgence et le déchargerait de ses fonctions. Fritz a veillé jusqu'à une heure cette nuit pour rédiger la réponse que le capitaine von Luccadon a portée à Berlin ce matin : il a dit-il le cœur brisé d'avoir causé tant de peine à son père mais il lui est impossible de retirer ses propos de Dantzig. Il avait toujours espéré que le gouvernement du Roi ne le mettrait pas dans l'obligation de se dresser contre son père. Mais comme on en était arrivé là, il était décidé à maintenir sa position. Il sentait que, dans de telles circonstances, il lui était difficile de conserver ses fonctions civiles et militaires, aussi les déposait-il aux pieds de Sa Majesté. Sa présence était certainement pénible au Roi, il lui demandait de désigner ou de le laisser choisir un lieu d'exil où il pourrait se retirer et ne plus se mêler de politique. »

Deux semaines plus tard, la situation s'aggrave : « Nous sommes entourés d'espions qui surveillent nos moindres faits et gestes et qui sont chargés de nous mettre échec et mat... Si nous devons quitter l'Allemagne, je ne puis vous dire à quel point nous serons heureux de vous rejoindre dans votre divin pays de paix et de bonheur... Post-scriptum : le Roi n'accepte pas la démission de Fritz et nous conseille de continuer notre voyage en défendant à Fritz d'ouvrir la bouche en public. » Bismarck, qui redoute de faire un martyr du prince héritier, joue désormais les médiateurs entre le père et le fils.

Rassemblant ses pauvres forces, la reine embarque avec Lenchen, Affie, Léopold et Bébé pour un nouveau pèlerinage en Allemagne. Elle s'arrête à Laeken chez l'oncle Léopold. Le voyage en train jusqu'à Cobourg par une chaleur caniculaire l'épuise. Cette fois, elle loge à Rosenau. Elle s'est prise de passion pour le château romantique où le prince est né. L'orangerie, le pigeonnier, la tour de guet, la fontaine de ce petit Trianon thuringeois la reposent de son univers royal : « Si je n'étais pas ce que je suis, c'est ici que je vivrais », soupire-t-elle assise au soleil sur le banc de pierre de la terrasse.

Devant elle, le toit brun, ciselé, se découpe sur un entrelacs de forêts, de prairies et de rivières. Au-delà des vieux villages et des maisons à colombages, l'empereur d'Autriche rencontre, à Francfort, la quarantaine de princes de la Confédération germanique. Bismarck a interdit au roi de Prusse et à Fritz d'y participer, ce qui inquiète Victoria. Mais à qui demander conseil ? Le vieux Stockmar est mort en juillet. Elle doit se contenter de rendre visite à sa veuve et de verser quelques larmes sur les liens qui unissaient Albert à son maître dans le grand rêve d'une Allemagne forte sous la direction d'une Prusse libérale.

Son séjour lui permet pourtant d'écouter les différents sons de cloche. Alice et Louis viennent la voir à plusieurs reprises de Darmstadt. Le 20 août arrivent Vicky et Fritz et, le 2 septembre, le roi de Prusse, pour la journée, en train de Baden-Baden où il prend les eaux. Deux jours plus tard, la reine, accompagnée de Lenchen, déjeune avec l'empereur d'Autriche dans la salle blanc et or des Géants du château de Cobourg.

Victoria ne se sent pas le courage d'accepter les invitations des autres princes assemblés à Francfort. À son retour, elle passe une journée chez Alice et, pour éviter la chaleur, elle roule de nuit. Le roi des Belges la rejoint à Malines. Il monte dans le train et poursuit le voyage avec elle, l'écoutant raconter ses diverses entrevues.

Elle ne reste que deux jours à Windsor, le temps de présider un conseil privé. La voilà repartie dans son luxueux wagon pour l'Écosse et pour une nouvelle réunion de famille à Balmoral avec Vicky, Alice, Louis et leurs enfants. Bertie réside dans l'imposant château à tourelles d'Abergeldie, à trois kilomètres. Et, victoire, Alix est enceinte !

Chaque après-midi, mère et filles se rendent en pèlerinage sur un des lieux « chéris » du prince. Brown veille sur elles. Un jour l'un des chevaux de la voiture s'affaisse, l'Écossais se précipite et s'assoit sur l'attelage pour en maintenir l'équilibre. Le 7 octobre, la reine rentre d'une excursion avec Alice et Lenchen. Le cocher, qui a bu, quitte le chemin. La voiture commence à vaciller, puis roule sur deux roues : « Nous avons crié : que se passe-t-il ? Il y eut un silence qui nous parut interminable et Alice s'écria : "Je crois que nous sommes en train de verser." » Brown a déjà sauté du siège et contemple, affolé, la voiture et les chevaux couchés sur le flanc. Il lance un cri de désespoir : « J'ai cru que vous étiez toutes mortes ! » Il extirpe la reine qui a un œil poché et très mal au pouce. Elle le croit cassé, il est juste retourné, mais elle en gardera une raideur toute sa vie.

L'intrépide ghillie déchire les robes des deux princesses pour les libérer. Il coupe les harnais des chevaux qui se remettent sur pied. Il remplit trois gobelets du vin rouge pour remonter les royales accidentées et s'en sert pour nettoyer le visage de la souveraine. Quand, au bout d'une demi-heure, le cocher revient avec trois poneys, Brown, blessé au genou, mène les montures de la reine et d'Alice et rentre à Balmoral en héros. Victoria s'écrie : « C'est terrible de ne pas pouvoir raconter à mon cher Albert ce qui s'est passé. » Alice lui répond : « Il sait tout, il voit tout et il nous a protégées. »

Le 13 octobre, c'est la première apparition officielle de la reine. Elle a consenti à inaugurer une statue d'Albert à Aberdeen : « Je suis sortie de chez moi toute tremblante et quand je suis arrivée, personne n'était là pour me diriger, et me dire comme autrefois ce que je devais faire. » Les habitants ont été priés de s'abstenir de faire sonner les fanfares, de décorer de fleurs les maisons et même de pousser des acclamations. Le temps est exécrable. La reine et ses filles déjeunent seules derrière un rideau de pluie, ombres noires sur fond de nuages également en deuil. À son habitude, Victoria a ce cri de l'âme : « Comme disait le pauvre papa, il faut prendre le temps comme il vient, on n'y peut rien ! » Elle ne peut goûter aux œufs brouillés de son breakfast sans s'exclamer : « Ton cher papa les aimait tant ! », ni s'arrêter devant un lac sans remarquer : « Comme mon cher ange était heureux ici ! »

Depuis deux ans, elle interdit toute diversion à son chagrin. À Frogmore, elle organise des pique-niques à l'ombre des arbres qui entourent le mausolée et s'indigne, en novembre, lorsque sa dame d'honneur, Augusta Bruce, lui annonce son départ pour se marier, « de façon tout à fait superflue », avec le doyen de Windsor, le révérend Stanley : « Ma plus grande peine et ma plus grande épreuve depuis mon malheur. »

Les boutiques de mode et de lingerie du West End se plaignent de cette cour triste qui ne fait pas marcher le commerce. Paris tout en crinolines et frous-frous attire l'aristocratie européenne qui se précipite aux bals masqués, au théâtre, au french-cancan. Le *Times* note que « l'insistance avec laquelle on s'affaire à dresser des monuments funéraires au lieu de se préoccuper du progrès si cher au prince Albert provoque la révulsion des Anglais même les plus compréhensifs ». Aux Communes, le député Ayrton s'insurge contre une royauté qui coûte cher et ne sert plus à rien.

Mais, sans Albert à son côté pour présider les dîners et animer les conversations, Victoria refuse obstinément de recevoir les souverains étrangers et encore plus de les loger au palais de Buckingham. Le roi de Suède doit se contenter de son ambassade. Le roi et la reine de Danemark descendent à l'hôtel, le prince Humbert d'Italie à l'auberge du Cerf Blanc à Windsor. Même Vicky et Fritz ne sont plus admis à Buckingham avec leur « suite d'Allemands jacassants » et se serrent à l'ambassade de Prusse. Cette répugnance de la reine à accueillir les trop nombreuses suites princières va faire la fortune de la famille Claridge qui se lance dans l'hôtellerie de luxe.

Victoria se sent tout aussi incapable de supporter une cérémonie officielle. Les regards de la foule la glacent, renforcent son sentiment de solitude, rendent plus intolérable encore son désespoir. En décembre 1863, Palmerston reçoit de Windsor un mémorandum du docteur Jenner : « Eu égard à l'état de santé de Sa Majesté, il n'est pas souhaitable qu'elle apparaisse officiellement en public. » Un facétieux accroche une pancarte aux grilles du palais de Buckingham : « Locaux à louer ou à vendre, les affaires du dernier occupant ayant périclité. » Le *Times* poursuit avec une blague, le 1er avril : « Les loyaux sujets de Sa Majesté apprendront avec plaisir que leur souveraine est sur le point de rompre sa longue réclusion. »

Victoria prend elle-même la peine de répondre : « Une notion erronée semble prévaloir un peu partout et s'est frayée un chemin dans les journaux selon laquelle la reine occuperait à nouveau la place qui était la sienne avant son grand malheur et qu'elle va recommencer à paraître en personne aux réceptions et aux bals de la cour, aux concerts. On ne saurait trop démentir cette rumeur… La reine apprécie du fond du cœur le désir de ses sujets de la voir, mais il y a des devoirs, plus élevés que ceux de la simple représentation, auxquels désormais la reine doit faire face seule et sans aide… des devoirs chaque jour plus lourds, l'accablant de travail et de soucis. La reine ne saurait en faire davantage. » Croyant à un nouveau canular, le directeur du *Times* publie la lettre dans la rubrique « Court Circular » sans la signature de Victoria.

Cette fois, c'est l'oncle Léopold qui s'alarme. En refusant toute vie publique, sa nièce met la monarchie en péril. Il est d'autant plus furieux que la succession est largement assurée. Le 10 janvier 1864, Alix a mis au monde prématurément son premier fils : Albert-Victor, aussitôt surnommé Eddy : « Les Anglais aiment les gens quand ils les voient », répète le roi des Belges. Le baptême du petit prince est une excellente occasion de faire revenir la reine à Londres.

À soixante-quatorze ans, le roi des Belges est épuisé et malade mais il tient à remettre Victoria dans le droit chemin. Le 4 mars, il arrive à Windsor.

Le baptême est célébré le 10 mars dans la chapelle de Buckingham Palace avec tous les fastes royaux. Bien sûr, la reine porte son voile de crêpe noir à la Marie Stuart mais elle y a ajouté un collier de diamants et la broche de saphir et de diamant avec la miniature d'Albert. Sa robe de soie noire est bordée de jais et barrée du ruban bleu de l'ordre de la Jarretière. La princesse de Galles est vêtue de blanc. Victoria offre au petit Eddy une statue grandeur nature, en argent massif, de son défunt grand-père et elle n'assiste pas au banquet donné à Marlborough House, mais elle est revenue à Londres et les journaux s'empressent d'annoncer la grande nouvelle.

L'oncle Léopold passe tout le mois avec elle pour la convaincre de mettre fin à sa réclusion. Le 4 avril, en compagnie du roi des Belges et de la famille royale, elle assiste à la conférence du naturaliste Richard Owen, surnommé le « Cuvier anglais ». Le soir, elle a invité l'évêque de Worcester à dîner.

Cinq jours plus tard, elle donne enfin à Buckingham une grande réception pour les ambassadeurs. À quinze heures, la reine pénètre dans le salon blanc, entourée de l'oncle Léopold, d'Arthur, de Lenchen et de Louise. La cour est toujours en deuil : robe longue sans traîne pour les dames, les hommes en habit avec un crêpe sur le bras gauche. Les princesses sont en blanc. Victoria porte la robe noire du baptême d'Eddy avec son collier de diamants et le portrait miniature de son époux.

À Buckingham plus qu'ailleurs, tous les souvenirs de son bonheur perdu lui remontent au cœur : « Ce fut un grand effort que je suis bien mal en état de supporter », écrit-elle à Vicky. Elle a pris la plume dans le cabinet de toilette d'Albert : « Je ne supporterais pas d'avoir sans cesse auprès de moi cette pièce silencieuse d'où il sortait toujours si beau à voir pour m'accompagner aux réceptions. »

Ces mondanités lui ont demandé tant d'efforts qu'elle souffre de névralgies. Elle est obligée de remettre le *drawing-room*, point d'orgue de la saison londonienne, qui devait avoir lieu la semaine suivante.

Mais, le 15 avril, elle remonte à cheval. Et, la veille, elle a autorisé ses enfants à aller au théâtre. Avec Léopold, elle reçoit à dîner la duchesse de Wellington. Le roi des Belges peut regagner Bruxelles, mission accomplie.

Le 21 avril, la reine part pour Osborne, mais elle rentre pour tenir, le 11 mai, le *drawing-room* qu'elle a annulé. Des centaines de personnes défilent, fières de lui être présentées. Bertie est à côté d'elle. Cette fois, un collier de quatre rangs de perles remplace les diamants. À dix-sept et dix-neuf ans, Louise et Lenchen, pour la première fois depuis plus de trois ans, ont la permission de porter une robe rose.

Le soir, Victoria retourne à Windsor sans assister au concert où sont joués ses compositeurs préférés : Gluck, Gounod, Mozart, Wagner, Rossini, Verdi. Bertie préside la soirée à sa place. Les invités sont sous le charme de ce prince héritier de vingt-deux ans qui remplit son rôle avec grâce et déjà beaucoup de métier.

Comme son grand-oncle George IV, Bertie est entouré à Malborough House de sa petite cour de gentlemen noceurs dont il partage le goût pour le jeu, les courses, les actrices et le champagne. Il recommence à donner des dîners, sort à l'opéra, au théâtre. La bonne société l'a adopté et applaudit. Imitant l'incorrigible Palmerston, il a accueilli Garibaldi en héros. Cette initiative a accru sa popularité mais aussi la fureur de sa mère à son égard. Comme Albert l'aurait sermonné !

Victoria reçoit toujours ses visiteurs dans le bureau du prince. Chaque jour, elle se rend au mausolée, puis dans la chambre bleue pour s'imprégner encore et toujours de l'esprit d'Albert, de ses idées, de ses principes élevés. Les Communes viennent de voter un crédit de cinquante mille livres pour construire à Londres un Albert Memorial. Une gigantesque statue en or du prince surmontée d'une châsse à angelots trônera au sommet d'une pyramide, dans Hyde Park, là même où s'élevait, en 1851, le Crystal Palace de l'Exposition universelle.

À Windsor, Théodore Martin rédige presque sous sa dictée les volumes d'une biographie monumentale. Mais loin de le rendre plus populaire, l'albertolâtrie posthume que la reine impose à la nation commence à ternir la mémoire du prince. Dickens écrit à son ami, le dessinateur John Leech : « Si tu trouves quelque part une grotte inaccessible dans laquelle un ermite pourrait se retirer loin du souvenir du prince Albert et des témoignages de vénération dont il fait l'objet, fais-le-moi savoir s'il te plaît. En Angleterre nous n'avons rien d'assez profond. » Les journaux caricaturent à cœur joie cette veuve noire plus insupportablement puritaine que l'impopulaire Albert.

Bertie et Alix, au contraire, recueillent tous les suffrages. Le prince de Galles adore capter les regards du public. La princesse porte la toilette à ravir. Elle est fine, élancée, avec un long cou qui met en valeur ses rivières de diamants et ses chapeaux. Ses yeux bleus et son sourire sont le rayon de soleil de cette Angleterre incorrigiblement sentimentale. L'oncle Léopold a donné le jeune couple en exemple à Victoria pour susciter sa jalousie et la forcer à sortir de sa pieuse prison : le prince et la princesse de Galles sont « sans cesse en public sous tous les aspects imaginables et occupent entièrement l'esprit des gens ».

La guerre du Schleswig-Holstein fait aussi de Bertie et d'Alix les champions emblématiques de la cause danoise que soutient ardemment toute l'Angleterre à l'exception de Victoria.

Le nouveau roi du Danemark, le père d'Alix, réclame la tutelle des deux duchés qui possèdent les villes de Lübeck et de Kiel sur lesquelles lorgne Bismarck. Sans compter un troisième prétendant, un prince allemand, Fritz Holstein, duc d'Augustenburg et mari de la fille de Feodora, le favori d'Albert. Les deux duchés, qui ont une administration commune et une constitution depuis 1831, réclament, eux, le droit à l'autodétermination. Impossible de savoir de quel côté est le bon droit tant les traités sont contradictoires et les populations danoises et allemandes désormais entremêlées : « Il n'y a que trois personnes en Angleterre qui aient réussi à comprendre la question du Schleswig-Holstein : le prince consort qui est mort, un fonctionnaire des Affaires étrangères qui est devenu fou et moi-même qui ai tout oublié », a coutume de répéter Palmerston.

Le Danemark n'a aucune chance de résister aux armées prussiennes et autrichiennes qui ont envahi les duchés en février. La pauvre Alix pleure dans son sommeil en pensant à son infortuné papa. Mais le gouvernement anglais n'est, à son habitude, nullement disposé à faire la guerre sur le continent. Lord Russell se contente de rédiger des notes lénifiantes pour prêcher l'apaisement.

Bertie affirme qu'il suffisait d'envoyer la flotte anglaise dès le premier jour dans la Baltique pour arrêter l'effusion de sang. Il s'indigne de la passivité du gouvernement face à l'arrogance et à la brutalité de Bismarck : « Cette horrible guerre sera toujours une tache dans l'histoire de la Prusse et je crois que c'est une faute de la part de notre Gouvernement de ne pas être intervenu. Quant aux notes éternelles de lord Russell, tout le monde sur le continent s'en soucie comme d'une guigne et les ministres auxquels elles sont adressées s'en servent probablement pour allumer leurs cigares. »

Vicky, elle, s'insurge contre les prétentions danoises et les attaques « absurdes, injustes et grossières » de la presse anglaise. Le 13 avril, elle écrit à sa mère : « Les questions que l'on se pose à notre sujet, en Angleterre et à Vienne, sont des chichis d'hystériques. La continuelle intervention de l'Angleterre dans les affaires des autres peuples est devenue si ridicule à l'étranger qu'elle cesse même de nous ennuyer. Mais pour un cœur anglais, comme c'est dur de voir la dignité de son pays à ce point compromise et son influence disparaître ! »

La défaite du Danemark est si écrasante que le gouvernement anglais prend peur. À la mi-avril, Palmerston et Russell organisent d'urgence à Londres une conférence de la paix. Vicky écrit à sa mère : « Le roi ne perd jamais l'occasion de répéter qu'il vous est très reconnaissant d'avoir essayé de maintenir la paix. Il est convaincu que sans vous il en eût été tout autrement… Je dois avouer qu'une chose me tourmente : l'animosité entre nos deux pays… Maintenant que mon cher papa n'est plus, je vis dans la crainte perpétuelle que les liens qui les unissaient ne se relâchent, et qu'un jour, il leur arrive même de se rompre. »

Pour préserver la paix dans la famille royale, Victoria interdit, sur les conseils de l'oncle Léopold, que l'on parle chez elle du Schleswig-Holstein : « Mon ange désirait que mes enfants soient toujours gais et heureux. » La reine qui, en souvenir d'Albert, soutient aveuglément la Prusse commence pourtant à se rendre compte que le « pauvre papa » était loin de prévoir la tournure prise par ces « horribles événements ». En juillet, elle espère encore naïvement que Bismarck sera généreux dans la victoire : « Faites la paix, donnez les duchés au bon Fritz Holstein et finissons-en », écrit-elle à Vicky.

Mais, en octobre, lors d'une nouvelle conférence réunie à Vienne, la Confédération germanique annexe purement et simplement les deux duchés que Bismarck rêve déjà d'adjoindre à la Prusse. L'opinion anglaise est révoltée, la reine attaquée jusqu'à la Chambre des lords.

Ces tourments familiaux, ces critiques fouettent son orgueil. Au milieu de cette tempête européenne, Victoria reprend confiance en elle : « Je suis contente que ce souci et ces ennuis aient été épargnés à Papa chéri, car il aurait pu faire encore moins que moi », écrit-elle à Vicky.

Enfin, la résignation « si difficile pour moi au début » adoucit son désespoir. En juin, dans sa calèche drapée de noir, elle traverse Londres pour aller inaugurer une exposition d'horticulture au milieu d'une foule en liesse alors que « mon pauvre visage triste et ma robe noire en disent assez long ». Elle se réjouit même d'être plus acclamée que Bertie et Alix : « Les Galles sont enfoncés... Naturellement pour eux, personne ne s'arrête ou ne court comme on a toujours fait et comme on fait aujourd'hui doublement pour moi », annonce-t-elle fièrement à l'oncle Léopold.

En décembre, avec son accord, Phipps et Jenner décident de faire descendre Brown à Osborne. Son médecin voudrait qu'elle remonte à cheval mais Victoria ne se sent en sécurité que lorsque le ghillie mène sa jument Flora.

Le 4 février 1865, la reine dicte un mémorandum fixant les fonctions de l'Écossais : « Ai décidé que Brown resterait de façon permanente et se rendrait utile d'autres manières en dehors de la conduite de mon poney car il est tellement sûr. » Le montagnard porte désormais le titre de « serviteur personnel de la reine » et échappe à la hiérarchie normale des domestiques. Son salaire est porté à cent vingt livres : « Tout est toujours parfait. Il est si calme, si intelligent, il a une si bonne mémoire... Il est en outre si dévoué, si attaché, si adroit... C'est si commode d'avoir en permanence dans la maison une personne dont la seule raison d'être est mon service et Dieu sait combien j'ai besoin qu'on prenne soin de moi », écrit-elle à Vicky. Une semaine plus tard, elle lui vante à nouveau sa discrétion, « dans cette maison où il y a tant de gens, tant de racontars, et pas d'homme pour la gouverner, une telle présence n'a pas de prix ».

Alléguant des « nerfs en charpie » et une « grande fatigue », elle refuse pourtant, cette année encore, d'ouvrir la session parlementaire. Le *Times* le déplore : « La vie a ses droits au même titre que la mort. Et qu'y a-t-il de plus important que les droits d'une grande Nation et de la première capitale d'Europe ?... Tous les honneurs que l'affection et la gratitude devaient à la mémoire du Prince Consort lui ont été rendus... Il est temps maintenant pour la Reine de penser à ses sujets... Pour le salut de la Couronne tout autant que celui du peuple, il est impossible qu'une recluse occupe le trône d'Angleterre sans affaiblir une autorité que la Souveraine a le devoir d'exercer. »

Mais Victoria n'ose pas encore, sans Albert, savourer les bonheurs simples de la vie. De l'île de Wight, elle écrit au printemps à Vicky : « Je fais une promenade à cheval tous les jours parmi les splendides feuillages verts, les oiseaux chantent, tout est ravissant... mais dépourvu de joie car il n'est plus sur terre pour en jouir avec moi. » Elle accepte de donner une réception pour le corps diplomatique et s'en plaint à Augusta : « C'était assommant. » Elle précise une fois pour toutes les dates de ses départs de Windsor : de fin décembre à fin janvier puis de la mi-juillet jusqu'à la fin août elle est à Osborne. En septembre, à Balmoral où elle reste deux mois. Dans le train, elle fait des patiences, comme son bien-aimé dont c'était un des passe-temps favoris.

En Amérique, après quatre ans d'une guerre terrible, les États du Sud se résignent à demander la paix. Dix jours plus tard, à Washington, Abrahalm Lincoln est assassiné d'un coup de pistolet à la tempe, au théâtre, dans la loge présidentielle au côté de son épouse. Russell demande à la reine d'écrire personnellement une lettre de condoléances à la veuve : « Cela produirait un excellent effet pour se concilier les sentiments des États-Unis. » Sur le papier à lettres bordé de noir, la plume royale trace à traits vifs des mots de compassion : « Personne ne saurait mieux mesurer que moi vos souffrances. » Elle craint surtout avec cette nouvelle et ardente Amérique une guerre dont le Canada serait l'enjeu : « Le mieux serait d'en faire un royaume indépendant avec à sa tête un prince anglais... Le très cher Albert a souvent songé aux colonies pour nos fils mais je n'ai jamais aimé cette idée. Cependant maintenant je sens, devant l'inévitable, qu'il faudra peut-être s'y résoudre. Pour Alfred, c'est impossible. Arthur, c'est peut-être différent. »

En juin, Alix accouche prématurément d'un second fils que l'on baptise George. Une fois de plus, le prince et la princesse de Galles agacent Victoria qui trouve ce prénom trop hanovrien. Le 26 août, anniversaire de la naissance d'Albert, entourée de huit de ses enfants, elle est à Cobourg pour inaugurer, au centre de la place du marché, une statue en bronze doré de plus de trois mètres, œuvre du sculpteur attitré du prince, William Theed. Il ne manque qu'Alfred, encore et toujours en mer. Les cloches sonnent à toute volée au milieu des roulements de tambour et des salves de canon. Aux fenêtres des maisons à colombages, la population endimanchée regarde gravement passer les quatre carrosses de la famille royale d'Angleterre avec leurs postillons en grande livrée d'Ascot rouge et or : « J'étais désireuse dans toute la mesure du possible de faire honneur à la mémoire de mon bien-aimé. »

Six semaines plus tard, Palmerston meurt à sa table de travail de Brocket, la propriété que son beau-frère, Melbourne, lui a léguée. L'affreux *Pilgerstein* a beaucoup fait souffrir Albert mais Victoria lui a rendu justice pendant la maladie du prince : « C'est curieux de penser que cet homme si fort, si déterminé, avec une si dévorante ambition, ne soit plus », écrit-elle en guise de laconique éloge funèbre. Un mois plus tard, c'est l'oncle Léopold qui s'éteint à son tour. La précieuse Alice la console d'une énergique investiture : « Maintenant, c'est toi qui es le chef de toute la famille. »

17.

Mais à quarante-six ans Victoria est moins reine que veuve. Ni les dépêches, ni les mémorandums, ni les décrets qui s'amoncellent sur son bureau, ni les naissances de ses petits-enfants, ni même les combats qu'elle mène contre ses ministres à coups de certificats médicaux mensongers ne peuvent l'arracher à sa dépression. Sa robe noire cache mal sa lourde silhouette de matrone. Elle pose sur le monde un regard embué que personne n'ose soutenir. Vivre est parfois au-dessus de ses forces et pourtant elle impose ses moindres volontés avec une énergie inépuisable. On la craint.

La solitude dans laquelle elle s'enfonce l'épouvante. Elle s'acharne à tenter de garder ses filles auprès d'elle. Une, une au moins devra demeurer à jamais dans son ombre pour la servir, la distraire, la soutenir dans son immense malheur. Telle est sa volonté. « Je pense comme les Musulmans que les devoirs envers les parents passent avant tous les autres », écrira-t-elle à Vicky.

Durant son séjour à Cobourg, elle a rencontré le fiancé de Lenchen. Leur conversation l'a rassurée. Christian a l'air très épris mais surtout très heureux de venir s'installer en Angleterre. Frère de Fritz Holstein, le malheureux prétendant aux duchés, Christian, exilé en Silésie, n'a plus de résidence personnelle et s'est vu retirer par Bismarck toute fonction militaire. Les fiançailles officielles sont annoncées d'Écosse. On a trouvé, pour le jeune couple, un domicile : Frogmore House, l'ancienne demeure de la duchesse de Kent. Lenchen sera à deux pas de sa mère. Une assurance contre l'abandon, mais que de dépenses en perspective !

Victoria rend les armes et se résigne à se montrer en public pour ouvrir la session parlementaire. Un sacrifice auquel elle consent pour des raisons strictement financières. Comment, autrement, demander au Parlement de voter la dot de Lenchen ?

Le 22 janvier 1866, la reine écrit au nouveau Premier ministre, lord Russell : « La reine doit dire qu'elle ressent *très amèrement* le manque de sensibilité de ceux qui lui demandent de présider à l'ouverture du Parlement. Que le public ait le désir de la voir, elle le comprend parfaitement et elle n'a *nullement* l'intention de se dérober ; mais que ce désir soit d'une nature *si déraisonnable*, si cruelle, aille jusqu'à souhaiter *ardemment* de se repaître du spectacle d'une pauvre veuve au cœur brisé et nerveusement épuisée, traînée de force, SEULE, EN GRAND APPARAT, et *en grand deuil*, comme une *curiosité*, à l'endroit même où, d'habitude, elle paraissait accompagnée de son époux, et y soit dévisagée sans pudeur, c'est une chose qu'elle ne peut pas comprendre et à laquelle elle ne voudrait pas voir exposé son plus mortel ennemi. »

Le 6 février, elle quitte Windsor pour Londres, très agitée et si tendue qu'à Buckingham, elle peut à peine toucher à son déjeuner. Elle a refusé le carrosse de cérémonie et elle monte dans une simple voiture dont, malgré le vent glacé, elle fait baisser les vitres pour que la foule puisse l'apercevoir. Des diamants bordent le devant de son immuable coiffe de veuve à laquelle elle a accroché par-derrière une petite couronne de diamants et de saphirs. Mais les acclamations, sans Albert pour les partager, lui font monter une fois encore les larmes aux yeux. Assises en face d'elle, Lenchen et Louise, anxieuses, ne la quittent pas du regard : « Elles m'étaient d'une grande aide et d'un grand secours. Elles réalisaient parfaitement ce que j'éprouvais. »

L'immense salle gothique de Westminster où sont réunies les deux Chambres est un écrin rempli d'uniformes. Même les balcons sont bondés de curieux. Le silence est total quand Victoria prend place sur le trône couvert du lourd manteau du sacre qu'elle n'a pas non plus accepté de revêtir. Tant de regards sont braqués sur elle qu'elle se sent sur le point de défaillir. Lire le discours, ce qu'elle faisait de sa jolie voix musicale à dix-huit ans, est aujourd'hui au-dessus de ses forces. Le lord chancelier la remplace. Elle reste immobile, les yeux fixes, comme indifférente au rituel qui se déroule sous ses yeux. En réalité, elle se raidit pour ne pas s'effondrer.

Plus d'un gentleman du royaume critiquera sa froideur. Dans un meeting, le député radical John Bright s'étonne de ces accusations : « Je n'ai pas l'habitude de prendre la défense des possesseurs de couronne. Mais je me permets de dire ceci : qu'elle soit Reine d'un grand royaume ou femme d'ouvrier, une épouse, capable de garder un profond chagrin pour ce qui faisait sa raison de vivre, ne risque pas de manquer de cœur pour vous, les petites gens. » Surprise qu'un républicain plaide sa cause, Victoria lui écrit pour le remercier.

Elle se rend aussi au camp militaire d'Aldershot où le souvenir d'Albert est si omniprésent qu'elle s'était juré de ne plus jamais y aller. Elle donne, à Buckingham, deux réceptions où elle « doit reconnaître des centaines de visages ». Après cinq ans de veuvage, ces furtives réapparitions restent pour elle « terrifiantes ». Elle écrit à Augusta de Prusse : « J'aspire plus que jamais à mener une vie privée en soignant les pauvres et les malades. » À l'hospice de Windsor, elle s'apitoie devant les vieux couples qu'on a séparés : « Dur pour eux. »

Elle est surtout effrayée par la perspective d'une nouvelle guerre qui déchirerait sa famille. La Prusse, plus peuplée que l'Autriche, a besoin d'espace vital. Victoria a beau proposer au père de Fritz de convoquer une conférence de paix, Bismarck, dont elle a demandé le renvoi et qu'elle appelle le « méchant homme », rêve plus que jamais d'acier et de sang : « Cette guerre qu'il a conçue et imposée tout seul en a fait l'homme le plus haï de toute la Prusse. Bismarck a contre lui les libéraux au nom de leur conception du monde, les ouvriers au nom de la fraternité universelle, les prêtres au nom de la morale, la reine de Prusse parce qu'elle a peur, le prince héritier, Fritz, parce qu'il aime la paix et enfin le roi parce qu'il a soixante-dix ans*. » Un jeune garçon a bien tiré deux fois sur le chancelier dans la grande avenue berlinoise Unter den Linden. Mais les balles ont glissé sur les côtes de l'imposant chevalier teutonique, lui laissant assez d'énergie pour désarmer son assassin avant le troisième coup de feu. L'Europe entière le déplore. Selon le mot du tsar, l'Autriche se « résigne à la guerre ».

Fritz commande la seconde armée prussienne. Louis, celle de Hesse, dans le camp adverse. Ses deux gendres face à face, les armes à la main ! Rien n'aurait autant fâché Albert et Victoria en a le cœur brisé.

De chaque côté des champs de bataille, Vicky et Alice déploient leurs talents d'infirmières et s'inspirent des méthodes de Florence Nightingale pour réorganiser les hôpitaux militaires. Enceinte, Alice a envoyé ses deux aînées en Angleterre et compte bien suivre son mari au front dès qu'elle aura accouché.

Au milieu de la tourmente, Vicky perd d'une méningite son second fils, Sigismond, son préféré, âgé de vingt et un mois, qui la consolait des déceptions que lui causent les trois aînés, insolents

* Emile Ludwig, *Histoire des Allemands*, Flammarion, Paris, 1948.

avec elle. Sigi ressemblait à Albert, c'était le premier de ses enfants qu'elle avait nourri : « Le cher petit amour qui m'a été prêté pour si peu de temps et qui était mon orgueil, ma joie, mon espoir s'en est allé… Pendant deux jours, je n'ai pas versé une larme. À ses obsèques, mes yeux étaient les seuls à rester secs. Je ne pouvais pas pleurer. Mon pauvre Fritz était au loin et dans un poste si périlleux ! » écrit-elle à sa mère qui lui fait pourtant remarquer que la perte d'un enfant n'a rien à voir avec celle d'un mari. Fritz a hésité à revenir pour assister aux funérailles de son fils, comme le lui ordonnait son père, mais il s'est refusé à laisser son armée de cent vingt mille hommes exposée au danger en son absence.

Encore une fois, l'Angleterre reste neutre. Le gouvernement est aux prises avec une nouvelle loi électorale. La dernière réforme date de 1832 et un grand mouvement populaire, mené par le persuasif John Bright, réclame un élargissement du droit de vote aux ouvriers. Victoria n'y est pas opposée, mais redoute les désordres. Le Premier ministre Russell propose de donner le statut d'électeur à tout homme payant un loyer de sept livres. L'opposition tory, avec à sa tête Disraeli, se déchaîne contre cette folie qui livrera l'Angleterre à tous les périls de la démagogie. Le gouvernement est renversé. Le vieux lord Derby, perclus de goutte et qui ne s'intéresse qu'à ses chevaux, prend la place de l'impossible Russell. Disraeli, leader du party tory et l'homme le plus endetté d'Angleterre, redevient chancelier de l'Échiquier : « Mais je ne connais rien aux Finances ! » s'exclame-t-il. Derby le rassure : « Vous aurez des gens qui feront les comptes pour vous. »

Le nouveau gouvernement prête serment à Windsor le 5 juillet. La reine a accepté que Bertie et Affie assistent à la passation des sceaux. L'après-midi, Lenchen se marie dans la chapelle privée du château. Sans faste. Bertie conduit la mariée à l'autel avec sa mère qui, cette fois, préside le déjeuner. L'intellectuel de la famille, Léopold, le jeune hémophile âgé de treize ans, fait un discours et lève son verre à la santé du jeune couple dont la voiture s'éloigne bientôt sous une pluie de riz et de chaussures. Lenchen est la première des filles de Victoria à partir pour le continent en voyage de noces : Paris, Interlaken, Genève… En guise de consolation, la reine emmène Béatrice prendre le thé sous la colonnade du mausolée d'Albert. Le soir elle dîne avec ses deux derniers enfants et la duchesse de Roxburghe qui lui fait la lecture « avant que je me retrouve seule avec mes tristes pensées ».

Après une guerre éclair de six semaines, les armées autrichiennes ont été anéanties à Sadowa, le 3 juillet. À Darmstadt, Alice a tremblé au son du canon et a appelé sa mère au secours :

« Les gens de votre maison font une collecte une fois par an pour les hôpitaux. Puis-je vous en demander une partie cette fois-ci ? La charpie a été commandée en Angleterre, des bandages aussi par l'intermédiaire du docteur Jenner. Pouvez-vous vous les procurer ? Nous faisons quatre douzaines de chemises à la maison. Louis a monté à plusieurs reprises au combat le cheval que vous lui avez offert. Il résiste très bien au feu, mais n'aime pas les explosions d'obus. »

Elle accouche d'une troisième fille qu'avec son mari elle prénomme Irène, incarnation de la paix dans la mythologie grecque. Fritz, qui a gagné plusieurs batailles, rentre à Berlin en héros à la tête de l'armée prussienne et Vicky écrit, elle, à sa mère : « Je vous assure que les Prussiens appartiennent, par leur intelligence, leur sensibilité, leur bonne éducation, à une race supérieure… Quant aux séduisants Autrichiens, ils sont d'une cruauté qui fait dresser les cheveux sur la tête. » Mais lorsqu'elle a demandé ce qu'elle pouvait donner à Lenchen en cadeau de mariage, Louise lui a répondu : « La tête de Bismarck sur un plateau. »

Le chancelier a réalisé la première partie de son plan : la Confédération de l'Allemagne du Nord. Les deux duchés de Schleswig-Holstein, le Hanovre, la Hesse sont annexés par la Prusse. Le tsar Alexandre II, beau-frère du grand-duc de Hesse, intervient pour qu'il conserve son titre et une partie de son duché. Alice écrit : « Nous avons perdu le Hinterland, toute la Hesse-Homburg, soixante-quatre mille âmes. Nous devons payer trois millions après avoir hébergé l'armée prussienne six semaines pour rien. Il en a coûté au pays vingt-cinq mille florins par jour. La moitié de l'armée est sous commandement prussien. Il y a un désordre épouvantable dans les chemins de fer. La poste et le télégraphe seront bientôt prussiens. Ils réclament nos trésors artistiques, nos vieux tableaux, nos livres et nos manuscrits. » Les hoberaux prussiens se comportent comme des soudards et tentent même de s'emparer de la cave du duc, ce que Bismarck interdit dans un grand éclat de rire.

Alice, imprégnée des principes de son père, est néanmoins favorable à une grande Allemagne : « Quoi qu'il arrive, notre position et celle des petits souverains doivent subir un changement, ce qui, pour les plus vieux, sera très dur et ils auront du mal à s'en remettre. Même mon cher Louis, qui est si sensé et si raisonnable, dit qu'il a été élevé avec certains droits hérités depuis des siècles et il trouve pénible d'en être dépossédé. » À Londres, les cousins Cambridge poussent Victoria à donner au roi de Hanovre, chassé de son trône, la propriété de Claremont, l'ancienne demeure de l'oncle Léopold où vivent les enfants de Louis-Philippe. La reine prend la plume et répète au roi Guillaume Ier le souhait qu'Albert a inscrit dans le livre d'autographes de Fritz lors de la première visite du jeune homme à Londres : « Puisse la Prusse se fondre dans une grande Allemagne et non l'Allemagne devenir prussienne. » Peine perdue. Depuis des années, Bismarck répète à son souverain : « Prussiens nous sommes et prussiens nous resterons. »

Autre alarme, depuis trois jours, des émeutes violentes ont éclaté à Hyde Park. La foule en colère réclame cette fameuse réforme électorale qui ne vient toujours pas. Le jour du mariage de Lenchen, les grilles du parc, jouxtant Buckingham, ont été arrachées, les pelouses envahies et le ministre de l'Intérieur, en larmes, est obligé de faire donner la troupe pour stopper les manifestants.

Mais il en faudrait davantage pour inciter la reine à modifier l'immuable calendrier de ses pérégrinations. Depuis des semaines, le train spécial est prêt, les horaires fixés, les chefs de gare sur le qui-vive, les malles bouclées par les femmes de chambre. Victoria n'annule pas son départ le lendemain pour Balmoral.

Aux Communes, Disraeli propose d'accorder un droit de vote par maison « quel que soit le loyer avec des restrictions convenables sur la durée du séjour ». Avec une habileté diabolique, il coupe ainsi l'herbe sous le pied de l'opposition whig dont c'était le cheval de bataille. Le débat donne lieu à une empoignade terrible avec Gladstone. Le colosse au visage de prédicateur encadré de favoris gris et touffus s'emporte, et assène sur la grande table, au centre des Communes, des coups de poing qui font voler tous ses papiers : « C'est avec soulagement que l'on constate la présence, dans cette Chambre, d'un meuble aussi large et solide pour nous séparer », murmure Disraeli de sa voix de conteur oriental. Il n'y a pas que la table, tout sépare ces deux monstres sacrés qui, pendant quinze ans, vont s'affronter sur le théâtre politique dans le plus fabuleux duel de l'histoire parlementaire.

Avec son teint olivâtre et ses accroche-cœurs noirs, lustrés à la gomina, qu'il plaque sur ses tempes, Disraeli ressemble à un derviche tourneur. Sa famille est originaire d'Espagne. Juive, elle a fui les persécutions de l'Inquisition. Son père, historien et collectionneur de livres, sa mère, italienne et juive elle aussi, ont dû se convertir au protestantisme pour accéder à un statut social. Ils ont fait baptiser leur fils ce qui n'a pas empêché le petit Benjamin d'être traité de « sale juif » dans les bonnes écoles anglaises. Ne s'appelle-t-il pas Disraeli qu'à l'époque on écrivait « d'Israeli » ? Les nobles lords ne reconnaissent pas comme un des leurs cet auteur de romans à succès qui mêlent à des intrigues sentimentales une analyse sévère de la situation sociale. La politique est pour le leader tory une forme de poésie faisant appel à l'imagination et à l'inspiration.

Courtisan de génie, Disraeli n'a pas mis longtemps à gagner les faveurs de Victoria en lui écrivant des pages lyriques dès la mort d'Albert : « Chez lui, la grâce virile s'unissait à une sublime simplicité, l'esprit chevaleresque à la splendeur intellectuelle. » La reine a pleuré en lisant la lettre et lui a offert, en remerciement, un exemplaire relié en cuir blanc des discours d'Albert.

Le prince se sentait plus proche de Gladstone que de l'exotique Disraeli qu'il accusait d'être un usurpateur et de ne s'être jamais vraiment converti au libre-échange. Mais, alors que Gladstone s'y oppose, c'est Disraeli qui fait voter sans traîner les crédits pour la construction du Royal Albert Hall dont Victoria, émue et reconnaissante, posera la première pierre le 20 mai en lisière de Hyde Park, juste en face de l'Albert Memorial, au son d'une cantate composée par le prince et intitulée *Invocation à l'harmonie*. Le terrain, comme elle le rappelle à l'assistance, a été payé sur les bénéfices de l'Exposition universelle.

La reine se laisse charmer par les missives de son ministre des Finances. Le 26 février : « La Chambre est agitée et troublée, mais le Chancelier de l'Échiquier est certain que la reine n'en sera pas incommodée. » Le 29 février : « Le Chancelier de l'Échiquier pense que la question de la Réforme électorale sera réglée cette année mais il a la certitude qu'il n'y aura pas de crise en mai et que le séjour de Votre Majesté dans sa demeure écossaise ne sera pas troublé. » Lorsque Disraeli se rendra à Balmoral, la reine écrira à Vicky : « Aucun ministre depuis sir R. Peel (excepté ce pauvre et cher lord Aberdeen) n'a montré autant d'intérêt pour mes affaires privées ni autant de respect et de déférence envers moi. »

Aux comptes rendus spirituels des débats aux Communes qui amusent Victoria, le chancelier de l'Échiquier ajoute les potins londoniens et les ragots qui font fureur dans les clubs. Tous les ragots, sauf ceux qui commencent à circuler sur l'intimité stupéfiante de la reine avec son serviteur.

Depuis deux ans, l'Écossais ne l'a pas quittée une seconde. À l'automne 1865, chez la duchesse d'Atholl, John Brown occupait une chambre contiguë à la sienne dans le cottage de Dunkeld mis à la disposition de Victoria : « Je souhaite que Brown loge dans la maison », a-t-elle écrit à sa grande amie et voisine écossaise.

C'est Brown qui le soir lui apporte un verre d'eau et qui le matin prend les ordres après le breakfast. Brown qui noue son tablier noir pour qu'elle ne fasse pas de taches d'encre sur sa robe de soie, lorsqu'elle s'assied à son bureau. Lui qui ouvre un parapluie à la première goutte de pluie. Lui qui, en voyage, part en quête d'un bagage égaré. Lui qui, en excursion à Balmoral, court chercher, à la chaumière voisine, de l'eau chaude pour le thé quand le feu ne veut pas s'allumer. En promenade, il se tient assis dans la voiture drapée de noir, derrière Victoria, les bras croisés, lugubre, apparemment impassible. Mais sous les épais sourcils roux, le regard perçant du montagnard balaie l'horizon pour écarter le moindre nuage susceptible de troubler la quiétude de sa reine : « Quel soulagement d'avoir Brown en permanence auprès de moi. »

Certains affirment que Brown a un pouvoir de médium. Grâce à lui, Victoria peut poursuivre son dialogue avec Albert dans l'au-delà en attendant de l'y retrouver, ce qu'elle espère le plus au monde. En cette moitié du XIXe siècle, toute l'Europe, y compris l'Angleterre, est entichée de spiritisme. D'illustres médiums se produisent sur les scènes de Londres. La reine elle-même, avec le prince et leurs enfants, a déjà fait tourner les tables à Osborne. Et elle continue en compagnie de Brown et de la duchesse de Roxburghe pour tenter de rester en liaison constante avec l'âme de son cher disparu.

Mais au bras de son sculptural ange gardien en kilt, elle se sent surtout protégée, comprise, aimée dans son malheur. Chaque jour, l'Écossais l'accompagne au mausolée et pleure avec elle devant le catafalque d'Albert. L'après-midi, ils partent à deux en promenade. Brown tient le poney royal par la bride et quand Sa Majesté s'arrête pour se reposer, il la prend dans ses bras pour la faire descendre de cheval. Elle qui déteste qu'on la touche, il la porte, lui épingle son châle, la houspille quand elle bouge. Il lui reproche même parfois d'être mal fagotée : « Qu'est-ce que c'est que vous avez mis aujourd'hui ? »

Dans son thé, il rajoute une bonne rasade de whisky, ce qu'elle appelle son grog et qu'elle appréciera jusqu'à la fin de ses jours. Non seulement elle ne lui reproche pas son goût immodéré pour l'alcool, même quand il est ivre mort – ce qui n'était pas rare déjà du temps d'Albert –, mais désormais elle le partage. À Balmoral, la distillerie voisine du château produit un whisky exclusivement réservé à la reine. La mode, dans la bonne société britannique, est alors de mélanger le vin rouge au champagne. Les invités, et notamment Gladstone, sont stupéfaits de voir que Sa Majesté boit sec son bordeaux additionné de whisky, que les gentlemen considèrent encore comme une « boisson de sauvages ». Victoria se fait aussi fournir par la France du vin Mariani, une liqueur opiacée qui sera rapidement interdite dans le commerce.

Tous ses visiteurs sont surpris par la métamorphose de sa silhouette : « La reine va bien mais elle est énorme ! » déclare le ministre des Affaires étrangères, lord Stanley, à son club. Brown ne se gêne pas pour lui répéter qu'elle doit faire un peu d'exercice : « Le prince le recommandait souvent ! » Aucune phrase ne bouleverse davantage la reine. Son accent gaélique, la familiarité et même la brutalité avec laquelle l'Écossais s'adresse à Sa Majesté consternent les nobles lords : « Quel animal ce Brown ! » s'exclame lord Cowley à Balmoral. Mais ce ton direct plaît à Victoria qui y voit la marque d'une courageuse franchise.

Désormais, tous les ordres de Victoria aux domestiques passent par Brown dont les manières autoritaires provoquent des révoltes dans les sous-sols des palais. Au courant de tout, il lui lit les journaux, rapporte les ragots de la maison royale et même de la famille. Il sait ce qui « amuse » Victoria et n'hésite pas à la dresser contre ses propres enfants. Un matin, il lui raconte qu'une réception chez Bertie n'a pas été un succès, ce qui met en joie la reine, furieuse des mondanités indécentes de Marlborough House.

Avec lui, elle reprend goût à l'existence. Il lui arrive même de sourire en public. Elle s'en inquiète d'ailleurs auprès de son directeur de conscience, le doyen de Windsor, le révérend Wellesley : n'est-ce pas un péché d'accepter « le réconfort et l'affection d'un autre homme qu'Albert » ? Après avoir hésité quelques instants, l'homme de Dieu répond que le chagrin a son temps et que la vie reprend ensuite ses droits.

En Écosse plus qu'ailleurs, Brown est chez lui. Il est particulièrement impertinent avec le prince de Galles qui finit par espacer ses visites à Balmoral, ses plans de chasse étant contrecarrés par ceux de Brown dont la reine prend systématiquement la défense. Une algarade s'étant produite entre un lieutenant de cavalerie de la suite d'Arthur, le lieutenant Stirling, et Archie, le jeune frère de Brown, la reine fait limoger l'officier. Elle charge d'ailleurs un pasteur de Balmoral, le révérend Robertson, d'établir un arbre généalogique des Brown et elle fait écrire un livre intitulé *Highlanders of Scotland,* dans lequel elle s'efforce de démontrer que le père de John Brown est le descendant d'un officier de Charles II. En 1866, *Punch* publie ce pastiche de la « Court Circular » : « À Balmoral, Mr. John Brown s'est promené sur les collines. Il a mangé du haggis (panse de brebis farcie épicée). Le soir il a assisté à un concert de cornemuse. Il s'est retiré de bonne heure. »

La réclusion de Victoria favorise les rumeurs qui se répandent à l'étranger, volent de cour européenne en salle de rédaction, et atterrissent au secrétariat de Sa Majesté. En novembre 1866, Henry

Ponsonby écrit à son frère Arthur : « Nous avons été étonnés d'apprendre ici que notre ministre à Berne s'est plaint d'un article diffamant la reine dans *La Gazette de Lausanne,* ce qui était stupide de sa part car sa démarche a fait connaître l'affaire. » En réalité, Ponsonby prend pour argent comptant un simple ragot. Il n'y a dans le journal suisse aucun article affirmant que la reine a secrètement épousé Brown et même qu'elle attend un enfant. Et le diplomate à Berne n'a publié aucun démenti.

Mais la cour s'inquiète des gros titres de la presse et ses enfants sont ulcérés de voir leur mère s'afficher ainsi avec son domestique. Alice s'irrite de l'entendre toujours vanter le franc-parler de Brown alors qu'elle ne supporte aucune discussion avec ses enfants. Brown, Brown, Brown... Ce valet d'écurie qui prend la place de leur père ! À l'agacement de ne pouvoir s'entretenir avec elle sans la présence de cet arrogant majordome se mêle la honte de voir leur mère s'afficher ainsi avec son serviteur.

L'intrépide Alice, soutenue par Affie, a décidé de ramener Victoria à ses devoirs royaux en l'arrachant à l'isolement que protège l'envahissant Écossais. La reine, furieuse de ce complot familial, se plaint auprès de Vicky. Mais sa fille aînée est aussi inquiète que sa sœur du péril dans lequel la reine, par sa monstrueuse insouciance, plonge la monarchie. L'égoïsme de sa mère la choque. À plusieurs reprises, elle a demandé le renvoi de Brown.

C'est pourtant le bon plaisir de la souveraine qui, assise du matin au soir à son bureau, la plume à la main, prétend que sa vie est une « vallée de larmes » et qu'il serait bien injuste de lui demander de se passer de la chaude affection de son ghillie. En 1867, elle le nomme « serviteur écossais de la reine », c'est-à-dire moitié valet, moitié secrétaire.

Quand elle dépouille sa boîte aux dépêches, Brown se tient désormais debout à côté de sa table. Il donne son avis sur tout sans qu'elle le lui demande et elle apprécie ses commentaires. L'Écossais méprise les Irlandais qu'il traite de « papistes » et les *damned* étrangers qu'il affuble de tous les noms. On dit même qu'il aurait fait taire l'intarissable Gladstone d'un : « Vous avez assez parlé comme ça. » Ponsonby, l'un des familiers de la maison royale, raconte que le maire de Portsmouth, venu à Osborne demander si la reine accepterait de passer en revue un détachement de volontaires, s'assit pour discuter avec lui en attendant la réponse. Puis la porte s'ouvrit brusquement laissant apparaître la figure flamboyante de Brown qui lança de sa voix de paysan gaélique : « La reine a dit : sartainement pas. » Le *Morning Post* écrit que « le ghillie Brown a pris la place qu'occupait le mamelouk Roustan auprès de Napoléon ». Plus tard, on le comparera à Raspoutine.

En février, Victoria, qui a accepté à nouveau d'ouvrir la session parlementaire pour soutenir le gouvernement, rencontre sur son trajet des visages hostiles. L'hiver rude, l'épidémie de choléra et le chômage n'expliquent pas cette mauvaise humeur. Le peuple qui réclame la réforme électorale commence à se demander à quoi sert cette royauté invisible et scandaleuse.

Le 6 mai, un portrait de Landseer représentant la reine à cheval avec son autoritaire ghillie est exposé à l'Académie royale. Les visiteurs se précipitent, les journaux condamnent ce qu'ils appellent « une imprudence, une erreur, une faute de goût ». Victoria s'en moque. Elle trouve la toile très ressemblante. Si n'importe quelle duchesse affichait une telle intimité avec un domestique, elle serait la première à s'en scandaliser. Dans les clubs, les gentlemen inventent le mot « balmorality » pour traduire cette inconvenance aggravée par les mystères et l'éloignement de sa retraite écossaise.

En juin, la reine doit assister à un défilé dans Hyde Park. Lord Derby prévient le général Grey : « La présence de Brown sur la voiture risque de provoquer des sifflets – passe encore ! – mais aussi des jets de pierre. » Il suggère que l'Écossais prétexte une légère indisposition pour ne pas accompagner Sa Majesté. Grey répond : « La reine est bonne pour une de ses crises de nerfs habituelles qui se terminent en prostration. » Il n'a pas tort.

Victoria s'indigne des « méchants commérages dans les classes supérieures outrées de ne pouvoir forcer la reine à sortir de sa retraite… et exploitant les affreux mensonges publiés sur ce pauvre et bon Brown dans les journaux écossais pour servir les noirs desseins de personnes malveillantes ». Ce jour-là, au Mexique, le général Juarez fait exécuter l'empereur Maximilien et le gouvernement se saisit de cette occasion pour annuler le défilé.

« La reine refuse qu'on lui dicte sa conduite », écrit Victoria à son écuyer, lord Fitzroy. Car elle s'est aussi obstinément refusée, malgré l'insistance de ses ministres, à inviter le tsar Alexandre II reçu brillamment à Paris par Napoléon III à l'occasion de l'Exposition universelle. Rien ni personne ne peut la faire céder.

Sur ordre de la reine, le docteur Jenner adresse à lord Derby un communiqué lu en conseil des ministres : « Toute excitation produit chez Sa Majesté des dérangements biliaires provoquant des vomissements, et l'on peut craindre que ces troubles n'affectent le cerveau. » Le tsar doit se contenter de l'ordre de la Jarretière qu'elle lui fait porter.

Après de longues discussions, elle consent à retarder de trois jours son départ pour Osborne afin d'accueillir l'allié indispensable de l'Angleterre, le sultan de Turquie, « mais sans son harem ». L'exotique souverain l'arrache à sa mélancolie. Elle fait à Vicky un compte rendu malicieux de la visite de ce « frère oriental aux yeux admirables » et se félicite qu'à cette occasion on ait réutilisé, à Windsor, la vaisselle d'or. L'orchestre a joué « pour la première fois depuis ces six tristes années ». Lors de la revue navale de Spithead, le sultan, en proie au mal de mer, n'a pu quitter sa cabine. Et Victoria, qui a le pied marin, s'en moque.

À Osborne, Louise, pleine d'entrain, l'incite à l'accompagner au piano « et j'essayai même de chanter un peu moi aussi ». Avec son humour incomparable, lord Clarendon remarque que « Sa Majesté sait très bien refuser de faire ce qui lui déplaît et consentir à faire tout ce qui lui plaît ».

Dans les salons, on persifle de plus belle sur ses mauvaises excuses pour ne plus exercer ses fonctions officielles. Au début de son règne, Victoria était surnommée « Mrs. Melbourne ». Elle est maintenant « Mrs. Brown ». Ces insultes l'indignent. Ah ! Comme elle méprise cette « bonne société » oisive et inutile que caricaturent tous les romanciers, de Thackeray à Dickens. Cette bonne société dont Melbourne disait déjà au début de son règne : « Il y a à peine une seule lady dont la conduite ne soit pas notoirement condamnable. Quant aux hommes… c'est pire encore ! » Cette aristocratie si riche, si snob, si débauchée, ces pairs qui siègent à la Chambre des lords comme autant de roitelets ont rejeté le vertueux Albert qui en a cruellement souffert ! Elle ne le leur pardonnera jamais. À quel titre voudraient-ils aujourd'hui lui donner des leçons de vertu ou de courage ?

Victoria est choquée que les pauvres soient souvent punis pour des fautes dix fois moins graves que celles dont les nobles se rendent impunément coupables. Elle écrit en vain à Bertie pour lui demander de « donner le bon exemple en ne favorisant aucun de ces horribles personnages ! ».

Mary Ponsonby dira que Victoria et Albert ont été beaucoup plus proches des gens simples que de leurs courtisans. La reine exige de tous ses petits-enfants, comme elle l'a fait pour ses neuf enfants, qu'ils serrent la main des domestiques. À Balmoral, elle donne chaque année au château un bal pour les ghillies qui se termine en beuverie générale. Le dîner est servi deux heures après le début de la fête et, déjà, beaucoup de valets ne tiennent plus sur leurs jambes. On entend les piles d'assiettes se fracasser, on voit les plats tanguer dangereusement avant d'arriver sur la table et les sommeliers ont du mal à verser le vin dans les verres. Victoria feint de ne rien remarquer.

En cette année 1868, elle publie, illustrées de ses propres dessins, les *Feuilles du journal de notre vie dans les Highlands,* journal de bord de ses expéditions avec Albert dans cette Écosse où ils ont été si heureux. Le livre fourmille d'anecdotes sur le personnel de Balmoral, ses vertus mais aussi ses travers, son amour du whisky dont elle s'amuse. La Société pour la tempérance, une espèce de secte archipuritaine, proteste et lui demande de supprimer du livre toute allusion à la boisson. La reine refuse. Elle entend au contraire montrer que la souveraine d'Angleterre partage et aime la vie simple de ses plus humbles sujets.

Par leur courage, les modestes Écossais se distinguent de la noblesse qui ne pense qu'à s'amuser. Et parmi eux, John Brown, l'incomparable et généreux ghillie sélectionné par Albert, tient évidemment la première place. Elle rejoint l'écrivain Thomas Hugues qui dans son livre *Tom Brown's* consacre quatre pages à tous les Brown inconnus qui ont fait la gloire de l'Angleterre. Elle va même jusqu'à opposer le « John Brownisme » au « John Bullisme », la bonté des premiers à l'arrogance des seconds.

On s'arrache cinquante mille exemplaires des *Feuilles* en trois semaines. Et deux fois plus aux États-Unis. Le succès de son livre, dont la naïveté fait sourire l'aristocratie et soulève l'indignation de ses propres enfants, conforte Victoria dans ses certitudes.

Fin février 1868, incapable de mettre un pied devant l'autre, Derby démissionne. Disraeli est convoqué à Osborne pour lui succéder. Lady Palmerston et les salons whigs s'offusquent : « Nous sommes affreusement dégoûtés à l'idée d'avoir comme Premier ministre un juif. » La reine, elle, l'apprécie. À la différence d'Albert, elle n'a pas l'ombre d'un préjugé religieux ou racial : « Il est poète, romanesque, chevaleresque. Quand il s'est agenouillé pour me baiser la main qu'il a prise dans les siennes, il m'a déclaré : avec tout l'amour de ma loyauté et de ma foi. » L'auteur à succès inonde la reine d'hyperboles littéraires et la traite en authentique écrivain : « Nous, auteurs », lui lance-t-il avec son sourire de Levantin. Mais il n'a guère le temps de s'abandonner aux délices de la courtisanerie. Deux semaines plus tard, Gladstone propose aux Communes l'autonomie de l'Église anglicane d'Irlande.

Le chef whig n'a hélas rien du charmant Disraeli. Il se prend pour l'envoyé de Dieu, se flagelle quand il a des pensées impures et fait l'amalgame entre politique et religion. Une de ses ambitions est de ramener dans le chemin de la vertu les prostituées qui pullulent à Londres. Chaque soir, en quittant les Communes, il arpente les rues mal famées et assène aux pauvres femmes à moitié dévêtues d'interminables sermons. Parfois, le démon est plus fort, et ce colosse s'abandonne aux tentations de la chair. Mais quand il suit une femme chez elle, son remords redouble. Dans son journal, une petite croix signale qu'il a eu une tentation, un fouet qu'il y a succombé et qu'il s'est administré, en pénitence, une flagellation plus violente que d'habitude.

Victoria a en horreur ce puritanisme hypocrite. Elle s'indigne que Gladstone tente de « rallumer les vieilles querelles sectaires ». Le leader whig a l'ambition de mettre fin en Irlande à l'inégalité entre l'Église anglicane minoritaire mais subventionnée et l'Église catholique très majoritaire que la couronne ne reconnaît pas et que l'Angleterre rejette comme papiste.

Début mai, Disraeli voit son gouvernement mis en minorité sur cette question d'Irlande. Au lieu de démissionner, il dissout les Communes. Le chef du gouvernement a le pouvoir d'anticiper les élections. Elles auront lieu en novembre après les congés parlementaires.

La reine, elle, prend ses « vacances de printemps » à Balmoral et profite de ses dernières semaines d'intimité avec Disraeli. Elle envoie des primevères à son Premier ministre qui dicte une réponse à sa femme Mary-Ann, une veuve, plus âgée que lui de douze ans, et qu'il a épousée pour ses rentes. Mary-Ann possède une belle maison sur Hyde Park, elle paie sans sourciller les dettes de son héros et l'attend à son retour du club ou des Communes jusqu'à trois heures du matin. Quand le Premier ministre rentre épuisé, la maison est toujours brillamment éclairée, le feu allumé dans le salon et la carafe de xérès sur le plateau d'argent. « Monsieur Disraeli aime passionnément les fleurs. L'éclat et le parfum de celles-ci ont été encore rehaussés par la main bienveillante qui a fait pleuvoir sur lui tous les trésors du printemps », écrit Mary-Ann à la reine qui reconnaît le style fleuri du Premier ministre dont l'épouse est plutôt réputée pour ses sots bavardages.

En juillet, la canicule s'abat sur l'Angleterre. Elle fera vingt mille morts durant l'été. Victoria met Disraeli au courant de son grand projet de voyage. Depuis trois ans, elle prépare une escapade en Suisse et ses neiges éternelles dont les descriptions enthousiastes d'Albert l'ont tant de fois fait rêver. Le major Elphinstone, gouverneur d'Arthur, y séjourne actuellement avec son élève princier. Début juin, dans une lettre, Vicky a demandé à sa mère si la rumeur de ce voyage était exacte. Elle a répondu : « Le docteur Jenner me l'a recommandé. Je ne l'ai dit qu'à deux ou trois personnes. Je ne recevrai aucune visite pour ne pas être fatiguée et énervée comme je l'ai été à Rosenau. »

Un communiqué annonce le caractère strictement privé de ce périple. Le consul britannique à Genève écrit à son ministre, lord Stanley, pour lui demander un crédit spécial afin de s'acheter un uniforme. Le ministre des Affaires étrangères refuse cette dépense inutile : « Ce n'est pas la peine car Sa Majesté ne vous recevra pas. »

Par une chaleur caniculaire, Victoria s'embarque début août pour le continent avec ses trois plus jeunes enfants, Louise, Léopold et Béatrice. Elle n'emmène que deux dames d'honneur. Sa suite, limitée à sa plus stricte intimité, comprend quand même quarante personnes dont son secrétaire, ses habilleuses, son médecin, Brown et son frère Archie au service de Léopold. Trois autres Highlanders sont du voyage. Trois voitures sont parties en avance avec une douzaine de chevaux dont les deux préférés de Sa Majesté : Flora et Sultan. La reine se déplace incognito sous le nom de « comtesse de Kent » et la fantasque Louise, ravie, se fait appeler « Louise de Kent ».

À Cherbourg l'attend le train de Napoléon III qui, en une nuit, la conduit à Paris où elle s'installe dans une chambre de l'ambassade : « J'ai souffert de diarrhée. » L'empereur, lui, soigne ses calculs et sa vessie à Plombières. Eugénie vient dans l'après-midi faire une courte visite protocolaire à l'ambassade. La règle diplomatique voudrait que la reine lui rende la politesse à l'Élysée voisin. Le palais n'est qu'à deux minutes, mais la chaleur accable la reine d'Angleterre qui repart à la gare en voiture, traversant le Paris d'Haussmann où « il n'y a pas de fumée. Hélas ! les nouveaux immeubles ont remplacé les si pittoresques vieilles rues ! ». Les journaux, le lendemain, dénoncent le camouflet à l'impératrice. Lord Stanley, arrivé à Paris par le train régulier, reçoit de Disraeli la consigne de ne pas réagir.

À Lucerne, Elphinstone a loué la pension Wallis, construite deux ans plus tôt par Robert Wallis, un lithographe anglais marié à une Suissesse qui en a fait un hôtel. La grande villa domine les eaux vertes du lac des Quatre-Cantons et a la plus belle vue de la région sur les sommets enneigés.

L'après-midi même, Victoria fait une première excursion au romantique Rengloch, et le lendemain, elle traverse le lac dans un bateau à vapeur flambant neuf au milieu d'une foule de curieux. Son fragile incognito n'a pas résisté au voyage : « L'affluence des étrangers a beaucoup augmenté les deux dernières semaines et est actuellement si considérable qu'hôtels et pensions sont combles.

On s'attend encore à une affluence plus grande, surtout de la part des fils et filles d'Albion habitués à suivre leur Reine vénérée comme les poussins la poule », écrit *La Gazette de Lausanne*. Dans les écuries de la villa qu'elle tient à inspecter, un palefrenier la salue d'une profonde révérence accompagnée d'un « bonjour madame la reine » qui la fait rire. À Engelberg, elle visite le monastère : « C'est la première fois qu'un souverain britannique est reçu par des moines catholiques. » C'est aussi la première fois qu'elle assiste à une messe.

Assis à l'avant de la voiture, l'omniprésent Brown s'affaire à écarter les importuns. Avec son kilt, ses grands gestes et ses exclamations hargneuses, il ne passe pas inaperçu : « JB est aussi exigeant que s'il était au château de Windsor. Si quelque chose manque, il insiste et il l'obtient », note Ponsonby.

Malgré les attentions constantes de son ghillie, la reine souffre à nouveau de la chaleur et du foehn, un vent sec et violent comme le mistral : « La pauvre vieille mamma est très loin d'aller bien. Découragée et déprimée, je crois que d'être à la maison et surtout en Écosse est ce qu'il y a de meilleur pour ma santé », écrit-elle à Vicky. Le dimanche, elle offre même deux mille francs suisses pour éloigner de la pension les joueurs de boules dont les cris l'incommodent. Les journaux anglais recommandent à leurs lecteurs de respecter les vacances de Sa Majesté : « Ils doivent agir comme s'ils ne connaissaient pas la reine. Toute parole, tout geste, tout regard de nature à faire supposer qu'ils ont pour objet la souveraine lorsqu'elle paraît en public sont interdits à un loyal Anglais et devront être considérés comme un manque d'éducation. » Pour échapper aux regards indiscrets, elle prend le thé dans les prairies isolées. Elle y plante son chevalet et avec Louise, l'artiste de la famille, fait beaucoup d'aquarelles. La mère et la fille rivalisent de talent devant les mêmes paysages.

Après avoir exploré Lucerne, ses murailles, ses vieilles tours et les curiosités des environs pendant quinze jours, Victoria part en expédition dans les hautes Alpes. À dos de poney, elle escalade les cols : le Saint-Gothard, le Furka où elle passe trois nuits dans un refuge de montagne sommairement meublé qui l'enchante. On lui propose de traverser le glacier du Rhône en chaise à porteur mais elle préfère un bâton et « le solide bras de Brown ». La nuit, il neige, il fait froid et elle est en pleine forme.

Dès son retour à Lucerne, elle demande, emballée, qu'on lui organise deux autres ascensions, celle du majestueux Rigi et celle du Pilate dont les cimes dentelées se reflètent sur les eaux paisibles du lac.

Sa première dame d'honneur, l'imposante lady Ely, est chargée d'envoyer régulièrement un compte rendu de ses activités à Disraeli. Le Premier ministre et l'ambassadeur à Paris, lord Lyons, échangent de nombreuses dépêches pour chercher le moyen d'effacer l'incident diplomatique avec la France. Ils chargent la dame d'honneur de convaincre Sa Majesté de rendre à Eugénie sa visite quand elle repassera par Paris. Victoria accepte à condition de ne pas aller à Fontainebleau mais seulement à l'Élysée.

Quatre jours avant le départ, lady Ely envoie une note affolée à lord Stanley : Victoria a l'intention de recevoir son amie Augusta, la reine de Prusse, qui doit arriver à Lucerne en voyage privé. Au milieu des armées française et germanique sur le pied de guerre, cette rencontre paraît inopportune. Finalement, les deux reines s'embrasseront dix minutes à la gare de Lucerne.

À Paris, Eugénie s'excuse de ne pas être dans la capitale. Victoria en profite pour se rendre avec ses enfants au château de Saint-Cloud où elle a séjourné treize ans plus tôt avec Albert et dont elle garde un souvenir magique. Mais les volets sont clos, les jardins déserts et elle repart pleine de nostalgie.

À son arrivée à Portsmouth, le vendredi, l'attend une lettre de Disraeli, ruisselante de compliments, qui lui demande audience pour le dimanche suivant. Le lundi, la reine est déjà en route pour Balmoral. L'Angleterre est en pleine campagne électorale. Mais Victoria, à peine rentrée de Suisse, rêve déjà de nouvelles excursions incognito, loin des cérémonies officielles, des tracas de la politique et des regards indiscrets.

18.

Glassalt Shiel est un pavillon de chasse gris au bord du sauvage loch Muich. C'est sa première maison de veuve qu'Albert n'a pas lui-même conçue et c'est dans cette retraite écossaise qu'elle est et sera désormais heureuse.

Elle y accède par une longue route à travers la lande. Mais le chemin le plus court passe par les collines à dos de poney. Devant ses fenêtres, une pelouse descend doucement sur la rive du lac où une barque est amarrée en permanence. Les couchers de soleil éclairent ce décor d'une couleur de feu dont elle raffole et qu'on retrouve dans ses aquarelles.

Le calme à peine troublé par une cascade, les bruyères et même la brume qui enveloppe la lande, rien n'apaise mieux ses « pauvres nerfs ». Appuyée au bras prévenant de Brown, elle longe le lac et, le soir, lorsqu'elle se retrouve au coin du feu avec une assiette de biscuits et un verre de whisky sec à portée de main, loin des journalistes et de l'étiquette de Windsor, elle oublie enfin son fardeau royal.

Une soixantaine d'années plus tard, rentrant des États-Unis, le jeune romancier anglais D. H. Lawrence s'inspirera de ces moments de solitude et d'abandon de la reine pour écrire son chef-d'œuvre : *L'Amant de lady Chatterley*. En effet, au cours de l'été 1926, il s'est lié d'amitié avec Edith Sitwell, future biographe de Victoria, dont le père fréquentait la cour de Windsor et servira, lui, de modèle au père de lady Chatterley.

L'inauguration de Glassalt Shiel a lieu en octobre 1868. Seuls Jane Churchill, Louise et Arthur, tout juste rentré de Genève, sont aux côtés de la reine. « À dix heures moins vingt, nous sommes passés dans la petite salle à manger débarrassée de ses meubles. Tous les domestiques étaient là, y compris les palefreniers et le policier. Nous étions dix-neuf en tout. Ils ont dansé (mais sans moi) cinq *reels* très animés. Après le premier, du *toddy-whisky* (un grog chaud) a été servi à tout le monde et Brown m'a suppliée d'en boire pour arroser le feu de joie. Ensuite, Grant a fait un petit discours en terminant par le souhait que notre bonne Reine vive très longtemps. Puis Ross a proposé des toasts dans le plus pur style des Highlands et tous ont bu à ma santé. Le charmant petit bal s'est terminé à onze heure et quart. Cependant les hommes ont continué à chanter dans la salle des gardes… », écrit Victoria dans sa chambre. Un peu plus loin, à Altnagiuthasach, dans une autre maisonnette, elle a, avec Albert, vécu tant d'heures idylliques qu'elle serait incapable d'y repasser une nuit seule.

À Londres, son comportement étrange reste le sujet de toutes les conversations. En octobre, le sérieux *Tinsleys Magazine* écrit sous la plume d'un visiteur américain : « Peu après mon arrivée en Angleterre, à un dîner en compagnie de gentlemen de haut rang, on ne parlait que d'une certaine Mrs. Brown. Un convive m'a charitablement informé que Mrs. Brown était un synonyme anglais pour la reine… On disait que la reine était folle et que John Brown était son infirmier… On disait qu'il était son médium… Bref, des centaines d'histoires, toutes plus absurdes l'une que l'autre mais toutes venant d'hommes importants et de haute autorité. » Aux Communes et dans la presse, on s'interroge et on s'indigne. Le très respectable *Sunday Times*, après avoir chiffré ce que coûte aux contribuables l'entretien des palais et des yachts royaux, écrit en lettres grasses : « Halte à la sinistre mendicité et au répugnant scandale. »

Un nouveau journal satirique, *Tomahawk*, a fait sensation en montrant, dans son premier numéro, le manteau d'hermine étalé sur un trône d'Angleterre vacant et en annonçant : « Le prince de Galles va être nommé régent étant donné le déplorable état de santé physique et moral dans lequel se trouve notre pauvre reine. » En août, *Tomahawk* récidive avec « a Brown Study » où l'on voit cette fois le lion britannique dompté par un Brown dominateur. Bertie fait le voyage jusqu'à Osborne pour avoir une explication avec sa mère.

Plus que jamais, Victoria se retranche derrière des bulletins médicaux de complaisance pour échapper aux devoirs de sa charge, mais n'accepte pas de céder à son fils la moindre parcelle de son pouvoir. Le « scandale Brown » a encore détérioré leurs relations. Bertie refuse de recevoir l'Écossais chez lui. Et la reine ne se rend jamais ni à Marlborough House, ni à Sandringham, le château Tudor en brique rouge de la propriété de campagne qu'Albert, avant de mourir, a achetée pour son fils. Elle ne le tient au courant de rien et interdit à ses ministres de l'informer des grandes ou des petites affaires de l'État : « Le prince de Galles parle trop », répète Victoria à qui l'oncle Léopold a enseigné qu'un souverain n'est jamais trop *discreet.*

Bertie adore en effet vivre entouré de jolies femmes, de joueurs de cartes, de grands chasseurs, qui, pour le charmer, lui racontent les derniers potins. Une invitation à Marlborough House est un passeport mondain et le cercle cosmopolite de ses amis, les soirées brillantes dont il est le centre, supplantent depuis longtemps la morne cour de sa mère. Il fréquente l'épicier milliardaire Lipton, le marchand de meubles Maple, les banquiers juifs Rothschild, Sassoon, Bischoffeim et même un richissime hongrois nommé Hirsh, ce que désapprouve la reine : « Si jamais tu deviens roi, tu trouveras tous ces amis fort gênants et tu devras rompre avec eux. »

À vingt-huit ans, elle le maintient sous tutelle et ne lui montre aucune dépêche. Pourtant, il s'intéresse à la diplomatie et connaît, mieux que la plupart des ministres, les hommes politiques étrangers, en particulier ceux de France où il est comme chez lui. Il y fait de longs séjours pour fuir le puritanisme de Londres, le deuil de Windsor et la fréquentation d'un John Brown qu'il abandonne à ses pauvres sœurs.

À Paris, il est libre. Il s'y rend en garçon et, à défaut d'obligation officielle, il passe ses soirées à profiter des plaisirs de la vie parisienne : il va au théâtre, applaudit aux culottes fendues du french-cancan et soupe dans son cabinet particulier du Café Anglais, « le grand Seize », tendu de papier rouge à hiéroglyphes dorés où ses amis lui réservent un soir la surprise du « plat de résistance ». Après le consommé d'asperge, le chaud-froid de volaille, la timbale de homard, les ortolans et les vol-au-vent de ris de veau, quatre serveurs apportent un gigantesque plateau d'argent sur lequel se love la célèbre demi-mondaine Cora Pearl parée seulement d'un collier de perles et d'une touffe de persil. En raison de sa corpulence, il a son fauteuil réservé dans les maisons closes les plus huppées de la capitale, celles de la rue Chabanais. De Victoria, il a hérité les yeux globuleux, la gourmandise et surtout le tour de taille. On le surnomme « Tum-Tum », c'est-à-dire patapouf. Hortense Schneider triomphe aux Variétés dans *La Grande-Duchesse de Gérolstein* d'Offenbach et on voit souvent le prince de Galles enjamber les décors avec ses amis du Jockey-Club pour se rendre dans sa loge. À chaque séjour, il soupe avec Sarah Bernhardt qui le traite non en « prince de Galles » mais en « prince de Paris ». Il refuse seulement, malgré son incorrigible goût du jeu, d'aller aux courses le dimanche : sa mère et le public britannique ne le lui pardonneraient pas.

Il a une folle passion pour la France, il déteste la Prusse. Il est à l'opposé de son père. Aux fêtes de l'Exposition universelle de 1867 à Paris, il a rencontré Bismarck qui a été avec lui d'une froideur remarquée. Le tsar, Vicky et Fritz, Alice et Louis étaient là aussi. On a reproché à sa sœur aînée, dépressive depuis la mort de son fils Sigismond, de n'avoir apporté que « trois vilaines robes » et d'avoir quitté le grand bal de l'Hôtel de Ville quelques instants après s'y être montrée. À l'exception d'Alice, les filles de Victoria ont hérité de leur père une timidité pathologique et, à la différence de Bertie, elles ne prennent que peu de plaisir aux mondanités et aux acclamations de la foule.

Quand les boulevards parisiens lui laissent un peu de temps, le prince de Galles va jouer au baccara à Monte-Carlo, Cannes ou Biarritz. Au printemps, il est à Newmarket, Epsom ou Ascot pour les grandes courses. En juillet, à Cowes pour les régates. Début août, en Écosse pour l'ouverture de la chasse à la grouse. En septembre, il prend les eaux à Baden-Baden, Hombourg ou Marienbad et retrouve autour des tapis verts ses compagnons de Marlborough House, cette aristocratie anglaise décadente que Victoria accuse de mener la couronne à sa chute et le royaume à la république. Elle a expliqué au docteur Jenner que sa nervosité s'accroît quand elle songe à la vie de plaisirs menée par le prince de Galles et qu'il est préférable de ne pas prononcer son nom devant elle.

Hélas ! installé à Clarence House, Affie suit la mauvaise pente de son frère. Il songe maintenant à épouser Marie, la fille du tsar Alexandre II, venue à Darmstadt rendre visite à la famille de sa mère. Il l'a rencontrée chez Alice. Cette alliance permettrait au jeune homme d'éponger ses dettes, mais ne réjouit guère la reine qui déteste les Russes, ces « barbares ». Quant aux Hesse, s'indigne-t-elle, ils aiment trop les mondanités. Arthur, qui vient d'avoir dix-huit ans, a l'interdiction d'accompagner ce « pauvre Affie » dans les coulisses des théâtres ou sur les champs de courses. La reine ordonne à son précepteur, le major Elphinstone, de maintenir la température de la chambre du jeune prince à quinze degrés, de l'empêcher de se coiffer avec la raie au milieu et de garder ses mains dans ses poches, comme Bertie en a toujours eu la détestable habitude, ce qui avait le don d'irriter Albert.

Le « petit Léo » la consolerait des aînés si son hémophilie ne l'empêchait de mener une vie normale. Il possède l'intelligence et le sérieux de son père mais, en 1868, il est victime d'hémorragies qui font craindre le pire. Sa maladie exige des précautions de chaque instant. Quand son filleul, le fils d'Alice, hémophile lui aussi, mourra en 1873, Léopold écrira à sa sœur : « Je ne peux m'empêcher de me dire qu'il est peut-être bon que le cher enfant se soit vu épargner toutes les épreuves et les misères d'une vie de malade comme la mienne. » Victoria, qui ne s'apitoie que sur elle-même, a, pour son malheureux fils, une vraie tendresse de mère. Léo passe ses journées à lire et sait que la moindre chute peut lui être fatale. Elle lui remet l'ordre de la Jarretière un an plus tôt qu'à ses frères car « il est beaucoup plus instruit qu'eux et je veux lui donner des encouragements et du plaisir puisqu'il subit tant de privations ».

En ce printemps 1868, les Communes sont toujours empêtrées dans le problème de l'Église anglicane d'Irlande. Le Premier ministre suggère d'envoyer Bertie en voyage officiel à Dublin, afin de marquer l'intérêt de la couronne pour l'île : « Mr. Disraeli se permet d'observer que, depuis deux siècles, le souverain n'a passé que vingt et un jours en Irlande. Son Altesse royale pourrait chasser à courre. Cela combinerait, dans une certaine mesure, l'accomplissement d'un devoir public avec un passe-temps agréable, combinaison qui, comme on sait, convient à une existence princière. » Victoria d'abord refuse : son fils voyage assez pour ne pas, en plus, aller faire le joli cœur à Dublin. Puis finalement elle y consent à condition que tous les frais soient pris en charge par le gouvernement et que Bertie ne mette pas les pieds aux courses de Punchestown. Rien que le nom de Punchestown lui fait monter le sang à la tête !

Oui, c'est tout un art de « savoir prendre Sa Majesté » dont les violentes impulsions sont imprévisibles. Mais, personne n'a, comme Disraeli, la manière d'embaumer la reine sous les compliments : « Je ne refuse jamais, je ne contredis jamais, j'oublie quelquefois », explique-t-il en rectifiant dans un sourire ses accroche-cœurs.

Gladstone qui, en décembre, lui succède, après avoir gagné largement les élections, n'a rien pour séduire l'égocentrique petite veuve royale. Pendant ses loisirs, le colossal imprécateur abat des arbres dans son parc de Hawarden et manque de la subtilité nécessaire pour s'adapter au tempérament hanovrien. Albert disait : « Je la surveille comme le lait sur le feu. » Gladstone, lui, l'écrase de toute son imposante stature et la submerge d'ennui sous ses interminables prêches. Le doyen de Windsor, qui a été son condisciple à Eton, lui a pourtant prodigué ses conseils : « La nervosité, la surexcitation de la reine ont considérablement augmenté… Vous ne lui montrerez jamais assez de respect, de courtoisie et si j'ose dire de tendresse… Évitez tout sujet de discussion aussi longtemps qu'elle ne se sera pas habituée à vous. »

Mais l'âpre débat sur les clergés d'Irlande se prolonge et Victoria craint les troubles que risque de déclencher la désétatisation de l'Église anglicane dans l'île. Il ne fallait pas que l'on pense que « l'Église d'Écosse serait la prochaine à tomber »*. Ni donner aux ultras l'impression que la couronne « allait abandonner d'autres biens », par exemple la terre même d'Irlande.

Depuis le voyage en Suisse, le ministre de l'Intérieur reçoit des informations lui annonçant que les terroristes irlandais, les fenians, ont décidé d'assassiner ou d'enlever la reine. Leur mouvement, le Sinn Fein, créé aux États-Unis par des émigrés, s'est juré d'abattre la monarchie.

À Paris, Louise a été insultée par un militant pro-irlandais. En Australie, un Irlandais a blessé Affie d'une balle entre les côtes lors d'un pique-nique où le prince se préparait à offrir un chèque à des œuvres charitables. Et Brown, qui voit des fenians partout, redouble de précautions.

Mais Victoria, qui ne tremble jamais pour sa vie, refuse obstinément d'être constamment épiée à Balmoral par la police. Déjà, deux ans plus tôt, le général Grey a dû la supplier « à deux genoux » de quitter Osborne. On redoutait une attaque des fenians par la mer. Crainte non justifiée, les informations s'étant révélées fausses. Cette fois, on ne lui gâchera pas son séjour à Balmoral ! Ah ! le vrai complot n'est pas fenian, c'est celui de sa cour, de son gouvernement et même de ses enfants pour la faire revenir à Londres et l'empêcher de soigner sa « misérable » santé.

Elle passe désormais cinq mois en Écosse et trois mois à Osborne. Ce qui impose au gouvernement des allées et venues dont tous les ministres se plaignent, Disraeli comme Gladstone : « Il n'est pas douteux qu'Osborne pendant la session est la grande ennemie… » Que dire de Balmoral ! Il faut vingt-quatre heures pour s'y rendre, les chambres du château sont glaciales et les dîners, le plus souvent sans la reine, mortels. Surtout, l'omniprésent Brown ne se gêne pas pour se comporter comme un maître de maison tyrannique et grossier. Un jour où l'un des chefs d'état-major, le général Gardiner, arrive et lui demande comment se porte la reine, l'Écossais répond : « Elle va très bien. Elle a juste dit : quelle barbe que ce *damned* Gardiner arrive demain. Il va encore mettre son vilain nez dans toutes mes affaires. »

À l'instigation de Gladstone, un banquier de Dublin a offert à la reine une propriété en Irlande afin qu'elle ait aussi, pour se

* Élizabeth Longford, *Victoria*, Fayard, Paris, 1964.

reposer, « une résidence dans l'autre île de John Bull ». Victoria trouve le geste élégant mais assure qu'il n'y a que la solitude de Glassalt Shiel qui calme ses nerfs. Il y a plusieurs mois, elle l'a signifié au général Grey une fois pour toutes : « L'organisme de la reine, son estomac, ses nerfs sont très éprouvés par six années d'inlassables labeurs sans aide aucune, par ses lourdes responsabilités, par la terrible peine qui l'a affectée pendant les trois ou quatre premières années de son veuvage… Il est de son devoir, vis-à-vis de sa famille et de son peuple, de prévenir toute aggravation de son état de santé qui l'empêcherait d'assumer sa tâche. »

Pour ne pas cautionner la loi de Gladstone, la reine refuse d'ouvrir la session du Parlement. Irrité, le Premier ministre se rend à Osborne avec sa femme pour tenter de l'amadouer. En vain. Victoria lui conseille de déclarer qu'elle souffre de violentes migraines.

La maison royale est partagée entre ceux qui penchent pour une légère folie héritée de son grand-père et les autres, comme Augusta Stanley, qui pensent qu'en plus de l'incurable égoïsme royal elle souffre plutôt d'une dépression chronique à l'idée de ne pas être à la hauteur de sa tâche. Le 7 juin, Gladstone écrit à Grey : « Je suis désireux de connaître la vérité "vraie" au sujet de la santé de la reine. » En bon militaire, Grey, excédé, répond que les gémissements de Victoria ne lui font ni chaud ni froid : « Rien n'aura sur elle le moindre effet sauf un ton énergique voire comminatoire. N'en déplaise au docteur Jenner, je crois que ni la santé ni la force ne lui feraient défaut s'il s'agissait de son bon plaisir. C'est tout simplement la longue habitude, jamais contrecarrée, de s'écouter qui l'empêche de renoncer même pour dix minutes à un seul désir, un seul caprice, sans une bonne dose d'excitation nerveuse. » Le général qui appelle Victoria « Sa Majesté tire-au-flanc » ajoute quelques jours plus tard : « En retardant le combat pour obliger la reine à accomplir son devoir, vous ne rendrez cette bataille indispensable que plus difficile et douloureuse. » Pour Louise, la reine se porte « à merveille ». Et elle joue la comédie avec un talent également merveilleux.

Le bûcheron Gladstone s'attaque bravement à ce travail d'Hercule : la reine autoriserait-elle le khédive Ismaïl d'Égypte, qui a reçu magnifiquement Bertie et Alix en 1868 pendant deux mois, à résider au palais de Buckingham ? De Balmoral, Victoria accepte mais proteste « avec véhémence contre cette prétention de recevoir à ses frais, dans l'unique *(sic)* palais qu'elle possède… tous les potentats étrangers qui choisissent de venir ici pour se distraire ».

Nouvelle offensive : Sa Majesté consentirait-elle à inaugurer à Londres, sur la Tamise, le pont de Blackfriars qui doit être achevé au milieu de l'été ? Et par la même occasion inspecter le viaduc d'Holborn et les derniers travaux du métro ? Retarder de quelques jours son départ pour Balmoral ! Cette fois, la reine en tremble d'indignation ! L'attentionné Disraeli, lui, aurait compris qu'elle est incapable de supporter la chaleur de Londres au mois d'août ! Gladstone ne cède pas et repart à l'assaut : la reine accepte finalement d'inaugurer le pont au mois de novembre et prend même plaisir aux acclamations : « Il y avait au moins un million de personnes ! » exagère-t-elle sous l'empire de l'émotion…

Blackfriars est la seule victoire de Gladstone de l'année 1869. Le Premier ministre, qui a réussi à faire voter sa loi sur l'Église d'Irlande, mène d'ailleurs un autre combat. Fou amoureux, il passe ses soirées et même ses après-midi, non pas à son bureau, mais chez une ancienne demi-mondaine tombée dans la bigoterie, la belle Laura Thistlethwayte, une Écossaise de trente-cinq ans rencontrée cinq ans plus tôt.

Il est si épris qu'il délaisse son travail de sauvetage des prostituées et inscrit dans son carnet, constellé de petites croix en signe de désirs impurs, qu'il vit « un conte des Mille et Une Nuits ! ». Il envoie à Laura plusieurs lettres par jour qu'il commence toutes par « ma chère âme ! » et ajoute : « Ma vie a toujours été un combat entre le devoir et la tentation. »

La jeune femme est mariée à un riche militaire et dans les clubs les histoires de la belle Laura et du Premier ministre supplantent provisoirement celles de Mrs. Brown. « Gladstone semble avoir perdu la tête », écrit lord Carnavon à l'un de ses amis. Lord Derby s'étonne que le Premier ministre ait installé ses quartiers plusieurs jours chez une personne qui n'est « pas reçue dans la bonne société ». Disraeli ne se prive pas d'en informer Victoria et ses confidences accélèrent la chute de Gladstone dans l'estime de la reine, non pas qu'elle soit choquée par ses amours ou ses tentations, mais l'hypocrisie perpétuelle du vertueux discours de son Premier ministre la révulse. Cette manie de mêler Dieu à tout, à la politique comme aux prostituées ! Ces notes explicatives de douze pages sur ses innombrables projets de réforme ou sur les questions coloniales dont elle ne comprend pas la première ligne ! Albert aurait été capable de répliquer aux argumentations compliquées de Gladstone. Il aurait su lui démontrer que ses lois ne servent ni le pays ni la monarchie. Les deux fauves ne savent que se défier. L'impérieuse petite veuve royale pétrifie le prédicateur-bûcheron. La haute stature du Premier ministre intimide la reine. Incapable de le fixer dans les yeux, elle préfère lui dire « non » par des notes écrites qu'elle accompagne des éternels bulletins médicaux de Jenner. En février 1870, Grey mourant s'exclame : « Jenner a réussi à faire de Sa Majesté une invalide ! » Le médecin proteste : « Ne vaut-il pas mieux dire que la reine ne peut pas faire ceci ou cela pour raison de santé – ce qui est en partie vrai – que dire qu'elle ne veut pas ? »

Le général Grey est remplacé auprès de la reine par Henry Ponsonby, un neveu de Caroline Melbourne, plus désinvolte et diplomate que son prédécesseur : « Quand elle insiste et affirme que deux et deux font cinq, je lui réponds que je ne peux m'empêcher de penser que ça fait quatre. Elle me dit alors qu'il doit y avoir du vrai dans ce que je dis, mais qu'elle SAIT que ça fait cinq. Alors je laisse tomber… » Devant son entêtement, le garde des Sceaux, lord Halifax, se frappe le front et parle de « petits signes d'insanité ».

Bertie ne contribue guère à rétablir le prestige de la royauté. Ses aventures, ses dépenses, ses maîtresses font sourire ses amis mais inquiètent ceux qui craignent que la couronne ne roule aux pieds du trône comme les humoristes ne cessent de l'annoncer. Le procès en divorce intenté à lady Mordaunt par son mari est à la une de tous les journaux. Lady Mordaunt fait partie du cercle de Marlborough House et ce que craignait Albert à la veille de sa mort se réalise aujourd'hui. Le prince de Galles est cité à comparaître comme témoin. On lit à l'audience douze lettres du prince à son amie qui se trouve alors dans une clinique psychiatrique. Elles sont d'une innocence qui déçoit les amateurs de ragots mais non les ennemis de la monarchie. Le lord chancelier ne peut s'empêcher de penser que ce procès nuit au prince de Galles « autant qu'une révolution ».

La reine a envoyé à son fils un télégramme pour lui exprimer son soutien et sa sympathie : « Je ne vous remercierai jamais assez pour les mots aimables et affectueux que vous m'avez adressés », répond Bertie. Mais elle écrit aussi à Vicky : « Toute cette affaire est douloureusement dégradante, non seulement parce qu'il est innocent, ce dont je n'ai jamais douté, mais parce que son nom n'aurait jamais dû être mêlé à toute cette boue et avec des gens pareils… Crois-moi, les enfants sont une terrible inquiétude, et le chagrin qu'ils causent est beaucoup plus grand que les joies qu'ils apportent. Aussi ne puis-je comprendre ton plaisir d'en avoir. » Comme Alice, Vicky attend son sixième enfant. Lenchen est enceinte du troisième. Elle a déménagé à Cumberland Lodge où elle est très heureuse mais plus distante avec sa mère. Victoria s'en plaint.

Pour remplacer Lenchen, il reste Louise qui, comme Bertie, a hérité du tempérament sensuel et excentrique de sa mère. Louise est la plus jolie des cinq filles. À la différence des trois aînées, elle a vite délaissé les robes de deuil pour adopter la mode nouvelle avec corset et taille ajustée qui souligne les formes et lui va à merveille. Elle est gaie, artiste, c'est le rayon de soleil de cette cour funèbre où John Brown est roi.

À trois ans, Louise a pris sa première leçon de dessin avec Edward Corbould, le professeur qu'Albert avait choisi pour ses enfants. Corbould évitait de lui faire faire des copies de tableaux célèbres, exercice imposé à beaucoup de jeunes filles de l'époque. Il l'invitait à être originale. Elle dira à la fin de sa vie : « Ce fut l'un de mes rares vrais amis, et il m'a appris beaucoup… pas seulement en art. »

L'élève est douée en peinture mais surtout en sculpture. Sa mère se demande si cette activité est bien convenable pour une jeune fille. En effet, la reine s'oppose avec fureur à une proposition de loi sur l'émancipation de la femme que vient de déposer le député libéral John Stuart Mill. L'économiste qui a publié en 1869 son traité sur *La Sujétion des femmes* répand à son avis des idées absurdes. Depuis, cinq mille femmes réclament à Manchester le droit de vote. La dessinatrice Beatrix Potter et Mrs. Thomas Huxley, l'épouse du grand savant, ont signé une pétition pour les « droits des femmes ». « Nous femmes ne sommes pas faites pour gouverner », répète Victoria depuis ses grossesses à répétition. Bien sûr, elle est reine. Mais c'est un fardeau tombé du ciel sur ses pauvres épaules. Depuis la mort d'Albert, elle refuse toujours de porter le manteau du sacre à l'ouverture des sessions parlementaires. Elle écrit à Gladstone : « La reine est particulièrement horrifiée par l'idée que les femmes puissent être étudiantes en médecine, et en compagnie des hommes. Ce serait contraire à tous les principes de la morale ! »

Vicky, qui a pris des cours de sculpture, plaide pour sa sœur. Leur père affirmait que c'était un art encore plus noble que la peinture. Louise a d'ailleurs convaincu la reine de poser pour elle. Au fil des séances, elle fléchit sa mère et obtient de suivre les cours de l'École nationale d'art de Kensington qu'Albert a relancée au moment de l'Exposition universelle. Elle y devient l'élève de Joseph Edgard Boehm, coqueluche de Londres et sculpteur officiel de la cour.

Boehm fait de longs séjours à Balmoral où la reine lui a commandé plusieurs statues dont une en pied de Brown. Après sa mort, Boehm sera soupçonné d'avoir été à l'origine de toutes les rumeurs concernant Victoria et son beau valet écossais. On dira même que le scandale royal lui permettait de cacher ses propres relations avec Louise.

Car la jeune princesse a succombé au charme du talentueux Hongrois, à ses cheveux bouclés, à ses yeux bleus. Elle lui rend trop souvent visite dans son studio sous prétexte de travailler. Boehm est marié, ce qui aggrave son cas. Après une explication orageuse avec sa fille, Victoria décide de se séparer de cette merveilleuse compagne avec qui elle a tant d'affinités. Mais il faut lui trouver un mari…

Depuis les noces de Lenchen, la presse ne cesse d'annoncer les fiançailles de Louise avec un des nombreux héritiers protestants du continent, à commencer par Guillaume d'Orange dont il avait déjà été question pour Alice. En 1868, elle entre dans sa vingtième année et le grand quotidien de Copenhague, le *Dagstelegraphen* affirme qu'elle va se marier avec le prince Frederik de Danemark, le frère d'Alix, ce que la princesse de Galles souhaite de tout son cœur. Mais après Alix et Christian de Schleswig-Holstein, un troisième mariage danois indisposerait les Prussiens et Bismarck. Louise est donc partie quelques semaines à Potsdam chez sa sœur Vicky qui a invité une brigade de princes allemands disponibles. En dansant à leurs bras, la princesse leur fait tourner la tête mais elle les trouve arrogants, chauvins et trop militaires pour avoir le moindre sens artistique.

Fatiguée de compulser l'almanach de Gotha, Victoria se déclare incapable de contenter à la fois les pro- et les anti-prussiens. Après avoir ressassé le problème jour et nuit, elle décide que Louise épousera un sujet britannique. Cela n'est pas arrivé depuis trois siècles et demi. Avec sa fille, elle dresse la liste des prétendants acceptables. Un par un, ils sont invités à passer quelques jours à Balmoral.

Le marquis de Lorne est le bon. Écossais et petit-fils de sa grande amie, la duchesse de Sutherland, il a tout pour plaire à la mère et ne déplaît pas à la fille. Il est beau et blond avec de magnifiques yeux bleus. Sportif, il s'est cassé le nez en jouant au rugby et parle d'une voix nasillarde qui agace un peu la reine. Mais il est poète et aussi doué que Louise pour le dessin. Son père, le duc d'Argyll, chef du clan Campbell, est propriétaire du plus grand domaine d'Écosse et du splendide château fort d'Inveraray où Victoria a séjourné avec Albert.

La demande en mariage a lieu lors d'une promenade à Glassalt Shiel. Le 24 octobre 1870, les fiançailles officielles sont annoncées à Balmoral à l'issue d'un conseil privé de la reine. On a oublié de prévenir Bertie. Brown dépêche un ghillie à travers les collines jusqu'à Dunrobin, le château du duc de Sutherland où résident le prince et la princesse de Galles. Vicky, elle, apprend la nouvelle par les journaux anti-anglais de Berlin.

Tous les frères et sœurs de Louise désapprouvent avec force une telle « mésalliance ». Pour Bertie, l'entrée dans la famille royale d'un député libéral, supporter inconditionnel de Gladstone, contrarie la neutralité politique obligée de la couronne. Mais comment s'opposer à une décision de la reine ? Pour Albert, les grandes alliances favorisaient les rapprochements entre pays. Depuis les guerres prussiennes, Victoria n'en est plus convaincue. Elle explique à son fils : « Les temps ont changé. Les grands mariages étrangers, souvent causes d'anxiété, ne sont pas bons. » À Vicky, elle écrit : « Je sais qu'à l'étranger un tel mariage, si on n'en comprend pas les raisons profondes, surprendra. Mais je pense depuis longtemps qu'on ne peut faire autrement. Les grandes alliances comme la tienne sont parfaites pour quelques-uns dans la famille mais les petits princes étrangers sont très impopulaires ici et un mariage avec un catholique romain, illégal et contraire à nos principes. Par conséquent, nous préférons nous tourner vers ceux qui, chez nous, possèdent de grandes fortunes et un rang qui valent bien ceux des petits princes allemands. » Lors du mariage de Vicky, la Prusse ne les avait d'ailleurs pas encore tous « avalés ».

Le 6 août, à Balmoral, Victoria a fêté la « merveilleuse nouvelle » de la victoire de son gendre sur Mac-Mahon. Le bibliothécaire allemand d'Albert, herr Sahl, habillé en kilt, est tombé dans les bras de la gouvernante, fräulein Bauer. Après le dîner, tous les convives se sont penchés sur les cartes d'état-major dans la salle à manger.

Au début de la guerre, personne n'aurait parié sur la défaite de la France : « Fritz prend le commandement des armées souabes, bavaroises et d'un corps d'armée prussien. C'est une situation terrible pour lui, car les troupes du Sud sont molles et indisciplinées, et leurs chefs plus encombrants qu'utiles. Fritz est nerveux et inquiet, il lui arrive de fondre en larmes », avait écrit Vicky

La reine, fidèle à son bien-aimé, soutient ses filles. Cette fois, ses gendres combattent sur le même front, ce qui la soulage. Ernest, le frère d'Albert, est aussi au côté de Fritz : « Ce n'est pas une affaire France contre Prusse, mais une attaque éminemment injustifiée contre l'Allemagne unie qui se bat pour sa terre et sa survie », écrit-elle à Gladstone. Le gouvernement se garde bien de prendre parti. Seul Bertie se sent déchiré. Sa femme déteste Bismarck et lui-même adore Paris. Mais le dimanche 2 septembre, l'Angleterre puritaine voit dans la défaite de Napoléon à Sedan le doigt de Dieu. Dans son sermon, le pasteur de Crathie fulmine contre cette France vautrée dans le péché et lit des versets de la Bible sur Sodome et Gomorrhe. Vicky constate : « Notre pauvreté, nos villes tristes, un travail acharné, une vie austère, nous ont rendus forts et décidés. Je souffrirais de nous voir, comme nos voisins français, gangrénés par les plaisirs. »

Dans un mémorandum du 9 septembre, la reine note : « Une Allemagne puissante ne sera jamais une menace pour l'Angleterre. » Dans une lettre à sa belle-mère, Fritz souhaite déjà une grande union entre l'Angleterre, la Prusse et l'Autriche. Mais la proclamation de l'empire allemand à Versailles dans la galerie des Glaces effraie le monde. L'annexion de l'Alsace et de la Lorraine, les provinces les plus riches du continent, ne risque-t-elle pas de donner trop de pouvoirs à Bismarck ? Fritz en est lui-même convaincu : « Il lui semble qu'on est en train de vivre sur un volcan et il ne serait pas surpris si Bismarck décidait un jour de faire la guerre à l'Angleterre », écrit Victoria.

Louise, qui s'est foulé le genou en galopant, lui donne une excuse pour retarder de « quelques jours » son départ de Balmoral. En fait, elle reste un mois de plus en Écosse et assiste au grand bal des ghillies dans la salle d'honneur du château pour célébrer Halloween. Elle adore novembre dans ses « chères Highlands », le soleil éclatant sur les collines mauves, les bouleaux dorés, les sorbiers rouges se mêlant aux sombres sapins. Nulle part elle ne se sent aussi « bonifiée ».

De retour à Windsor, elle s'empresse de rendre avec Béatrice, par train spécial, une visite à la pauvre Eugénie, qui a pu s'enfuir de France et débarquer à Hastings sur un petit yacht britannique. Bertie a mis à sa disposition Chiswick House, une résidence près de Londres : « Quand on a des amis qui tombent, on aime les aider. » Ce que le gouvernement désaprouve.

L'impératrice est sans nouvelles de Napoléon III, emprisonné dans une forteresse près de Cassel. Et pendant la demi-heure qu'elles passent ensemble, Victoria compatit. Elle est horrifiée d'apprendre qu'à Paris la république a été votée sans qu'une seule voix s'élève en faveur de l'empereur : « Quel peuple ingrat ! »

Venu d'outre-Manche, un vent de républicanisme commence à souffler sur l'Angleterre. En septembre, un grand meeting s'est tenu à Trafalgar Square pour réclamer la fin de la monarchie et, durant l'automne, les attaques contre la couronne et la famille royale se sont multipliées avec la naissance de clubs républicains à Birmingham, Cardiff, Plymouth, Aberdeen et dans plusieurs quartiers de Londres. Les dernières demandes de subsides de la reine mettent le feu aux poudres : pour Louise, une dot de trente mille livres et une pension annuelle de six mille livres. Et pour Arthur qui va avoir dix-huit ans une pension de quinze mille livres.

Les députés réclament une commission d'enquête sur les finances royales. Depuis son avènement, Victoria reçoit du pays une liste civile de trois cent quatre-vingt-cinq mille livres par an. Une somme colossale pour une souveraine qui n'organise plus de réceptions et refuse de recevoir les souverains étrangers.

Au début de l'année 1871, un pamphlet, énumérant toutes les dotations perçues par la famille royale, pose la question : « Mais qu'est-ce qu'elle en fait ? » On se l'arrache. Le leader républicain Charles Bradlaugh publie un autre pamphlet intitulé : *George, prince de Galles*, dans lequel il écrit : « L'expérience des neuf dernières années montre que le pays peut fort bien se passer d'un roi et faire l'économie des dépenses de la monarchie. » Certains journaux sont tellement violents que la reine les fait interdire dans ses palais. Le maire de Birmingham, Joseph Chamberlain, s'exclame dans un discours : « L'idée de l'instauration d'une république dans ce pays ne me fait pas horreur. Je suis certain que cela arrivera tôt ou tard... D'ailleurs, il n'y a pas de grande différence entre une monarchie constitutionnelle comme la nôtre et une libre république. »

Dans une lettre à lord Granville, son ministre des Affaires étrangères, Gladstone s'inquiète : « La reine est invisible et le prince de Galles n'est pas respecté... La mauvaise volonté de la reine augmente et augmentera avec l'âge... Pourtant nous vivons une époque où l'influence personnelle de la Souveraine constitue l'un des derniers piliers de la Couronne. »

Le 9 février 1871, Victoria se rend, avec ses enfants, en carrosse au Parlement. Elle porte une couronne neuve et quelques parements d'hermine : « Louise et Béatrice se tiennent sur les marches du trône. Arthur à ma droite, près de Bertie. » Lords et députés ne l'ont pas vue à Westminster depuis trois ans.

La dot de Louise est votée par trois cent cinquante voix. Une énorme majorité. Gladstone n'a pas ménagé sa peine d'autant que le fiancé, le marquis de Lorne, est député de son parti. La reine fait quelques concessions à son Premier ministre : l'inauguration de l'hôpital St. Thomas où sont formées les infirmières de Florence Nightingale et surtout, avec Bertie, l'ouverture du Royal Albert Hall, la plus imposante salle de concerts du monde. Ses orgues monumentales peuvent rendre le tonnerre du canon comme la caresse du vent. Victoria est si émue qu'elle ne peut prononcer un mot et demande à son fils de parler à sa place : « La reine déclare la salle ouverte », crie le prince de Galles. Quelques sifflets se font entendre mais Gladstone félicite Sa Majesté de rendre enfin la monarchie « visible ».

Le 21 mars, le mariage de Louise avec le marquis de Lorne est célébré en grande pompe dans la chapelle St. George de Windsor. L'étendard royal flotte dans le ciel bleu de ce matin de printemps. Les carrosses sillonnent les rues avec leurs laquais en livrées écarlates. Les écoliers d'Eton, le collège de Lorne, forment une haie d'honneur. Et, jouant de la cornemuse, des Highlanders précèdent la famille du marié : le duc d'Argyll, la duchesse, et leurs onze enfants. Dans une robe de satin noir constellée de jais étincelant, Victoria accompagne sa fille à l'autel, couverte de diamants et de rubis. Les journaux applaudissent et les foules s'attendrissent devant ce jeune couple romantique. Un parfumeur de Londres a créé une eau de toilette Love Lorne. Et un photographe de Glasgow a reçu soixante mille commandes de la photo des mariés. La reine écrit à Vicky : « La popularité de ce mariage à travers l'Empire, y compris l'Irlande, est incomparable et quand la famille royale est si vaste, quand nos enfants ont (hélas) des familles si nombreuses, s'unir avec les grandes familles du pays renforce considérablement la monarchie et constitue un lien solide entre la famille royale et le pays. Par-dessus tout, une injection de sang neuf est une absolue nécessité sinon notre race va dégénérer et se dégrader. » Et quoi de plus noble qu'un sang écossais ! Albert disait qu'il y coulait un peu de la force indomptable des Vikings.

Le champagne, lui, coule à flots lors du grand déjeuner. À la pluie de chaussures et de pantoufles en satin qui salue le départ de la voiture des mariés, Brown ajoute un balai neuf, une coutume qui porte bonheur dans les Highlands. Pour son voyage de noces, le jeune couple fait le tour de l'Europe sous le nom de lord et lady Sundridge, un des titres de Lorne. À Darmstadt, Alice est chargée d'initier sa jeune sœur aux secrets de la gynécologie, un domaine que la reine n'aborde jamais avec ses filles. En 1885, le journal médical le *Lancet* se plaindra de l'obscurité totale dans laquelle les nouveaux mariés abordent leur nuit de noces.

À Balmoral, la plus illustre malade du royaume fait en juin avec Brown, l'ascension du Craig Gowan. Au sommet se dresse la pyramide que baigne l'âme d'Albert. Elle en redescend plus décidée que jamais à résister aux manœuvres déloyales de Gladstone. Le Premier ministre s'est engagé dans une profonde réforme de l'armée. Depuis toujours, les troupes anglaises sont dirigées par les nobles lords qui ont rarement été formés au métier des armes. Les officiers achètent leurs charges et leurs commandements. Désormais l'avancement se fera au mérite.

Victoria voit dans le projet du gouvernement un coup porté à la monarchie. Quelques jours après le mariage de Louise, elle a reçu à Windsor l'ex-empereur des Français en exil. Le duc de Cambridge répète, comme Albert jadis, que des régiments « rouges » se retournent facilement contre un trône. La France vient encore de le démontrer. La reine espère voir Arthur succéder à son oncle Cambridge à la tête des armées. Après un an au Canada, son fils est officier dans l'école militaire d'Aldershot.

Elle accepte, à contrecœur, de parapher la réforme de Gladstone. Aux Communes, les radicaux se déchaînent pour tenter de diminuer la pension d'Arthur. « La reine ne mérite plus le respect en raison de ses demandes répétées d'argent », s'exclame un député. On compte cinquante-trois voix contre lors du vote le 1er août.

Trois jours plus tard, Victoria constate à son réveil « une douloureuse piqûre d'insecte au coude droit ». Le train pour l'Écosse est prévu, comme chaque année, pour le 17 août. Gladstone la supplie de ne pas partir pour Balmoral avant la fin de la session parlementaire. La reine termine son télégramme par une phrase évasive : « ... Ce que je peux, je le ferai mais pas plus. » Au bras, l'abcès grossit. Les bulletins de santé alarmants de Jenner commencent à pleuvoir sur le gouvernement.

Le grand chancelier, sir Arthur Helps, lord Granville viennent à la rescousse du Premier ministre. Plus que jamais la reine doit régner, en cette année de troubles républicains dans le pays succédant à ceux qui ont ensanglanté la France. En 1864, Karl Marx a créé, à Londres, la première Internationale. En avril, une grande manifestation de soutien aux communards parisiens a été organisée à Hyde Park. Il est inconcevable que Sa Majesté s'éloigne à Balmoral en pleine session ! Pour lui rappeler ses devoirs, Vicky, en vacances à Osborne, rédige une lettre à « notre mamma adorée et notre souveraine » qu'elle fait signer par tous ses frères et sœurs.

Victoria se plaint tant de son épuisement que ses enfants renoncent à lui remettre cette pétition familiale, de peur de déclencher une royale crise de nerfs. La reine, persuadée que de sa santé dépend la survie de la monarchie, écrit au lord chancelier : « Qu'est-ce qui a tué son mari bien-aimé ? Le surmenage et les soucis. Qu'est-ce qui a tué lord Clarendon ? La même chose... et on veut que la reine, une femme qui n'est plus jeune, supporte tout... Elle tient à répéter que si ses ministres ne la soutiennent pas, elle ne pourra pas continuer et devra remettre son lourd fardeau entre des mains plus jeunes. Peut-être, alors, les mécontents regretteront-ils de l'avoir brisée alors qu'elle aurait encore pu être utile. »

Le 14 août, elle déjeune seule sans ses enfants. Elle n'a pas d'appétit. Elle se plaint d'avoir mal à la gorge. Gladstone confie à Ponsonby : « Je considère tout cela comme ma plus pénible expérience en quarante années de vie politique. On pourrait aisément imaginer des choses pires. Mais des causes plus minimes et plus affligeantes de décadence, pour un trône, sont inconcevables. » L'illustre bûcheron ajoute : « C'est comme un ver qui creuse l'écorce du chêne et détruit ainsi sa vie. »

Le 17 août, à la date prévue, Victoria part pour Balmoral, soutenue par Brown. Elle est affaiblie, malade, criblée de douleurs de la tête aux pieds, mais victorieuse. Victorieuse de son gouvernement, de ses enfants. Même les républicains n'ont pu la faire plier !

19.

Est-elle, cette fois, vraiment malade, cette petite femme replète qui ne cesse de se plaindre mais qui mène ses dames d'honneur à un rythme d'enfer ? Jenner envoie un communiqué non signé au *Lancet*, l'autorité médicale anglaise, dans lequel il parle de l'abcès au bras droit en assurant que : « Sa Majesté ne peut supporter physiquement les salons bondés et surchauffés, pas plus qu'un séjour prolongé à Londres. » Mais personne n'y croit plus. Voilà dix ans que les nerfs et les migraines de la reine sont les ressorts d'une tragédie nationale adroitement mise en scène. Ponsonby trouve l'article déplacé car il apporte de l'eau au moulin des abdicationnistes : « Il détruit tout espoir et va amener, je crois, à prendre des mesures à son sujet. » Il a une vive discussion avec Jenner : « Qui a envie d'aller à Londres, sinon les gens frivoles, les gens du monde ? » rétorque le médecin. Le ton monte entre les deux hommes. Apparaître en public relève du travail d'une reine et si un monarque masculin ne le faisait pas, « on l'aurait simplement vidé de son trône », s'écrie, furieux, le secrétaire particulier de Victoria. « Colonel Ponsonby ! Vous devez savoir, en tout cas moi je sais, qu'il n'y a pas une seule femme dans le royaume qui travaille autant que la reine ! – Attendez le jour où elle demandera de l'argent. Les classes moyennes et le peuple sont persuadés qu'elle en met de côté. – Quelle bêtise ! Je connais des centaines de petits-bourgeois qui ont le plus grand respect pour elle. On lui fera des difficultés sur la question, sans aucun doute, mais c'est notre époque démocratique qui veut ça. »

En plus de son abcès au bras, Victoria souffre d'une angine. Elle doit s'aliter. Et comme elle n'est jamais malade, elle se croit à l'article de la mort. La docile Béatrice, âgée de quatorze ans, écrit sous sa dictée dans son journal du 22 août : « Jamais depuis mon adolescence où je fus terrassée par la fièvre typhoïde à Ramsgate, en 1835, je ne me suis sentie aussi mal. » Jenner, toujours excessif, confiera à Ponsonby avoir cru un moment que la reine allait « trépasser dans les vingt-quatre heures ». Sa dame d'honneur et amie lady Jane Churchill s'indigne : « Mais pourquoi alors n'avoir pas fait venir tous les enfants ? – Dieu du Ciel, cela l'aurait achevée ! » s'écrie Biddulph, trésorier de Sa Majesté.

De ses bras d'ange gardien, Brown retourne l'impotente dans son lit et la porte jusqu'au canapé ou dans la tente dressée sur la pelouse. À Vicky, Béatrice écrit cinq jours plus tard, toujours sous sa dictée : « On a dû me faire manger comme un bébé et pendant trois jours et demi ! Tu sais, quand on vous met les aliments dans la bouche, qu'on vous mouche et qu'on fait tout pour vous ! » Alice lui sert d'infirmière et lui joue du piano. Mais elle prie Ponsonby de montrer à sa mère les journaux qui, tous, préconisent une abdication en faveur de Bertie. Obstinée, Victoria ne veut lire que les articles de la presse écossaise hostiles à son retrait : « Ses fidèles sujets écossais toujours remplis de sympathie se sont dressés pour la défendre alors qu'aucun autre journal n'ose le faire en Angleterre ! » Pour essayer de restaurer son image, son secrétaire privé rédige des communiqués propres à attendrir l'opinion. La « Court Circular » du 30 août précise que Sa Majesté est sortie se promener « en voiture » jusqu'à la forêt de Ballochie pour rendre visite à la sœur malade d'un garde-chasse.

Le 4 septembre, Jenner fait venir en secret l'illustre chirurgien d'Édimbourg, spécialiste de la septicémie, le docteur Lister, pour percer l'abcès royal qui atteint plus de douze centimètres. Le 5 septembre, Victoria dicte à Béatrice d'une voix mourante : « Peux à peine me retourner dans mon lit. Pansement terriblement long précédé par la pratique de la "grande invention" de Lister, une aspersion de phénol pour "détruire tous les germes organiques" ». Le chirurgien reste une semaine à Balmoral.

À son départ, le bulletin publié dans le *British Medical Journal* alarme rétrospectivement toute la presse britannique. Le *Times* et le *Daily News* présentent leurs excuses à la reine pour avoir sous-estimé son état de santé. Après son abcès et sa gorge, Victoria souffre d'une « troisième » maladie, une douloureuse crise de goutte.

Affie est là. Ce qui n'arrange en rien son moral. À vingt-sept ans, son second fils supporte mal de voir sa mère constamment appuyée au bras de Brown. Il est devenu cassant. À son arrivée, il a serré la main de tous les domestiques sauf celle du majordome écossais. Un soir où il a demandé aux violons de cesser de jouer, Brown a contredit l'ordre. L'atmosphère s'alourdissant, Victoria, de sa chambre, exige que le conflit soit réglé. Affie accepte à condition que l'armistice soit conclu devant Ponsonby : « Quand je reçois un homme à bord de mon bateau, c'est toujours en présence d'un officier », ce qui a le don d'exaspérer Victoria : « Nous ne sommes pas sur un bateau et je ne veux pas de discipline navale chez moi ! » Même Charlotte, la fille de Vicky, se montre impertinente. Elle refuse de serrer la main de Brown alors qu'il entre dans la chambre de sa grand-mère : « Maman dit qu'il ne faut pas être trop familier avec les domestiques. » Cette fois, c'est Vicky qui subit les foudres royales. Ponsonby et lord Halifax voient dans la solitude de la reine la cause de tous ses maux.

Victoria a perdu douze kilos et Jenner recommande qu'on ne lui montre plus les journaux hostiles. Gladstone s'en irrite : « Comment peut-on écarter de l'incendie le fauteuil du monarque si le médecin vous interdit de toucher au fauteuil ? » Mais Jenner, comme, avant lui, les docteurs Stockmar et Clark, craint les fureurs hanovriennes. À lord Halifax, il explique que même son teint cramoisi des fins de repas qui fait croire à la bonne santé de Sa Majesté est dû à sa nervosité : « C'est une espèce de folie et il n'y a rien à faire… » Gladstone est persuadé que le médecin en a aussi parlé à Disraeli. Dans sa fringale courtisane, le leader de l'opposition, le 26 septembre, s'écrie à une fête de la moisson que la reine est « incapable moralement et physiquement » d'exercer ses fonctions depuis longtemps déjà.

La gaffe fait le tour du royaume. Le *Daily Telegraph,* partisan de Gladstone, pose, indigné, la question : le leader de l'opposition veut-il dire que la reine est folle ? Appelé à la rescousse, le révérend MacLeod déclare qu'il n'a jamais vu en Victoria « la moindre trace de faiblesse mentale ou morale ». Disraeli fait passer par Jenner une lettre d'excuses mais cette fois Victoria est ébranlée par les calomnies de la presse. Dans une lettre à Granville, Gladstone s'en réjouit : « Disraeli lui a rendu, ainsi qu'à la nation, un service involontaire… Ce qu'il faut, c'est remettre la reine au travail. »

Car les attaques ne cessent pas. Le 6 novembre 1871, dans un discours prononcé à Newcastle-on-Tyne devant une foule considérable, le député libéral Charles Dilke, l'une des mauvaises fréquentations de Bertie, dresse l'inventaire de ce que coûte la royauté à la nation : châteaux, yachts, trains, serviteurs, chevaux, chasses… « En quoi le pays a-t-il besoin d'entretenir un lord "grand fauconnier" ou un "lithographe ordinaire de Sa Majesté" ? » s'insurge-t-il. Avant d'assurer que « le temps est venu pour la république. Et du train où vont les choses, notre génération assistera à son avènement ». Trois jours plus tard, Gladstone, au dîner donné par le lord-maire de Londres, défend le droit de tout citoyen anglais de s'exprimer « sans aucune limite... sur les institutions du royaume ». Victoria envoie une lettre de protestation au Premier ministre. Elle est d'autant plus mortifiée que le jeune Dilke est le fils d'un ami d'Albert et qu'elle lui a passé la main dans les cheveux à l'Exposition universelle de 1851 : « Je suppose que j'ai dû lui caresser la tête à rebrousse-poil. »

Le 21 novembre, Windsor, encore sous le choc du « mauvais coup de Dilke », reçoit un télégramme de Sandringham où Bertie vient de rentrer pour fêter ses trente ans après avoir tiré le faisan chez lord Londesborough. Le pavillon de chasse dominait la baie de Scarborough, une station balnéaire dont les canalisations sont les plus défectueuses d'Angleterre. Tous les invités ont été victimes de dérangements intestinaux, mais Bertie, lui, couve une maladie infectieuse. Les nouvelles du lendemain sont alarmantes : la typhoïde s'est déclarée. L'effrayant fléau dont le nom seul semble annoncer la mort... Victoria dépêche Jenner à Sandringham et court se recueillir au mausolée d'Albert. Elle revit les atroces journées d'il y a dix ans.

La température de Bertie atteint quarante et un degrés. Encore fatiguée par sa maladie, la reine se précipite au chevet de son fils qui délire. Déjà, les journaux, qui, quelques semaines auparavant, dénonçaient l'inutilité de la famille royale, multiplient les éditions spéciales. Dans toutes les églises du royaume, les pasteurs font monter, des fidèles en pleurs, des prières pour la guérison du prince héritier. Au *God save the Queen* on ajoute *God save the Prince.* La superstition, la ferveur sont d'autant plus fortes que l'on se rapproche de la date fatidique du 14 décembre, jour de la mort d'Albert : « Cela fera dix ans demain que le prince consort est mort du même mal ! » s'exclame l'éditorial de la *Pall Mall Gazette.*

Dans la chambre aux rideaux tirés, Bertie ne reconnaît plus personne. Les médecins interdisent à quiconque de s'approcher du lit. Victoria guette les fragiles signes de vie de son fils derrière un paravent et Alix rampe sur le tapis pour éviter que Bertie ne l'aperçoive. La reine ne quitte pas la maison plus d'une demi-heure par jour et si elle se résigne à aller se coucher c'est dans la terreur d'être réveillée par la fatale nouvelle qui ne fait désormais aucun doute. Une fois de plus, Alice joue les infirmières. Le 13, Victoria est autorisée à pénétrer dans la chambre du mourant : « Alice et moi, nous nous sommes dit : "Il n'y a plus d'espoir." Je me suis approchée du lit, j'ai pris sa pauvre main, je l'ai baisée, je lui ai caressé le bras. Il s'est tourné pour me contempler d'un air égaré en disant :

“Qui êtes-vous ?” puis il a ajouté : “C’est Mamma.” “Mon enfant chéri”, ai-je répondu. »

La Providence semble, enfin, entendre les prières de toute l’Angleterre. Le 14 décembre, anniversaire du jour où Albert a rendu son dernier souffle, miracle, les médecins notent une légère amélioration ! À l’aube, pour la première fois le bulletin est rassurant : « Le prince a bien dormi. Sa respiration est plus calme. » La forte constitution de Bertie a mieux résisté que celle de son père à la maladie. Infirmières et médecins ont été plus efficaces que le prétentieux Clark : « Si mon prince avait reçu les mêmes soins que le prince de Galles, peut-être ne serait-il pas mort », observe la reine.

La résurrection de Bertie a sauvé la couronne : « Sale blague pour Dilke que cette maladie », déclare à Disraeli lord Lennox, un parlementaire tory. Car il n’est plus question de république ni même d’abdication. Le dévot Gladstone réclame un *Te Deum* d’actions de grâces à la cathédrale St. Paul. La reine accepte la cérémonie religieuse à condition que le service soit « ultra-court ». Pour Albert, un bon sermon ne devait pas traîner en longueur et Victoria est hostile aux « étalages publics » de piété. Elle estime que deux ou trois communions par an suffisent amplement, norme que la cour veille à ne pas dépasser.

Reste la question des carrosses ! Bertie souhaite se rendre à la cathédrale dans le sien, sans Brown, alors que Victoria veut défiler avec son fils et sa belle-fille dans une voiture découverte « pour permettre au peuple à qui cette cérémonie est destinée de bien voir ». Elle obtient gain de cause.

Avec son fils à son côté et Brown derrière elle dans son plus beau kilt, son bonheur est complet. Celui des Londoniens aussi. Pour la première fois depuis la mort d’Albert, Victoria paraît comblée d’être leur reine. Les acclamations atteignent leur paroxysme lorsqu’elle saisit la main de son fils pour la porter à ses lèvres. Elle sourit. Elle réalise tout à coup que ce métier de souveraine qu’elle croyait détester peut à nouveau lui apporter des joies enivrantes. Et qu’elle y est à l’aise. À son retour, elle apparaît plusieurs fois au balcon de Buckingham en agitant la main.

Deux jours plus tard, elle envoie à Gladstone une lettre, destinée à être publiée, dans laquelle elle remercie son peuple de « l’immense enthousiasme et affection témoignés à son fils chéri et à elle-même par toutes les couches de la société ». À plusieurs reprises durant ce « jour de triomphe », elle s’est retournée pour échanger un regard avec le bon Brown « dans son bel habit de cérémonie ».

Plus que jamais l'Écossais veille sur elle avec les yeux d'Albert. Dans l'après-midi, elle sort accompagnée d'Arthur respirer l'air de Londres avec lequel elle s'est réconciliée. Un individu braque un pistolet dans sa direction. En un éclair, Brown saute de la voiture, ceinture et désarme le tueur. C'est un Irlandais un peu simplet, O'Connor, le petit-neveu du leader chartiste Fergus O'Connor, qui cherche à obtenir la libération de prisonniers fenians. Son arme n'était chargée que pour faire du bruit. Il voulait juste obtenir une signature de Victoria. Le procès a lieu le 9 avril. Les journalistes s'y précipitent car Brown est cité comme témoin. Le lendemain, la presse rapporte que le ghillie de la reine a beaucoup grossi et vieilli mais que son anglais est toujours aussi rudimentaire.

Victoria remercie publiquement son sauveur en lui donnant une médaille d'or et une rente annuelle de vingt-cinq livres. Bertie remarque qu'Arthur s'est aussi bien conduit mais n'a eu droit qu'à une épingle de cravate. Brown reçoit aussi le titre d'*esquire*, premier échelon de la hiérarchie nobiliaire : « Vous verrez dans ce geste mon très grand désir de montrer de plus en plus ce que vous êtes pour moi. Et au fil du temps cela deviendra de plus en plus évident. Tout le monde m'entend dire que vous êtes mon ami, celui en qui j'ai le plus confiance. Votre fidèle amie, Victoria R. » La cour est horrifiée, Bertie scandalisé.

Peu importe. Lorsque le radical Dilke demande aux Communes une commission d'enquête sur les dépenses royales, il n'obtient qu'une majorité de huées. À peine né, le mouvement républicain est en train de mourir faute de grand leader et d'idées fortes. Pourtant les pauvres sont toujours aussi pauvres et seuls les riches semblent profiter de la prospérité éclatante du royaume : « Jamais dans notre histoire la puissance de l'Angleterre n'a été si grande, ses ressources si considérables et inépuisables » s'enorgueillit Disraeli. Dans le port de Liverpool, la forêt de mâts est impressionnante, les hauts fourneaux crachent sans relâche leurs flammes dans la suie des Midlands, et l'abolition des *Corn Laws* n'a pas engendré la catastrophe prédite par les nobles lords : un recensement foncier réalisé entre 1871 et 1873 montre hélas que le quart des terres du royaume est toujours aux mains de douze cents familles. Un meneur d'hommes populaire comme Gladstone aurait été républicain que la reine eût été en grand danger. Mais le Premier ministre est un fervent monarchiste. Ce qui n'empêche pas ses démêlés de plus en plus âpres avec Victoria.

La reine a décidé de se rendre à Pâques à Baden-Baden pour revoir sa demi-sœur Feodora, mourante. Gladstone, qui tient à ce que désormais Sa Majesté soit présente à Londres pendant les sessions parlementaires, refuse d'entendre parler de ce voyage. Des lois importantes sont en discussion sur l'Irlande et sur le secret du scrutin : jusqu'ici les électeurs votaient toujours à bulletins ouverts. Mais Victoria qui, à cause des guerres, n'a pas pu quitter le royaume depuis bientôt quatre ans rêve de s'échapper à l'étranger et lui lit une lettre pathétique de Feodora.

À Pâques, elle part, comme elle l'a résolu, trois semaines avec Léo et Béatrice. Elle traverse la France encore occupée par les soldats prussiens et revient avec un teckel nommé Waldmann qui vient grossir cette seconde famille, presque royale, de ses chiens que le peintre Landseer portraiture avec révérence.

À son retour, elle se fâche en apprenant que son tueur irlandais, O'Connor, n'est condamné qu'à un an de travaux forcés : « C'est dangereux de remettre en liberté au bout d'un an un individu comme lui. »

Mais trois ans plus tôt, Gladstone, appelé par la reine pour devenir Premier ministre, a posé sa hache de bûcheron en s'exclamant : « Ma mission est de pacifier l'Irlande. » Aujourd'hui, il reste fidèle à son serment.

En plus des lois sur l'Église, l'université et la terre qu'il appelle les « trois piliers du temple », il souhaite impliquer davantage la couronne britannique dans la seconde île de John Bull. Une bonne occasion de donner un « véritable statut » au prince de Galles. Dans un mémorandum, il propose que Bertie réside tout l'hiver à Dublin avec le titre de vice-roi d'Irlande, passe l'été à Londres, préside les réceptions à Buckingham et remplace la reine dans ses fonctions protocolaires : « Quatre à cinq mois en Irlande, deux ou trois à Londres, les manœuvres d'automne plus quelques séjours en Écosse et à Sandringham rempliraient sans peine toute l'année. » Mais Victoria qui reconnaît volontiers que le prince héritier est populaire « de bas en haut de l'échelle sociale » redoute toujours sa faiblesse de caractère : « Ce plan doit être considéré désormais comme définitivement abandonné. » Il ne lui vient pas à l'esprit qu'en refusant d'associer son fils à la conduite du royaume, elle met la couronne en danger. Alice s'en est plainte à Gladstone et Ponsonby : « La reine pense que la monarchie durera autant qu'elle et qu'il est inutile de penser à ce qu'il adviendra ensuite alors que le principal intéressé ne s'en préoccupe pas et laisse venir le torrent. Le souci de maintenir sa dynastie, de préserver sa famille comme font tous les parents ne semble pas l'effleurer… et nous sommes obligés d'attendre que la calamité nous écrase sans rien tenter. »

Juste après la guérison de son fils, la reine a écrit à Vicky : « Nous pensons tous que si Dieu lui a sauvé la vie c'est pour lui permettre d'en mener une nouvelle. S'il n'écoute pas cet avertissement divin, s'il n'est pas ébranlé par la sympathie et la ferveur que lui a témoignées la nation tout entière, alors ce sera pire qu'avant et il courra à sa perte. » Hélas ! Bertie n'a pas changé. Comme Victoria lui reproche de trop sortir, il répond : « Que puis-je si vous, vous sortez trop peu ? »

L'atmosphère autour de la reine est toujours aussi pesante. Le sage Léo se plaint des conversations insipides des dîners. Son précepteur, le révérend Duckworth, est un ami personnel de Lewis Carroll qui en a fait sept ans plus tôt *the Duck*, le Canard *d'Alice au pays des merveilles*. Léo l'aime beaucoup et Duckworth, qui trouve le jeune homme hémophile particulièrement doué, lui suggère de poursuivre ses études à Oxford. Victoria redoute de le voir s'éloigner. À Vicky, elle se plaint de l'insouciance de Léo qui ne veille pas assez à sa santé : « Il faut donc le faire pour lui. » Elle demande aussi à sa fille aînée « de rappeler à son frère ses devoirs envers sa pauvre mère éprouvée ». Mais Léo tient bon et part pour Oxford où il mène enfin une vie normale. Albert rêvait d'être professeur d'université et Léo est parfaitement à l'aise dans le milieu esthète de ces collèges médiévaux aux pelouses lisses comme du tweed autour desquelles cheminent à petits pas élèves et maîtres en toges noires. Le soir, il dîne avec ses condisciples sous la présidence des professeurs attentifs à un cérémonial ancestral. Il se lie avec le critique d'art Ruskin, fait la connaissance du musicien français Gounod et tombe amoureux de la fille du doyen. Mais ce qui se passe à l'intérieur des collèges anglais ne transpire jamais à l'extérieur des lourdes portes qui ferment à la tombée de la nuit.

Victoria n'a plus que Béatrice à qui se raccrocher : « Elle est la dernière que j'aie et je ne pourrais vivre sans elle. » Enfant précoce du temps d'Albert, Baby, traitée par sa mère comme un petit animal domestique, est devenue une adolescente timide et conventionnelle. Elle suit peu ses leçons et ses professeurs se plaignent que la reine fasse irruption à tout moment dans la salle d'étude pour demander à sa fille de l'accompagner dans ses promenades quotidiennes. Qu'il vente, qu'il pleuve, qu'il neige, Victoria sort une heure et demie par jour le plus souvent dans sa *pony-chair*. Brown tient les rênes et Béatrice marche à côté d'elle. À son âge, quinze ans, Vicky était déjà fiancée. La reine ne pourrait concevoir une telle incongruité pour Béatrice. Lady Ely a demandé de la part de Sa Majesté à sir Ponsonby de ne jamais prononcer le mot de « mariage » devant la princesse. Comme pour ses sœurs Lenchen et Louise, la mort d'Albert l'a privée d'une vraie jeunesse. Elle ne joue qu'avec ses neveux, ne peut danser qu'avec ses frères. Son destin, de Windsor à Osborne, d'Osborne à Balmoral, est d'accompagner sa mère dans la célébration d'anniversaires funèbres que la reine honore toujours de flots de larmes et de soupirs.

En septembre, dernier lien de Victoria avec son enfance, Feodora meurt et sa neurasthénie redouble : « Je me sens si découragée que j'aimerais me retirer sans faire de bruit dans une modeste chaumière, au milieu des collines, pour me reposer et ne voir presque personne, mais tant que ma santé et mes forces me le permettront, je continuerai, mais j'ai peur de ne pas en être capable bien longtemps. » Ses relations avec Gladstone se sont tellement détériorées que le Premier ministre n'est pas venu à Balmoral. Elle ne supporte plus son style « totalement dépourvu de mélodie et d'harmonie ». Elle demande à sir Arthur Helps de lui traduire les mémorandums de Gladstone « dans une langue intelligible ».

En janvier, Napoléon III succombe à une seconde opération de la vessie dans laquelle on a découvert un caillou « de la taille d'un abricot ». Victoria, qui lui a envoyé ses meilleurs chirurgiens, écrit aussitôt une lettre de condoléances à Eugénie. Lors de son arrivée en exil, elle avait trouvé Napoléon III bien vieilli mais toujours charmant. Pour ne pas créer un incident diplomatique avec la toute jeune République française, elle ne peut se rendre aux obsèques. Bertie veut y aller. La reine se range finalement à l'avis défavorable du gouvernement. Des milliers de bonapartistes ont débarqué de France et affluent à Chislehurst où l'on redoute une manifestation politique. Alfred ou Christian de Schleswig-Holstein pourraient le remplacer. Mais Bertie s'indigne : « Il est juste de rendre hommage à la grandeur lorsqu'elle est déchue. » Et il s'y rend avec son frère et son beau-frère. Tous ses amis de Paris se recueillent autour du corps embaumé. Le lendemain, 15 janvier, dix mille personnes, deux maréchaux, sept amiraux, quinze généraux, huit ambassadeurs, trente-cinq préfets et cent quatre-vingt-dix parlementaires français assistent aux obsèques. Ils ont apporté un peu de terre de France pour que Napoléon III ne repose pas dans le sol anglais. Une voix crie « Vive l'Empereur ». Mais le prince impérial, âgé de seize ans, la fait taire aussitôt : « Il n'y a plus d'Empereur, il faut crier Vive la France ! »

Victoria demande un souvenir du défunt à Eugénie qui lui envoie la « pendule de voyage » de Napoléon III. Quelques jours plus tard, la reine rend une visite de condoléances. Après avoir déposé avec Béatrice deux couronnes de fleurs dans la petite église, elle grimpe au premier étage dans le boudoir d'Eugénie qui, en pleurs, lui raconte en détail les derniers moments de l'ex-empereur.

Le jeune Louis-Napoléon est élève à l'école d'officiers de Woolwich. Il est pâle, mélancolique et beau. Victoria décide de lui accorder sa protection. Elle a pour lui une vive affection et il le lui rend bien. Elle consentirait presque à lui donner Béatrice pour épouse ! Quand il accompagne sa mère à Osborne, Victoria le place à côté d'elle à table. Pour tout le monde, un repas avec la reine est une épreuve. Louis-Napoléon lui, ne cesse de bavarder gaiement avec sa royale voisine. On lui demande un jour s'il n'est pas terrifié par elle : « Grands dieux non ! Pourquoi le serais-je ? Nous nous aimons bien. » Ponsonby dira plus tard : « Il n'y a que deux personnes au monde qui osent braver la reine : Brown et le prince impérial. »

En ce début de 1873, Victoria a presque cinquante-quatre ans et on a du mal à retrouver dans la silhouette noire de cette petite femme obèse que beaucoup comparent à un « champignon » le modèle charmant du tableau de Winterhalter qui occupe tout un mur de la salle à manger d'Osborne. On y voit la reine et le prince entourés de leurs enfants souriants et gracieux dans des robes de dentelles immaculées. Une famille idyllique autour d'une jeune mère comblée. Son caractère s'est lui aussi beaucoup dégradé. Au lieu d'encourager Béatrice, de l'instruire, elle s'accroche à elle. Prétendant suivre les vœux d'Albert, elle s'érige sans cesse en censeur de ses fils, n'hésitant pas à les critiquer sans indulgence tout en leur offrant, avec Brown qu'ils détestent, le spectacle honteux d'une mère qui cause le scandale et néglige ses devoirs de souveraine.

En janvier, elle apprend par des rumeurs d'ambassade que le tsar consent à donner sa fille Marie en mariage à Affie. Alors que chacun félicite le jeune homme, Victoria ne montre que de l'agacement : « Le crime est consommé », écrit-elle à Vicky. La Russie n'a jamais été une alliée de l'Angleterre et les Romanov sont « fourbes ». Quant à sa future belle-fille, elle ne peut qu'être dévoyée par « la culture russe à moitié orientale ». Elle déteste l'idée que son fils se marie à Saint-Pétersbourg selon le rite orthodoxe. Elle voit déjà Clarence House, la demeure d'Affie, « toute pleine de popes sales et barbus ».

Son énervement atteint son paroxysme une semaine après les fiançailles en apprenant qu'Alexandre II refuse de venir à Balmoral présenter sa fille à sa future belle-mère. La tsarine, malade, ayant eu la malencontreuse idée d'une rencontre à Cologne, à mi-chemin, Victoria explose. Consentir à ce voyage de trois jours pour aller « courir derrière » une Russe ! Ces Romanov ont décidément des « idées asiatiques » de leur rang ! La conciliante Alice joue les bons offices. La tsarine est la tante de son mari, Louis. Elle reçoit une volée de bois vert : « Je ne pense pas, ma chère fille, que tu puisses me dire à moi, qui suis sur le trône depuis vingt ans de plus que l'Empereur de Russie, et qui suis la doyenne des souveraines, et une souveraine régnante (ce que la tsarine n'est pas), ce que j'ai à faire ! »

Avant le mariage, elle envoie une lettre à son fils pour lui demander de renoncer à toutes ses vilaines aventures. Affie laisse la lettre sans réponse. À cause de l'éloignement, Victoria n'assiste pas aux cérémonies féeriques du mariage célébré un an plus tard à Saint-Pétersbourg. Elle se contente de noter dans son journal : « Quelle journée ! »

Gladstone fait en sorte que la dot soit votée par le Parlement sans polémique. Pour le remercier, la reine accepte de recevoir le shah de Perse avec un faste auquel elle commence à reprendre goût. Elle apprend avec ravissement qu'à son arrivée son « frère oriental » a embrassé sa photo à la gare de Windsor. Pour rivaliser avec la splendeur des bijoux persans, elle porte le Koh-i-Noor, ce qui n'empêche pas le shah de lui offrir deux splendides pierres précieuses. À table, il a du mal à se servir de ses couverts et il boit le thé à même le bec de la théière mais Victoria fait semblant de ne rien voir. Elle est préparée au pire. Le shah loge à Buckingham et elle a écrit à Vicky qu'elle savait bien que tous ces Persans feraient rôtir un agneau dans la chambre du shah et qu'ils le dévoreraient en sa compagnie avec leurs doigts ! Après son départ, elle réclame à Gladstone un crédit spécial pour rénover les appartements abîmés par les braseros persans. Le Premier ministre refuse.

Quatre mois plus tôt, son gouvernement a été mis en minorité sur une réforme de l'Université d'Irlande qu'il cherche obstinément à rendre autonome. Il a démissionné pour la plus grande joie de Victoria. Mais Disraeli préférait attendre de nouvelles élections et Gladstone est revenu. À la fois Premier ministre et chancelier de l'Échiquier, il est malade, plus pontifiant que jamais, et la reine ne supporte plus d'être dominée par cette tête glabre aux joues creusées de sillons austères. Avec lui, elle ne s'entend sur rien sauf sur la folie et la perversité des revendications féministes.

Le 10 février 1874, jour anniversaire de son mariage, elle note le retour tant attendu de Disraeli qui vient de remporter les premières élections au scrutin secret. Il a gagné grâce à cette réforme électorale de Gladstone. En s'agenouillant pour, selon l'usage, baiser la main potelée couverte de bagues, le nouveau Premier ministre lui fait le plus beau des serments : « J'engage ma foi à la meilleure des maîtresses. » On n'a jamais rien entendu de tel dans le royaume !

20.

L'homme qui va ensorceler la reine pendant sept ans est vieux, malade, son visage n'est qu'une ride, il a le cheveu teint. Disraeli a soixante-dix ans. Il en paraît davantage. Et il est épuisé. Mais il a l'art de séduire Victoria. Jeune dandy aux gilets canari, il savait déjà les mots qui font perdre la tête aux vieilles dames riches, nostalgiques des grandes déclarations d'amour et des aventures platoniques. Il est veuf depuis deux ans. Et à la mort de Mary-Ann, il a envoyé à la reine les quelques mots qui pouvaient l'émouvoir : « Je suis veuf et je rentre seul chez moi. »

« J'ai besoin que ma vie soit un perpétuel amour », avait-il écrit à sa femme. Son cœur est désormais libre pour Victoria. C'est sa chance que l'Angleterre ait une reine et non un roi.

Comme Melbourne autrefois, Disraeli la comprend, connaît ses défauts et s'en amuse. Grâce à lui elle revit. Il la convainc de sortir, de présider les inaugurations, de jouer à nouveau son rôle public. Il lui redonne confiance en elle, l'assure qu'elle peut régner sans Albert. Son Premier ministre est la seule personne avec qui elle est intarissable. Il écrit un jour à une amie après une visite à Victoria : « J'ai cru vraiment qu'elle allait m'embrasser. Elle était tout sourire et en bavardant, elle dansait à travers la pièce comme un oiseau. » Car la reine est différente des tableaux et photos qu'elle a légués à la postérité et pour lesquels elle a, comme le lui conseillait Albert, posé en veuve sévère et impériale. La mère du poète Tennyson s'en étonnait : « Son visage intelligent et mobile, disait-elle, ne ressemble pas à ses portraits. » Si sa bouche conserve quelques plis amers, elle sourit et rit même aux éclats avec ce Premier ministre qu'elle veut constamment auprès d'elle.

Dès qu'elle se déplace, elle l'invite à Osborne ou à Balmoral. Mais il supporte mal les voyages et prétexte sa mauvaise santé pour se faire remplacer. Dizzy n'est pourtant pas insensible à la pompe royale. En présence de la reine, il réalise ses rêves d'adolescent et il ne s'ennuie pas. Victoria occupe le trône d'Angleterre depuis près de quarante ans, et même si elle prétend ne pas aimer la politique, elle en connaît tous les secrets : elle a grandi avec le roi Léopold, a eu Melbourne et Palmerston comme Premiers ministres. Du tsar Nicolas Ier à l'empereur d'Autriche, de Napoléon III au sultan de Turquie, elle a connu toutes les têtes couronnées : « Il est peut-être anticonstitutionnel pour un Premier ministre de demander à la reine des conseils plutôt que de lui en donner, mais il espère que Sa Majesté lui pardonnera de vouloir bénéficier de son expérience unique », écrit-il de sa plume onctueuse.

Lord Derby, son ministre des Affaires étrangères, le met en garde : « N'y a-t-il pas un danger à l'encourager à se faire une trop grande idée de son propre pouvoir ? » Mais Disraeli sait si bien prévoir ses humeurs et ses « ébullitions » qu'il est persuadé de maîtriser parfaitement la veuve orageuse en quête de dévotions masculines. « Le Premier ministre est totalement l'esclave de Sa Majesté », dit Biddulph. Erreur, elle est aussi son esclave. Mais les chaînes de leur esclavage sont de tendresse, de complicité et surtout de fantaisie.

Sa première victoire, il la remporte quelques semaines après leurs retrouvailles. Le tsar et la tsarine, beaux-parents d'Affie, sont arrivés en mai à Windsor avec le jeune couple. La reine fait enfin la connaissance de sa belle-fille, Marie, qui sera « un trésor » quand elle aura appris les manières anglaises, « les bonnes, pas les snobs ». Hélas ! les dates du départ pour Balmoral sont fixées immuablement et Victoria ne voit pas pourquoi elle retarderait ses vacances de printemps pour des Russes qui, depuis son avènement, ont toujours combattu ses armées. Mais planter là Alexandre II et sa suite à Londres est inconcevable. Disraeli use de mille stratagèmes pour la persuader de retarder son départ de deux jours. Et la reine cède : « Pour faire plaisir à Mr. Disraeli et eu égard à sa grande bonté. » Il sait aussi la faire céder lorsqu'elle lui soumet une liste de nominations : « S'il était le grand vizir de Votre Majesté au lieu d'être son Premier ministre, il se ferait une joie de passer le restant de ses jours à accomplir ses moindres désirs mais, hélas, il n'en est rien. »

En échange, il consent à affronter le cauchemar glacé de Balmoral et ses cheminées sans feu, les trophées de chasse d'Albert et ce folklore moitié allemand, moitié écossais si cher au cœur de Victoria. Il y arrive malade et elle lui envoie aussitôt le docteur Jenner qui lui prescrit de garder le lit. La reine accepte de faire allumer du feu dans sa chambre. Mieux, alors que Gladstone, à son dernier séjour, a dû attendre près d'une semaine qu'elle veuille bien le recevoir, elle se déplace pour prendre de ses nouvelles : « Vous me croirez si vous voulez mais la reine est venue me voir dans ma chambre », triomphe-t-il dans une lettre à son amie lady Bradford.

Il dispose de la plus large majorité parlementaire qu'on ait vue dans le pays depuis quarante ans, son parti l'adore et l'appelle le Chef. Même Victoria ne peut lui résister et « pourtant, dit-il, je ne crois pas qu'il y ait au monde un être plus malheureux que moi. La fortune, le succès, la gloire et même le pouvoir ne peuvent pas donner le bonheur. Seuls les sentiments le peuvent ». Il a de l'asthme et le souffle lui manque pour prononcer les longs discours qui faisaient sa gloire : « Le pouvoir m'est venu trop tard. Il fut un temps où quand je m'éveillais, je me sentais capable de remuer les dynasties et les gouvernements. Mais ce temps est passé. » Il souffre surtout de la goutte, et il se rend parfois au Parlement en pantoufles.

À l'automne 1875, il réalise pourtant un coup de génie : le rachat des actions de Suez, que le khédive d'Égypte, copropriétaire du canal depuis 1869 avec les Français, vend précipitamment pour payer ses dettes. Le Parlement n'est pas en session et il faut faire vite pour souffler l'affaire à la France. Il en coûte quatre millions de livres. Il envoie son secrétaire particulier, Corry, chez Lionel de Rothschild qui est à table : « Quelle garantie ? » demande le banquier. « Le gouvernement britannique », répond Corry. « Vous les avez. » Disraeli envoie un message à la reine : « C'est fait, Madame… Il est à vous. »

Les Anglais, qui n'ont jamais cru au succès du projet de Ferdinand de Lesseps, tiennent enfin leur revanche et retrouvent la maîtrise de la route des Indes. Une belle victoire qui enchante Victoria : Bismarck s'est permis de déclarer quelques jours auparavant que l'Angleterre avait cessé d'être une puissance politique capable de rivaliser en Europe avec le nouvel empire allemand.

Économiquement, la Grande-Bretagne entre dans un « cycle long de récession » qui durera jusqu'à la fin du siècle. Le libre-échange favorise les importations agricoles. La concurrence industrielle des pays neufs est plus rude. L'Amérique a achevé son union mais aussi l'Allemagne, l'Italie, la Belgique. Après la guerre de 1870, la France s'est relevée avec une rapidité étonnante. Et, même la Russie tsariste connaît un premier décollage industriel.

Disraeli mise sur l'empire colonial pour assurer le rayonnement de l'Angleterre. Sur le planisphère, les taches rouges occupées par les Britanniques ne cessent de s'étendre. Pour les maintenir, il faut moderniser l'armée et augmenter la flotte. Victoria aussi en est bien convaincue. Ce sont les idées d'Albert. Elle apprécie d'autant plus les ambitions de grandeur de son Premier ministre que « l'horrible

Mr. Gladstone », qu'elle appelle « Mr. G », ne pense qu'à couper les crédits militaires et rêve même d'autonomie irlandaise.

Bertie s'est embarqué pour les Indes. Encore une victoire de son cher Dizzy. Victoria a finalement accepté ce grand voyage de son fils, à condition, bien sûr, de ne pas devoir le financer. Il y a eu un débat difficile aux Communes. Pour son premier voyage en Asie, Disraeli ne veut pas que le prince héritier parcoure le pays des maharadjahs « sur un pied mesquin ». Il réussit à faire voter par le Parlement un crédit exceptionnel de cent douze mille cinq cents livres.

Les journaux se déchaînent. Bertie emmène avec lui, à titre d'experts, ses compagnons de jeux et de fêtes, la « bande chic » de Marlborough House. À Hyde Park, le républicain Bradlaugh se fait applaudir par soixante mille auditeurs en s'écriant : « Au lieu de critiquer cette visite aux Indes du futur souverain, les Anglais devraient plutôt lui souhaiter bon vent pour un beaucoup plus long voyage. »

Désireux d'être à la hauteur des splendeurs indiennes, Bertie s'est fait faire un uniforme de maréchal, grade offert par sa mère pour son dernier anniversaire. Mais avec cent kilos pour un mètre soixante-dix, il porte moins bien la tenue militaire que son cher papa. Et encore moins bien que les princes qui l'attendent à Bombay, le gilet brodé d'or, le turban rehaussé de diamants ou d'émeraudes grosses comme des œufs de pigeon.

Rien n'égalera jamais le faste et le raffinement de l'Inde britannique. Dans les palais ocre, des armées de serviteurs pieds nus et vêtus de blanc s'affairent à tresser des colliers de jasmin, à transporter les plateaux d'argent chargés de fruits, à agiter d'énormes éventails de plumes d'autruche au-dessus du trône en or de leurs souverains. Les pièces d'eau, les bassins reflètent les coupoles, les kiosques, les pavillons couverts de bougainvillées et fleuris de roses. Les trois cent cinquante princes n'en ont pas été dépossédés par l'Angleterre à qui ils paient un tribut et qui rend à chacun les honneurs dus à son rang selon un protocole minutieux. Les plus généreux envers la couronne ont droit, quand ils rendent visite en grande pompe au vice-roi des Indes, à vingt et un coups de canon, les suivants à dix-neuf, puis dix-sept…

Pour l'arrivée du prince héritier, les pelouses ont été peignées, les fontaines déversent sur les lotus roses une eau parfumée, les éléphants et les chevaux, les dromadaires et les bœufs blancs sont caparaçonnés d'or et les temples disparaissent sous les tapis de soie. Les maharadjahs sont en blanc, les troupes sanglées dans leur uniforme rouge, les boutons, les épées et les cuivres scintillent au soleil alors que tonne le canon.

Le cortège s'ébranle au milieu des saris multicolores des femmes, des tuniques safran des prêtres, des jardins où s'entremêlent cyprès et marbre rose. Les trompettes des musiciens, les temples aux mille shivas, les bandes de singes qui sautent sur les toits, la magie des danseuses sacrées, les bûchers où se consument les morts, les cobras qui se dressent au son de la flûte, les odeurs de cannelle et d'encens, de curry et de clou de girofle qu'il découvre à chaque pas étourdissent le prince de Galles. Il écrit tous les jours ses impressions à sa mère qui lui recommande de ménager sa santé. Louis de Battenberg, prince allemand cousin de Louis de Hesse, s'est engagé dans la marine britannique et accompagne Bertie. Bon dessinateur, il fait de chaque scène des croquis qui illustrent les récits. Les journaux, hostiles au départ, accordent une place très importante à cette tournée du prince héritier. Son retentissement est si grand que, cent ans plus tard, une légende prétendra que Victoria elle-même s'est rendue en Inde.

Comme jadis aux États-Unis, le prince de Galles remplit son rôle à merveille. Les diplomates qui l'accompagnent règlent le programme de ses journées et lui dictent ses allocutions. Mais ses manières enjouées et son entrain font la conquête de tous les princes indiens avec lesquels il chasse le tigre, le jaguar et le buffle à dos d'éléphant. Le soir, il n'a d'yeux que pour les beautés aux lourds bracelets d'or qui se pressent autour de lui. Les fonctionnaires et les officiers de la couronne qui gèrent le pays avec morgue le trouvent même un peu trop familier avec les indigènes.

Les cales du *Serapis*, navire militaire qui le ramène à Londres sept mois plus tard, ressemblent à une arche de Noé avec un guépard, un cheval arabe gris, cinq tigres, sept léopards, quatre éléphants, trois autruches et un ours de l'Himalaya qui, tous, iront remplir les zoos. L'héritier de la couronne rapporte ses splendides trophées de chasse et de nombreux cadeaux : tapis, tableaux, statues, soieries, bijoux, orchidées, plantes rares… Celui qui fait le plus de plaisir à sa mère est un exemplaire de son *Journal des Highlands,* traduit en hindoustani et relié en marbre orné d'incrustations.

Victoria donne en l'honneur de son retour un grand dîner où « tout le monde était heureux et de bonne humeur, ce qui est rare dans une si grande réunion de famille ». Les récits de Bertie, la description de tant de splendeurs ne la laissent pas indifférente. Devenir « impératrice des Indes », elle en rêve depuis longtemps. C'est désormais à l'ordre du jour pour des questions de préséance au sein même de la famille. Le roi de Prusse, devenu empereur, considère que Fritz doit avoir le pas sur Bertie. Le tsar, lui, a écrit pour exiger qu'on appelle sa fille Marie, l'épouse d'Affie, Altesse impériale « comme dans tous les pays civilisés ». Cette fois, c'est Alix qui devrait lui laisser la première place. C'en est trop. Déjà en janvier 1873, la reine a questionné Ponsonby : « On m'appelle parfois impératrice des Indes ; pourquoi n'en ai-je jamais reçu officiellement le titre ? »

Les premières réactions sont franchement hostiles. Les libéraux de Gladstone estiment qu'il n'y a pas de plus beau titre que celui de « reine d'Angleterre » et jugent archaïques les questions de préséance. Disraeli, fatigué, n'a pas envie d'engager un dur combat aux Communes pour une cause si futile. Mais, devant l'obstination hanovrienne, cette fois c'est lui qui cède. La reine y tient au point de décider au début de 1876 d'ouvrir la session du Parlement. Affolé, Dizzy lui fait savoir qu'il n'y aura aucune allusion au titre impérial dans le discours du trône. Le débat dure plusieurs semaines. Le radical Lowe, ami de Gladstone, demande ce que deviendra ce titre d'impératrice, si un jour l'Angleterre vient à perdre l'Inde. « Mon honorable collègue est un prophète, mais un prophète de malheur », réplique le Premier ministre que cette guérilla parlementaire épuise.

Enfin le 1er mai 1876, le titre tant convoité par Victoria est voté à une confortable majorité. Reconnaissante, la nouvelle impératrice propose à son grand vizir de le faire lord Beaconsfield pour lui épargner les épuisantes séances de nuit aux Communes. La Chambre des lords a le calme et la retenue d'un club anglais. Lord Beaconsfield est le nom d'un héros de son roman *Vivian Grey*. Le dernier soir, d'un regard plein de larmes, il parcourt du regard les divers bancs qu'il a occupés au cours de sa longue carrière puis, appuyé sur le bras de son secrétaire, il quitte la Chambre des communes, vêtu de son grand pardessus blanc. Son départ est annoncé le lendemain. Il n'a pas voulu faire de discours d'adieu. Les députés se parlent à voix basse comme s'il y avait un mort dans la salle. Un de ses adversaires lui écrit : « Toute la chevalerie, tout le charme de la politique semblent nous avoir quittés. Rien ne nous reste que la routine. »

Pour le plus grand plaisir de la reine, Disraeli fait voter quelques semaines plus tard une loi réglementant la vivisection des animaux. Victoria lui a envoyé un article du *Daily Telegraph* relatant l'horrible mise à mort des bébés phoques. Elle s'indigne et affirme que la cruauté envers les animaux est une manifestation de la méchanceté des hommes. Les chevaux des écuries royales ne doivent jamais être abattus et meurent de vieillesse dans les prairies de Windsor, d'Osborne et de Balmoral. Les chiens de Sa Majesté ont tous une tombe comme les humains. Le premier d'une longue lignée, Dash, qui dormait sur son lit quand elle est devenue reine, a eu droit à une épitaphe de sa main : « Ci-gît Dash, l'épagneul favori de Sa Majesté la Reine Victoria, en sa dixième année. Son attachement était sans égoïsme, ses yeux sans malice, sa fidélité sans tromperie. Passant, si tu veux être aimé et mourir regretté, prends exemple sur Dash. » La reine est persuadée que les animaux ont une âme qui se joindra à celle de leurs maîtres dans la vie éternelle.

De l'île de Wight, elle envoie à Disraeli des fleurs, surtout des primevères, qui deviendront ses fleurs fétiches. En bon romancier, il la remercie par des missives au lyrisme excessif : « Hier, vers le soir, apparut une cassette d'aspect délicat et portant une inscription royale. Quand lord Beaconsfield l'ouvrit, il crut d'abord que Votre Majesté lui envoyait les étoiles de ses principaux ordres et, en vérité, il fut si impressionné par cette aimable illusion que, le soir même, à un banquet où il y avait beaucoup de décorations et de rubans, il ne put résister à la tentation de mettre quelques perce-neige sur son cœur pour montrer que, lui aussi, il était décoré par une gracieuse souveraine. Puis, au milieu de la nuit, il me vint soudain à l'esprit que tout cela n'était peut-être qu'un enchantement, que ces fleurs étaient le don d'une fée ou venaient d'une autre souveraine, de la reine Titania cueillant des roses avec sa Cour dans une île charmante au bord de la mer, et qui envoyait des boutons magiques pour égarer l'esprit de ceux qui les recevaient. »

Courtisan chevronné, il n'est pas dupe et confie à un de ses amis : « Avec les princes, il ne faut pas craindre de manier la flatterie à la pelle. » La reine commande son portrait au peintre Millais. Est-elle aveugle ?

Elle le trouve cocasse, aime son humour, son imagination orientale. Ses débordements poétiques rendent moins lourdes ses charges de reine. Elle confiera à lord Rosebery : « Quand nous n'étions pas d'accord, il avait une façon si persuasive de dire *dear Madam* en penchant la tête. »

Entre son enchanteur oriental et son Écossais, Victoria se laisse désormais gouverner sans remords par sa nature joyeuse et débordante de vie. Le 1er janvier 1877, en pleine gloire, la nouvelle impératrice envoie à John Brown une carte de vœux illustrée d'une fraîche soubrette sous laquelle ces vers sont imprimés :

J'envoie ma servante
Chargée d'une lettre de Nouvel An
Ses mots témoigneront
Ma fidélité et mon amour
À vous, le meilleur trésor de mon cœur

Souriez-lui donc et souriez-moi
Et que votre réponse soit tendre
Et fasse plaisir.

Elle signe de son écriture royale : « À mon meilleur ami J. B. De sa meilleure amie. V.R.I. » Au début du XXe siècle, l'un de ses biographes, E. P. Tisdall, retrouvera en Écosse le fragment d'un billet adressé à Brown sur lequel on peut lire : « I can't live without you » signé « your loving one ».

Devenu esquire, Brown a son appartement à Windsor, à Osborne, sa maison à Balmoral. Et son serviteur personnel attitré. L'Écossais a de fréquentes disputes avec le grand intendant sur la quantité d'alcool allouée aux domestiques et la reine le défend toujours. Il boit de plus en plus mais elle feint de ne pas s'en apercevoir. Un jour où, ivre mort, il s'étale de tout son long, elle s'écrie : « J'ai senti comme un léger tremblement de terre. » Une autre fois, il est incapable de prendre son service et Ponsonby, sans mot dire, le remplace sur le siège arrière de la voiture. Le médecin de la reine le soigne lorsqu'il a des crises d'éthylisme.

L'Écossais ne veut pas poser pour les photographes, mais elle l'y oblige. Elle ne cesse de s'émerveiller de son menton volontaire, de sa haute stature de Highlander, de ses genoux forts, et elle collectionne ses photos comme celles de ses enfants. Il est l'homme, le maître de la maison. Messager des bonnes et des mauvaises nouvelles, c'est lui qui apporte les télégrammes de la famille et qui joue le rôle de juge de paix dans tous les conflits domestiques. Il est l'ordonnateur des fêtes et du bal annuel des ghillies. Louise, Béatrice, lady Churchill et même Victoria dansent avec lui.

Comme la reine, Brown déteste Gladstone qu'il traite de « romain ». Mais il est « poli » avec Disraeli parce qu'il sent bien qu'il doit accorder ses sentiments à ceux de Sa Majesté. Dans ses lettres quotidiennes à Vicky, Victoria ne se plaint plus de ses nerfs ni de sa « pauvre tête ».

Son titre d'impératrice la comble. Elle signe ses moindres billets « V.R.I. ». En ce 1er janvier 1877, la nouvelle a été annoncée officiellement à tous les princes indiens réunis en un magnifique *durbar* à Delhi. Le soir un grand banquet célèbre l'événement à Windsor. La robe noire disparaît sous un ruissellement de pierreries. Disraeli lui demande après le dîner si ce sont là tous ses joyaux indiens. « Oh non ! je vais vous montrer le reste. » Sur son ordre, des serviteurs apportent trois lourdes valises. L'impertinent lord Hamilton ne peut s'empêcher d'imaginer ce qu'auraient donné toutes ces splendeurs sur une femme grande et brune.

Ce sacre où Disraeli a conduit Victoria, les succès offerts comme autant de cadeaux ont libéré son incroyable énergie. La voilà réconciliée avec la politique et son « travail de reine ».

Depuis six mois, l'Angleterre est en pleine effervescence. Pas moins de cinq cents manifestations dénoncent, à travers le pays, les atrocités turques commises par les bachi-bouzouks en Bulgarie. Les nouvelles des tueries perpétrées contre les orthodoxes, des viols de femmes, soulèvent l'indignation populaire et Gladstone, qui se consacre à la théologie, sort de sa retraite pour stigmatiser le génocide. Tous les soirs, dans ses meetings, il pourfend de sa voix d'orage les massacreurs de chrétiens et leur sultan, le « démon Abdul ». On s'arrache son pamphlet qui se vend à deux cent quarante mille exemplaires en quinze jours. Le duc de Sutherland l'accuse d'être un espion à la solde du tsar. Chez sa bien-aimée Laura Thistlethwayte, Gladstone n'a-t-il pas pris le thé avec le comte Schouvaloff, l'ambassadeur de Russie ?

Victoria est plongée dans le dernier volume de la *Vie du Prince Consort* écrit par Théodore Martin qui traite de la guerre de Crimée. Le peuple et la presse s'élevaient alors contre un gouvernement trop pacifiste. Et Albert contre la politique tsariste qui visait à morceler l'Europe centrale en petits royaumes faciles à contrôler.

Lorsque, en juin, les troupes russes franchissent le Danube, la reine renoue avec ses ardeurs guerrières : « Nous ne permettrons jamais au tsar d'aller jusqu'à Constantinople. » Comme tous ses sujets, les horreurs turques l'ont choquée. Mais elle accuse la Russie d'avoir encouragé les Bulgares à l'insurrection. Et derrière la Russie qui voit-on ? « Cet infâme... ce fauteur de troubles... ce brandon de discorde... ce demi-fou de Gladstone. » Son regard cloue au sol quiconque ose évoquer le succès de son pamphlet. Sa haine du bûcheron-prêcheur est quasi pathologique. Aussi viscérale que celle qu'elle éprouve à l'encontre des Russes. Elle est déchaînée. Ce n'est pas le sultan que le tsar défie, c'est la reine d'Angleterre.

Disraeli a envoyé la flotte dans le golfe de Besika, mais, au Parlement, les deux partis qu'on appelle désormais « libéral » et « conservateur » sont très divisés entre partisans et adversaires de la guerre. Le gouvernement est pacifiste. Le ministre des Affaires étrangères, lord Stanley, devenu lord Derby depuis la mort du vieux duc, a fait dire aux Turcs par son ambassadeur que l'Angleterre resterait neutre. « Cela rend la reine folle », écrit Victoria à Disraeli.

En novembre, sur le front du Caucase, les Russes sont maîtres de l'Arménie tandis que le grand-duc Nicolas à la tête de l'armée du Danube est aux portes de la Sublime Porte. Par Alice, le tsar a fait passer un message : « Nous ne pouvons pas, nous ne voulons pas nous brouiller avec l'Angleterre. Il faudrait être fou pour penser aux Indes et à Constantinople. » Mais la reine ne croit pas à ces mensonges russes. Constantinople ! La Grande Catherine en a toujours rêvé. Elle bombarde ses ministres de notes. Elle passe ses troupes en revue, elle menace d'abdiquer. Disraeli, malade, s'est retiré dans sa propriété : « La fée écrit tous les jours et télégraphie toutes les heures », gémit-il. Le 15 décembre, elle part lui rendre visite avec Béatrice à Hughenden. Un ami de Gladstone ironise : « La reine est allée de façon ostentatoire déjeuner avec Disraeli dans son ghetto. » Victoria adjure une nouvel fois son Premier ministre d'être audacieux et de « précipiter la crise ». Le jour de Noël, à Windsor, elle écrit dans son journal une prière pour que « l'agression, l'ambition et la duplicité inique de la Russie soient vaincues ».

Le 14 janvier 1878 à Osborne, l'Écossais Graham Bell vient lui faire une démonstration de son invention : le téléphone. Elle converse avec sir Biddulph installé à Osborne Cottage mais elle est déçue par la faiblesse du son de l'orgue et du cor qu'on lui fait entendre. Quelques mois plus tard, les Anglais s'empresseront de commercialiser le petit appareil en bois qui va transformer la vie des hommes.

Victoria, elle, n'a que le tsar en tête : « Oh ! si la reine était un homme, elle irait là-bas, et quelle correction elle donnerait à ces horribles Russes ! » Ah ! comme elle regrette l'intraitable Palmerston qui, avec son ton « élevé », savait si bien défendre l'honneur de la couronne. Pour galvaniser un Disraeli toujours hésitant, elle lui propose la Jarretière. Il refuse. Le visage plus émacié que jamais, souffrant de rhumatismes et de goutte auxquels vient s'ajouter une crise de néphrite, le Premier ministre reste déchiré entre son ami, lord Derby, obstinément pacifiste, et les harcèlements belliqueux de sa « fée ». Lord Derby assiste parfois au conseil des ministres en état d'ébriété et sa femme, amie de Schouvaloff, renseigne l'ambassadeur sur tous les projets du gouvernement. Un Schouvaloff qui, comme le tsar, traite Victoria de « vieille demi-folle » et Disraeli de « clown politicien ». Mais, derrière lord Derby, lord Carnavon, ministre des Colonies, est aussi pour la paix. Et également le jeune lord Salisbury qui bientôt remplacera lord Derby. L'Angleterre vibre pourtant à l'unisson de la reine en faveur d'une mobilisation contre les Russes. Les meetings se multiplient. Une manifestation brise les fenêtres de Gladstone, obligé de se réfugier avec sa femme chez des amis. Mais Disraeli, épuisé et malade, ne se résout toujours pas à faire la guerre.

Une nouvelle fois, Victoria menace d'abdiquer : « Dans ce cas, un autre devrait porter la couronne. » Elle ne s'abaissera jamais à « baiser les bottes des grands Barbares… ». Disraeli se retranche derrière les menaces de démission de ses ministres. Lors d'un dîner à Buckingham la reine, excédée, admoneste « cet absurde (bien qu'intelligent à certains égards) petit lord Carnavon ». Elle écrit à Vicky : « Je l'attaquai avec une véhémence et une indignation – que me soufflait le lion britannique – et il resta atterré mais toujours aussi pusillanime ! Prêt à déclarer au monde entier que nous ne pouvions agir !!! Oh ! que les Anglais ne sont-ils aujourd'hui tels qu'ils furent ! Mais nous affirmerons nos droits, notre position, envers et contre tout. Les Britanniques ne seront jamais des Esclaves, voilà notre devise. Je reconnais que je n'ai jamais parlé avec autant de véhémence qu'hier soir. »

Elle explose à nouveau en apprenant qu'au large de Constantinople, Affie et Louis de Battenberg ont déjeuné à bord de leur navire, *Le Sultan,* avec Sandro, le frère de Louis, que le tsar envisage de placer sur le trône de la future grande Bulgarie. Elle exige une sanction et interdit à son fils de rentrer en Angleterre de peur que sa russophilie ne contamine ses frères et sœurs. Par bonheur, l'amiral Hornby, chef de la flotte, découvre que le prince de Battenberg est monté sur le bateau en uniforme allemand et non russe, il envoie à Affie non pas une réprimande mais une « lettre amicale ».

La Turquie exsangue attend toujours les renforts anglais. Trois fois, la flotte a l'ordre de partir. Et trois fois l'ordre est annulé. « J'ai bien peur que nous ne donnions une image ridicule aux yeux du monde car nous savons aboyer mais pas mordre », s'exclame Bertie. Les Russes sont à trois jours de marche de Constantinople. Le 19 février, la paix est signée dans la petite ville de San Stefano sur les rives de la mer de Marmara. Le sultan reconnaît l'indépendance du Monténégro, de la Serbie, de la Roumanie. Il accepte la formation d'une principauté de Bulgarie. Il rétrocède à la Russie les bouches du Danube et lui abandonne, dans le Caucase, les forteresse de Kars et de Batoum. Enfin, il garantit le droit de passage dans les Détroits en temps de guerre comme en temps de paix pour les navires marchands des États neutres. Il ne reste pratiquement rien aux Turcs en Europe. Ces clauses « abjectes » ne sont connues à Londres qu'au bout de trois semaines. L'opinion publique prend feu, comme la reine : « C'est mauvais pour l'Angleterre, pour l'Autriche, pour l'Allemagne que cette prépondérance russe et slave en Europe et tous les pays doivent se défendre contre un tel péril. » Lord Derby et lord Carnavon démissionnent. Enfin à la « hauteur des circonstances », lord Salisbury déclare le traité inacceptable.

L'Autriche propose la réunion d'un nouveau congrès de Vienne. Il se tiendra à Berlin sous la présidence de Bismarck.

Gambetta a fait savoir à Bertie, en séjour « galant » à Paris, que la France y serait au côté de l'Angleterre. La reine donne un bal improvisé et, pour la première fois, sa robe de deuil s'envole dans une valse triomphante avec son fils : « Arthur danse comme son père bien-aimé », note-t-elle avec un orgueil maternel et un bonheur que ses fureurs royales n'ont pas entamés.

Elle dissuade Disraeli de se rendre à Berlin : « La santé et la vie de lord Beaconsfield sont d'une immense valeur pour moi et pour le pays. Elles ne sauraient être mises en danger. Berlin est trop loin. » Mais c'est pour lui l'occasion de redorer son blason. Il lui promet de lui envoyer quotidiennement un bulletin de santé avec le compte rendu des pourparlers.

Le premier jour, Bismarck arrive en uniforme blanc avec, sur la tête, son casque surmonté des aigles impériales. Ce colosse, bardé de bourrelets de graisse, intimide tous les participants qu'il domine de sa taille impressionnante. Le chancelier invite Disraeli à plusieurs reprises pour des dîners en tête à tête dont les descriptions ironiques égaient les lettres adressées à la reine sur le découpage complexe des Balkans. Bismarck engloutit des litres de champagne et de bière en tirant sur son cigare et en soufflant au visage de Disraeli des anecdotes grivoises. Il se plaint du roi de Prusse qui lui a ruiné la santé. Disraeli répond que sa reine est « la justice et la sincérité mêmes » et qu'elle est « aimée de tous ses ministres ». C'est du moins ce qu'il écrit à Victoria. Il manie la plume avec délectation mais est encore meilleur négociateur que romancier. L'Angleterre ne veut ni d'une grande Bulgarie ni d'une Arménie russe. La langue diplomatique est le français mais Disraeli qui le parle mal s'exprime en anglais. Si le tsar ne restitue pas les territoires contestés, ce sera la guerre. Il menace même de quitter le congrès et fait chauffer la locomotive de son train. Bismarck cède. Le vieux Gortchakoff s'écrie : « Nous avons sacrifié cent mille hommes pour rien ! » Au passage, Disraeli obtient Chypre de la Turquie en échange de la promesse de défendre ses intérêts. Le protectorat sur Chypre assure à l'Angleterre la maîtrise totale de la Méditerranée et de la route des Indes. En remerciement de son soutien, la France reçoit la Tunisie.

Londres accueille en héros l'homme qui ramène « la paix dans l'honneur ». La gare de Charing Cross est décorée de drapeaux, les quais couverts de géraniums, de palmiers et les piliers de guirlandes de roses. À Trafalgar Square, une marée humaine l'acclame. Les hommes agitent leurs chapeaux et les femmes lancent des fleurs sur sa voiture découverte. Dans son bureau de Downing Street l'attend une immense gerbe : « De la part de la reine », sourit Ponsonby.

Elle est à Osborne, impatiente de l'entendre. Disraeli y accourt : « Bismarck, Madame, a été enchanté d'apprendre que Votre Majesté avait ordonné l'occupation de Chypre. Ça, c'est le progrès, a-t-il dit… Pour lui, le progrès, c'est l'acquisition de nouveaux territoires. » La reine des fées et son grand vizir éclatent de rire. En récompense, Victoria noue avec émotion au genou de son cher Dizzy le ruban bleu de la Jarretière.

Une fois la paix conclue en Europe, elle revient au gouvernement de sa famille. Le 21 mai 1878, à la veille de son cinquante-neuvième anniversaire, elle écrit : « Plus on prend de l'âge, soi et ses enfants, plus on se sent en harmonie avec eux. » Depuis deux ans, le « pauvre Léo », dont l'intelligence et l'humour lui rappellent tant ceux de son cher papa, est devenu son secrétaire privé. Mais à vingt-cinq ans, Léo supporte mal les sacrifices que son hémophilie lui impose. Il adore le théâtre et l'opéra, il est l'ami de Sarah Bernhardt, du peintre Gustave Doré, du chanteur Paolo Tosti et préfère Londres à Windsor. Il a désormais ses appartements à Buckingham et a commis le crime impardonnable de refuser d'accompagner sa mère à Balmoral où « il ne se passe jamais rien ». En danger de mort permanent, il a envie de vivre et a décidé de visiter Paris. La reine craint toujours l'accident fatal et lui a accordé dans la « ville pleine de péchés » un séjour de huit jours qu'il prolonge de deux semaines : « Léopold est une source permanente de chagrins et d'angoisse », écrit-elle à Augusta de Prusse. Elle bat le rappel de tous ses enfants pour convaincre Léo de « faire son devoir ».

Marie, l'épouse d'Affie, enceinte de son quatrième enfant, supplie la reine de laisser son mari quitter la marine. Mais Affie a pour mission d'accueillir sa sœur Louise et le marquis de Lorne au Canada. Dans sa grande ambition impérialiste, Disraeli rêve de faire du dominion, dont les territoires ne cessent de s'accroître vers l'ouest, un royaume rattaché à la couronne. Albert y avait songé pour son troisième fils, Arthur. La reine a accepté que son gendre y soit envoyé comme gouverneur-général : « Nous avons l'impression que nous sommes plus proches de notre gracieuse souveraine… Que nous avons été élevés à la dignité de citoyens anglais », s'écrient, enthousiastes, les Canadiens. Adulé par les Anglais, le jeune couple, accompagné d'Arthur et de Léopold, part en train jusqu'à Liverpool où la ville a organisé un énorme banquet en leur honneur. Au son des fanfares, il embarque sur le *Sarmatian*. Orgueil de la Allan Line cet ex-navire de guerre est doté de couchettes confortables, mais il est surtout très rapide. Le gouvernement redoute un attentat et même l'abordage du bateau par les fenians.

Victoria, elle, s'angoisse surtout de perdre Louise, sa « Loosy », si pleine de fantaisie.

Les soudaines fiançailles d'Arthur l'agacent. Cousine de Fritz, la fiancée, Louise de Prusse, a de vilaines dents. Ses parents vivent séparés et son père, le sanguinaire Frédéric-Carl de Prusse, est appelé le « Prince rouge ». Arthur, dans son enfance, a toujours été le chouchou de Victoria. Comme elle, il adore danser et il animait avec un entrain endiablé les bals de ghillies à Balmoral. À la différence de Bertie et d'Affie, petits et gros comme leur mère, Arthur ressemble à son ange de père. Il possède les plus belles jambes de la famille et la reine ne se lasse pas de les admirer quand il porte le kilt.

C'est en 1872, chez Vicky, qu'Arthur a rencontré Louise. La reine, furieuse de le voir s'amouracher d'une fille aussi « ordinaire », espérait qu'au mariage d'Affie il rencontrerait une ravissante princesse digne de lui. Elle a donné l'ordre au major Elphinstone de le surveiller étroitement, de lui interdire toute distraction en dehors du tennis et du croquet. Elle lui recommande aussi d'éviter les relations avec l'aristocratie. Arthur n'a pas suivi la mauvaise pente de Bertie et d'Affie mais, hélas ! il est resté amoureux de Louise. Elle s'en plaint à Vicky. Pourquoi son fils chéri de vingt-huit ans a-t-il besoin de se marier ? Elle finira pourtant par estimer que « Louischen » a un joli profil et qu'Arthur a raison de la soustraire à son triste milieu familial.

Elle s'est aussi réconciliée avec Alice qui, plus encore que les autres, critiquait sa réclusion et la toute-puissance de Brown. Deux étés de suite, les Hesse, interdits d'Osborne et de Balmoral, ont loué pour leurs six enfants une inconfortable villa sur la côte belge. À la différence de Vicky et Fritz, ils ne roulent pas sur l'or. Pour la construction de leur nouveau château, Louis a dû emprunter aux banquiers Coutts et réduire leur train de voitures et de chevaux. Durant l'été 1878, la reine a retenu pour eux une grande maison à Eastbourne, sur la côte, en face d'Osborne. Alice, désormais grande-duchesse de Hesse, a le même sens du devoir que son père. Elle s'occupe des malades, visite les hôpitaux et même, à Eastbourne, elle préside des manifestations de bienfaisance. Mais toutes ces responsabilités la fatiguent. Son visage amaigri inquiète sa mère.

À peine rentrée en Allemagne, Alice télégraphie, le 8 novembre, de Darmstadt que sa fille Victoria a la diphtérie. Les télégrammes suivants n'apportent que d'angoissantes nouvelles. Le 12, Alicky tombe à son tour malade, puis le bébé May, Irène, son fils unique Ernie, le duc Louis et Ella. Alice court d'une chambre à l'autre dans le nouveau château converti en hôpital. Épouvantée, la reine dépêche le docteur Jenner pour combattre cette diphtérie, fort répandue et souvent mortelle.

La petite May meurt le 16. Le 22, Ernie est au plus mal. Trois jours plus tard, il semble hors de danger. Il demande à sa mère des nouvelles de sa petite sœur. Alice, au supplice de devoir lui annoncer la mort du bébé, se penche pour l'embrasser. Le 7 décembre, Louis télégraphie à sa belle-mère qu'Alice, frappée à son tour, a dû s'aliter : « Oh ça ce n'est pas possible ! Elle n'aura jamais la force de le supporter », s'écrie Victoria au comble de l'angoisse.

Plus que jamais, elle se rend au mausolée. Son « Alice chérie » a veillé Albert avec tant de tendresse. Le 14 décembre n'est pas loin. Cette date fatidique qu'elle redoute tant ! Aussi angoissées qu'elle, Lenchen et Béatrice ne la quittent pas. Leur sœur n'a que trente-cinq ans ! Leur père ne peut pas, ne doit pas permettre qu'elle meure !

Le vendredi 13, Victoria passe la journée dans la chambre bleue d'Albert. Elle se couche avec, au cœur, une terrible appréhension. Le matin, Brown apporte deux mauvais télégrammes de Louis et de Jenner : les enfants sont sauvés mais Alice est dans un état désespéré. Une troisième dépêche arrive un peu plus tard : à huit heures du matin, Alice est morte en murmurant « Dear papa ». Il y a dix-sept ans, jour pour jour, Albert se mourait lui aussi. La coïncidence apparaît à Victoria « presque incroyable et des plus mystérieuses ». Elle dira à Disraeli trois jours plus tard : « Si j'avais eu à choisir un jour pour un événement aussi triste, j'aurais voulu que ce soit l'anniversaire de mon inconsolable chagrin. »

Avec un sang-froid inhabituel, elle annonce elle-même la nouvelle à chacun de ses enfants. Lenchen est bouleversée. Bertie sanglote : « C'était ma sœur préférée. » Avec son beau-frère Christian, il s'embarque pour Darmstadt. Par peur de la contagion, l'empereur de Prusse a interdit à Vicky et Fritz de se rendre à l'enterrement. Louis a couvert le cercueil du drapeau britannique : « Je veux m'en aller avec les couleurs anglaises », avait toujours dit Alice. À la Chambre des lords, Disraeli se surpasse dans l'éloge funèbre : « Il lui fallut annoncer à son petit garçon la mort de sa sœur qu'il adorait. L'enfant fut tellement submergé de chagrin que sa pauvre mère l'étreignit et ainsi, elle reçut le baiser de la mort. My lords, je n'ai jamais rien vu d'aussi émouvant. »

À Windsor, la reine a souhaité entendre durant l'office le psaume favori de sa fille : *Que ta volonté soit faite*. À Boehm, elle commande une statue pour une des chapelles du mausolée d'Albert. Le sculpteur lui présente l'esquisse d'une silhouette d'Alice allongée. Elle y fait rajouter le bébé, la petite May, dans les bras de sa mère, et invite deux mois à Osborne Louis et les enfants dès que tout risque de contagion est écarté.

Son formidable appétit de vie a définitivement repris le dessus. Si, jusqu'à la fin de son existence, elle codifie avec une rigueur toute cobourgeoise les obsèques et les longs deuils de sa famille et même de ses serviteurs, elle n'en tire plus prétexte pour s'enfermer dans le malheur et échapper à ses obligations. En mars, trois mois après la mort de sa fille, elle quitte son uniforme de veuve afin de célébrer le mariage d'Arthur. Elle a accepté d'ajouter une traîne à sa robe noire sur laquelle scintille le Koh-i-Noor et écoute avec ravissement les chœurs triomphants d'*Athalie*, un oratorio de Mendelssohn qu'elle adore. Le correspondant du *Figaro* à Londres s'en réjouit : « Le changement qui s'est opéré dans l'humeur de Sa Majesté donne l'espoir que sa grande douleur, après une si longue durée, va se dissiper enfin. La voiture de la reine a traversé les rues de la capitale l'autre jour. Tout était funèbre et noir : les panneaux drapés, les harnais, les livrées et jusqu'à John Brown qui, monté sur le siège de la voiture, tenait rigoureusement le peuple à distance. L'aspect lugubre de cet honnête serviteur, son costume de Highlander qu'il ne quittera jamais même au cercueil faisaient rire de bon cœur les spectateurs. John Brown ne sait plus écouter les lazzi qui lui sont adressés par le peuple. Il se fâche et ses gestes et ses paroles, malgré son long séjour à la Cour, se ressentent encore du ghillie des Highlands. Il est toujours resté un homme des montagnes. On prétend que la reine ne l'en estime que davantage. »

Quelques jours plus tard, la voilà partie. C'est le premier des voyages qui, presque chaque année, mèneront Victoria sur le continent à Pâques. Elle rêve des lacs italiens dont elle a vu tant de tableaux. Un de ses sujets, Charles Henfrey, qui a fait fortune dans la construction des chemins de fer en Inde et en Italie, lui prête la villa Clara, sur les bords du lac Majeur.

Avant son départ, Vicky lui a télégraphié que son fils Waldemar, à son tour, a attrapé la diphtérie. Il n'a que onze ans. À Osborne, il a, un été, amené un bébé crocodile vivant et l'a laissé tomber aux pieds de grand-mamma. Victoria avait poussé des cris d'épouvante. À son arrivée à Paris, un autre télégramme lui annonce que la terrible maladie a emporté le petit garçon. C'est une effarante hécatombe qui s'abat sur sa famille !

Plus que jamais, elle a soif d'évasion. Comme d'habitude, une soixantaine de personnes accompagnent la reine : dames d'honneur, habilleuses, coiffeuses, son « chef » français, son secrétaire, Brown et, bien sûr, Béatrice âgée de vingt-deux ans et dont Victoria ne peut se passer. Partis d'Osborne, le lit royal, son bureau, les portraits de tous les membres de sa famille, ses malles avec ses bottines noires, toujours les mêmes, qu'elle change tous les quinze jours, sa voiture et plusieurs chevaux l'attendent sur place.

Depuis son arrivée à Cherbourg, elle voyage sous le nom de « comtesse de Balmoral ». Elle y tient même si personne n'est dupe. Le président de la République, Jules Grévy, et son ministre, Jules Ferry, viennent la saluer à l'ambassade et s'inclinent devant John Brown. Enchantée des bonnes manières de la république, la reine prie aimablement Jules Grévy de s'asseoir comme s'il était un monarque. Le président de la République française lui exprime sa joie de constater que le prince de Galles est devenu un « vrai Parisien ». C'est peu dire… Et ce compliment enchante moins la reine que sa découverte de l'Italie.

En brique rouge, la villa Clara est un drôle de méli-mélo avec sa tour à clochetons bavaroise, son toit mansardé à la française, ses fenêtres anglaises et sa loggia Renaissance italienne. Victoria trouve la construction « charmante ». Sa chambre est « un petit boudoir tout plein de ravissants meubles et objets ». Elle a, dans tous les domaines, un goût qui afflige les esthètes et fait rire les Anglais. Mais ses fenêtres s'ouvrent sur la plus belle vue qu'elle puisse imaginer : les îles Borromées et, de l'autre côté du lac, les montagnes couronnées de neige.

Pour la première fois, elle parle italien en Italie. Elle est fière de constater que le jardinier la comprend, et écoute avec ravissement les enfants crier : « Evviva, la regina d'Inghilterra. » Derrière son chevalet, Béatrice est aussi heureuse que sa mère. Seul John Brown n'est pas à la fête. Il n'apprécie pas ces *damned* Italiens exubérants qui s'expriment trop avec les mains et il tremble plus que jamais pour la sécurité de Victoria.

Comble d'infortune, atteint d'érysipèle, Jenner l'a cloîtré dans sa chambre pour deux semaines. Il pleut les premiers jours et la reine s'abstient de sortir sans son « garde du corps ». Le pauvre Brown est tellement malade qu'elle annule même une excursion à Venise où un Écossais l'a invitée dans son palais. À Milan, une foule si dense se presse autour d'elle dans la cathédrale pour la dévisager qu'à sa grande fureur on l'oblige à descendre précipitamment dans la crypte : « Si elle était ici en tant que Reine d'Angleterre, nous aurions cinquante carabiniers et il n'y aurait pas de problème mais elle proclame et répète qu'il s'agit d'un voyage privé alors nous n'en avons que deux », s'exclame Ponsonby au comble de l'agacement.

Brown, convalescent et bougon, ne quitte pas son chapeau afin de se protéger de ce *damned* soleil. « Il ressemble à un Anglais en vacances qui s'ennuie », ironise le secrétaire de la reine. Parfois, Victoria demande d'arrêter la voiture pour faire une aquarelle. Mais l'Écossais refuse par crainte des attentats : « Il exagère assurément, et aujourd'hui tout au long de la promenade, d'ailleurs magnifique, il a gardé les yeux obstinément fixés sur la queue des chevaux. »

Elle ne craint pas les menaces. Elle adore les voyages. C'est la première fois, qu'elle ne regrette ni l'Écosse ni la solitude tranquille de Glassalt Shiel. Ne se plaint ni d'insomnies ni de fatigue. Les couleurs chaudes, la douceur du climat, la gaieté méditerranéenne la mettent de bonne humeur. Elle s'amuse des deux carabiniers qui suivent sa voiture, des « drôles de cochons noirs qui ont ici de longues pattes ». Elle a vingt ans.

21.

Le 24 mai 1879, la reine fête son « pauvre vieux soixantième anniversaire ». Elle est vingt-sept fois grand-mère. Il y a douze jours est née sa première arrière-petite-fille : Feodora. Charlotte, la fille de Vicky, s'est mariée fastueusement à Berlin un an plus tôt, avec le prince de Saxe-Meiningen. Le soir du mariage, après avoir beaucoup pleuré, Vicky a écrit à sa mère : « Les mères ne perdent pas des filles qui les aiment comme je vous aime. »

À chaque anniversaire, le canon tonne, les peuples de son empire prient pour elle et ses petits-enfants accourent le matin dans sa chambre. Ils recouvrent le lit de pétales de roses et l'étouffent de baisers. L'après-midi, ils lui jouent une pièce de théâtre : « L'anniversaire de Grand mamma ».

Tyrannique avec ses enfants, Victoria s'amuse avec ses petits-enfants qui l'adorent, surtout les fils de Bertie : Eddy et George. Un jour de départ pour Balmoral, Brown a choqué le directeur des Chemins de Fer en criant sur le quai : « La reine veut les petits avec elle. » Elle s'inquiète de leur avenir. Les deux jeunes princes, âgés de quatorze et quinze ans, font leurs classes de marin sur le *Britannia*. Victoria redoute ces périples en mer, loin du pays, qui ont endurci le charmant Affie et l'ont séparé de sa famille. L'aîné est très apathique. On le considère comme le jumeau de son frère cadet. Elle doute qu'il puisse jamais faire un roi d'Angleterre. Le duc de Cambridge lui écrira bientôt qu'il n'est « bon à rien ».

Elle s'inquiète aussi du caractère orgueilleux et violent de Guillaume de Prusse. Avec Vicky, elle a participé à tous les efforts pour essayer de combattre le handicap de son bras gauche atrophié. À dix ans, Guillaume ne pouvait ni courir vite ni monter à cheval, ni même couper sa viande tout seul. Ses médecins attachaient une fourchette au petit bras inerte avec une attelle pour lui apprendre à se débrouiller. Victoria lui a offert un poney et il s'est donné beaucoup de mal pour le monter aussi bien que les enfants de son âge. Vicky a tenu à l'envoyer avec son frère au lycée de Cassel où il a été traité comme les autres élèves.

Mais trois guerres victorieuses et son grand-père devenu empereur lui ont soufflé des idées de grandeur. À son père libéral, il préfère le despotique et guerrier Bismarck qui déteste Gladstone et la démocratie britannique. Il juge antipatriotique l'attachement de sa mère à l'Angleterre. Mais il respecte et craint sa grand-mère. Un jour, il a refusé de saluer un domestique comme elle le lui demandait. Foudroyé du regard, il s'est exécuté en s'inclinant plus bas que terre.

Orphelines, les filles d'Alice bénéficient, plus que les autres, de la tendresse de la reine. Après la mort de leur mère, elles sont reparties d'Osborne avec une gouvernante anglaise à qui la reine a demandé d'envoyer un compte rendu journalier des progrès accomplis par les adolescentes. Elle s'est prise de passion pour l'aînée, Victoria, brillante et racée, qui affiche pourtant de fâcheuses idées républicaines. Elle se considère comme sa seconde mère et a signé un jour une lettre débordante de tendresse : « ta mamma ».

Elle a bien tenté de remarier leur père, le grand-duc, avec Béatrice. Mais l'Église anglicane interdit le remariage avec la sœur d'une épouse défunte. Impossible, hélas ! de changer la loi. Le cher Dizzy n'a pas pu faire passer le texte à la Chambre des lords où les évêques s'y sont farouchement opposés.

Les poumons rongés par le tabac et la suie de Londres, le grand vizir n'a plus la force de venir voir la reine : « Une aussi grande souveraine ne devrait pas avoir un Ministre malade », assure-t-il, ployé en deux par les crises d'asthme. Pourtant, il n'envisage nullement de démissionner malgré les nuages qui s'amoncellent.

Si les banques de la City prospèrent, à la récession industrielle et aux mauvaises récoltes s'ajoutent les premiers revers en Afrique du Sud où les Zoulous ont massacré près de six cents colons et fait des milliers de blessés. Fidèle à sa politique de grandeur, Disraeli décide d'envoyer des renforts pour garder ce morceau d'empire.

Le jeune Louis-Napoléon, âgé de vingt-trois ans, rêve de se joindre à cette expédition. Victoria l'a fait entrer à l'école d'officiers de Woolwich : « Qui sait ce que sera son destin ? » C'est un prince comme elle les aime, avec un visage romantique encadré de cheveux bruns et le charme de son père. Il serait un gendre idéal, si marier Béatrice avec un Napoléon ne risquait pas de scandaliser le royaume et les bonapartistes français.

Le jeune homme réussit l'exploit de plaire autant à la reine qu'à Bertie qui l'invite souvent à Marlborough House pour des soirées fort joyeuses. Un jour, ils ont fait entrer un âne par la fenêtre d'une chambre, l'ont habillé d'une chemise de nuit et l'ont couché dans le lit d'un invité. Une autre fois, les hommes se battaient à coups de sac de farine et Louis-Napoléon s'est attaqué au prince de Galles qu'il a enfariné de la tête aux pieds. Aurait-il fait un grand monarque ? Bertie en est convaincu.

Lors des revues militaires, le jeune Bonaparte est acclamé. Mais trotter à côté du carrosse de la reine et de Béatrice ne procure que peu de gloire et l'expédition punitive contre les Zoulous est, pour lui, l'occasion inespérée d'obtenir un brevet de bravoure. Le duc de Cambridge, chef des armées, commence par refuser, au grand soulagement de l'ex-impératrice qui, sous ses voiles de deuil, ne vit que pour ce fils chéri. Mais devant sa déception, Eugénie cède et laisse Louis-Napoléon écrire une seconde lettre : « Cette guerre est pour moi l'occasion de montrer ma gratitude envers la reine et la nation… Quand, à Woolwich et plus tard à Aldershot, j'avais l'honneur de porter l'uniforme anglais, j'espérais que mon baptême du feu se passerait sous les couleurs de nos alliés britanniques. En perdant cet espoir, c'est ma raison de vivre en exil que je perds… » Le duc de Cambridge montre la lettre à la reine qui s'attendrit.

Le gouvernement est réticent : « Je ne m'explique pas le départ de ce freluquet de prince impérial. Je croyais que nous étions convenus de ne pas autoriser son expédition. Et le voilà reçu par la reine avant de partir… Que dire de plus ? Sa Majesté n'ignore pas le peu de sympathie que j'ai pour les Buonaparte », écrit un Disraeli excédé à lord Salisbury.

Le jeune prince n'aura pas le temps de prouver sa valeur de soldat. Quatre mois plus tard, dans la nuit du 19 juin 1879, à Balmoral, John Brown est une fois de plus le messager du malheur. Après avoir frappé à la porte, le visage décomposé, il annonce à la reine qu'il apporte de mauvaises nouvelles, puis il lâche : « Le jeune prince français est mort. » Victoria, qui ne réalise pas, lui fait répéter plusieurs fois sa phrase. C'est alors qu'apparaît Béatrice, tenant le télégramme dans une main et pleurant à gros sanglots : « Oh ! le prince impérial a été tué ! »

La reine se bouche les oreilles de ses deux mains, crie : « Non ! Non ! Ce n'est pas possible ! C'est trop affreux ! » Et quelques secondes après : « La pauvre impératrice qui ne le sait pas ! Son enfant unique ! Tout son bonheur envolé ! »

Les bonapartistes et la presse française soupçonnent les « perfides » Anglais d'avoir trahi leur prince et Victoria, elle-même, fait effectuer une enquête. Les détails du tragique événement l'accablent. Louis-Napoléon faisait partie d'une opération de reconnaissance avec une petite troupe commandée par un certain capitaine Carey quand celle-ci fut attaquée par les Zoulous. Carey et les Anglais s'enfuirent, laissant le prince seul et à pied, son cheval s'étant échappé. Quand trente ou quarante Zoulous s'approchèrent de lui, il tenta de faire front. On retrouva son corps percé de dix-sept blessures, toutes de face. Les Zoulous diront plus tard : « Il s'est battu comme un lion. »

De toute sa vie, la reine n'a assisté qu'aux obsèques de son neveu, l'ex-roi de Hanovre décédé au mois de février. Elle annonce à son conseil qu'elle se rendra en personne aux funérailles de Louis-Napoléon. Les ministres l'en ayant dissuadée, elle entre dans une telle colère que les hommes en redingote noire baissent la tête et s'inclinent.

La République française a interdit aux maréchaux du Second Empire de se rendre en Angleterre. Le cercueil, sur lequel se mêlent les drapeaux français et anglais, est porté par les trois fils de la reine : Bertie, Affie et Arthur ainsi que par le prince héritier de Suède. La reine se félicite de « ces funérailles aussi splendides et brillantes pour quelqu'un qui promettait d'être une bénédiction pour son pays et aussi pour le monde ». Eugénie gagne définitivement son cœur en soupirant : « La disparition de mon fils, c'est comme pour vous la mort d'Albert. » Les deux veuves, tout de noir vêtues, se consoleront l'une l'autre dans la solitude de Glassalt Shiel. John Brown tentera de les réconforter en cuisant lui-même des truites sur un lit d'avoine.

L'ex-impératrice a commandé un buste de son fils au sculpteur Richard Belt. Elle en est satisfaite, mais Victoria demande à le voir et fait la moue : « Il y a un détail de la bouche qui n'est pas tout à fait exact. Si quelqu'un veut bien m'apporter un chapeau d'homme, je vous montrerai ce que je veux dire... » On lui apporte un haut-de-forme qu'elle pose sur ses cheveux blancs : « Regardez, quand le prince impérial s'inclinait devant une dame, il soulevait son chapeau comme ceci et entrouvrait les lèvres comme cela. »

« J'ai la conscience tranquille », s'exclame Disraeli qui, à Windsor, a dû, pendant une heure et demie, écouter stoïquement la reine pleurer sur les Buonaparte et s'emporter contre son armée. Quelques jours plus tard, elle lui écrit : « Si nous voulons maintenir notre rang de puissance de premier ordre... nous devons, avec notre Empire des Indes et nos vastes Colonies, être CONTINUELLEMENT préparés aux attaques et aux guerres, en un lieu ou un autre. Et la véritable économie, ce sera d'être toujours prêts. Lord

Beaconsfield rendra à son pays le plus grand des services en répétant cette leçon encore et toujours et en veillant à ce qu'elle soit suivie. C'est ce qui empêchera la guerre. »

Mais Disraeli a beau lui répéter qu'il faudrait peut-être commencer par remplacer le duc de Cambridge et tous les incompétents généraux-lords, elle n'en fait rien. Son cousin continue de lui soutenir qu'une armée sans prince à sa tête pourrait très vite se retourner contre la couronne. Surtout avec un Gladstone entré en campagne pour une élection partielle dans sa circonscription écossaise. Farouchement anticolonialiste, le prédicateur pacifiste défend les « droits du sauvage » et s'élève contre son titre d'impératrice qu'il juge « d'une théâtralité pompeuse et sotte ». Des mots qui font bouillir le sang hanovrien.

Heureusement, Disraeli manie la flèche empoisonnée encore mieux que son adversaire. Le libéral lord Granville explique à la reine : « Lord Beaconsfield et Mr. Gladstone sont deux hommes d'un extraordinaire talent. Or il existe entre eux une antipathie plus vive qu'elle ne l'est d'ordinaire entre deux hommes publics. Il n'y a pas un seul politicien dont lord Beaconsfield oserait déclarer que sa conduite est pire que celle des massacreurs de Bulgarie. En deux mots, il arrive à mettre hors de ses gonds quelqu'un ayant le tempérament particulier de Mr. Gladstone. »

Les conservateurs viennent de gagner deux élections partielles. Le Premier ministre juge le moment bien choisi pour dissoudre la Chambre des communes. À plus de soixante-dix ans, Gladstone « n'a plus d'avenir politique », pronostique Dizzy.

Hélas, le train de son adversaire est salué par des foules chauffées à blanc par six années de mauvaises récoltes. Le richissime et écossais lord Rosebery organise une campagne libérale à l'américaine avec mégaphones et slogans sur des calicots : trente meetings devant au total quatre-vingt-cinq mille personnes dont vingt mille en un seul soir à Édimbourg.

La reine s'indigne de ces nouvelles « méthodes de Yankees ». De quel droit Mr. G s'adresse-t-il directement à la nation ? Se prend-il pour le souverain ? « Je ne prendrai jamais plus Mr. G. Je n'ai plus la moindre ombre de confiance en lui après son odieuse et déloyale conduite de ces trois dernières années », écrit-elle à lady Ely. Elle a prévenu toute la cour qu'elle ne « pourrait jamais » convoquer ce « révolutionnaire à moitié fou qui ne tarderait pas à tout détruire pour devenir un dictateur ».

Elle est jalouse de sa popularité et aussi partisane qu'au début de son règne. Mais cette fois, elle est du côté des conservateurs et de leur politique impérialiste. Disraeli est en partie responsable de cette dérive qu'Albert et Stockmar avaient tant combattue. Le Premier ministre lui demande d'ouvrir la session parlementaire afin de lui manifester son soutien : « Avec autant de splendeur qu'il se pourra, sans incommoder Votre Majesté. »

En pleine campagne électorale, pour la Saint-Valentin, Victoria lui envoie une carte d'amoureux à laquelle il répond : « Ah, comme le jeune Valentin de la ravissante image tombée ce matin d'un nuage rose, il voudrait pouvoir s'étendre sur une rive ensoleillée ! Valentin doit rêver de l'avenir, de ses jeunes amours... Lord Beaconsfield, lui, n'est même plus au coucher de soleil de l'existence, mais à son crépuscule. Il mène une vie d'inquiétude et de travail. Cette vie n'est pourtant pas dénuée d'un charme romantique puisqu'il la consacre à l'être le plus digne d'être aimé. »

Quel bonheur pour une souveraine d'être ainsi adorée, choyée épaulée ! Et quelle délicatesse, au moment même où, à Glasgow, l'horrible Mr. G annonce une ère nouvelle de justice sociale et d'indépendance des peuples ! La foule enthousiaste est venue l'écouter à la lumière des torches : « Les gens ignorants pensent qu'un changement de gouvernement leur apportera de bonnes récoltes et la reprise des affaires », s'irrite Victoria dans une lettre à Vicky.

Hélas, de l'empire arrivent de mauvaises nouvelles ! Après les Zoulous, les Afghans ont massacré la garnison anglaise de Kaboul avec au premier rang le représentant de la couronne, Louis Cavagnari. Cette fois encore, les Russes sont derrière les Afghans ! Et beaucoup d'Anglais commencent à penser que Londres n'a plus les moyens d'être cette Rome des temps modernes que défendait Palmerston. La politique impérialiste coûte trop cher, en vies humaines comme en impôts.

À la différence de Gladstone, Disraeli, malade, ne monte pas sur les tréteaux pour défendre l'empire. Et la reine doit partir à Darmstadt assister à la confirmation de Victoria et Ella, les aînées d'Alice. Elle tient, ce jour-là, à remplacer leur mère. C'est à Baden-Baden où elle a racheté le chalet de Feodora que Brown apporte le télégramme annonçant « l'horrible nouvelle » : les libéraux ont gagné avec la majorité la plus fracassante de son règne. Dans son journal, elle note : « Je considère ce départ comme un grand malheur public. » Disraeli lui écrit : « La séparation d'avec Votre Majesté est quasiment insupportable. » Dans son émotion, Victoria lui demande d'abandonner le pluriel de majesté : « Je ne peux trop vous remercier de votre lettre si affectueuse mais trop formelle à la troisième personne... je compte bien que vous resterez toujours mon ami vers qui je pourrai me tourner et sur qui je pourrai compter. J'espère que vous viendrez à Windsor dimanche matin pour y rester toute la journée, y dîner, y coucher. »

Mais par qui remplacer cet irremplaçable ami ? Lord Granville, qui a voté contre son titre d'impératrice ? Lord Hartington, leader du parti libéral ? Dizzy a beau le surnommer « Harty-tarty », il est de loin son préféré. Mais Gladstone refuse tout autre poste que celui de Premier ministre. La reine invoque ses nerfs, assure qu'elle en tombera malade, menace en vain d'abdiquer. Non seulement elle doit accepter le « demi-fou » mais aussi l'entrée de deux républicains farouches : Dilke, qui affirme que l'Angleterre peut très bien se passer de monarchie, et Chamberlain, qui affiche la même hostilité à la couronne. Chamberlain, fils d'un riche industriel, est maire de Birmingham. La reine exige d'eux une lettre d'excuses pour leurs attaques impertinentes. L'ayant jugée insuffisante, elle réclame un second mea culpa. Son « seul ami indépendant et sincère », dans ce gouvernement, est le duc d'Argyll, beau-père de Louise.

Gladstone ouvre tout de suite les hostilités. Durant la campagne, il a promis une réforme électorale. Salisbury, leader conservateur, exige une nouvelle répartition des sièges pour éviter que son parti ne soit noyé sous un raz de marée libéral ou radical. Mais, affolés, les nobles lords repoussent la réforme. « Les pairs contre le peuple », chantent les ouvriers avant de s'écrier : « Abattez-les ou raccommodez-les. » Dans *Iolanthe*, un de leurs succès, Gilbert et Sullivan font rire des salles entières en disant : « La Chambre des lords ne fait rien mais le fait bien. » La rue se déchaîne contre cette Chambre héréditaire qualifiée de « monument antique », de « ruine à visiter ». Victoria rappelle à Gladstone que socialisme ne signifie pas révolution : « La position du Monarque serait absolument intenable s'il n'y avait pas d'équilibre de puissance, de pouvoir modérateur ! La reine ne cèdera à personne… et elle demande à Mr. Gladstone de modérer, comme il peut, ceux de ses collègues trop violents et partisans. »

Pour renflouer son budget, Gladstone décide aussi de faire voter un impôt sur la bière. Une stupidité, selon Brown, car cette taxe va surtout frapper les classes pauvres. La reine n'a pas le pouvoir de s'y opposer, mais elle épouse les arguments pleins de bon sens de son fidèle Écossais : « Les classes riches, qui boivent du vin, peuvent s'adonner à leur plaisir sans limitation et ont de quoi se l'offrir. Mais les pauvres ne peuvent guère payer une taxe supplémentaire sur une boisson qui dans la plupart des régions est la seule qui leur soit permise. »

Au bout de quelques semaines, elle écrit à Vicky : « Tout va aussi mal que possible et je me sens parfaitement écœurée et humiliée. » La seconde fille de Vicky, Moretta, est amoureuse de Sandro de Battenberg monté à vingt-deux ans sur le trône de Bulgarie. Sandro est un jeune et séduisant prince aux idées libérales et la reine se déclare favorable à cette belle histoire d'amour qui lui inspire de tendres nostalgies. Un de ses graves soucis est d'avoir dans le nouveau gouvernement un ministre des Affaires étrangères prêt à soutenir Sandro. La tsarine écrit à son frère, le père de Sandro : « Victoria est bien disposée envers ton fils et John Brown a daigné approuver cette union. »

La reine vient de donner une nouvelle maison, près de Balmoral, à l'homme dont le bras protecteur la soutient depuis quatorze ans. Au-dessus de la porte, un écusson porte les armes de la famille royale. Avec l'âge, le caractère de Brown ne s'adoucit pas. De plus en plus dur avec le petit personnel, il est en conflit permanent avec Kanné, le courrier de la reine, et même avec Grant et les autres ghillies de Balmoral.

L'arrivée de Gladstone, ce « papiste » qui veut émanciper l'Irlande, le rend encore plus bourru et maussade. Il voit des fenians partout. Aux Communes, ils sont soixante députés nationalistes avec, à leur tête, Parnell, un ténébreux au visage pâle encadré de cheveux noirs. Sa mère, une Irlandaise d'Amérique, lui a appris la haine de l'Angleterre. Le gouvernement a proposé une loi pour dédommager les fermiers irlandais expulsés par les propriétaires terriens anglais. Voté aux Communes, ce *Land Bill* est repoussé par les lords, propriétaires de la majorité des terres irlandaises. L'un d'entre eux, le duc d'Argyll, beau-père de Louise, démissionne même du gouvernement pour protester contre cette loi insultante. Gladstone s'emporte à nouveau contre cette Chambre des lords héréditaire qu'il juge anachronique.

En Irlande, Parnell a créé la Land League pour combattre les abus des lords. Il invente le *boycott*. Un officier anglais, le capitaine Boycott, est mis en quarantaine par la population pour avoir expulsé des fermiers sur ordre du propriétaire, lord Erne. Boycott ne peut ni faire laver sa chemise ni envoyer une lettre. Le même châtiment est systématiquement appliqué à tous les « expulseurs » sur consigne de Parnell. Les membres de la Land League sont arrêtés. Mais les tribunaux de Dublin refusent de les condamner. Il ne reste plus à Gladstone que d'employer la manière forte en créant des tribunaux d'exception.

Les députés irlandais sont tellement violents, lors du vote de cette « loi de coercition », qu'ils sont expulsés de la Chambre des communes « pour la nuit seulement » au milieu de bagarres et d'un tumulte invraisemblables. La haine entre Irlandais et Anglais atteint son paroxysme.

Comme tous ses sujets, Victoria est persuadée que les « papistes » sont excités par des curés aux ordres de Rome. Albert détestait les catholiques. Elle les juge « impossibles ». Et traître aux intérêts de l'Angleterre Gladstone, avec sa politique scandaleusement pro-irlandaise.

Le 5 janvier 1881, la reine tient un conseil à Osborne et prend connaissance du discours du trône. Elle y lit, incrédule, que le gouvernement a décidé d'abandonner la garnison afghane de Kandahar aux portes de l'Inde. Avec aigreur, elle demande que l'on supprime le paragraphe. « Le discours du trône est le discours du gouvernement », réplique l'imposant sir William Harcourt, ministre de l'Intérieur. Consulté par Léopold, Disraeli affirme que cette dernière affirmation n'est qu'un « ragot de politicien ». En représailles, Victoria refuse d'ouvrir la session parlementaire. Elle est pourtant ébranlée par la lettre que lui a écrite un officier de l'armée des Indes : « Ne laissez personne vous persuader de commettre l'erreur fatale de garder Kandahar – un trou abominable, inutile, où il serait déshonorant de rester une minute de plus. Je vous implore : allons-nous-en. »

En 1872, elle a rencontré chez le duc d'Argyll le journaliste Stanley qui venait de retrouver Livingstone et lui a donné une tabatière en or. Depuis, Stanley a descendu le Congo, mais Gladstone a laissé échapper ces terres africaines où Savorgnan de Brazza a créé des comptoirs français. Devant l'indifférence du gouvernement, Stanley a été récupéré par Léopold II de Belgique qui a décidé d'exploiter pour son compte les richesses colossales du Congo.

Pendant sa campagne électorale, Gladstone a promis d'autres retraits. À commencer par le Transvaal. La guérilla avec les Boers ne date pas d'hier. À l'arrivée des Britanniques en Afrique du Sud à la fin du XVIIIe siècle, les colons hollandais, repoussés, ont créé la République du Transvaal dont l'indépendance a été reconnue par l'Angleterre en 1852. Profitant d'une guerre entre les Boers et les indigènes musulmans, les Cafres, Disraeli s'est emparé du Transvaal riche en mines d'or et de diamants autour de sa capitale Pretoria. Les Boers ont repris les armes et les Anglais après la défaite de Majuba doivent s'incliner. La République boer du Transvaal est reconnue par Gladstone au cours de l'été 1881.

La reine voit l'avenir avec désolation. Chaque jour, l'Angleterre perd un peu du lustre impérial qu'elle a gagné avec Disraeli. Hélas, le grand vizir est mort le 19 avril. Pendant des mois, et malgré la réprobation de Ponsonby, Victoria a continué d'entretenir avec lui une correspondance enchantée. Il a dîné pour la dernière fois à Windsor le 1er mars et a prononcé ensuite son dernier discours : « Ce n'est pas facile de quitter la solitude dans laquelle je vis pour aller à la Chambre des Lords et prendre la parole sur un empire qui s'écroule. » Appuyé contre ses oreillers, pouvant à peine respirer, il écrit à sa reine, au crayon et d'une main tremblante, un dernier billet qu'il signe « votre dévoué mais bien malade B ».

Victoria a délégué à son chevet les médecins royaux. Tous les jours, elle fait demander de ses nouvelles. Avant de partir pour Osborne, elle lui envoie des primevères de Windsor et une lettre qu'il garde quelques instants dans ses mains mais qu'il n'a pas la force de lire lui-même. Il la tend à son ami, lord Barrington, membre du conseil privé, qui lui murmure les douces paroles royales : « Je pense tout le temps à vous et j'aurais voulu tout faire pour vous réconforter, et pour vous être de quelque utilité. »

Bertie, au cours d'une visite, le trouve un peu mieux, ce que confirme le *Times*, mais une dernière crise d'asthme emporte le meilleur défenseur de la couronne. À nouveau, c'est Brown, le « visage triste et les yeux embués de larmes », qui se charge d'annoncer la fatale nouvelle.

À son journal, Victoria confie : « Perdre un si solide soutien en ce moment si difficile est horrible. » Gladstone propose des funérailles nationales mais la reine lui fait savoir que Disraeli a souhaité être enterré dans la simplicité, auprès de sa femme, à Hughenden. Trois de ses fils, Bertie, Arthur et Léopold, la représentent. Elle s'y rend quatre jours plus tard en compagnie de Béatrice. Elle fait ouvrir le caveau pour déposer une gerbe de camélias, retrouve les primevères fanées qu'elle lui a envoyées. Un an plus tard, cette fleur deviendra le signe de ralliement des partisans de Disraeli et le *Times* proposera que le 19 avril devienne le « jour de la primevère » en souvenir du Premier ministre.

À petits pas mélancoliques, elle pénètre dans la bibliothèque d'Hughenden où, il y a trois ans, elle suppliait le Premier ministre d'entrer en guerre contre les Russes, et elle prend le thé avec Béatrice, sous son portrait qu'elle a offert à son cher Dizzy : « Il me semblait entendre sa voix, le ton passionné et vif qu'il avait pour parler de tout. » Dans son bureau, elle ne peut s'empêcher d'emporter un dernier souvenir de son grand vizir : une petite dague orientale rapportée de Constantinople dans les années 1830.

Brown organise une quête auprès de la maison royale pour contribuer au monument que Victoria fait sculpter dans la petite église de Hughenden, avec le profil de Disraeli et, en lettres d'or, cette phrase tirée d'un psaume : « Les rois aiment celui qui parle juste. » Elle aurait pu ajouter : juste comme « sa reconnaissante et affectionnée Souveraine et amie, Victoria R.I. » souhaite que ses Premiers ministres lui parlent. En la faisant impératrice, Disraeli a réalisé son plus cher souhait. En réconciliant la reine des fées avec ses prérogatives, il l'a tirée de sa réclusion et a sauvé la monarchie. Mais il la laisse seule sans son enchanteur.

22.

En juillet, un nouveau médecin, le docteur Reid, arrive d'Aberdeen pour prendre la suite du conciliant Jenner. La reine le veut écossais et sachant parler allemand pour pouvoir soigner les membres de sa famille qui lui rendent visite.

Bardé de diplômes, le jeune Reid, âgé de trente-deux ans, ne se plie pas aussi facilement aux caprices de Sa Majesté. Il trouve son illustre patiente dans un « état de santé remarquable ». Elle ne se plaint plus guère, même si elle se sert encore de la fragilité de ses nerfs pour se soustraire aux obligations que voudrait lui imposer l'intraitable Gladstone.

Elle souffre plutôt de rhumatismes et surtout de ballonnements, ce qui n'a rien d'étonnant car elle engloutit la nourriture, notamment les puddings qu'elle adore, à une vitesse record, comme son grand-père George III. Elle garde l'obsession des bienfaits de l'air froid héritée du docteur Clark. Même quand il neige à Balmoral, elle sort tous les jours dans sa voiture découverte tirée par un poney, accompagnée de Béatrice qui bientôt est atteinte elle aussi de rhumatismes. Sa fille considère comme une punition ces séjours dans la brume grise et glacée de la vallée de la Dee.

Le pauvre Léo a son propre médecin. Lorsqu'il n'arrive plus à marcher, il se déplace dans une longue chaise roulante à trois roues qu'il manœuvre lui-même. Malgré sa maladie, il tient son rang avec courage. Il est président de la Société des lettres et vice-président de la Société des arts. Calé sur son lit contre de confortables coussins, il dévore livres et journaux dont il fait un compte rendu pour sa mère. Au léger mieux, il voyage. Depuis longtemps, il rêve de se rendre au Canada et, fin mai 1880, il s'en va réconforter Louise victime, deux mois plus tôt, d'un terrible accident de traîneau alors qu'elle se rendait à une réception du Parlement d'Ottawa. La princesse a eu le lobe de l'oreille déchiré. Depuis, elle se plaint de migraines. Léopold et elle n'ont que cinq ans d'écart et partagent le même goût pour la peinture, l'opéra, le théâtre, la compagnie des artistes. Ils s'adorent.

Leur périple incognito dans le nord des États-Unis les conduit des chutes du Niagara à Chicago où le président américain Garfield est en pleine campagne électorale. La presse new-yorkaise ne manque pas de remarquer que Léopold a un nouveau chien, Vic, et appelle les enfants de la reine « Vic's Chicks ». « La vulgarité des journaux américains dépasse l'imagination », écrit Lorne à son père. Le frère et la sœur l'ont retrouvé à Québec, charmante petite ville française. Puis ils s'installent pour un mois dans une grande maison en bois sur la rivière Cascapédie, selon Lorne la « meilleure du monde pour le saumon ». Les deux beaux-frères la remontent chaque matin à l'aube dans leur canoë pendant que Louise, derrière son chevalet, essaie de capter les premiers rayons du soleil sur les rives sauvages de ce Nouveau Monde.

Elle se plaint toujours de névralgies et, fin juillet, Léopold la ramène en Angleterre afin qu'elle y poursuive sa convalescence. Elle part pour Marienbad où se reposent toutes les têtes couronnées, passe Noël en famille à Osborne, visite l'Italie à Pâques... L'incognito l'amuse autant que sa mère, et elle se déplace sous le nom de comtesse Sundridge comme au temps de son voyage de noces. À Londres, elle renoue avec ses artistes favoris dont le sculpteur Boehm et, chez Bertie, participe aux banquets joyeux de Marlborough House. Quel contraste avec les réceptions provinciales d'Ottawa ! Elle n'a jamais été aussi belle, aussi pétillante. Au Canada, Lorne parcourt la Prairie, discute avec les Indiens, invite les journalistes britanniques à l'accompagner dans ses expéditions afin de l'aider à favoriser l'immigration et à lever les capitaux nécessaires à l'achèvement du Pacific Railway. Après treize mois de séparation, ils se retrouvent en novembre à Liverpool où Louise est venue accueillir son mari.

Léo leur annonce ses fiançailles avec Hélène de Waldeck, une jeune princesse allemande parfaitement consciente des difficultés auxquelles elle est promise. Elle a osé les évoquer et régler toutes les modalités de sa vie future en tête à tête avec la reine, d'abord réservée puis contente de voir qu'à vingt et un ans sa future belle-fille fait preuve d'une telle maturité.

Victoria assiste en mars au baptême de la fille d'Arthur avant d'embarquer avec Béatrice pour un dernier voyage avec Léopold sur le continent. De Cherbourg à Menton le voyage dure trente heures. Tous les chefs de gare sont alertés du passage du convoi spécial de la « comtesse de Balmoral ». Pour plus de confort, le train ne dépasse pas cinquante kilomètres à l'heure. Le matin, il s'arrête entre huit heures et neuf heures pour que la reine puisse faire sa toilette et s'habiller tranquillement. Les gentlemen qui désirent un pot d'eau chaude pour se raser le commandent et on le leur apporte à la gare suivante. Le train stoppe aussi pendant le breakfast et les repas. Des victuailles ont été emportées de Windsor, mais les vrais gourmets leur préfèrent les repas français.

À travers les fenêtres du wagon-salon défile le paysage et Victoria ressent un véritable coup de foudre pour cette Côte d'Azur encore intacte, le vert argenté des oliviers, le bleu profond de la Méditerranée, l'éclat des bougainvillées, la douceur des roses blanches : « Je pourrais écrire des volumes sur la merveilleuse luxuriance de cette végétation méridionale », s'exclame la reine en extase.

Elle s'est fait prêter une autre maison appartenant à Charles Henfrey, le propriétaire de la villa Clara sur les lacs italiens. Au pied des contreforts des Alpes couverts d'oliviers, le chalet des Rosiers, de style suisse, ressemble à celui de Baden-Baden. Mais il est au bord de l'eau et à trois pas de la ravissante bourgade de Menton où vient d'arriver le roi de Saxe avec sa suite. Le soir, la ville s'illumine en l'honneur de Victoria. Dans la baie, les bateaux sont décorés de lanternes chinoises et le navire de guerre *L'Inflexible,* entièrement éclairé à l'électricité.

Les hommes de Windsor s'installent à l'hôtel des Anglais voisin et accompagnent Léo dans une virée jusqu'à Monte-Carlo où ils découvrent avec stupeur que la moitié des joueurs, de toutes nationalités, qui se pressent autour des tapis verts sont des femmes.

Sur la Riviera, Léo semble revivre. Sa mère aussi. Son ombrelle à la main, elle vante les bienfaits du soleil sur son moral et sa santé. Le docteur Reid ne soigne qu'un mal de dents et une gorge irritée. Plus dynamique que jamais, Victoria parcourt la Corniche dans une calèche italienne arrivée de Milan, visite les villages, un couvent, un atelier de potier. En prenant le thé sur le bord de la route, elle parle avec les femmes juchées sur leur âne, une troupe de musiciens ambulants. La lavandière du chalet des Rosiers est si émue de l'apercevoir assise en pleine campagne qu'elle se jette à genoux au milieu de la route.

Seul le pauvre John a sa tête des mauvais jours. Il a beaucoup grossi, ses cheveux sont blancs et, à cinquante-quatre ans, il fait beaucoup plus vieux que son âge. Avec son chapeau et son kilt, il est la risée des enfants. Il n'aime ni le climat, ni la nourriture, ni les coutumes italiennes : « Brown déteste de plus en plus être à l'étranger parce qu'il ne peut y communiquer avec personne. » Son regard bleu aigu jette à la ronde des regards toujours aussi soupçonneux.

Quinze jours plus tôt, à la gare de Windsor, devant l'entrée du château, c'est un Écossais qui a tiré sur la voiture de la reine. Victoria a cru qu'il s'agissait d'un bruit de locomotive mais Brown, qui a entendu la balle siffler à ses oreilles, lui a annoncé en ouvrant la porte, le visage décomposé, qu'elle venait d'échapper à un attentat. Béatrice a vu le pistolet pointé et deux élèves d'Eton se précipiter avec un parapluie noir sur le tueur, mais elle n'a pas bronché pour ne pas affoler sa mère. Roderick MacLean, à demi fou, est un apprenti poète en mal de public. Le lendemain, Brown a apporté l'arme du crime à moitié chargée. Devant tous les télégrammes d'affection adressés du monde entier, Victoria s'est écriée : « De telles preuves d'amour valent bien un coup de pistolet. »

À dix minutes du chalet des Rosiers, sir Thomas Hanbury a mis son parc ombragé à la disposition de Sa Majesté afin qu'en compagnie de Béatrice elle puisse se promener et peindre en toute tranquillité. Avec son porche blanc, ses murs ocre et ses volets verts, la Mortola a, pour Victoria, le charme des « vieux palais italiens ». La vue sur la mer est une splendeur. Sir Thomas a fait fortune en Extrême-Orient d'où on lui expédie depuis plus de quinze ans les arbres et les plantes les plus rares. Après avoir admiré les couchers de soleil, la mère et la fille rentrent en calèche. Le soir, elles jouent du piano et chantent en duo avec leurs dames d'honneur tandis que Léopold, comme son bien-aimé papa, anime la conversation.

Quelques jours après ce séjour enchanteur, le 27 avril, le prince se marie à Windsor au milieu d'une haie d'hommes en kilt, les Seaforth highlanders, le régiment écossais dont il est colonel. La reine a posé, sur ses cheveux, la dentelle blanche de son mariage, un voile que, depuis ce jour « béni entre tous », elle n'a porté qu'au baptême de ses neuf enfants. Elle ne se sépare pas sans chagrin de son fils, mais elle est soulagée de laisser à sa belle-fille les angoisses liées à la fragilité de Léo : « C'était terrible de voir le cher garçon en ce jour important de sa vie, toujours boiteux et vacillant. La chère Hélène m'a attendrie, mais elle a montré par chacun de ses gestes combien elle lui est attachée. » Léo ne sera jamais loin. La reine a fait cadeau au jeune couple du charmant domaine de Claremont.

Gladstone assiste au mariage alors qu'il n'a pas été invité à celui d'Arthur. Mais ses relations avec la reine n'en sont pas améliorées. Plus que jamais, elle se plaint de son hypocrisie. Tout

Londres ne parle que des balades nocturnes du Premier ministre chez les prostituées qui ont repris à un rythme soutenu. Un parlementaire l'a même vu en conversation ardente avec une belle de nuit. Il a promis à son secrétaire Hamilton de renoncer à son « travail de sauvetage des âmes perdues », mais il ne tient pas parole.

En août, il amène à Osborne l'imposant roi des Zoulous, enfin capturé en 1879 après trois ans de guerre et transféré en Angleterre comme une bête curieuse. La visite à la reine devrait convaincre l'indigène rebelle de la grandeur de l'empire. On l'a habillé d'une redingote noire par-dessus sa tunique bariolée. On lui a appris le nom des filles de Victoria : Lenchen, Louise et Béatrice, présentes au milieu de la maison royale en proie à la plus extrême curiosité. La reine félicite l'Africain d'être un grand guerrier et se réjouit qu'il soit désormais l'ami de l'Angleterre. Il répond qu'il a contemplé sa photo et qu'il est content de la voir en chair et en os. Son geste d'adieu traditionnel, main droite au-dessus de la tête, attendrit la reine qui consent sur la proposition de Gladstone à lui rendre son trône.

En Égypte, le ministre des Affaires étrangères, le colonel Arabi Pacha, a organisé un coup d'État. Des Européens ont été massacrés à Alexandrie. Victoria convainc Gladstone de venger les chrétiens et de renverser l'usurpateur. Bertie se porte volontaire. Mais c'est Arthur qui s'embarque à la tête des troupes et prend part à la capture d'Arabi Pacha et à l'écrasement de ses bandes le 3 septembre. À Balmoral, Brown court annoncer à la reine la victoire de Tel-el-Kébir : « Il est digne de son père et de son illustre parrain le duc de Wellington », s'exclame Victoria.

Gladstone fait sonner les cloches de toutes les églises. Brown, lui, fait allumer un feu de joie en haut du Craig Gowan, comme jadis Albert après Sébastopol. Cette fois encore, le whisky coule à flots. Le 13 septembre, Léopold arrive avec sa jeune épouse enceinte, et au milieu de tous les ghillies, Brown porte un nouveau toast en leur honneur : « Puissent-ils vivre longtemps et mourir heureux », dit-il de son rocailleux accent en vidant son verre d'un coup sec.

Dès son retour à Londres, la reine passe en revue les troupes victorieuses, avec son fils à leur tête, dans les allées de St. James Park : « J'ai décerné trois cent trente médailles… Certains des soldats indiens m'ont tendu leur épée pour que je la touche comme le veut leur coutume. J'ai été contente de les voir de près car ils sont vigoureux et certains fort beaux. Je me tenais sur le superbe tapis turc qui appartenait à Arabi et que l'on a pris dans sa tente à Tel-el-Kébir. Arthur avait dormi dessus la nuit de la victoire et il me l'a donné », écrit-elle excitée à Vicky.

Elle visite les hôpitaux, épingle d'autres médailles sur la poitrine des blessés : « Ai fait bien attention de n'en piquer aucun. » Un tourbillon d'activités, de cérémonies, de joies maternelles et de gloire impériale qui l'enchante. Le 14 décembre, dans la chambre bleue d'Albert, elle s'étonne d'avoir autrefois souhaité mourir. Elle fête Noël à Windsor, en famille, autour des sapins couverts de bougies. Au sommet du sien trône une poupée-fée que ses petites-filles tirent au sort.

Depuis plusieurs semaines, Gladstone se demande, lui, si la fée de Disraeli n'a pas « l'esprit dérangé » par les idées perverses de son grand vizir. Elle a refusé que lord Derby soit nommé ministre des Indes sous prétexte qu'il a déclaré à Manchester : « L'Égypte n'a qu'à se débrouiller seule ! » Gladstone, furieux, lève les bras au ciel et confie à son ministre le portefeuille des Colonies. Victoria s'indigne de ce tour de passe-passe. Épuisé, le Premier ministre, âgé de soixante-quatorze ans, part en vacances six semaines à Cannes où son ami lord Wolverton lui prête sa maison.

Peu après son retour, c'est la reine qui, le 17 mars, manque de tomber en ratant la dernière marche de l'escalier de Windsor. Brown doit la soutenir jusqu'à sa voiture. Le soir, son genou a beaucoup enflé. Le lendemain, dimanche des Rameaux, elle fait annuler un concert de Haendel à la chapelle St. George.

Le samedi suivant, Brown et son valet Lockwood la portent toujours jusqu'à sa *pony-chair* pour ses promenades quotidiennes. Le vent est glacial et l'Écossais reproche rudement à la reine de vouloir sortir à tout prix. Mais elle tient aussi à aller voir à Claremont les progrès de la petite Alice, la fille de Léopold. Un mois plus tôt, Victoria a assisté à l'accouchement à Windsor : « Je puis à peine croire que ce cher Léopold a un enfant ! » Une fois de plus malade, Léo l'accueille allongé : « Il était couché sur un canapé, sa femme sur un autre et quand j'arrivai, troisième créature impotente, l'effet était assez burlesque. »

Le jour de Pâques, le temps ne s'est pas amélioré. Chez des amis, Gladstone abat un cerisier sous la neige. Obsédé par ces *damned* Irlandais qui ne cessent de proclamer qu'ils vont tuer la reine, Brown prend froid en faisant le tour du parc. Il a le visage enflé et une de ses joues est couverte de plaques cramoisies. On craint une nouvelle crise d'érysipèle : « N'ai pas eu une bonne nuit. Contrariée que Brown ne puisse me servir… », écrit Victoria.

L'alcool n'a pas seulement rendu Brown invivable à tout le monde, il a miné sa robuste constitution. Son état empire et la reine « attachée à sa chaise » ne peut lui rendre visite. Le lendemain, l'Écossais a une crise de delirium tremens. Le docteur Reid court jour et nuit de son lit à celui de la reine. Son père est mourant et Victoria propose de faire descendre, de Crathie, le docteur Profeit. Mais Brown, lui aussi au plus mal, semble n'avoir plus que quelques heures à vivre et pour Reid ce n'est pas le moment d'abandonner son illustre patiente : « La reine se ronge d'inquiétude pour lui... Elle n'est pas du tout bien », écrit-il à sa mère.

Le 27 mars au soir, Brown est mort. Cette nouvelle fait l'effet d'une tornade sur la cour. C'est à l'Écossais qu'on confiait le soin de délivrer les mauvaises nouvelles à la reine. C'est le pauvre Léo, maladc, quc l'on arrache de son lit et qui se dévoue pour annoncer le lendemain matin la fin brutale mais sans souffrances du fidèle ange gardien. Victoria est dans son cabinet de toilette. Effondrée, elle lève des yeux pleins de larmes sur les photos de Brown et de ses frères qui encadrent la glace. Des hommes si forts ! Comment son solide Écossais a-t-il pu être emporté en trois jours ? Et, surtout, comment se passer de lui alors qu'elle ne peut mettre un pied devant l'autre ?

Elle écrit à Ponsonby : « La vie de la reine vient de subir un malheur aussi terrible qu'en 1861. » À son petit-fils Georgie, le futur George V, âgé de dix-sept ans : « J'ai perdu mon plus cher, mon meilleur ami, que personne ici-bas ne pourra jamais remplacer. N'oublie jamais le meilleur et le plus fidèle ami de ta pauvre grand mamma qui a bien du chagrin. » À l'un des frères de Brown, Hugh : « Je lui ai souvent dit que personne ne l'avait aimé autant que moi et je n'ai jamais eu un meilleur ami que lui. » À la femme de Hugh : « Pleurez avec moi car nous avons tous perdu le cœur le meilleur et le plus loyal qui ait jamais battu... Quant à moi, mon chagrin est sans limites, atroce, et je ne sais comment le supporter ni même le concevoir. Notre cher, cher John, mon meilleur, mon plus cher ami à qui je pouvais tout dire, qui m'a toujours protégée et qui pensait à tout, était bien portant il y a trois ou quatre jours à peine... Vous, vous avez votre mari pour vous soutenir, mais moi désormais je n'ai plus de bras sur lequel m'appuyer. »

Ne laissant à personne le soin d'écrire la nécrologie pour le *Times*, elle rédige elle-même les vingt-cinq lignes qui paraissent dans la « Court Circular » et que ses sujets commentent avec un incomparable mélange d'humour et de sérieux : « Nous devons vous informer de la mort de Mr. John Brown, majordome personnel de la reine... Cet événement douloureux a causé le plus profond chagrin à la reine, à la famille royale et à la cour. Pour Sa Majesté, la perte est irréparable et la mort de son fidèle et zélé serviteur lui a causé un grand choc. Mr. Brown est entré en 1849 au service de Sa Majesté comme ghillie à Balmoral et grâce à ses soins diligents, son énergie et son intelligence il a été nommé en 1858 serviteur personnel de la reine. En 1864, il est devenu son serviteur permanent. Durant dix-huit ans et demi, il a servi Sa Majesté sans s'absenter un seul jour. Il a accompagné la reine dans ses promenades quotidiennes, ses voyages et excursions et se tenait aussi derrière elle dans les banquets, etc. Un honnête, fidèle et dévoué "garde du corps", un homme discret, franc et loyal. Doué d'un grand bon sens, il a rempli ses lourdes et délicates responsabilités avec tant d'attentions et de constance qu'il s'est assuré l'amitié indéfectible de la reine. »

La notice nécrologique de Disraeli se limitait à cinq lignes.

Comme en 1861, Victoria a perdu l'usage de ses jambes. On la porte sur une chaise dans l'escalier de la tour Clarence. Péniblement appuyée sur Béatrice et sur une canne, elle entre dans la chambre pour la levée du corps de Brown. Le service des funérailles est grandiose, mais tous les membres de la famille se sont trouvé de bonnes excuses pour ne pas y assister. Le cercueil traverse jusqu'à la gare les rues de Windsor dont les boutiques sont fermées en signe de deuil. Deux jours plus tard, l'Écossais de la reine est enterré au cimetière de Crathie. « Des couronnes envoyées par des princes, des impératrices et des dames d'honneur recouvrent la tombe de Brown », écrit Ponsonby. Pour les admirer, voitures et charrettes s'arrêtent à Crathie. Pendant l'été, on comptera jusqu'à cent visiteurs en une journée.

Même Gladstone s'y rend. À la mort de Brown, il a envoyé à la reine un billet laconique : « Votre Majesté pourra sans doute lui choisir un successeur excellent, mais il serait imprudent d'espérer que quelqu'un puisse combler un tel vide. » Quel manque de tact, quel contraste avec Disraeli qui, lui, consacrait toujours quelques mots à Brown dans ses lettres ! Son secrétaire, lord Rowton, s'est d'ailleurs rendu à Osborne pour présenter ses condoléances à la reine qui lui parle longuement des statues et de sa volonté de maintenir intacte la mémoire de Brown. Il en repart affolé : « Si la reine réalise tous ses projets, quel scandale dans le pays ! »

Comme en 1861, elle s'est retirée dans l'île de Wight. On l'a portée sur une chaise jusqu'au train et sur une autre chaise pour la hisser dans son yacht l'*Alberta.* Pendant plusieurs semaines, Victoria n'accepte aucune présence masculine à sa table. Elle ne se montre à aucune manifestation officielle. Elle qui était revenue à la vie replonge dans le deuil et la prière. La chambre de Brown doit rester intacte avec son grand kilt étalé sur un fauteuil. Chaque matin, une fleur fraîche est déposée sur son oreiller.

Le train qui emmène la reine à Balmoral est interdit aux regards du public. Ses horaires n'ont pas été communiqués et, dans les gares, l'accès aux quais est interdit.

« C'était mon meilleur ami », répète-t-elle, à son arrivée, au pasteur de Crathie. Dans le cimetière, elle fait ériger une pierre tombale avec deux vers composés spécialement par Tennyson :

Plus que serviteur, ce loyal, sincère et courageux ami
Jusqu'au tombeau, a fait son devoir avant de penser à lui

Dans le parc de Balmoral, la statue de Brown, commandée depuis longtemps à Boehm, est placée sur la pelouse à côté de la tente où Victoria écrit sa correspondance. L'Écossais continue de veiller sur elle à l'endroit où il se tenait, intermédiaire obligé entre le monde et la reine. Curieusement, le visage de Brown ressemble à celui d'Albert…

Les fils et filles de Victoria, qui se croyaient enfin débarrassés de l'encombrant ghillie, sont ulcérés par ce bronze monumental qui leur rappelle ce que, comme toute l'Angleterre, ils voudraient oublier. Leur mère, impotente et accablée, collectionne les photos. Les cinq frères de Brown ont posé autour du buste de John, comme elle-même le faisait avec Albert.

Le 14 décembre, dans la chambre bleue, Victoria demande au jeune révérend Davidson, nouveau doyen de Windsor, de réciter trois prières : une pour Arthur, en mission aux Indes, une pour son prédécesseur mort quelques mois plus tôt, et une pour Brown, « devoir particulièrement délicat mais auquel je ne puis me soustraire », note le doyen dans son journal.

Après la mort d'Albert, la reine a rédigé les *Feuilles du journal de notre vie dans les Highlands*. Elle s'attaque aux *Nouvelles Feuilles de notre vie dans les Highlands*, décrivant ses vingt dernières années écossaises qu'elle dédie à « mes loyaux Highlanders et tout spécialement à la mémoire de mon ami fidèle John Brown ». La conclusion est rédigée à Balmoral en novembre 1883 : « Le serviteur fidèle, qui est si souvent mentionné dans ces pages, n'est plus auprès de celle qu'il a servi avec tant de dévouement dans la pleine force de l'âge… Dire que chaque jour, chaque heure il me manque est une trop faible expression de la vérité. » Les enfants sont furieux. Bertie se plaint de n'avoir pas vu son nom mentionné alors que celui de Brown l'est à chaque page. La reine lui répond qu'il n'a pas dû lire le livre puisqu'il est cité cinq fois ! Elle lui indique les numéros des pages.

Mais Victoria tient à faire plus encore. Elle demande à Théodore Martin, biographe d'Albert, d'écrire une *Vie de Brown*. De son vivant, on a méconnu les mérites de son fidèle Écossais, elle veut rétablir la vérité tout comme elle l'a fait pour Albert.

Théodore Martin, prudent, refuse en prétextant la mauvaise santé de sa femme.

Il en faudrait plus pour que la reine renonce. Le 23 février, Ponsonby reçoit un paquet accompagné d'une lettre de Sa Majesté l'informant qu'elle a commencé un « petit mémoire » sur John Brown destiné à une édition limitée.

Le secrétaire feuillette les pages et, affolé, suggère à la reine de consulter avant la publication deux prélats familiers de la cour : le révérend Lees, d'Édimbourg, et le révérend Carpenter, évêque de Ripon, avec qui, à Balmoral, elle a souvent fait tourner les tables à la recherche de l'esprit d'Albert en compagnie de Brown, de Béatrice, de sa petite-fille Irène de Hesse et de la duchesse de Roxburghe.

Victoria lui demande de renvoyer le mémoire afin de le transmettre à lord Rowton, ancien secrétaire de Disraeli, qui « a très envie de le lire ». Quelques jours plus tard, Ponsonby croise un Rowton atterré : « Vu Rowton. Il a conseillé retarder par tous moyens. »

Le révérend Lees presse le jeune doyen de Windsor, le révérend Davidson, de parler à la reine. Il n'est en fonction que depuis quelques mois mais il est écossais et Victoria l'apprécie. L'habile Davidson contourne l'obstacle. Ayant reçu un exemplaire des *Nouvelles Feuilles de notre vie dans les Highlands*, il remercie la reine et ajoute que la mémoire de Brown y est suffisamment honorée sans qu'il soit nécessaire d'y ajouter d'autres pages.

Victoria répond avec hauteur qu'elle écrit ce qu'elle juge bon. Davidson, risquant sa carrière de prélat, récidive. La reine charge sa dame d'honneur, lady Ely, d'exiger du doyen qu'il retire ses paroles et lui présente des excuses pour la peine qu'il lui a causée. Le doyen présente ses excuses, mais maintient ses avis et offre sa démission.

Pendant quinze jours, la reine le remplace pour ne pas avoir à le rencontrer. L'orage retombe aussi vite qu'il a éclaté. Les pages maudites disparaissent, probablement brûlées par Ponsonby, et Davidson retrouve les chemins de l'âme royale.

Dix mois après la mort de Brown, Victoria n'a pas recouvré pleinement l'usage de ses jambes. Et, plus que jamais, elle regrette son vigoureux Écossais. Ponsonby est submergé par les lettres de sujets de Sa Majesté préconisant chacun un remède infaillible comme par exemple l'usage du tricycle. Béatrice a, exceptionnellement, quitté sa mère pour suivre une cure et soigner ses rhumatismes à Aix-les-Bains où une masseuse française, Charlotte Nauttet, accomplit des miracles. On fait venir d'urgence la Française auprès de la reine.

Le 27 mars, jour anniversaire de la mort de Brown, Victoria écrit dans son journal : « Je ne puis cesser de me lamenter. » L'hiver n'en finit pas et, pour échapper aux tornades de pluie, le pauvre Léo et sa femme à nouveau enceinte sont partis pour Cannes. Son médecin envoie un télégramme annonçant qu'il s'est blessé au genou en tombant dans l'escalier de l'hôtel. Le lendemain, une hémorragie cérébrale l'emporte à trente et un ans.

Léo a réclamé des obsèques militaires et les hommes du Seaforth highlanders qui l'acclamaient il y a deux ans à son mariage portent son cercueil : « Pour le cher Léopold lui-même nous ne pouvons pas nous désoler... Il y avait en lui un désir si tourmenté de ce qu'il ne pouvait pas avoir ; cela semblait augmenter plutôt que s'apaiser », écrit la reine. Un soir que Léo jouait au billard à Balmoral avec le député radical John Bright, il s'était écrié que si sa mère continuait à refuser de lui donner un duché comme à ses frères, il se présenterait aux élections législatives. « Dans quel parti ? » avait demandé Ponsonby. « Extrême gauche », avait répondu Léopold d'un ton sarcastique.

Le deuil est suspendu quelques jours plus tard pour le mariage de la fille aînée d'Alice auquel la reine tient absolument à assister. Victoria de Hesse épouse à Darmstadt le prince Louis de Battenberg. « Le plus bel homme d'Europe » selon l'empereur d'Allemagne s'est enrôlé depuis longtemps dans la marine britannique. Bon dessinateur, c'est lui qui a illustré le voyage de Bertie aux Indes. Il a aussi des talents de comédien et d'imitateur qui « amusent » Victoria.

Son frère Sandro a amené un serviteur bulgare que Victoria juge « magnifique ». La reine encourage toujours l'histoire d'amour du prince de Bulgarie avec Moretta, la fille de Vicky, alors que toute la famille de Prusse s'oppose aux fiançailles. À Sofia, Sandro mène une politique d'indépendance anti-russe et Bismarck, l'empereur Guillaume, Willy ne veulent pas déplaire au tsar. Le troisième frère, Henri, croise le regard de Béatrice qui tombe immédiatement sous le charme. La reine, qui les voit constamment ensemble, redoute cette fois un début d'idylle. Elle confie, angoissée, à son médecin qu'après la disparition de Brown et de Léopold, il est inconcevable que Béatrice envisage de l'« abandonner ».

Mais un vent de folie amoureuse souffle sur cette noce allemande. La sœur de la mariée, Ella, annonce ses fiançailles avec le grand-duc Serge de Russie. Quant au père de la mariée, le grand-duc de Hesse, que la reine croit veuf « éploré » d'Alice, il a décidé de convoler avec sa maîtresse le soir du mariage de sa fille. Sa nouvelle épouse, Alexandrine, est une ravissante comtesse polonaise, divorcée, âgée de trente ans. Les enfants d'Alice l'adorent. Mais comment affronter l'ouragan hanovrien ? Pour éviter un choc frontal avec sa belle-mère, Louis, lâchement, part deux jours à la chasse avec tous les princes. Vicky se dévoue et informe Bertie et lady Ely, la dame d'honneur de sa mère, la seule à pouvoir parler à la reine.

Victoria est aussi furieuse que Bertie. Elle charge son fils de faire signer à Alexandrine un certificat de nullité de son mariage. La comtesse verse des flots de larmes, mais se résigne, en échange de cinq mille marks secrètement payés par Victoria. L'empereur d'Allemagne exige que Vicky et Fritz fassent leurs malles et rentrent immédiatement à Berlin pour fuir toutes ces inconvenances.

Le 7 mai, la reine retourne à Windsor en emmenant le grand-duc auquel elle a pardonné : « Ce cher Louis est animé de sentiments si chevaleresques à l'égard de sa comtesse, mais on lui a ouvert les yeux. Il n'ignore plus que d'autres la savent capable du pire. Il ne supporte pas qu'on la critique avec tant de violence car lorsqu'un homme est très attiré par une femme et se croit aimé d'elle, il ne peut se mettre à la haïr du jour au lendemain », écrit-elle à Vicky.

Elle n'a pas pour autant gagné la paix à l'intérieur de sa maison. Son pressentiment de Darmstadt se confirme. Béatrice annonce qu'elle désire se marier avec Henri de Battenberg.

La reine a l'impression que le sang se retire de ses veines. Sa bouche se plisse amèrement. L'abandonner après tous les sacrifices qu'elle a endurés pour sa famille ! Comment voudrait-on qu'elle accomplisse son travail, seule, sans aucune aide ! Elle foudroie sa fille du regard. Cet œil bleu, implacable, a fait plier Wellington, Peel, Palmerston. Mais Béatrice, la timide, l'effacée Béatrice qui, à vingt-sept ans, ose à peine parler à ses voisins de table, ni lever les yeux sur un homme, lui tient tête. Et aucune plainte, aucune lamentation, aucune menace, rien ne peut la fléchir ! Elle ne veut plus être l'esclave de sa mère. Jamais la reine ne l'a vue dans cet état de révolte. Les scènes lamentables auxquelles elle a assisté à Darmstadt ont dû lui faire perdre la tête ! Victoria espère que le temps va ramener sa petite dernière à la raison et à son devoir. Pendant six mois, la mère et la fille ne correspondent plus que par des billets qu'elles posent au milieu de la table pendant leur breakfast.

La famille se ligue pour ramener la paix. Bertie défend sa sœur. Comme Vicky qui, dans ses lettres, rappelle à sa mère « l'amour du cher papa qui a toujours souhaité que ses enfants soient heureux ».

Mais Victoria ne cédera qu'à une condition : sa fille ne doit jamais la quitter et rester sa secrétaire, sa confidente, la première de ses dames d'honneur. À son médecin, elle explique qu'elle craint non pas que sa fille se marie mais de voir son futur gendre, Henri de Battenberg, poursuivre sa carrière militaire à Potsdam où Béatrice le suivrait. Louis et Victoria de Battenberg, les jeunes mariés de Darmstadt, installés à Chichester, jouent les conciliateurs. Louis adjure son jeune frère de renoncer à la carrière des armes et de vivre auprès de la reine. Les fiançailles sont officiellement annoncées le 3 décembre 1884.

La presse se déchaîne contre ce prince allemand « sans le sou » qui, une fois encore, va vivre aux crochets du contribuable britannique. Si les Battenberg sont réputés pour leur prestance, leur arbre généalogique débute avec eux. Leur père, le prince Alexandre de Hesse, s'est marié morganatiquement avec une Polonaise, petite-fille d'un pâtissier, devenue après son mariage princesse de Battenberg. Les fils ne portent que le nom de leur mère. À Berlin, les Hohenzollern s'élèvent déjà contre cette union indigne de la fille de la reine d'Angleterre.

C'est au tour de Victoria de s'emporter contre les prétentions de la famille de Prusse. Elle accuse les fils de Vicky d'être « stupides et mal élevés ». Elle répète la phrase de lord Granville : « Si la reine d'Angleterre juge que quelqu'un est assez bien pour sa fille, qu'est-ce que les autres ont à redire ? » Elle menace d'« ouvrir les placards » et de révéler les secrets inavouables des familles qui règnent à Berlin, à Vienne comme à Saint-Pétersbourg. Combien d'affronts Albert n'a-t-il pas dû subir, lui aussi, parce qu'il n'était qu'un fils cadet : « Je n'oublie pas combien on a été impoli avec papa… et combien cela m'a été douloureux. »

Henri, déjà surnommé Liko, est gai, raconte drôlement les histoires et adore le théâtre. Un gendre idéal. Les deux fiancés ne s'embrassent pas devant elle et elle s'en réjouit dans une lettre à Vicky : « Il n'y a pas de baisers, etc. (que Béatrice déteste) qui me fatiguaient tant chez le cher Fritz. » Elle ignore simplement qu'ils fument tous les deux comme des sapeurs, lui des cigares et Béatrice des cigarettes, en cachette de sa mère.

Comme les décès et les mariages, les nombreuses naissances mobilisent son incroyable énergie. À Darmstadt, quatre générations ont posé pour la première fois : Victoria s'est fait photographier avec Vicky, sa petite-fille Charlotte et son arrière-petite-fille Feodora. Le 25 février, c'est à Windsor que sa petite-fille chérie, Victoria de Battenberg, accouche de son premier bébé et la reine, émue, répète pour elle les gestes accomplis, devant le même lit, pour Alice vingt-deux ans plus tôt. C'est une nouvelle petite Alice que Victoria, attendrie, serre dans ses bras.

Les noces de Béatrice ont lieu en juillet, à Osborne, dans la chapelle voisine de Whippingham construite par Albert et débordante de bouquets. Une fois de plus, le départ du jeune couple perce le cœur de Victoria qui se bouche les oreilles pour ne pas entendre la musique d'adieu : « Je trouve ce départ horrible – comme s'il s'agissait d'un châtiment ou d'une exécution... »

L'exiguïté de l'église a été un bon prétexte pour ne pas inviter les indésirables. Gladstone n'a pas reçu de carton et s'en montre blessé. Depuis un mois, au grand soulagement de Victoria, il n'est plus Premier ministre. Pendant tout l'hiver, la reine s'est rendue dans la chambre bleue pour tenter d'interroger l'âme d'Albert et y puiser la force de réagir à la politique du « traître ».

Il y a quelques mois, au Soudan, une colonne militaire britannique a été massacrée par des rebelles aux ordres d'un illuminé surnommé le Mahdi. Le Soudan appartient à l'Égypte contre laquelle le Mahdi s'est révolté. Sous la pression des journaux, Gladstone a envoyé le général Gordon avec pour unique mission de rapatrier les sujets de Sa Majesté en danger.

Gordon est un héros national. Il s'est couvert de gloire en Chine en sauvant l'empereur d'une rébellion, ce qui a transformé les relations entre la Chine et l'Angleterre. L'empereur ayant exprimé le désir de lire les livres de Victoria, la reine lui a envoyé des exemplaires reliés de ses *Feuilles écossaises* et les huit volumes de la *Vie de S.A.R. le Prince Consort* qui furent solennellement apportés, par palanquin express, dans la Cité interdite de Pékin et déposés, honneur inimaginable, sur une table devant l'empereur.

Auréolé de gloire, Gordon est, comme le Mahdi, un mystique qui, outre ceux du gouvernement de Gladstone, reçoit aussi ses ordres de Dieu. Et le Ciel avec lequel il s'entretient jour et nuit l'emporte toujours sur le Premier ministre. À son arrivée à Khartoum, il a oublié les consignes de Londres. Il ouvre les portes des prisons et fait brûler sur la place publique les instruments de torture avec lesquels les bandes du Mahdi martyrisent les Soudanais. Il a décidé d'aider les Égyptiens à reconquérir le Soudan. Ce n'était pas du tout les consignes de Gladstone.

Bientôt Gordon est encerclé par les bandes du Mahdi et le Premier ministre anti-impérialiste hésite à envoyer des troupes pour le secourir, alors que les partisans du Mahdi « combattent légitimement, dit-il, pour leur liberté ».

À Windsor, le chef de la maison royale, lord Cowell, est monté au feu avec Gordon en Orient. Et ce vieux militaire fulmine contre l'immobilité du gouvernement. Pour une fois la reine approuve sa véhémence. Elle envoie une dépêche à Hartington, leader du parti libéral : « Gordon est en danger, vous avez le devoir de tenter de le sauver. » Mais une mission de secours dans ce Soudan en pleine guerre civile exigerait l'envoi de dix mille hommes qu'il faudrait acheminer dans mille embarcations sur le Nil ou à dos de cinquante mille chameaux dans le désert. Gladstone se déclare incapable de « justifier de telles dépenses ».

L'opinion publique et les journaux, d'accord avec leur souveraine, mènent campagne contre ce gouvernement incapable d'aider l'Égypte et surtout de sauver la vie d'un héros national. Pendant six mois, Gordon est assiégé dans Khartoum au bord du Nil. Mais Gladstone demeure inébranlable : « L'invasion du Soudan serait une guerre de conquête contre un peuple luttant pour sa liberté », tonne le grand vieillard à la Chambre des communes.

Le 14 décembre, jour sacré de l'anniversaire d'Albert, Victoria, exaspérée, est à nouveau dans la chambre bleue. Au même moment, Gordon, dont les cheveux ont blanchi en une nuit, écrit dans son carnet à Khartoum : « ET MAINTENANT ATTENTION : si le corps expéditionnaire – et je ne demande rien d'autre que deux cents hommes – n'arrive pas d'ici dix jours, *il se peut que la ville tombe*, et j'aurai fait de mon mieux pour l'honneur de notre pays. Adieu. C.G. Gordon. »

Le général a aussi envoyé à Gladstone un télégramme imprécateur : si l'Angleterre ne le sauve pas, ce gouvernement sera à jamais marqué « d'une tache indélébile ». À sa lecture, le Premier ministre change de visage. Il pâlit « comme si les mots avaient brûlé son âme* ».

Il se résout à envoyer les dix mille hommes nécessaires. Lord Wolseley, gouverneur d'Égypte, prépare méticuleusement l'expédition. Quand les troupes sont enfin prêtes à embarquer, le Nil est en basses eaux, les bateaux ne passent plus et les chameaux manquent. Ils arriveront trop tard. Deux jours auparavant, Gordon, en uniforme blanc, a été transpercé par les lances ennemies en haut des marches du palais et sa tête apportée dans un linge au camp du Mahdi. Le chef vainqueur l'a fait acccrocher aux branches d'un arbre, à l'entrée de la ville de Khartoum, afin que tous les passants puissent lui jeter des pierres. Jamais un tel outrage n'a frappé la couronne britannique.

La nouvelle tombe à Osborne deux semaines plus tard et la reine l'annonce elle-même en pleine nuit aux membres de la

* Lytton Strachey, *Victoriens éminents*, Gallimard , Paris, 1933.

maison royale, silhouette noire, effrayante, à la voix brisée : « Gordon est mort. » Ses médecins craignent qu'elle ne fasse une dépression. Auprès de Vicky, elle se plaint que l'Angleterre soit arrivée en retard « comme toujours et, c'est moi, chef de la Nation, qui en subis l'humiliation ». À la sœur de Gordon, elle écrit : « ... Que les promesses de renforts n'aient pas été tenues, promesses que j'ai moi-même si souvent rappelées à ceux qui avaient demandé à votre frère de partir, c'est pour moi un chagrin inexprimable. En fait cela m'a rendue malade. » En remerciement, Miss Gordon envoie à Windsor le carnet de son frère que la reine place sur un coussin de satin blanc, dans une vitrine de cristal, à l'entrée de ses appartements, de telle façon que personne ne puisse éviter de lire la phrase de Gordon : « Je hais le gouvernement. »

Les journaux britanniques accolent désormais au nom de Gordon les mots de « martyr national ». Gladstone est traité de « traître » et d'« assassin ». N'était-il pas au théâtre le soir de la mort du héros ?

« Mon activité cessera en 1885 », a répété le Premier ministre à la reine et à Ponsonby. Et, en juin 1885, le gouvernement est renversé sur un projet d'augmentation de la taxe sur la bière et les alcools. Lorsque les ministres viennent lui remettre leur démission, la reine, qui a dû avancer de quarante-huit heures son retour de Balmoral, refuse de serrer la main de Gladstone et ne lui donne qu'à contrecœur le bout de ses doigts à baiser. Six mois après la mort de Gordon, elle est toujours envahie de colère contre le leader libéral.

Le nouveau chef de gouvernement, le marquis de Salisbury, a cinquante-cinq ans, une large barbe et un vif intérêt pour les inventions scientifiques. Son château a failli être détruit par une explosion au cours d'une expérience et ses invités se prennent souvent les pieds dans les fils téléphoniques qui courent d'une pièce à l'autre. C'est la première fois que la reine a un Premier ministre plus jeune qu'elle. Aux yeux de Victoria, il a surtout une qualité : il dirige le club de la Primevère, des inconditionnels de Disraeli dont il veut continuer la politique de grandeur impériale.

Au banc de l'opposition, Gladstone reste inhabituellement silencieux. Il a mal à la gorge. Victoria ne peut s'empêcher de lui envoyer un billet malicieux : « La reine pense que Mr. G se remet de l'enrouement dont il souffre depuis plusieurs mois, et elle saisit cette occasion d'exprimer son espoir qu'il se ménagera encore quelque temps en évitant les discours publics. »

Les élections de la fin de l'année aboutissent à un match nul entre conservateurs et libéraux. La survie du gouvernement de

Salisbury dépend des députés irlandais. Le 17 décembre, le fils de Gladstone annonce dans la presse que son père a fermement l'intention de défendre le *Home Rule*.

Pour soutenir Salisbury, qui se montre aussi attentionné envers elle que Dizzy, la reine décide d'ouvrir la session parlementaire. La cérémonie est fastueuse. Victoria, en robe noire bordée d'hermine et petite couronne de diamants, est accompagnée de ses trois fils : Bertie, Affie et Arthur en uniforme. À sa droite, Béatrice en velours rouge et, à sa gauche, Eddy, le prince héritier, l'aident à monter et à descendre pour la dernière fois les marches du trône. Elle n'ouvrira plus jamais le Parlement. Le discours a duré cinq minutes. Elle ne l'a pas lu elle-même.

Cinq jours plus tard, Salisbury lui remet sa démission. Les députés irlandais, menés par Parnell, ont décidé de soutenir Gladstone dont le retour devient inévitable. Victoria ne s'y résout qu'à contrecoeur. À minuit passé, le libéral Ponsonby est envoyé en émissaire chez Gladstone pour lui demander, de la part de la reine, de former le nouveau gouvernement. Elle ne l'a pas fait plus tôt, explique-t-il, parce que le « Great Old Man » a si souvent répété qu'il « désirait prendre sa retraite » pour se consacrer à l'étude des Saintes Écritures.

Pendant toute la campagne électorale, Gladstone s'est bien gardé d'annoncer ses projets pour l'Irlande. Toute l'Angleterre attend le discours qu'il doit prononcer le 8 avril à la Chambre des communes. Les parlementaires sont arrivés au petit matin pour réserver leur place et, dans les galeries, un fauteuil se loue mille livres. Presque octogénaire, le Premier ministre ne voit plus clair, mais il a retrouvé son ton de prédicateur. Son discours dure trois heures et vingt minutes, un exploit qui émerveille le monde entier.

« L'Irlande ne peut plus respecter une loi imposée par un autre pays. Dès que la loi sera irlandaise, l'Irlande la respectera à nouveau », s'écrie-t-il presque en transe. La loi sur le *Home Rule* prévoit deux Chambres et un gouvernement autonome. L'Angleterre reste souveraine pour la diplomatie, le commerce extérieur et la défense.

Huit jours plus tard, une seconde loi propose le rachat des terres irlandaises appartenant aux lords anglais. Ce texte provoque un tel tollé à la Chambre que Gladstone le retire aussitôt. Trois mois plus tard, lors du vote en seconde lecture de la loi sur le *Home Rule*, le Premier ministre se surpasse : « L'Irlande est devant votre tribunal, attendant, espérant, suppliant presque… Réfléchissez, je vous en conjure, réfléchissez bien, réfléchissez sagement, réfléchissez, non pour le moment présent mais pour les années à venir. » Mais son gouvernement lui-même est partagé. Il est battu.

L'indomptable visionnaire dissout le Parlement. Durant la campagne, il dénonce la division qui existe depuis cinquante ans entre les classes dirigeantes et les « masses ». Ses propres amis le trouvent excessif et trop audacieux. Il envoie des lettres manuscrites à ceux qui, parmi eux, hésitent à le soutenir.

Des bombes explosent à la Tour de Londres et à Westminster. Et les électeurs en rendent responsables les partisans de la démocratie. Les élections apportent un raz de marée conservateur. La reine est à Osborne. Gladstone lui envoie un télégramme laconique : « Humble serviteur cabinet remet démission. »

Trois semaines plus tard, Victoria réunit pour la première fois son nouveau conseil privé. Elle est « florissante et joviale ». Le 23 novembre, Béatrice met au monde son premier enfant, un garçon. Comme pour ses filles et désormais ses petites-filles, Victoria reste auprès d'elle à l'encourager et à lui frictionner les bras : « Allée et venue pendant la nuit auprès de la chère Béatrice. » Elle ne ménage ni sa peine ni ses conseils aux médecins. À cinq heures du matin, on lui tend son petit-fils, enveloppé de flanelle : Alexandre, que l'on appellera Drino pour le distinguer de son oncle Sandro, est un magnifique Battenberg. De retour dans sa chambre, Victoria assiste au « lever du soleil splendide ». Elle est heureuse. Jeune reine, rien ne la mettait plus en joie, après un bal à Buckingham, que de voir le soleil lancer sur la Tamise ses premiers rayons d'or.

23.

Dans la nursery d'Osborne, les berceaux sont installés côte à côte pour les siestes. Ils ne désemplissent pas. Après la naissance de son dernier bébé, une nouvelle petite Victoria surnommée Patsy, Louischen, la femme d'Arthur, est partie rejoindre son mari aux Indes en laissant ses trois enfants à la garde de « grandmamma ». Les plus grands jouent à la dînette assis sur les petites chaises à hauts dossiers marqués au nom de leurs parents et dessinées par Albert dans le goût allemand.

À soixante-huit ans, la reine « s'amuse » des jeux, des rires et des mots de ses petits-enfants. Elle ne songe pas à se plaindre lorsque les deux orphelins de Léopold, Alice et Charlie, élèvent des murs de carton autour de ses pieds quand elle est assise à sa table de travail. Elle doit leur demander la permission de se lever. Depuis la mort de Brown, la discipline est moins rigoureuse au palais. Les enfants de Victoria viennent plus volontiers déjeuner et les petits-enfants, débarrassés du rituel « Chéri, dis bonjour à Brown », accèdent sans crainte au cabinet de travail de la reine.

Elle a un petit faible pour Margaret, l'aînée d'Arthur qui, à quatre ans, est très désobéissante mais si drôle. Ses cousines de Schleswig-Holstein sont en revanche des petites filles modèles. Leur père, le prince Christian, qui n'a guère d'activité officielle, leur apprend l'allemand. Une gouvernante française leur enseigne le français et Mme de Goncourt vient deux fois par semaine pour des cours de littérature et d'histoire françaises. Elles font leur lit, portent des robes simples et sévères en serge bleu marine.

Aux filles d'Alice, Victoria écrit presque quotidiennement des lettres pleines de tendresse mais aussi de conseils et même parfois de reproches. Elle n'apprécie guère qu'Ella se soit mariée avec le grand-duc Serge, frère du tsar Alexandre III. Ella est pourtant très heureuse avec son Russe. Lors des bals du mariage, sa sœur, la petite Alicky, qui n'a que douze ans, a aussi attiré les regards du tsarévitch Nicolas, âgé de seize ans. Quant à Irène, elle songe à épouser son cousin germain, Henri de Prusse, le fils de Vicky. Le jour de leur mariage, toutes les princesses portent le collier de leur généreuse grand mamma qui à chaque anniversaire offre une grosse perle à chacune de ses petites-filles, comme elle le faisait pour ses filles.

Seule Louise n'a pas d'enfant. Le couple a fini par rentrer en Angleterre après un périple de plus de deux ans sur le continent américain. Ils ont traversé les États-Unis en train jusqu'à San Francisco et sa ville chinoise, ont remonté la côte ouest jusqu'au Canada où ils ont été accueillis triomphalement dans la ville de « Victoria ». La princesse a visité des écoles, assisté à des matchs de cricket, dessiné les arbres pourpres de cette magnifique Colombie-Britannique pendant que Lorne veillait à la progression du Pacific Railway. Après un Noël en Californie, ils se sont à nouveau séparés. Louise est partie aux Bermudes et Lorne à Washington. Depuis leur retour, Louise peint, sculpte, voyage en Italie pendant que son mari écrit une « Histoire du Canada ». On murmure que Lorne est homosexuel, ce qui n'étonne personne. En 1872, William Cory, le plus célèbre professeur d'Eton, a été brutalement renvoyé de l'illustre collège. Poète, auteur de l'hymne *Eton Boating Song*, il n'aimait pas les femmes et invitait à des déjeuners sur l'herbe les jeunes garçons les plus brillants. Ses préférés étaient lord Halifax et son frère surnommé « Mouse », lord Rosebery, futur Premier ministre et admirateur d'Oscar Wilde, et le blond et délicieux marquis de Lorne, tous honorables gentlemen dont aucun ne devait faire le bonheur d'une femme.

Mais la reine, fidèle aux principes d'Albert et de l'Église anglicane, ne veut pas entendre parler de divorce. Elle a installé le jeune couple à Kensington. Louise l'accompagne dans les ateliers lorsque Victoria commande une statue de Brown, de Léopold ou un nouveau tableau des petits-enfants.

Les collections royales ne cessent de s'étendre. Victoria tapisse ses murs de paysages, de portraits, accumule bronzes et porcelaines sur les cheminées, boîtes et souvenirs de chiens ou de poneys sur les tables recouvertes de draperies. Aux fêtes, anniversaires, Noëls, tous célébrés par d'innombrables cadeaux, s'ajoutent les trophées expédiés des quatre coins de l'empire. Comme du temps d'Albert, chaque bibelot est étiqueté, répertorié et catalogué. À Windsor, des dizaines de placards renferment ses trésors dont beaucoup sont surtout des chefs-d'œuvre du mauvais goût de l'époque qu'on appelle déjà « victorienne ».

Dans les rues se succèdent les maisons de brique toutes identiques, plus confortables mais plus laides que les anciennes demeures en pierre de taille progressivement démolies. Les meubles sont fabriqués à la chaîne, les guéridons envahis de bibelots comme dans les palais royaux. Et comme à Balmoral, tapis à fleurs et rideaux écossais se chevauchent dans les intérieurs douillets. On recouvre les fauteuils de housses et les tables de lourdes nappes sombres tombant jusqu'au sol. Les papiers peints sont surchargés de tableaux édifiants, de photos de famille. La photographie surtout passionne la reine. Elle a bien changé depuis sa jeunesse. À l'époque, elle poussait des cris d'horreur devant les premiers daguerréotypes qui la montraient si différente des jolis portraits des peintres courtisans. Arthur et Léo ont pris des cours avec les meilleurs photographes. Elle s'accoutume à son « vilain vieux visage » et refuse que ses enfants déchirent les photos où elle apparaît avec des traits peu séduisants : « C'est ressemblant », dit-elle. Elle trouve d'ailleurs qu'avec l'âge son visage est moins ingrat, comme le notait déjà *Le Figaro* lors de son passage à Paris en août 1868 : « Au physique, la reine paraît beaucoup mieux que dans sa jeunesse. Sa figure un peu couperosée est pleine. Sa lèvre inférieure autrefois disgracieuse s'est comme fondue et harmonisée. Elle est souriante quoiqu'un peu sérieuse. »

Il y a tout juste cinquante ans qu'elle est montée sur le trône et Bertie a l'idée de célébrer l'anniversaire par un grand jubilé comme vient de le faire son beau-père, le roi du Danemark. L'idée de traverser Londres en carrosse au milieu du bruit et de la foule est loin d'enthousiasmer la reine. Mais le marquis de Salisbury pense, lui aussi, que la monarchie a besoin de restaurer son prestige affaibli par les échecs militaires en Afrique ou en Afghanistan et par les attentats en Irlande. Et quoi de mieux que de montrer la reine-impératrice au milieu de sa grande famille ! Victoria ne peut rien refuser à son fidèle Premier ministre, héritier d'une des plus anciennes et grosses fortunes du royaume. À son couronnement, il y a cinquante ans, Salisbury était petit page d'honneur.

Depuis des mois, l'Angleterre s'affaire à coudre des drapeaux, repeindre les façades, frapper des médailles, imprimer des billets de banque à l'effigie de la souveraine. Afin d'être en pleine forme lors des éprouvantes cérémonies officielles, Victoria a décidé d'aller se reposer en France. Le 1er avril 1887, elle s'embarque pour Cherbourg en compagnie de Béatrice et d'Henri de Battenberg. Avant de partir, elle a réglé tous les détails du jubilé, les régiments qui rendront les honneurs, les places dans les carrosses et même le format de ses photos officielles.

À Cannes l'attend Affie. Promu commandant en chef de la flotte de la Méditerranée, il vit désormais à Malte. Il est venu avec son navire amiral qui mouille dans la baie. Georgie, le fils de Bertie, navigue sous ses ordres et l'accompagne. Tous les deux sont sur le quai à côté du landau de la reine que les pompiers ont fait entrer non sans mal dans la gare pour épargner des pas inutiles à Sa Majesté.

Cannes se remet à peine de l'émotion causée par un léger tremblement de terre. Il n'y a pas eu de morts mais les destructions ont effrayé les touristes. La visite de Victoria les a fait revenir. Une foule énorme applaudit le cortège qui emprunte la rue d'Antibes, le boulevard du Cannet jusqu'à la villa Edelweiss, propriété d'Auguste Savile, diplomate et frère de l'ambassadeur d'Angleterre à Rome. Marie, la femme d'Affie, est arrivée de Malte pour séjourner avec eux.

La villa Edelweiss est voisine de la villa Nevada où Léo est mort trois ans plus tôt. Après une journée de repos, la reine assiste le dimanche, malgré la pluie, à un service religieux au mémorial Saint-Georges. Un portrait de Léo a été placé dans la chapelle pour rappeler le souvenir du prince.

Le lundi, le ciel est bleu et Victoria part à la découverte des collines environnantes couvertes de roses et de mimosa. Le mardi soir, la mère et la fille s'en vont à Aix-les-Bains, laissant Henri de Battenberg, grand amateur de voile, avec Affie.

Béatrice suit la cure sans la reine. Depuis la mort de Brown, elle marche avec difficulté mais elle a toujours détesté les bains d'eau tiède. Elle ne se rend à l'établissement thermal que pour le visiter le dernier jour. Elle préfère parcourir la campagne dans son landau milanais. Le cocher, en culottes et bas de soie, a orné la queue de ses deux chevaux de petits drapeaux britanniques. Victoria est aux anges.

Un jour, au bord du lac, elle aperçoit un âne maigre à faire peur conduit par un paysan. L'animal regarde passer la reine d'un bon regard triste qui la fait fondre. Il s'appelle Jacquot. Elle demande à l'homme s'il accepte de le lui vendre. Il hoche la tête. Sa bête vaut cent francs. La reine lui en donne deux cents. Dans les grasses prairies de Windsor, Jacquot retrouvera le goût de vivre et aura l'honneur, jusqu'à la mort de Victoria, de tirer la charrette royale en Angleterre comme à l'étranger. Mascotte et presque dignitaire de la cour, il sera de tous les voyages.

Le 22 avril, à huit heures du matin, une aubade du 13e régiment de chasseurs alpins réveille la villa Mottet pour l'anniversaire de Béatrice, célébré avec une semaine de retard. Les bouquets et les gerbes de fleurs arrivent toutes les heures, certains envoyés de Nice.

Le lendemain, c'est l'excursion au monastère de la Grande-Chartreuse situé à deux mille mètres d'altitude. Aucun protestant n'y a jamais mis les pieds. Aucune femme non plus, excepté l'impératrice Eugénie, qui a conseillé cette visite à son amie.

On présente à la reine un moine anglais de vingt-trois ans : « Il était très beau et m'a assuré qu'il vivait très heureux dans ce monastère depuis cinq ans », dit-elle dans une lettre à Vicky. Le silence, la sérénité des moines, le froid des cellules, le sublime dépouillement de la Chartreuse l'ont transportée. Elle en oublierait presque l'aversion pour les catholiques qu'Albert lui a léguée. Rien ne la touche plus que le compliment du curé d'Aix-les-Bains : « Votre Majesté est une Reine aux vertus austères. » Elle décide d'acheter une propriété dans les environs.

Le jubilé, désormais, est proche. Le 28 avril, elle remonte, chargée de bouquets, dans son train : « Le calme et le bon air m'ont fait le plus grand bien. » Elle est prête à affronter plusieurs semaines de cérémonies et de festivités.

Le 4 mai, Victoria reçoit les délégués de la conférence coloniale. Elle apprend dans les discours que le nombre de ses sujets d'origine asiatique est passé de quatre-vingt-seize millions à deux cent cinquante-quatre millions et celui des Anglais résidant aux colonies de deux millions à neuf millions. Comme au Canada des dizaines de villes, de lacs, de ponts portent son nom : « Rien ne peut me causer plus de fierté et de bonheur que de savoir que la loyauté de mes sujets dans les terres lointaines a augmenté proportionnellement à leur réussite et à leur prospérité. » Tous les Britanniques rêvent de faire fortune aux quatre coins de l'empire.

Le 10 mai, la reine donne une grande réception dans la salle du Trône de Buckingham. Dans sa robe à traîne, avec sa couronne de diamants, un collier, une broche et des boucles d'oreille en améthyste et diamants, le ruban étoilé de l'ordre de la Jarretière, l'ordre de Victoria et d'Albert, l'ordre de la couronne d'Inde, l'ordre de la Croix-Rouge royale, l'ordre de Saxe-Cobourg et Gotha, elle étincelle et elle est radieuse. Elle reste debout une heure, à se faire présenter des jeunes filles, des dames et même des « pauvres divorcées » qu'Albert ne voulait pas voir à Buckingham, ce qu'elle trouve désormais injuste quand ce sont leurs maris qui ont été reconnus coupables de « cruauté, d'abandon du domicile conjugal et d'adultère ».

Le 11 mai, avec Salisbury, elle tient un conseil de guerre pour régler les derniers détails de ces cérémonies qui vont la mettre au centre du monde. L'immense et corpulent marquis est son Premier ministre le plus délicat. Il ne lui impose rien et elle ne s'oppose à rien. Le temps des caprices et des maladies diplomatiques est révolu.

Le 14 mai, Victoria inaugure le « palais du Peuple », un ensemble d'écoles et de maisons de la culture comme en rêvait Albert. Ce jour-là, la reine parcourt dix kilomètres dans Londres. Six mille cinq cent quatre-vingt-un policiers assurent le service d'ordre. C'est la première fois qu'un souverain britannique fait une aussi grande promenade dans sa capitale. C'est aussi la première fois qu'elle se rend dans les quartiers populaires de l'East End. C'est un samedi. Il fait beau. Des centaines de milliers de personnes sont sorties dans la rue pour acclamer leur reine, stupéfaite et ravie de se découvrir tout à coup aussi populaire. Sur la façade du London Hospital une pancarte proclame en lettres gigantesques : « Dieu bénisse la Reine ! Puisse-t-elle venir plus souvent dans les quartiers est. »

Avec quatre millions d'habitants, deux fois plus qu'à son avènement, Londres est devenue une énorme capitale moderne. Il ne reste plus de bâtiments anciens, à l'exception de la Tour de Londres où est exposé le diadème qu'elle portait pour son couronnement. Ce ne sont pas les guerres qui ont détruit les vieilles demeures mais les architectes. Les maisons de brique à deux ou trois étages se suivent, toutes semblables avec leurs porches blancs, leurs fenêtres à guillotine. Sur les bords de la Tamise, le port de Londres couvre dix kilomètres. Cent cinquante bateaux y entrent ou en sortent tous les jours. Les neuf gares possèdent chacune son grand hôtel toujours trop petit pour le nombre croissant de voyageurs. Au rythme d'un train toutes les quatre minutes, le métro transporte plus de cinquante millions de personnes par an.

Avec les tramways à impériale, les omnibus et les cabs, les embouteillages de Londres sont légendaires. Les bicyclettes se faufilent au milieu des chevaux et de la poussière. Un million d'Anglais ont adopté ce moyen de locomotion malgré la brume charbonneuse qui sévit dans la capitale, ce « smog » que Victor Hugo résume en quatre vers :

Londres, on se mouche
On retire son mouchoir tout noir. On se mouche encore

On frémit encore
D'avoir la suie anglaise au fond de son cerveau.

Sur les trottoirs, les marchands de journaux vendent à la criée la feuille la plus populaire, le *Daily Telegraph,* le premier quotidien à un penny, diffusé à deux cent cinquante mille exemplaires. C'est le début de la publicité et les grandes marques exploitent leur royale clientèle en se prétendant « Fournisseurs Exclusifs de la Cour ». Victoria donne, entre autres, son nom à un cacao, Albert à une mousse à raser et Bertie à... un whisky : « Les têtes couronnées sont mises à toutes les sauces, ni plus ni moins que des têtes de veau », écrit le communard Jules Vallès, en exil à Londres.

Harrod's et Liberty's ont ouvert leur portes depuis une vingtaine d'années mais s'agrandissent et s'embellissent sans cesse. Les grands magasins et les boutiques chics ainsi que les hôtels particuliers, toute la richesse de Londres reste concentrée à l'ouest. Les cavaliers se retrouvent toujours à l'heure de la promenade dans Rotten Row, l'allée de Hyde Park que seule la voiture de la reine a le droit d'emprunter.

Aux cinq mille personnes qui l'acclament à l'intérieur du « palais du Peuple », Victoria répond avec une aisance qui la surprend elle-même : « Mon bien-aimé époux aurait admiré avec un plaisir infini tous les efforts faits ici pour satisfaire les besoins et les distractions de cette population laborieuse... » D'un signe de la tête, elle invite Bertie à lui donner le bras pour aller poser la première pierre du Queen's Hall. Il y a bien quelques huées, un « bruit terrible » dira-t-elle à Salisbury. On lui expliquera qu'il ne s'agissait que de socialistes et d'Irlandais.

Le 20 mai, après d'autres éprouvantes cérémonies, la reine part se reposer avec Béatrice à Balmoral. Elle y fête son anniversaire en faisant distribuer un cadeau personnel à chacun de ses serviteurs et des membres de la maison royale.

Le 17 juin, à son retour, elle retrouve tous ses enfants et ses petits-enfants réunis à Windsor. Même Fritz est arrivé, ce qui la comble de joie. Son gendre souffre d'une tumeur sur les cordes vocales qui l'empêche de parler.

À Berlin, la maladie du prince héritier est devenue une affaire d'État. Il y a un mois, deux chirurgiens allemands ont décidé de pratiquer une trachéotomie pour retirer la tumeur. Redoutant une opération aussi risquée, Vicky, affolée, a câblé à sa mère un télégramme chiffré la suppliant de lui envoyer immédiatement Mackenzie, le célèbre laryngologue britannique. Mackenzie, parti avec Jenner, a retiré avec un forceps spécialement fabriqué sur ses instructions la moitié de la tumeur. L'examen des cellules a contredit le diagnostic de cancer. Willy parlait déjà de représenter son père aux fêtes du jubilé. Mais la reine a câblé, à son tour, un télégramme chiffré à Jenner pour lui dire qu'il était « primordial pour des raisons politiques et familiales que le prince héritier puisse venir en Angleterre même s'il ne participait pas aux festivités ». Elle ne voulait pas que le jeune et arrogant Willy remplace son père, ce Fritz qu'elle aime tant et qui a été si affectueux à la mort d'Albert.

Le 19 juin, elle prend son breakfast à Frogmore et assiste au service religieux dominical dans le mausolée.

Le 20 juin, le *Times*, dans son éditorial, efface d'un trait de plume les années noires au long desquelles la reine a boudé son peuple et méprisé ses devoirs : « Aucun monarque constitutionnel n'a manifesté autant de respect pour les libertés publiques ni une aussi claire conscience de ses obligations. Grâce au comportement de la reine et aux sages conseils qui l'ont si souvent éclairée, la monarchie et le souverain lui-même sont regardés d'un œil nouveau dans le pays. »

Le soir, Victoria écrit, dans la fraîcheur du jardin de Buckingham : « Le grand jour vient et je suis seule… »

Elle dîne ce soir-là au milieu de toutes les têtes couronnées d'Europe, le roi de Danemark à sa droite, le roi de Grèce à sa gauche, le roi des Belges en face d'elle. Du prince héritier d'Allemagne au grand-duc de Hesse et au roi de Saxe, tout l'almanach de Gotha, qu'elle a tant de fois feuilleté pour marier ses enfants, est rassemblé : « Une grande fête de famille », constate-t-elle fièrement, ses mains potelées couvertes de diamants posées sur sa vaisselle en or.

Le 21 juin, elle assiste à Westminster Abbaye à un *Te Deum*. L'excitation, la joie et la fierté de la foule lui rappellent une autre fête, l'ouverture de la grande Exposition universelle de 1851, le triomphe d'Albert : « J'étais assise toute seule (oh ! sans mon mari bien-aimé qui aurait été si fier de cette journée !) mais l'assemblée remercia Dieu sur la musique du *Te Deum* qu'il avait composée et le chœur chanta son hymne, *Gotha*. »

Elle a refusé le carrosse vitré. Son landau découvert est tiré par six chevaux crème et, pour la première fois, escorté de cavaliers indiens. La cavalcade des princes le précède avec ses trois fils, cinq gendres, neuf petits-fils et vingt parents à cheval. Un demi-million de personnes regardent, les yeux écarquillés, passer ce cortège qui semble sorti d'un conte de fées. Le plus beau, le plus impressionnant et le plus acclamé, en tête du cortège, c'est Fritz dans son uniforme blanc et sa cuirasse d'argent. Avec son casque surmonté de l'aigle impérial, il domine les autres princes et réprime son extrême souffrance sous une raideur pleine de grâce.

Jamais le monde n'a connu une telle fête. Jamais aucun pays n'a eu l'occasion d'étaler ainsi sa richesse, sa puissance et son orgueil. Jamais, depuis Rome, la fortune de tout un empire n'a irrigué de la sorte une capitale.

La reine est la première à en profiter. Sa fortune, la plus grosse du monde, est impossible à chiffrer. On l'estime à cinq millions de livres. À part Vicky et Fritz, elle entretient tous ses enfants sans pour autant faire de dépenses inutiles.

De retour au palais, elle distribue des broches et des épingles de cravate à ses filles et à ses fils. Le déjeuner commence à quatre heures, suivi d'un défilé de ses marins qu'elle regarde du balcon. Dans la salle de bal, elle reçoit, de ses enfants, une pièce d'argenterie et beaucoup de cadeaux extravagants. La reine de Hawaï lui a envoyé un assemblage de plumes très rares autour de son monogramme en plumes d'oiseaux : « J'étais complètement épuisée… et près de m'évanouir. » On la pousse en fauteuil roulant jusqu'à sa chambre.

Mais elle n'en a pas encore fini avec cette journée de gloire.

Au dîner du soir, sur sa robe brodée d'argent, se mêlent la rose d'Angleterre, le chardon d'Écosse et le trèfle d'Irlande, les trois emblèmes de son royaume. Elle reçoit les diplomates du monde entier, les princes indiens, d'innombrables personnages chamarrés d'or venus se prosterner devant la reine d'Angleterre tandis que les feux d'artifice se succèdent dans la nuit de Londres au son des fanfares, des cornemuses et des violons.

Le lendemain, c'est la fête des enfants. À Windsor, des centaines d'élèves d'Eton déguisés en templiers chantent l'hymne de l'école et organisent une retraite aux flambeaux. Le matin, à Hyde Park, au milieu des tentes et des musiques militaires, trente mille enfants pauvres ont reçu chacun du lait, un petit pain et une timbale commémorative du jubilé. Quand un énorme ballon s'est élevé de la pelouse, une petite fille s'est écriée : « Regardez ! voilà la reine Victoria qui monte au ciel ! »

24.

Nul ne songe plus à s'opposer à son bon plaisir. Victoria échappe désormais aux ragots, aux critiques, aux scandales. Impératrice des Indes, elle veut avoir auprès d'elle, en plus de ses Écossais en kilt, plusieurs serviteurs enturbannés. Leur exotisme l'enchante. Mais ni la presse ni les clubs ne se moquent de cette fantaisie indienne. Les uniformes des lanciers du Bengale, le raffinement et les bijoux des maharadjahs ont, lors des défilés, excité l'imagination et l'orgueil des Anglais. Les Indes sont le joyau de la couronne que le monde envie et qui enrichit tant de cadets britanniques.

Abdul Karim a vingt-quatre ans. Il est mince et beau tandis que Mahomet Buksh, plus gros, est aussi plus souriant. Victoria les engage au service de table en juin, à la fin des fêtes du jubilé, pour leurs seules vertus décoratives. Elle en aura sept, et, à partir de 1893, une escorte de cavaliers enturbannés l'accompagnera dans tous ses déplacements officiels londoniens.

Le séduisant Abdul est son préféré. Pour communiquer avec lui, elle le confie à un précepteur anglais et elle-même lui demande de lui donner des leçons : « J'apprends quelques mots d'hindoustani pour parler avec mes serviteurs », écrit-elle, le 3 août, dans son journal avec un enthousiasme qui agace une cour incorrigiblement snob : « Je ne comprends pas pourquoi on fait tant de cas des Indiens », bougonne Ponsonby à qui la reine a demandé également de se mettre à l'étude de la langue indienne.

Sa mauvaise vue ne lui permet plus de déchiffrer les notes de ses ministres, mais elle apprend à dessiner les caractères hindous. Les images qu'évoque cette langue exaltent tant son imagination qu'elle rêve de se rendre à Calcutta et Delhi. Elle collectionne les meubles, les objets et les toiles indiennes.

Pour la première fois, elle modifie ce que le crayon d'Albert a autrefois tracé et construit à Osborne. Elle joint au palais une nouvelle aile pour abriter un grand salon de réception en stuc blanc et bois sculptés dont elle confie la décoration à un Indien, élève du père de Rudyard Kipling, conservateur au musée de Lahore. Appelé le salon *Durbar**, il sera éclairé à l'électricité. Elle y donnera des banquets pour ses visiteurs royaux, couverte de bijoux comme une maharanée, au milieu de tous les symboles de l'empire victorien.

Le 20 août, elle rédige un long mémorandum pour détailler ce que ses serviteurs indiens doivent porter comme vêtements : « Le matin au breakfast à l'extérieur, leur nouvelle tunique bleu marine et également pour le déjeuner, avec un *Pageri* (turban) et la ceinture de leur choix mais pas en or. La tunique rouge et or avec le turban et la ceinture blanches sont réservés au dîner du soir. S'il pleut ou s'il fait froid, le breakfast sera servi à l'intérieur. Je peux aussi prendre le thé à l'intérieur et ils devront me servir. Avant que les jours ne raccourcissent, j'emporte souvent le thé dans la voiture et alors, ils devront, en compensation, assurer un service supplémentaire. L'idéal serait qu'ils se tiennent une demi-heure en haut de l'escalier avant que je sorte, pour répondre à mon coup de sonnette. Ils devront m'apporter les lettres et les boîtes aux dépêches et servir le thé à la place des femmes de chambre. Quand le breakfast sera pris à l'intérieur, ils peuvent porter quelques-uns de leurs propres vêtements chauds. Ils ne devront pas le faire tout de suite, mais graduellement ils adopteront une chaude tunique en tweed et des pantalons qu'on leur confectionnera à Balmoral pour leur permettre de sortir quand ils ne seront pas de service. Mais la mode indienne doit être respectée. Ils porteront toujours leurs turbans. Les bas, chaussettes et gants de laine ainsi que les bonnes chaussures de marche seront fournis à Balmoral. »

Elle écrit tout cela parce qu'elle sait bien que ses « honnêtes » ghillies et le premier d'entre eux, Francis Clark, ne sont, pas plus que la maison royale, pas dénués de « préjugés » racistes. À Osborne et Windsor, elle a fait aménager pour les Indiens des chambres avec un corridor conduisant à ses salons. Et elle s'inquiète parce que rien n'est prévu pour eux en Écosse. Bientôt, elle donne à Abdul la chambre de Brown, ce qui plonge le vieux docteur Jenner dans la stupéfaction : « Je ne crois pas aux fantômes des personnes disparues sinon il y en aurait un dans cette pièce. »

Après deux mois de repos à côté de Balmoral, à l'hôtel Fife Arms, Fritz se sent mieux : « Chère mamma bien-aimée… Vous

---

* mot indien pour salle de réunion.

qui connaissez mon amour de l'Angleterre et de l'Écosse, vous pouvez imaginer mon bonheur d'avoir recouvré la santé dans votre pays », écrit-il à sa belle-mère la veille de son départ.

Avec Vicky, il prend, le 3 septembre, la route du Tyrol puis de Venise et San Remo en négligeant toutes les pressions pour le faire rentrer à Berlin où son père se meurt. Victoria a écrit à sa fille : « Plus l'Empereur décline, plus il importe que Fritz consolide sa santé. »

Des médecins allemands l'accompagnent mais aussi Mackenzie que la reine, à la demande de Fritz, a fait chevalier. Pourtant le diagnostic du cancer se confirme. À Berlin, l'empereur réclame l'opération recommandée par les chirurgiens allemands. La presse, influencée par Bismarck, attaque Vicky qui, depuis son premier accouchement, ne fait confiance qu'aux médecins anglais. Willy descend en novembre à San Remo avec un chirurgien mandaté par son grand-père pour persuader Fritz de subir l'opération : « Il a été aussi grossier, désagréable et impertinent que possible avec moi quand il est arrivé mais j'ai été très ferme et il est devenu gentil, doux et aimable », écrit Vicky à sa mère. Finalement Fritz est opéré le 9 février. Un mois plus tard, le 9 mars 1888, son père, l'empereur Guillaume Ier, est mort.

Berlin grelotte sous la neige. Victoria fait demander à Mackenzie de déconseiller au nouvel empereur de suivre l'enterrement par un temps aussi glacial et Fritz regarde passer le cortège funèbre de la fenêtre de sa chambre. Depuis des semaines il ne peut plus parler. La presse de Berlin traite Mackenzie de charlatan, se déchaîne contre Vicky et accuse la reine d'Angleterre de s'ingérer dans les affaires allemandes.

Le 10 mars, Bertie et Alix fêtent leurs noces d'argent. Pour la première fois, la reine se rend à Marlborough House qu'elle a toujours considéré comme un lieu de perdition. Après le grand déjeuner, elle y dîne en famille et ne rentre à Windsor qu'à près de onze heures. Tout à coup, elle découvre que Bertie est charmant et « amusant ». Trois mois plus tard, elle ira passer chez lui à Sandringham quatre jours. Le prince de Galles a fait transformer en théâtre la salle de bal. On joue pour la reine un mélodrame : *Les Cloches,* avec un petit orchestre et soixante acteurs dont les deux comédiens les plus célèbres de l'époque, Henry Irving et Ellen Terry. La pièce est tirée du *Juif polonais*, un livre d'Erckmann-Chatrian, Alsaciens et auteurs de best-sellers de l'époque. Par un privilège extraordinaire les deux acteurs sont invités au souper de la famille royale. Victoria bavarde longuement avec eux.

Le 21 mars, comme prévu, la reine part pour Florence où elle s'installe dans la villa Palmieri prêtée par la comtesse de Crawford.

Pour son arrivée, la via Boccacio qui y mène a été élargie et dotée de lampadaires, la villa repeinte extérieurement et entièrement redécorée. On y a installé des salles de bains et le téléphone.

Au milieu des foules qui l'acclament, la reine visite le palais Pitti, les jardins Boboli, le ponte Vecchio dont elle raffole, de nombreuses églises et le musée des Office dont Albert ressortait « intoxiqué de plaisir » lors de son voyage avec Stockmar en 1838. Elle longe la casa Gherini que son ange habitait et écoute, dans l'église de la Badia, un petit récital d'un orgue sur lequel il a joué. Elle souffre de rhumatismes, a du mal à marcher et se contente d'admirer le Duomo de sa calèche, mais elle sort dans la campagne tous les jours, pousse jusqu'à Fiesole, rencontre le roi et la reine d'Italie, le roi et la reine de Wurtemberg, la reine de Serbie, l'empereur et l'impératrice du Brésil dont « la figure lui a paru bien foncée ».

Les nouvelles de Fritz sont alarmantes, et Victoria décide de passer au retour par Charlottenburg pour revoir son gendre. L'annonce de cette visite provoque tempête à Berlin et émotion à Londres. Le Premier ministre craint une altercation avec Bismarck qui s'oppose toujours aux fiançailles de Moretta et de Sandro. Salisbury la supplie de se faire accompagner par un ministre. La reine répond qu'il s'agit d'un voyage privé, ce qui ne l'empêche pas de rencontrer en route François-Joseph, à la demande de l'empereur, à Innsbruck. Ils déjeunent dans une petite salle fleurie de la gare. À Munich, la reine de Bavière, endeuillée par le suicide de son fils Louis II, lui offre un bouquet de roses pâles presques mortuaires.

Elle arrive à neuf heures trente-huit du matin à Berlin où elle a interdit toute réception officielle. L'accueil des Allemands sur le chemin de Charlottenburg est presque hostile. Fritz la reçoit dans son lit et lui remet un bouquet de myosotis. Elle sermonne Willy qui doit être « plus gentil avec sa mère ». Elle rend visite à sa vieille amie, l'impératrice douairière Augusta devenue un vrai fantôme.

Pâle et souffrant, Bismarck arrive à midi dans une voiture fermée malgré le beau temps. Il a demandé à Ponsonby s'il pouvait s'asseoir en présence de la reine. Cette fois, c'est elle qui cède et accepte de dissuader Moretta d'épouser Alexandre de Battenberg. Elle a appris que Sandro était tombé amoureux à Darmstadt d'une chanteuse d'opéra. S'épongeant le front après l'entrevue, le colosse s'écrie : « Quelle femme ! Mais on peut s'arranger avec elle ! » Victoria se fait présenter son épouse qu'elle trouvera « âgée, masculine et pas très *sympathique* » (en français).

Le soir au dîner de gala, Bismarck discute à nouveau une heure avec la reine. À soixante-treize ans, il est plus grand, large, gros et réactionnaire que jamais. En quittant Berlin, Victoria ne peut s'empêcher de soupirer en pensant à son pauvre Fritz : « Pourquoi ce sont toujours les meilleurs qui s'en vont les premiers... »

Elle n'assiste pas, un mois plus tard, au mariage de ses petits-enfants, Henri de Prusse et Irène de Hesse. Fritz a eu la force de remettre une dernière fois son grand uniforme blanc de général des lanciers de Poméranie, mais il quitte la chapelle en fauteuil roulant.

Le 15 juin, après trois mois de règne, l'empereur d'Allemagne s'éteint dans le château où il a été si heureux avec Vicky. La reine télégraphie à son petit-fils Willy désormais Guillaume II : « J'ai le cœur brisé... Aide ta pauvre chère mère et fais tout ce que tu pourras pour elle. Efforce-toi de suivre les traces de ton père, le meilleur et le plus noble des hommes. Grand mamma V.R.I. »

Sa carapace d'égoïsme se fissure. Pour la première fois depuis la mort d'Albert, il existe au monde une femme plus malheureuse qu'elle ! À peine son père a-t-il rendu son dernier souffle, Willy a ordonné que le château soit encerclé par un cordon de soldats pour que sa mère ne puisse soustraire aucun document : « Chérie, malheureuse enfant chérie... Tu es beaucoup plus douloureusement éprouvée que moi. Je n'ai pas connu le supplice de voir un autre prendre la place de mon ange bien-aimé. Je crois que je n'aurais jamais pu le supporter ! »

Le docteur Mackenzie réclame à la reine douze mille livres pour les treize mois qu'il a passés auprès de Fritz, « sacrifiant toute sa clientèle ». Il sera rayé de l'ordre royal des médecins pour avoir trahi le serment d'Hippocrate en publiant un petit livre : *La Maladie fatale de Frédéric le Noble*, dans lequel il accuse les médecins allemands d'incompétence. Il donne à un journal hollandais une interview reprise par la presse de Berlin. Willy dira : « Les médecins anglais ont tué mon père, ils m'ont coûté un bras et tout cela par la faute de ma mère qui se méfiait des médecins allemands. »

Victoria est « écœurée » de voir le jeune empereur se précipiter sur son yacht à la rencontre du tsar dans la Baltique sans respecter le deuil de son père. Willy court aussi parader à Vienne où il refuse de serrer la main de son oncle Bertie.

À l'enterrement de Fritz, le prince de Galles a demandé au fils de Bismarck si l'empereur défunt avait vraiment eu l'intention de rendre l'Alsace à la France, le Schleswig au Danemark et le château de Hanovre à la famille royale d'Angleterre comme la rumeur le prétend. À son habitude, Bismarck a fabriqué un incident diplomatique à partir de cette interrogation. Dans un grand discours, Willy a cru bon de déclarer : « Nous sommes prêts à sacrifier sur le champ de bataille nos dix-huit corps d'armée et nos quarante-deux millions d'hommes plutôt que de renoncer à une seule pierre ! »

À Vienne, Bertie doit écourter sa visite et laisser son hôtel à Willy qui accuse son oncle de le traiter en gamin et non en empereur. La reine écrit à Salisbury : « Nous avons toujours été très intimes avec notre petit-fils et neveu et prétendre se faire traiter en particulier comme en public de Majesté impériale est de la pure folie !… S'il a de telles idées, il fera mieux de ne jamais venir ici. »

Le 19 novembre, elle se rend avec le duc de Cambridge et l'ambassadeur d'Allemagne à l'arrivée du bateau pour accueillir sa fille aînée en larmes sous ses voiles noirs. Le surlendemain, toute la famille fête le quarante-huitième anniversaire de Vicky et, pour la première fois depuis des mois, on la voit sourire.

Gladstone s'est plongé dans sa bible, le royaume est entre les mains du délicat et prévenant marquis de Salisbury. L'Angleterre et la reine sont en paix, mais n'en vivent pas moins un cauchemar. En septembre et en octobre, une série de crimes épouvantables a eu lieu dans un quartier populaire de Londres, Whitechapel, où des prostituées ont été assassinées et découpées en morceaux. Chaque meurtre est revendiqué par un certain Jack l'Éventreur qui se vante à la presse et la police de ses crimes et en annonce d'autres. Dans les rues, la foule attend la sortie des journaux qui publient chaque jour des détails macabres.

Les Anglais doivent se rendre à l'évidence : la société n'est pas cet édifice de rigueur, de règles morales et de convenances que les pasteurs veulent imposer depuis l'avènement de Victoria. Le sexe, le sang, la misère, les milliers de prostituées dans les rues cohabitent avec les discours puritains, les femmes aux robes noires et montantes, les gentlemen distingués qui camouflent leurs débauches et leur homosexualité sous un code de bonnes manières hypocrites. Chacun prend peur. L'Éventreur qui circule la nuit et s'enfuit dans les rues aux pavés luisants de pluie, sous la lumière blafarde des réverbères, en cachant sous sa redingote noire ses couteaux sanglants, pourrait être un voisin, un chirurgien de la cour ou même le jeune prince héritier Eddy qui fréquente les orgies du 19, Cleveland Street et le bordel homosexuel de Mr. Hammond. Dans les pubs et les clubs chacun échafaude les plus folles hypothèses. Le sérieux *New York Times* attaque Eddy sans ménagement : « L'opinion publique commence à s'apercevoir que ce garçon stupide et perverti, devenu un homme, n'est séparé du trône d'Angleterre que par deux vies et que c'est un voyou et un truand. » L'année précédente, Sherlock Holmes est apparu pour la première fois dans les librairies. Et les détectives fictifs qui font les délices des honnêtes gens mettent en lumière les carences de la vraie police. Le 10 novembre, le commissaire principal de Londres, Charles Warren, donne sa démission. Victoria s'en inquiète auprès de Salisbury :

« La reine pense que dans la petite zone où ces horribles meurtres ont été perpétrés, un grand nombre d'inspecteurs pourraient être déployés, que chaque suggestion devrait faire l'objet d'un examen attentif et si elle se révélait réaliste, être suivie.

« A-t-on enquêté à bord des bateaux transporteurs de bétail et à bord des navires de passagers ?

« A-t-on enquêté parmi le grand nombre d'hommes qui vivent seuls dans leur chambre ? Les vêtements du meurtrier doivent être imprégnés de sang et conservés quelque part.

« Est-on assez vigilant la nuit ?

« Voilà quelques-unes des questions qui viennent à l'esprit de la reine quand elle lit les comptes rendus de ces horribles crimes. »

Heureusement, début mars 1889, la veille de son départ pour Biarritz, le correspondant du *Figaro* à Londres écrit : « Jack l'Éventreur est considéré comme ayant momentanément suspendu ses opérations. » Sur la côte basque, le comte de La Rochefoucauld a mis sa grande maison à la disposition de la reine après l'avoir entièrement repeinte. Le diplomate lui a déjà prêté une villa à Baden-Baden du temps de Feodora. Le perron est surmonté d'une marquise au-dessus de laquelle se mêlent, à la demande de Victoria, les drapeaux français et anglais.

Quatre-vingts personnes accompagnent la reine, pour la plupart logées à l'hôtel Victoria. L'immense parc du « pavillon La Rochefoucauld » lui permet de se promener tranquillement avec Béatrice et Liko face aux grosses vagues qui se fracassent contre les rochers. Elle se rend dans le vieux village de Fontarrabie, à Hendaye et Bayonne. À Saint-Jean-de-Luz, elle visite avec le maire la maison occupée par Wellington en 1813. Elle assiste aussi à un match de pelote basque. Les sports pratiqués par de beaux et vigoureux jeunes hommes l'enchantent. Elle a fait installer un tennis à Osborne et adore suivre les matchs entre Arthur et Liko dont elle commente sets et volées en experte.

Louise et Lorne l'ont rejointe, et elle franchit la frontière, va jusqu'à San Sebastian rendre visite à la régente Maria-Christina d'Espagne. En voiture découverte, les deux souveraines passent sous les arcs de triomphe en se parlant allemand. Victoria ne manque jamais au cours de ses voyages de rencontrer les têtes couronnées, ce qui lui donne des idées de mariage pour ses petits-enfants. La fille de Béatrice, Ena, qui n'est encore qu'un bébé d'un an, épousera le futur Alphonse XIII, héritier du trône d'Espagne.

Quand elle quitte la côte basque le 2 avril, la tour Eiffel vient d'être inaugurée à Paris. Hélas ! la reine ne la verra qu'en photo. En août, elle est au pays de Galles, chez les mineurs. Elle envoie à Bertie un télégramme pour lui reprocher de ne jamais venir dans « ce pays dont il est prince et qui se trouve seulement à cinq heures de Londres ».

Aux rencontres officielles et à la politique, elle préfère désormais les affaires de famille. En juin elle invite, à Balmoral, Moretta qui, après ses fiançailles rompues avec Sandro, ne se console pas d'un nouvel échec sentimental avec le grand-duc Alexandre de Russie : « Grandmamma m'a prise dans ses bras et m'a embrassée à d'innombrables reprises, nous n'avons pu que pleurer ensemble en silence. » Toutes les lettres de Victoria fourmillent de jugements sur les fiancés de ses petites-filles et même de commérages. L'archiduc Rodolphe d'Autriche s'est suicidé avec sa maîtresse à Mayerling. Elle écrit à Vicky : « Il paraît, m'a dit Lily de Hanovre qui l'a appris de sa sœur qui elle-même est une intime de la famille impériale et c'est donc sûrement vrai, qu'il avait promis à son père de ne jamais revoir Mlle Vetsera. N'ayant pas tenu parole, il a pensé qu'il ne pourrait plus jamais se montrer devant son père et c'est pourquoi il s'est tué. »

Pour Eddy, qu'il est grand temps de marier, elle songe à la fille d'Alice, Alicky, âgée de dix-sept ans, qui, depuis le départ de ses sœurs, est de plus en plus souvent à Windsor. Son cousin l'adore, mais Alicky, qui n'a d'yeux que pour le tsarévitch Nicolas, répond que « si elle est forcée, elle s'y résoudra ». Autrement, rien ne pourrait l'inciter à se marier avec l'héritier de la couronne d'Angleterre. Victoria écrit à Vicky : « Elle a envoyé une lettre à Eddy pour lui dire qu'elle l'aimait comme un cousin mais ne serait jamais heureuse avec lui et qu'elle ne le rendrait pas heureux… Cela témoigne d'une grande force de caractère car elle refuse ainsi le rang le plus élevé qui soit. » À vrai dire le choix était vite fait : Nicky est charmant et fou amoureux alors qu'Eddy est un mollasson dont le quotient intellectuel est très au-dessous de la normale. Vicky a proposé une de ses filles, mais Eddy la trouve trop laide. Si bête soit-il, il est tombé amoureux d'Hélène d'Orléans, la fille du comte de Paris, prétendant au trône de France. Hélène est catholique, mais prête à se convertir et, au mois d'août 1890, les deux jeunes gens sont à Mar Lodge, près de Balmoral, d'où ils vont rendre visite à grandmamma. Victoria ne résiste pas à la romance et elle promet de les aider à se marier. Salisbury, en cure à La Bourboule, envoie, affolé, son neveu Arthur Balfour à Balmoral. La reine tient bon, mais c'est le comte de Paris qui interdit à sa fille de changer de religion.

Sous sa tente blanche à franges vertes, Victoria, son énorme chapeau sur la tête et couverte de ses nombreux châles, passe six heures par jour à son courrier, sous la protection de la grande statue de Brown. À ses filles s'ajoutent désormais une ou deux petites-filles qui l'aident à se déplacer d'un fauteuil à un autre et lui lisent le journal, qu'elle n'a jamais lu elle-même de sa vie. Sa vue baisse. Elle se plaint des chandelles qui n'éclairent plus comme avant et réclame régulièrement à Salisbury et à Ponsonby d'écrire plus noir et plus gros.

Pendant une heure chaque jour, elle parle avec son médecin, le docteur Reid, de ses petits maux. En 1889, Victoria a à son service trois médecins de la cour, dix médecins honoraires, trois accoucheurs, deux oculistes, un médecin pour les enfants, quatre médecins du palais honoraires, un dentiste et neuf apothicaires. Sa masseuse d'Aix-les-Bains vient quinze jours par an à Balmoral.

En décembre 1889, elle a glissé dans sa baignoire et s'est luxé la jambe gauche. Mais, en dehors de ses rhumatismes, à soixante et onze ans, elle se porte à merveille. Selon ses médecins, la paresse de ses jambes est d'origine psychosomatique. Depuis la mort de Brown, elle croit qu'elle ne peut plus marcher mais, en octobre 1890, elle se vante d'avoir dansé des quadrilles deux soirs dans la même semaine : « Nous avions un joli petit orchestre de huit musiciens qui jouaient avec autant d'entrain que ceux de Strauss... »

Son considérable état-major médical s'occupe plus de la cour et de sa famille que d'elle-même. Lors d'une chasse de fin d'année, Arthur blesse malencontreusement son beau-frère Christian de Schleswig-Holstein. Le mari de Lenchen est atteint au visage et on doit lui enlever un œil. Béatrice accouche à nouveau et cette fois d'un fils. En décembre 1891, son petit-fils Georgie, le frère d'Eddy, guérit d'une mauvaise typhoïde.

Le docteur Reid est aussi en charge des domestiques et surtout des Indiens. La reine lui envoie à leur sujet des notes de quinze pages : « Elle est avec eux comme une mère qui viendrait d'adopter des enfants éloignés de leur pays », dit le médecin. À Windsor, Abdul a un abcès au cou. On lui met des cataplasmes. Victoria vient deux fois par jour le voir dans sa chambre et arrange ses oreillers. Les Indiens abusent de son indulgence. En 1889, Abdul a déclaré qu'il n'était pas un domestique et la reine a acquiescé : « J'ai eu tort de l'affecter à mon service de table. »

Élevé au rang de *Munshi*, l'équivalent du titre de professeur, il est odieux avec les autres Indiens, insupportable à toute la cour mais Victoria le défend systématiquement. Au cours de l'été 1889, une broche de la reine a disparu pendant une promenade en voiture.

Le bijou est un cadeau de son gendre Louis de Hesse et Victoria y tient. On le retrouve quelques semaines plus tard chez un bijoutier de Windsor qui déclare qu'elle lui a été vendue par le beau-frère du Munshi.

Quand on lui rapporte les explications du bijoutier, Victoria entre dans une colère royale : « Voilà, ce que vous Anglais, vous appelez la justice. Ce garçon est un modèle d'honnêteté et de droiture qui n'aurait jamais volé quoi que ce soit, mais c'est une coutume indienne de garder pour soi quelque chose qu'on a trouvé. » Et elle refuse qu'on lui reparle de cette misérable affaire.

Le 17 octobre 1890, le Munshi l'accompagne à Glassalt Shiel. Elle n'y est jamais retournée depuis la mort de Brown. Elle y passe la nuit en compagnie de Béatrice et de ses femmes de chambre : Emily Ampthill et Minnie Cochrane.

Aussi sacrées que ses Indiens, ses vacances en France se déroulent invariablement de la semaine sainte à la fin avril. En 1890, elle s'est rendue pour la troisième fois à Aix-les-Bains où elle a acheté une propriété. Le paysage lui rappelle Balmoral et le climat celui d'Osborne en plus doux. Mais elle a tellement mauvais temps qu'elle décide de ne plus y retourner. Elle revendra son domaine quelques années plus tard, tout comme son chalet de Baden-Baden : « Cela revient trop cher d'entretenir une maison si loin pour y venir quinze jours par an. » Elle ne veut plus entendre parler de la côte basque : la végétation y est trop maigre et le vent trop violent. Elle raffole de la Côte d'Azur avec ses orangers, ses palmiers, ses cyprès, la mer si bleue, les fleurs si parfumées…

Au printemps 1891, elle est à Grasse. Avec sa suite, elle occupe tout le Grand Hôtel dont la vue sur les champs de roses s'étend jusqu'à la mer. Par beau temps, on peut même apercevoir la Corse. La reine se fait livrer une paire de jumelles ultra-sophistiquées conçues par l'astronome Camille Flammarion.

La veuve de Léo est à Cannes, Victoria va lui rendre visite. Mais elle fait tout pour éviter le frère d'Albert qui réside dans les parages. L'odieux duc Ernest, qui ne se décide pas à mourir, a une très mauvaise influence sur le fils d'Affie, le jeune Alfred, qui vit à Cobourg. Afin qu'elle puisse se promener tranquillement, Alice de Rothschild lui a prêté le parc immense de sa villa. On y a ouvert une route pour la voiture traînée par Jacquot. Louise et Béatrice sont allés voir les Fragonard mais sans leur mère. Elle regrette que les environs soient si sauvages. Elle écrira plus tard à Vicky : « Je dois dire que j'aime les boutiques et les villes étrangères. Elles m'amusent. » Les vacances grassoises sont aussi gâchées par des rhumes, des grippes et le docteur Reid court d'un lit à l'autre.

Elisabeth, sa première femme de chambre, meurt du tétanos, à trente-huit ans, en se piquant avec une aiguille. La reine contrôle tous les détails des funérailles. Elle refuse qu'on laisse la dépouille une nuit au cimetière la veille de l'enterrement : « À cette idée, toute mon âme et mon corps se révoltent. » Elle est aussi émue que s'il s'agissait d'un membre de sa famille.

À Londres, Salisbury gouverne, avec une nonchalance aristocratique, les affaires du royaume. Elle apprend que, pressé par Bertie, l'apathique Eddy s'est décidé à demander la main de la princesse May, fille de Mary-Adélaïde de Cambridge, la très populaire « grosse Mary », duchesse de Teck et cousine de la reine. En novembre, la blonde May subit son examen de passage à Balmoral. Vicky, qui n'a pas renoncé à caser sa fille, la juge « superficielle ». Mais Victoria la trouve convenable : « Elle n'a pas de goût frivole, elle est bien élevée. » Seule May s'inquiète : elle connaît si peu son fiancé. La date du mariage est fixée au 27 février, quatre mois plus tard. En décembre, la reine leur attribue un appartement du palais St. James et les entraîne au mausolée pour y recevoir la « bénédiction d'Albert ».

Victoria espère que le jeune marié sera plus *discreet* que son père. Car Bertie vient d'être mêlé à deux scandales, déchaînant les foudres d'une presse britannique dont le pouvoir est plus grand encore que celui de toutes les institutions du royaume. Deux de ses partenaires de baccara s'opposent dans une affaire d'honneur. L'un accusant l'autre de tricherie, l'arbitrage de Bertie est requis par les juges et les journaux en profitent pour dénoncer l'oisiveté du prince de Galles, sa vie entière consacrée au jeu et aux femmes. De Berlin, Willy envoie à son oncle une lettre moralisante lui reprochant de jouer « avec des partenaires qui pourraient être ses fils ».

Victoria se plaint à Vicky de son humiliation « à voir le futur roi traîné dans la boue (et pour la seconde fois) ». Et comme si cela ne suffisait pas, Bertie est tombé amoureux de lady Brooke, l'ex-maîtresse de lord Beresford. L'amant éconduit adresse un ultimatum : Bertie doit oublier lady Brooke ou il racontera toute l'affaire à la presse. La reine, le cœur brisé, supplie Salisbury de négocier un compromis avec le fougueux lord. Mais Alix est si fâchée qu'elle refuse d'assister aux fêtes du cinquantième anniversaire de Bertie qui est si peu son mari.

Le 4 janvier Eddy donne une réception à Sandringham pour son vingt-huitième anniversaire. May est invitée avec ses parents. La veille, le jeune prince, qui a pris froid au retour d'une chasse, s'alite avec une forte grippe. Moins d'une semaine plus tard, il délire, appelle Hélène, son ancienne fiancée française. Il meurt le 14 janvier.

La reine est à Osborne et ses médecins lui déconseillent de rentrer pour l'enterrement. On craint qu'elle n'attrape la grippe à son tour. Les journalistes se creusent la tête pour écrire l'éloge funèbre. Personne ne trouve la moindre qualité au prince héritier sauf une certaine gentillesse. Mais la mort auréole le fiancé insignifiant d'une gloire qu'il n'aurait jamais connue s'il avait vécu. La pauvre May penchée sur le cercueil pour y déposer la couronne de fleurs d'orangers destinée à son mariage fait la une de tous les journaux. L'Angleterre a les larmes aux yeux.

« Depuis la maladie de Georgie, tout va mal ! » écrit la reine à Vicky. Elle vient d'apprendre que Louis de Hesse, le mari d'Alice, a été frappé d'une attaque cérébrale. Le 13 mars, son gendre meurt à son tour : « Cher vieux Darmstadt, et le joli palais, et les délicieuses promenades, le cher Louis m'emmenant partout où il pensait que cela me ferait plaisir, m'accompagnant ou conduisant lui-mêmc la voiture attelée de quatre chevaux comme il aimait tant le faire, et les charmants petits dîners, etc., tant, tant de plaisirs… »

Son voyage sur la Côte d'Azur est programmé pour la semaine suivante. La reine ne le remet pas. Elle a besoin de soleil et part avec Béatrice et Patricia de Connaught, la fille d'Arthur. En grand deuil, elle voyage dans son train dont les stores demeurent obstinément fermés : « Les Indiens attirent les regards. Ils portent un long vêtement grenat bordé d'un galon d'or et orné sur la poitrine de la couronne impériale surmontant les lettres V. I. R entrelacées et brodées en or. Pantalons et ceintures blancs, turban jaune clair », écrit le correspondant du *Figaro.*

Elle s'installe à quatre kilomètres de Hyères, à Costebelle, lieu de prédilection d'une colonie anglaise qui y a même son église anglicane. L'hôtel est modeste, mais des cloisons ont été abattues et le sol recouvert d'un tapis rouge-brun, « sa couleur préférée », croit savoir le journaliste du *Figaro.* Les lits en cuivre sont arrivés de Windsor et les voisins ont mis leurs jardins de Hyères à la disposition de la reine : « Le plus important est la succursale du jardin d'Acclimatation du bois de Boulogne. Là sont élevées les plantes d'appartement et cueillies les premières fraises que Paris va bientôt savourer. » Les huit chevaux gris et Jacquot attendent leur royale maîtresse.

Victoria a décommandé toutes les festivités officielles. Arthur et sa femme, Louischen, sont à l'hôtel d'Albion voisin. Et Henri de Battenberg attendu avec son yacht *Roxana.* Béatrice a son appartement juste au-dessus de celui de sa mère avec un petit salon charmant dans lequel ont été installés tous ses instruments de musique.

Avant son départ, Victoria rend visite à Salisbury qui possède un château, la Bastide, à Beaulieu. Le train l'emmène en Allemagne pour un pèlerinage à Darmstadt et surtout pour rappeler à Ernie, nouveau grand-duc de Hesse, « ses devoirs ». Artiste et fou de poésie, Ernie qu'on surnommera le « grand-duc rouge » professe comme sa sœur aînée des idées progressistes. Grand mamma juge qu'à vingt-quatre ans, son petit-fils doit se marier. Une femme l'aidera à tenir son rôle de prince. La reine lui suggère sa cousine Ducky, la fille d'Affie.

En Angleterre, les libéraux gagnent du terrain. À quatre-vingt-trois ans, Gladstone est plus populaire que jamais. Même à l'étranger, le « Great Old Man », G.O.M, est applaudi par les journalistes. De nouvelles élections sont prévues en juillet et, hélas, la campagne libérale est cette fois encore menée à un train d'enfer avec de grands meetings de masse. À Édimbourg, Rosebery fait un discours que la reine trouve « presque communiste ».

Et le cauchemar se réalise. Après cette série de deuils épouvantables, Victoria doit faire revenir son ennemi à la tête du gouvernement. Cette fois, elle charge Ponsonby de lui dire qu'elle sera « très déterminée sur tout ce qui concerne l'honneur, la dignité et la sécurité du vaste empire qui lui a été confié et qu'elle entend transmettre intact à ses enfants et aux enfants de ses enfants ». Elle ajoute qu'elle veut bien changer de Premier ministre mais non de politique. Elle écrit dans son journal : « Il me semble que c'est à cause d'un défaut de notre Constitution, pourtant renommée dans le monde entier, que je dois me séparer d'un admirable gouvernement comme celui de lord Salisbury alors qu'aucune question vitale ne m'y oblige, aucune raison particulière, sinon le simple nombre des suffrages. » Elle n'y voit aucune incongruité. Le whig Melbourne menait une politique conservatrice. Palmerston a commencé sa carrière chez les tories avant de devenir libéral. Peel était le leader du party tory quand il défendait le libre-échange. Le caméléon Disraeli a changé lui aussi plusieurs fois de discours.

Gladstone, hélas, n'a, lui, pas changé de programme : *Home Rule* pour l'Irlande et, puisque la Chambre des lords s'y est toujours opposée, il faut la réformer.

Victoria est à Osborne lorsque Salisbury lui remet sa démission en août. Les bateaux font la navette avec nouveaux et anciens ministres : « Jamais je n'oublierai ma dernière entrevue en qualité de ministre », écrit dans son journal le fidèle de Disraeli, Gathorne-Hardy, âgé de soixante-dix-huit ans. En lui tendant la main, la reine éclate en sanglots. Une fois de plus, elle ne respecte pas la règle de neutralité du souverain. Elle écrit à lord Lansdowne, vice-roi des Indes, qu'elle « ressent plus que jamais l'importance de s'appuyer en Inde sur un vice-roi aussi capable… Voilà les grands intérêts du pays, de l'Empire et de l'Europe confiés à la main tremblante d'un vieillard méchant et qui a perdu le sens des réalités… L'épreuve est terrible mais grâce à Dieu, cela ne devrait pas durer. La nouvelle majorité est déjà divisée et tout dépend du seul vote des Irlandais ».

Elle redoute le vent de modernisation qui souffle sur le pays. Le nouveau ministre de la Guerre, Campbell-Bannerman, juge intolérable que le duc de Cambridge soit toujours chef des armées depuis son retour de Crimée en 1856. Ses collègues protestent contre le surcroît de travail imposé à leurs secrétaires : la reine refuse toutes les notes dactylographiées. On ne doit lui présenter que des documents manuscrits, ce qui oblige à tout réécrire.

Victoria n'aborde pourtant plus avec ses ministres que des sujets d'importance dérisoire. Elle aime moins que jamais la politique et laisse Gladstone s'entendre avec Ponsonby qui professe des opinions libérales comme presque toute la cour. Le Premier ministre a gardé la liste des sujets évoqués avec la reine lors d'une audience en novembre :

1) Questions à la reine sur sa santé.
2) Les brouillards de Londres et de Windsor.
3) Le poète lauréat William Watson.
4) La duchesse douairière de Sutherland…
5) Le mariage de Roumanie : la fille d'Affie, Missy, doit épouser Ferdinand de Roumanie.
6) Lord Acton : pas encore personnellement connu de la reine…
7) L'état de santé de lady Kimberley.
8) Mrs. Gladstone a-t-elle toujours un neveu professeur à Eton ?
9) Le doyen Wellesley…
10) Le doyen de Petersborough.
11) La santé de l'évêque de Rochester.
12) La misère des agriculteurs (SM semblait encline à l'imputer aux « considérables importations »).
13) Une commission à ce sujet (pas souhaitée).

Aucun sujet de fond n'est abordé. Gladstone parle de ses audiences comme d'« impostures ». Pour la reine, « l'imposteur, c'est lui ». Elle n'accepte pas qu'il soit toujours, à un âge aussi avancé, l'homme le plus populaire du royaume.

Mais, en deux ans, Gladstone n'arrive pas à régler le problème irlandais. Il passe des mois à rédiger un nouveau texte de loi. Quand ses ministres s'impatientent, il leur répond : « Je réfléchis. » Il multiplie les voyages en France, à Paris, Cannes, Biarritz, en prétendant qu'il n'entend plus que la moitié des débats parlementaires. Adopté par les Communes, le *Home Rule* est repoussé par la Chambre des lords après quatre-vingt-deux jours de débat. En refusant d'augmenter les crédits de la marine, le Great Old Man mécontente tous ses ministres. Prétextant une fois de plus son âge et ses infirmités, il démissionne le 2 mars 1894, car il ne suffit pas d'avoir des idées généreuses et audacieuses, il faut aussi de l'habileté pour les faire accepter par le monde politique. Gladstone était trop impérieux, trop habité par sa mission. La paix en Irlande n'aura pas lieu.

La reine lui souhaite « le silence et le calme ». Il note amèrement : « Voilà tout ce qui me reste de mes cinquante et une années passées au conseil de Sa Majesté. » Lord Rosebery, aristocrate dilettante et brillant, le remplace. Veuf d'Hannah de Rothschild, lointaine cousine d'Alice et de Ferdinand de Rothschild dont Victoria est très proche, il est lord. Ce qui ne l'empêche pas, dans un grand discours à Bradford, de dénoncer la Chambre des lords comme « un grave péril national ». Dans le discours du trône, il écrit : « La Chambre des Lords ne représente rien ni personne. » La reine, persuadée que la monarchie ne survivrait pas à la disparition des nobles lords, veut faire supprimer la phrase. Mais ce qui occupe par-dessus tout le Premier ministre, c'est le Derby, qu'il gagne à deux reprises.

Toute la gentry se passionne pour cette course qui marque la fin de la saison londonienne. La reine est la seule à ne jamais mettre les pieds sur un hippodrome. Ses passions à elle, ce sont la musique et le spectacle.

On compte à Londres plus de quarante théâtres tous éclairés au gaz. La famille royale ne manque aucune des grandes premières. Victoria n'y est plus guère allée depuis la mort d'Albert, mais les spectacles lui manquent trop. Quand une pièce ou un opéra connaît un grand succès, elle fait venir la troupe à Windsor où la grande galerie de Waterloo se transforme en salle de théâtre.

Le 6 mars 1891, elle a assisté à une représentation des *Gondoliers* de Gilbert et Sullivan et quinze jours plus tard au mélodrame *Une paire de lunettes*. En 1892, l'imprésario sir Augustus Harris a déplacé sa production de *Carmen* de Covent Garden. L'opéra a été créé en France depuis vingt ans mais la reine l'entend pour la première fois. Cette histoire d'une furieuse passion la transporte. La Calvé est « la plus grande actrice et une splendide chanteuse ». L'année suivante, la diva française revient chanter pour elle *Cavalleria Rusticana* et *L'Ami Fritz*, puis en 1894 une œuvre de jeunesse de Gounod, *Philémon et Baucis*, et l'opéra de Massenet *La Navarraise* dans lequel elle trouve à nouveau la Calvé « trop splendide ». Une petite fille de Feodora lui offre le buste de la Française qu'elle a sculptée elle-même et deux petites statuettes de la diva dans *Carmen.*

En mars 1893, l'illustre acteur shakespearien Henry Irving, directeur du plus fameux théâtre de Londres, le Lyceum, vient lui présenter un *Becket* réécrit par son poète favori Tennyson. En tournée à Londres, la Comédie-Française joue, à Windsor, un vaudeville de Meilhac et Halévy, *L'Été de la Saint-Martin,* et le lendemain le mélodrame d'Émile de Girardin, *La joie fait peur.* Le célèbre Coquelin, créateur de Cyrano, interprète des monologues pour Sa Majesté. En Écosse, elle profite aussi des tournées. En 1894, la compagnie du Haymarket donne deux représentations à Balmoral. L'année suivante, la compagnie du théâtre St. James joue pour elle *Liberty Hall.* On ne l'a jamais vue rire d'aussi bon cœur.

En 1895, elle anoblit Irving. C'est la première fois qu'un comédien reçoit un tel honneur. Après la formule rituelle, elle ajoute : « Je suis tellement, tellement contente. »

Liko, le mari de Béatrice, est aussi fou de théâtre que sa bellemère. Il monte des pièces et des tableaux vivants dans lesquels il joue en compagnie de sa femme, de ses belles-sœurs, des membres de la cour et même des Indiens. Avant d'être engagées, il est demandé aux dames d'honneur de savoir jouer du piano, chanter mais aussi jouer la comédie. Victoria n'aime rien tant qu'assister aux répétitions et donner son avis. En 1893, dans *She stoops to conquer* (Elle s'abaisse pour conquérir), un classique de Goldsmith, Louise joue le rôle de la barmaid et Fritz Ponsonby lui prend le menton. Victoria lui envoie une note pour lui dire qu'il n'est pas obligé d'aller si loin. Le lendemain Fritz reste à deux pas de Louise, alors vient un nouveau message : cette fois il est trop distant. La vedette de la cour est l'homosexuel et plein d'esprit Yorke. Louise l'adore. La reine aussi. C'est à lui qu'elle lance un jour sa fameuse réplique : *We are not amused.* Dans un dîner, Yorke racontait une histoire qui faisait rire l'autre bout de la table et qu'elle n'avait pas entendue. La reine déteste par-dessus tout être tenue à l'écart des conversations et des distractions. Son petit-fils Willy, l'empereur Guillaume II, gardera le souvenir d'une Victoria bien différente de sa sévère légende, riant aux larmes à table : son voisin l'amiral Foley venait de lui raconter le naufrage de son yacht. Puis la reine lui avait demandé des nouvelles de sa sœur. L'amiral, un peu sourd, croyant qu'elle parlait toujours du bateau, répondit : « Je l'ai retourné, et après un bon coup d'œil à son fondement, je l'ai gratté énergiquement. » Sa petite-fille Alice confirmera : « Oh ! mais ma grand-mère adorait s'amuser. Tant de choses la faisaient s'esclaffer. Je me souviens d'elle étouffant littéralement sous les fous rires... »

C'est d'ailleurs avec Yorke que la reine chante un soir un duo de Gilbert et Sullivan.

Il lui demande : « Jolie fille veux-tu m'épouser ? »

Elle réplique de sa voix de soprano : « Cher monsieur, j'y suis toute disposée » et s'interrompt pour lui dire : « Vous savez, j'ai pris des leçons de chant avec Mendelssohn. »

Si elle avait pu, elle aurait été une merveilleuse comédienne. À dix-huit ans, toute la cour s'étonnait de la voir si bien jouer son rôle de jeune reine. À près de soixante-quinze ans, elle met encore en scène ses apparitions avec une maîtrise qui subjugue les foules anglaises et étrangères.

À Florence, lady Paget écrit dans son journal : « La reine fait généralement attendre sa voiture pendant une heure. Elle a fini par sortir après avoir été précédée par un nombre infini de couvertures, châles, ombrelles et matériel à dessin. On a poussé à côté de la voiture des marches garnies de tapis, puis un Écossais à cheveux gris d'un côté et un Indien en turban jaune citron de l'autre ont soulevé la vieille dame pour la déposer dans le grand landau. Le robuste Écossais a fermé la portière de la voiture après que les autres dames y furent montées tandis que l'Indien, de ses délicates mains brunes, a tiré le voile de gaze sur le visage de la reine. De sa voix jeune et argentine, elle a crié alors "Au ponte Vecchio." » Ses serviteurs en kilt ou en turban font partie du décor et accroissent sa légende. L'année suivante, un photographe florentin installera dans la vitrine de sa boutique un grand cadre avec neuf photos de Victoria et au centre celle du Munshi dont les journaux ne cessent de parler. Comme autrefois en Suisse avec Brown, la rumeur court vite et les passants assureront que la reine d'Angleterre est amoureuse d'un prince indien.

Elle rentre pour le mariage de son petit-fils Georgie avec May de Teck. L'idée s'est peu à peu imposée de voir la pauvre fiancée épouser le nouvel héritier du trône. Victoria l'espérait depuis la mort d'Eddy. Alix n'était pas contre. Sa sœur Dagmar a épousé Alexandre III de Russie après avoir été fiancée à son frère aîné mort de tuberculose sur la Côte d'Azur. Le tsar est représenté par son fils Nicolas, Nicky, qui ressemble à s'y méprendre au jeune marié, son cousin. Ils poseront ensemble pour une photo que Victoria conservera précieusement.

Aux régates de Cowes, une fois de plus, le yacht de Willy bat celui de Bertie le *Britannia*. Le prince de Galles, furieux, déclare qu'il ne participera plus à ces régates, « maintenant que Willy en est devenu le patron ». Le vaniteux empereur d'Allemagne veut aussi son domaine colonial. En 1895, Londres et Berlin se sont partagé les deux sommets enneigés de l'Afrique : le Kilimandjaro et le Kenya. Au mépris des tribus, le découpage entre le Kenya anglais et la Tanzanie allemande est tracé pour que Willy et grand mamma possèdent chacun sa montagne couronnée de neiges éternelles.

Au retour de son troisième séjour à Florence, en avril 1894, la reine se rend à Cobourg, pour le mariage tant espéré de ses deux petits-enfants. Ernie de Hesse épouse sa cousine germaine Ducky devant le plus grand rassemblement de princes et de têtes couronnées jamais vu sur le continent. Victoria pleure lorsque les jeunes mariés échangent leur serment de fidélité dans la splendide chapelle baroque et rose du château. Au-dessus de l'autel, il y a la chaire d'où Albert écoutait les sérieux prêches luthériens et au-dessus encore l'orgue sur lequel son ange bien-aimé jouait des fugues de Bach. C'est la première fois qu'elle revient à Cobourg depuis dix-huit ans. Pour éviter toute fatigue, on a doté le château d'un ascenseur qui la mène directement dans sa chambre.

Son Munshi ne la quitte pas, ce qui provoque la colère de son fils. Autrefois, Affie se disputait déjà violemment avec sa mère au sujet de Brown. Il déclare à Ponsonby qu'il ne veut pas de l'Indien au milieu des invités à la cérémonie religieuse du mariage. Victoria est indignée. Placé avec les domestiques dans les galeries, le Munshi repart vexé et envoie à la reine un mot de protestation qui la fait longuement pleurer. Elle lui accorde une calèche et un domestique pour qu'il puisse visiter les environs comme un prince.

Elle pleure encore d'attendrissement lorsque Alicky vient lui présenter son fiancé qu'elle appelle le « césarevitch ». Nicky a amené avec lui un pope russe chargé de convertir la jeune fille à la religion orthodoxe. Toute la famille se retrouve en juillet pour le baptême du fils de Georgie et de May. Le bébé porte sept prénoms : Édouard, Albert, Christian, George, Andrew, Patrick, David. On l'appellera David. Il sera duc de Windsor et abdiquera en 1936. La cérémonie a lieu à la chapelle royale du palais St. James où Victoria s'est mariée et où elle n'a pas voulu remettre les pieds depuis qu'elle est veuve.

La reine pose pour le photographe avec trois générations d'héritiers du trône : Bertie et Georgie se tiennent derrière elle avec la même redingote gris perle et une fleur blanche à la boutonnière. Ils ont la même moustache et la même barbe en pointe. Bertie n'est pas si grand, mais Georgie encore plus petit. De son père, il a hérité un bégaiement qu'il n'arrivera jamais à corriger. La reine, assise dans un fauteuil de tapisserie, tient, sur ses genoux, David dans sa longue robe blanche de baptême qu'elle contemple avec satisfaction. Il est né le jour où, en France, le président Carnot a été assassiné par un Italien : « Le contraste est trop affreux. C'est comme le meurtre de Henri IV. On ne devrait pas permettre à la foule de s'approcher aussi près de la voiture. Ce n'est pas sûr. »

Elle a désormais vingt et un arrière-petits-enfants qui l'appellent « gangan ». Il y a parfois cinq anniversaires le même jour. Baptêmes et mariages se succèdent à un rythme effréné avec la confection des trousseaux, les listes d'invités et les innombrables cadeaux. Nicky a apporté à sa fiancée une bague et un collier de grosses perles roses, un bracelet orné d'une énorme émeraude, une broche de diamants et de saphirs et un sautoir de perles créé pour elle par Fabergé. Comme sa grand-mère, Alicky adore les bijoux. Mais Victoria ne peut s'empêcher de la sermonner : « Ne va pas faire ta pimbêche ! »

À l'automne, le tsar se meurt et Victoria « frissonne » en pensant qu'un jeune homme si doux, avec ses charmants yeux bleus, va monter sur le trône. Nicky a vingt-six ans mais a toujours dit : « Je n'ai jamais voulu être tsar. » Seule consolation, les deux fiancés sont plus amoureux que jamais et Victoria, attendrie, oublie sa haine des Russes pour convenir, avec Rosebery, que cette union pourrait enfin améliorer les relations entre l'Angleterre et la Russie.

Le mariage est célébré le 26 novembre à Saint-Pétersbourg. Ce soir-là, la reine donne, à Windsor, un grand dîner et porte un toast « à l'empereur et à l'impératrice, ma petite-fille chérie ». Derrière sa chaise se tiennent ses serviteurs indiens. Ce sont eux désormais qui la portent d'une pièce à l'autre dans un fauteuil doré, comme une maharanée.

À Balmoral, Victoria a donné une maison à son Munshi : Karim Cottage. Elle lui en offrira deux autres : Frogmore Cottage à Windsor et Arthur Cottage à Osborne. L'Indien a fait venir sa femme qui est « grosse et pas laide du tout, un teint délicatement chocolat, somptueusement vêtue avec des anneaux aux mains et dans le nez, un petit miroir serti de turquoises attaché au pouce et sur tout le corps des chaînes, des bracelets, des boucles d'oreilles. Sur la tête un voile rose lourdement bordé d'or et partout des draperies de soie et de satin », écrit une dame d'honneur. Une autre s'exclame : « On se croirait dans les faubourgs de Calcutta. »

Le vice-roi des Indes a écrit à la reine qu'il ne pourrait plus lui envoyer de dépêches confidentielles si elle continuait à les montrer à son Munshi. Victoria souhaiterait que le Foreign Office lui trouve un emploi officiel. Mais elle se heurte à une opposition catégorique. Elle se rattrape en le nommant compagnon de l'ordre de l'Empire indien.

L'hiver est polaire. En février, il neige à Londres et la température atteint – 22° dans certaines provinces d'Angleterre. Le givre couvre toujours les prairies d'Osborne lorsque la reine s'embarque pour Cherbourg le 13 mars. Deux jours plus tard, son train s'arrête à seize heures « sans une minute de retard » à Nice. Le Grand Hôtel de Cimiez est fin prêt pour l'accueillir, avec son ascenseur tout neuf et les murs de ses appartements blanchis à la chaux. Elle a fait enlever tous les papiers peints et bâtir des écuries pour son équipage et pour Jacquot. Le temps est merveilleux, la vue sur la baie des Anges, la plus belle du monde.

Un tramway électrique a été construit afin de permettre aux curieux de monter de Nice à Cimiez sans se fatiguer. Ils affluent chaque jour dans l'espoir d'apercevoir la souveraine. Pour son premier soir, son chef français lui a préparé un menu « d'une grande simplicité », dit-il. Huits plats : potage crème de riz, filets de sole, éperlans frits, croquettes de volaille aux truffes, noisettes d'agneau aux pointes d'asperge, canetons rôtis aux petits pois, pudding soufflé au chocolat et glace aux fraises.

Quatre Écossais en kilt et quinze Indiens à turbans jaunes font partie de la centaine de personnes qui l'accompagnent. Ses dames d'honneur ne l'ont jamais vue aussi radieuse et bien portante.

Le 21 mars, elle assiste à la bataille de fleurs sur la promenade des Anglais. Béatrice et sa petite-fille Victoria de Schleswig-Holstein sont déjà montées dans la tribune quand la reine arrive en calèche, saluée par le *God save the Queen.* Elle regarde défiler les chars fleuris, assise dans sa voiture. Elle ne veut plus monter et descendre des marchepieds. On la porte d'un siège à l'autre.

Les jeunes filles en robe niçoise et chapeau de paille qui jettent des pétales par poignées sur la foule, au milieu des cris et des chansons provençales, l'enchantent. La gaieté, les couleurs et les parfums de Nice l'ont conquise. Elle a toujours aimé les fleurs, presque plus encore que les diamants. Chaque soir, une dame d'honneur l'attend à la sortie de ses appartements avec un bouquet qu'elle offre à Sa Majesté et que celle-ci dépose sur la table du dîner à la droite de son assiette.

Elle rentre en Angleterre en passant par l'Allemagne pour visiter le superbe château de Friedrichshof où, depuis la mort de Fritz, Vicky s'adonne à sa passion de la décoration et du jardinage avec autant de talent que son bien-aimé papa. Darmstadt est à quelques kilomètres. La reine rend visite à Ernie et Ducky. Après un an de mariage, le jeune couple ne s'entend déjà plus. En Russie, au mariage d'Alicky, la rumeur courait que Ducky était tombée amoureuse du grand-duc Cyrille pendant qu'Ernie n'avait d'yeux que pour de jeunes écuyers. Mais comme pour Louise et Lorne, grand mamma ne veut pas entendre parler de divorce. « Un couple marié doit être enchaîné et inséparable », répétait Albert.

À Windsor, elle retrouve un Premier ministre épuisé. Rosebery a perdu le sommeil. À soixante-seize ans, le duc de Cambridge s'accroche plus que jamais à son poste de chef des armées. La presse s'en indigne. Victoria aussi quand on lui apprend que son cousin réclame en échange de sa démission une pension, ce qu'elle trouve « grotesque » car il reçoit déjà quatorze mille livres par an et jouit d'une résidence pour laquelle il ne paie ni loyer ni impôt. Le 4 mai, elle lui envoie une lettre pour lui demander « poliment » de quitter son commandement. Elle réitère sa demande quinze jours plus tard. Il faudra attendre le 21 juin pour que l'opiniâtre cousin cède. Entre-temps, le gouvernement de coalition est tombé. Les ministres n'arrivaient même plus à s'adresser la parole.

Avec le départ des libéraux, la Chambre des lords est sauvée, la monarchie hors de danger. Ah ! si seulement Arthur pouvait remplacer son oncle Cambridge à la tête des armées comme Salisbury le lui a promis, Victoria serait la plus fière des mères, la plus comblée des reines !

25.

Mais lord Salisbury a changé d'avis ! Sir Wolseley, commandant en chef en Égypte, remplace le duc de Cambridge. Arthur n'est que commandant en chef d'Aldershot. Une décision qui crucifie la reine au moment où des nouvelles accablantes arrivent d'Afrique.

« J'aimerais attirer votre attention sur l'Afrique. Je retourne là-bas pour ouvrir une route au commerce et au christianisme. Poursuivrez-vous le travail que j'ai commencé ? » déclarait Livingstone dans une conférence à l'université de Cambridge en 1857.

Quarante ans plus tard, le grand explorateur-missionnaire doit se retourner dans sa tombe. L'Angleterre a laissé le Congo tomber aux mains des Belges, la France se tailler un grand empire à l'ouest et au centre du continent. Et l'Allemagne s'est s'appropriée la Tanzanie. Perdu avec Gordon, le Soudan n'a pas été récupéré. Et si le Kenya et l'Ouganda sont passés sous protectorat britannique, en 1892, l'Imperial British East Africa Company, qui construisait le chemin de fer entre Mombassa et le lac Victoria, a été déclarée en faillite.

C'est en Afrique du Sud que sont concentrées les mines d'or et de diamants. C'est là aussi que convergent toutes les convoitises. Premier ministre de la colonie du Cap depuis 1890, le cupide Cecil Rhodes lorgne vers les trésors du Transvaal, petite république boer à laquelle Gladstone a accordé l'indépendance en 1881.

Depuis des années, la découverte de gisements considérables autour de Johannesburg et de Pretoria attire au Transvaal une foule d'immigrants à quatre-vingts pour cent britanniques. Les Boers, fermiers protestants et pacifistes, voient arriver avec appréhension cet afflux de chercheurs d'or anglais qu'ils appellent les *Uitlanders*, « Ceux du dehors ». Le président Kruger est un Boer pur sang. Il reçoit ses députés à l'entrée de sa ferme, la pipe à la bouche et, à la main, la bible où il puise l'inspiration de ses lois. Il taxe lourdement les profits des mines d'or : les trois quarts des revenus de la république proviennent des Uitlanders.

Les Britanniques réclament une naturalisation qui leur permettrait de payer moins d'impôts. Kruger refuse. En dehors des cinq cent mille Noirs, le Transvaal compte quatre-vingt mille Uitlanders et seulement soixante mille Boers. S'il donnait satisfaction aux étrangers, la république cesserait d'être boer. Pour sauvegarder l'âme de son pays, il achète des canons aux usines Krupp et à la manufacture du Creusot.

Ce Transvaal avec ses trésors hante les nuits de sir Cecil Rhodes. À la conquête des femmes, il préfère celle des territoires : « J'annexerais les planètes si je pouvais », répète le corpulent ministre du Cap. Il vient d'ailleurs de pousser l'expansion vers de nouvelles terres au nord du Transvaal dont il a obtenu la concession et qui s'appelleront bientôt la Rhodésie. Elles sont exploitées par la South Africa Company dont il est le patron. La reine l'a fait chevalier et il est membre de son conseil privé. Il rêve d'unir tout le sud du continent africain sous le drapeau britannique.

Il suffirait d'annexer la république boer ! Un soulèvement des Uitlanders serait un bon prétexte pour renverser l'intraitable Kruger ! Il fait passer le message aux Anglais de Johannesburg qui créent un comité de soixante-quatre membres. Deuxième acte de la machination : Rhodes place à la frontière du Transvaal une brigade de cinq cents policiers et volontaires avec, à leur tête, son bras droit, un médecin, le docteur Jameson. Troisième acte : les membres du comité de Johannesburg envoient un appel écrit à Jameson déclarant leur sécurité en danger. Le 29 décembre 1896, la troupe s'ébranle en chantant *God save the Queen* après avoir vidé quatre cents bouteilles de champagne fournies par la South Africa Company de Rhodes.

Averti, Kruger fait arrêter à Johannesburg les soixante-quatre membres du comité et, harcelant la colonne de Jameson, il dirige les Britanniques sans un coup de feu vers le cul-de-sac de Dornkop aux portes de la capitale. On ne déplore aucun blessé du côté boer et seulement dix-sept morts chez les Britanniques. Mais Jameson et ses complices sont jetés dans les prisons de Kruger.

Cette humiliation blesse mortellement l'orgueil britannique. Sur le continent européen, une campagne jubilatoire se déchaîne contre la perfide et arrogante Albion. La France républicaine chante la gloire des Boers. La presse allemande « crache son venin », écrit Vicky à sa mère. Mais le pire est le « misérable » télégramme de félicitations que l'empereur d'Allemagne envoie à Kruger. Cette provocation de Willy outrage Victoria, la famille royale, le pays tout entier. La presse s'en saisit pour s'indigner contre l'ingérence allemande. Le premier régiment des dragons de la reine, dont l'empereur d'Allemagne est colonel d'honneur, brûle son effigie pour protester contre l'offense faite à l'honneur britannique.

Sèchement, Victoria adresse une réprimande à son petit-fils qui répond : « Très chère grandmamma, mon télégramme n'a jamais visé à offenser ni l'Angleterre ni votre gouvernement. » Il lui demande de faire cesser les attaques de l'hebdomadaire satirique *Punch* contre lui. Elle répond qu'elle n'en a pas le pouvoir.

À l'autre bout de l'Afrique, sur la « Côte de l'Or », futur Ghana, les Anglais exploitent des sables aurifères. La tribu indigène des Ashantis vit du commerce des esclaves. L'Angleterre, championne du combat contre la traite des Noirs, envoie un ultimatum à son roi. Mais le honteux trafic ne cessant pas, une expédition punitive est décidée contre les Ashantis. Liko, le mari de Béatrice, veut y participer.

Au début de son mariage, le jeune prince de Battenberg s'est laissé éblouir par les splendeurs de Windsor. La reine, qui satisfait ses moindres désirs, aime comme un fils ce gendre séduisant et énergique dont elle sollicite plus les avis que ceux de Bertie. Mais aujourd'hui, ni sa fonction honorifique de gouverneur de l'île de Wight, ni les mises en scène de théâtre avec la pétulante Louise, ni même ses croisières sur son yacht *La Roxana* ne peuvent compenser l'ennui du calendrier immuable fixé par la reine.

En épousant Béatrice, Liko a renoncé au métier des armes alors que son frère Louis de Battenberg poursuit sa carrière dans la marine anglaise. L'été dernier, il l'accompagnait sur son navire la *Surprise* au large de la Corse. La rumeur de leurs frasques est arrivée jusqu'aux oreilles de la reine qui a aussitôt fait revenir les deux frères en Angleterre.

Une expédition glorieuse en Afrique permettrait au prince d'assouvir sa soif d'évasion et son besoin d'activité. Victoria, persuadée que les maladies tropicales lui seront fatales, redoute de perdre « son irremplaçable bâton de vieillesse ». Elle charge son médecin, Reid, de le dissuader et ne cède qu'aux supplications de Béatrice qui pourtant verse beaucoup de larmes à son départ, début décembre. La princesse conserve les yeux rouges pendant plusieurs jours à chaque absence de son mari.

Liko manque d'autant plus à la reine que Ponsonby vient de mourir après plusieurs mois de maladie. Son secrétaire privé ne partageait pas les emportements de Sa Majesté contre Gladstone mais il était loyal, plein d'humour et incarnait pour elle un dernier lien avec Disraeli, avec Brown, avec Albert, avec le bonheur.

Le pauvre Liko aura à peine le temps de découvrir la brousse africaine. Le prince attrape la malaria avant d'arriver sur la Côte de l'Or. On le rapatrie d'urgence à bord d'un navire-hôpital, la *Blonde*. Le 10 janvier, Béatrice reçoit un premier télégramme : « Le prince Henry souffre de la fièvre. » Les télégrammes suivants sont plutôt rassurants. Liko est en route pour l'hôpital de Madère où on le soignera. Il n'y arrivera pas. Le 20 janvier, Liko meurt à bord de la *Blonde* au large de la Sierra Leone.

Pour conserver son corps intact jusqu'en Angleterre, les médecins, après avoir vidé les intestins, le plongent dans une cuve de métal confectionnée avec des boîtes de biscuits et remplie de rhum. C'est Arthur, livide, qui, une de fois de plus, porte la nouvelle à sa mère en train de s'habiller dans son cabinet de toilette. Victoria voit disparaître le troisième de ses gendres ! À trente-sept ans… Son Liko si gai, plein de charme… Les larmes roulent sur ses joues. Elle est tellement triste qu'elle se demande même si elle aura la force d'en parler dans son journal. « Le soleil est sorti de nos vies… », écrit-elle à Vicky.

Le buste du jeune prince rejoint ceux d'Alice, de Fritz et de Louis de Hesse dans une niche du mausolée. C'est à nouveau un nom allemand qui entoure le gisant d'Albert dans cette chapelle, enclave germanique sous les arbres de Windsor, où Victoria retrouve la paix avec ses chers souvenirs.

Le 13 février 1896, Béatrice part pour Cimiez avec ses quatre enfants. Un homme d'affaires, Victor Cazalet, a mis à sa disposition la villa Liserb. Liserb est l'anagramme de Brésil, le pays où il a fait fortune. La jeune veuve dissimule mal ses larmes sous son voile noir. L'enterrement à Osborne dans la petite chapelle de Wippingham où elle s'est mariée a été terriblement éprouvant. Louise qui adorait son beau-frère a ajouté le trouble à la peine de sa sœur. Elle n'a pu s'empêcher de lui dire que Liko l'avait prise pour confidente et que « Béatrice n'était rien pour lui ».

Un mois plus tard, la reine rejoint sa fille à Nice. Louis de Battenberg l'accueille à sa descente du train et lui baise la main : « En raison du grand deuil qui l'a frappée dernièrement, la reine désirait qu'aucune troupe ne lui rendît les honneurs à son arrivée. La reine a également exprimé le vœu que la gare ne soit pas décorée et qu'on ne lui offre pas de fleurs », écrit *Le Figaro*.

Une escorte encadre le landau salué par la foule jusqu'au Grand Hôtel de Cimiez où elle s'installe avec Béatrice et sa petite-fille, Victoria de Battenberg. Bertie est sur son yacht à Cannes,

Marie, la femme d'Affie, dans son château voisin de Fabron. Eugénie, de sa villa du cap Martin, vient entourer la jeune veuve de mille attentions. L'empereur d'Autriche François-Joseph et l'impératrice, eux aussi au cap Martin sur leur yacht, le *Miramar*, montent jusqu'à Cimiez faire une visite de condoléances à la reine et à sa fille.

Gladstone est reparti de Cannes deux jours avant l'arrivée de Victoria qui ne s'en plaint pas. Elle a encore récemment confié à un député libéral que c'était un homme « très dangereux avec sa manie de toujours mélanger politique et religion ». Salisbury, en vacances dans son manoir la Bastide de Beaulieu, vient, lui, régulièrement prendre le thé avec Sa Majesté au Grand Hôtel de Cimiez.

La reine profite du soleil, fait des excursions dans l'arrière-pays mais n'assiste pas à la bataille de fleurs. Les enfants de Béatrice, sans leur père, sont un crève-cœur. Les deux derniers sont hémophiles. Victoria adore l'aîné, Drino. Il n'a que dix ans, mais il est drôle, beau et impertinent. Franzjos, le gendre de Vicky, et Christle, l'aîné de Lenchen, sont venus mettre un peu de gaieté. La reine n'aime rien tant qu'avoir auprès d'elle des hommes jeunes, affables et beaux. À dix-neuf ans, Christle est charmant. C'est lui qui pousse le fauteuil roulant de sa grand-mère.

Le 14 avril, Béatrice fête ses trente-neuf ans, son premier anniversaire de veuve. On lui offre un portrait et des miniatures de Liko : « Heureusement, il n'était pas ici l'année dernière, aussi il n'y a pas de souvenirs poignants comme nous en aurons à Windsor », écrit la reine à Vicky.

Ses dames d'honneur se relaient pour lui lire les journaux et aussi les lettres de sa fille aînée. Non seulement elle ne marche pratiquement plus mais sa vue baisse. En mai, à son retour, elle est examinée par deux ophtalmologistes anglais qui diagnostiquent une double cataracte. Il faudrait une opération. Elle refuse. Lenchen a été soignée à Wiesbaden par un spécialiste allemand. À la demande de Victoria, le docteur Reid fait venir au moins d'août, à Osborne, ce professeur Pagenstecher qui confirme la cataracte. Elle espère un miracle et ne veut toujours pas entendre parler d'intervention. Elle est prête à suivre toutes les recettes de bonne femme. Un Irlandais lui recommande de boire une décoction de poivre de Cayenne. Mais Reid l'en dissuade, cela lui trouerait l'estomac. Elle porte des petites lunettes cerclées en acier noir qu'elle s'est fait envoyer de Paris. Mais elles ne lui sont d'aucun secours. Elle se plaint même de voir encore moins bien.

Son handicap accentue son sentiment d'isolement. Après Nice, Béatrice est partie en cure en Allemagne à Kissingen. Et les mariages ne font pas oublier les disparus. En juillet, Maud, la fille de Bertie, épouse son cousin, le second fils du roi de Danemark, Carl, qui deviendra en 1905 le roi Haakon de Norvège : « J'ai promis d'être présente, mais seulement à la cérémonie et non au déjeuner », dit la reine.

En septembre, elle reçoit à Balmoral ses petits-enfants, Alicky et Nicky, tsar et tsarine de Russie, en visite officielle. C'est une idée de Salisbury qui veut l'Angleterre en paix avec tous les pays d'Europe pour avoir les mains libres sur le continent africain. L'occasion d'une grande réunion de famille. Le jeune couple arrive de nuit au son des cornemuses entre une double haie de Highlanders porteurs de torches : « Le château est plein de Russes ! » s'exclame Victoria. Dans les couloirs, les valises sentent bon le cuir de Russie. Malheureusement, le temps est exécrable. Bertie a emmené Nicky chasser plusieurs fois sous une pluie glaciale et le tsar écrit à sa mère : « Balmoral est bien plus froid que la Sibérie. »

À Saint-Pétersbourg, Alicky a fait accrocher un immense portrait de sa grand mamma dans son boudoir au-dessus du canapé. Le jeune couple est toujours aussi amoureux. Mais la jeune tsarine, mal-aimée de sa belle-mère et de son peuple qui l'accuse de porter malheur, est devenue dépressive et mystique. Elle tremble jour et nuit pour son mari dans cette Russie où se multiplient les attentats des nihilistes. À Balmoral, chaque arbre, chaque buisson cache un officier de sécurité. Les chefs de garc écossais ont reçu des consignes draconiennes. Les voies doivent être entièrement libérées pour le train du tsar.

Le dimanche, toute la famille, orthodoxes compris, assiste à l'office dans la petite église de Crathie. Le jour du départ, Victoria pose avec le jeune couple impérial pour une « photographie qui bouge », une nouvelle invention qu'on appellera bientôt le cinéma. Devant la caméra, les enfants font des cabrioles. À deux ans, le blond et bouclé David, futur duc de Windsor, fait la joie de son arrière-grand-mère. À la fin des déjeuners, il vient chaque jour dans la salle à manger : « Lève-toi Gangan ! » crie-t-il en essayant de la tirer de son fauteuil.

Le 23 septembre, la volumineuse Gangan a battu le record de son grand-père George III : « J'ai, aujourd'hui, dépassé d'un jour le plus long règne de toute l'histoire d'Angleterre. » Certains journaux parlent d'une abdication. Mais le dévergondé prince héritier semble si peu fait pour devenir un grand roi. En juin, il a gagné le Derby avec son cheval Persimmon, du nom de l'arbre à kakis qu'on trouve en Inde : le plaqueminier. Il a aussi gagné à Newmarket. Sa mère lui a envoyé un télégramme de félicitations, mais elle pense moins que jamais que les champs de courses conduisent au trône.

Elle s'appuie bien davantage sur Béatrice qui, depuis son veuvage, a repris sa place de secrétaire personnelle à plein temps. Mais les affaires du monde expliquées à la reine à demi aveugle par la princesse dont les idées politiques sont simplistes ne sauraient aider au gouvernement de l'empire. En secret, Salisbury transmet les principales dépêches au prince de Galles dont tous les ministres apprécient la finesse de jugement.

Comment rivaliser avec le jubilé d'or ? Tout le royaume s'interroge. Bigge, successeur de Ponsonby au secrétariat privé de Sa Majesté, trouve le nom de « jubilé de diamant » qui plaît beaucoup à la reine. Dans la marge, elle écrit : « approuvé. V.R.I. » Joseph Chamberlain, ministre des Colonies, décide d'en faire la grande fête de l'empire. Ce qu'elle juge dangereux : une absence des princes et des ministres dans toutes les colonies pourrait favoriser les coups d'État. Mais Chamberlain tient bon. Ses amis appellent « Pushfull Joe » ce grand orateur plein d'ambitions et de passions. La reine n'apprécie pas seulement sa politique impérialiste qui fait oublier son passé républicain. Avec son monocle, son orchidée à la boutonnière et toujours rasé de près, Chamberlain a de l'allure. Et comme le cher Dizzy, il sollicite sans cesse ses avis : « Ce que dit la reine, c'est ce que pense le peuple anglais », réplique-t-il à ceux qui lui reprochent d'être devenu trop monarchiste. Avec le jubilé, Chamberlain espère aussi se refaire une réputation après la ridicule expédition contre Kruger.

La reine, elle, part se refaire une santé au soleil de Nice avec son Munshi qu'en l'honneur du jubilé elle a décidé d'élever au même rang que les dignitaires de sa suite personnelle. Horrifiés de devoir voyager avec l'Indien, dames d'honneur et honorables gentlemen protestent. Toute la cour sait qu'Abdul est un imposteur, qu'il vole la reine et qu'il lui ment sur ses origines. Harriett Phipps est déléguée auprès de Sa Majesté pour lui demander de choisir entre son Munshi et la maison royale. Victoria ne veut rien entendre. Elle accuse sa cour de racisme.

Fritz Ponsonby lui a pourtant expliqué que l'Indien n'a rien d'un prince ni même d'un fils de médecin. À la demande de Sa Majesté, il s'est rendu aux Indes pour rencontrer le père du Munshi et s'est retrouvé en face d'un pauvre vieux en charge de la pharmacie de la prison. Ses voisins rient en entendant parler des faveurs dont le fils jouit à la cour d'Angleterre. Victoria ne veut pas le croire. Elle fait aussi la sourde oreille lorsque Reid lui parle des différentes femmes que le Munshi présente comme ses épouses ou qu'il lui signale qu'Abdul est atteint d'une maladie vénérienne. La reine continue à prendre ses cours d'hindoustani et, à l'effroi général, commence même à montrer à son serviteur les dépêches en provenance d'Inde.

Car, plus inquiétant que le Munshi, il y a son ami Raffiudin Ahmed qui est, selon le chef de la police de Londres, en liaison avec un mouvement anti-colonialiste en Inde : la Ligue musulmane des patriotes. La cour craint que le sournois Munshi ne profite de la naïveté et de la mauvaise vue de Sa Majesté pour dérober des documents confidentiels. D'autant plus qu'une famine terrible rend la situation explosive sur tout le territoire indien.

Mais Victoria n'a pas l'intention de se laisser gouverner par sa maison royale. Son Munshi fait partie de la suite qui s'ébranle pour la Côte d'Azur. En gare de Noisy-le-Sec, dans son wagon-salon, elle reçoit Félix Faure venu à sa rencontre en train spécial. Bertie est à l'origine de l'entrevue. Il connaît bien le président français qu'il voit à chacun de ses séjours à Paris. La reine trouve ce président républicain « bel homme, agréable, calme, délicat, avec des allures de gentleman ».

Un temps radieux l'attend le lendemain à Nice. Sa calèche la conduit au tout nouveau hôtel Excelsior auquel on a ajouté le nom de « Regina » en son honneur. Il est situé devant le Grand Hôtel où elle a l'habitude de descendre et offre une vue encore plus belle sur le château, le port de Nice et la baie des Anges. Victoria y dispose de tout un pavillon blanc à volets bleus. Elle y loge avec Béatrice, deux de ses enfants et la fille de Lenchen, Victoria de Schleswig-Holstein. Sa chambre est à l'entresol et un ascenseur l'y dépose directement. Sa femme de chambre dort dans le cabinet de toilette.

Alors qu'elles s'installent, Louis de Battenberg arrive en rade de Villefranche à bord du croiseur qu'il commande, le *Cambrian*. Il y restera durant tout leur séjour. Bertie est à Cannes pour les régates. Affie dans son château de Fabron. Salisbury attendu dans son manoir de Beaulieu.

Le voyage en train a transformé la révolte de la maison royale en révolution de palais. Les dames d'honneur déclarent au prince de Galles qu'elles sont prêtes à se mettre en grève et même à démissionner ! Effaré, Bertie promet de plaider leur cause auprès de sa mère, comme Affie et Louis de Battenberg, mais les efforts des trois princes ne sont pas couronnés de succès. Deux jours plus tard, c'est Raffiudin Ahmed qui débarque. Le subversif musulman n'était ni prévu, ni invité. Bigge, en ancien militaire, lui ordonne de déguerpir sur-le-champ et de rentrer à Londres.

Le conflit rend l'atmosphère de l'hôtel Excelsior si pesante que Louis de Battenberg vient chaque jour pour prévenir un incident inconcevable en territoire étranger. Avec courage, le docteur Reid, en charge de tout le personnel indien, se lance dans une nouvelle discussion avec la reine. Pendant une heure, il lui expose l'ensemble des informations récoltées sur les forfaits du Munshi tant à Londres qu'aux Indes. Le silence est glacial. Deux jours plus tard, Victoria avoue à son médecin qu'elle est « peut-être allée trop loin » avec son serviteur indien.

Décidé à régler le problème une fois pour toutes, Reid revient durement à la charge : « Les gens haut placés qui connaissent bien Votre Majesté me disent que la seule explication charitable qui puisse être donnée est que Votre Majesté n'a pas toute sa tête... J'ai vu le prince de Galles hier et il m'a encore parlé très sérieusement de toutes ces histoires. Il m'a dit qu'il en était arrivé à la conclusion qu'il fallait en finir car en dehors des conséquences pour la reine, cela le touche au plus haut point... Parce que cela atteint le trône. »

Le lendemain matin, le médecin récidive : « Nouvelle et pénible conversation avec la reine qui entre dans une violente colère et déclare que nous nous sommes tous très mal comportés avec elle. J'ai répliqué de telle façon qu'elle a été obligée de me demander de ne jamais répéter les mots qui venaient de s'échapper de sa bouche. »

Reid a une conversation identique avec le Munshi : « Vous ne pouvez pas être traité en gentleman. Vous n'en avez ni l'éducation ni les origines. Se faire appeler "secrétaire" est parfaitement ridicule. Vous ne pouvez écrire un mot ni en anglais, ni en hindoustani... Vos mensonges prouvent que vous avez l'intention d'escroquer la reine. La police est au courant. »

La visite de Sarah Bernhardt, grande amie de Bertie, est un intermède délicieux. L'actrice joue un petit mélodrame en un acte, *Jean-François*. Victoria est émerveillée par les intonations musicales de la célèbre voix et par les vraies larmes qui coulent de ses yeux.

Avant de quitter Cimiez, la reine rédige, à l'intention des ladies et gentlemen de sa cour, un mémorandum sur leurs relations futures avec le Munshi. Elle conclut en souhaitant « qu'ils n'évoquent plus cette douloureuse histoire ni entre eux, ni à l'extérieur, et qu'ils ne complotent plus avec la maison royale contre cette personne ».

Mais, pendant les fêtes du jubilé, l'insatiable Munshi demande à Sa Majesté de lui conférer la Victoria Cross. Le capitaine

Fleetwood-Edwards, gardien de la cassette royale, envoie une lettre indignée. Victoria charge Reid d'en parler à Salisbury. Le Premier ministre répond avec inspiration que cette décoration donnée à un musulman risque de provoquer la jalousie de ses sujets hindous. Dans une nouvelle note à Reid, Victoria écrit : « Je vous prie de faire savoir à sir Fleetwood-Edwards que ce n'est pas à la suite de sa lettre impertinente que le Munshi n'a pas été décoré, mais sur l'avis de lord Salisbury. »

Le 16 octobre, le *Daily Graphic* publie une grande photo de la reine écrivant son courrier un chien à ses pieds. Derrière la table, le Munshi enturbanné se tient debout, gras, suffisant, dédaigneux, un papier à la main. En dessous on lit ces mots : « La vie de la reine dans les Highlands. Sa Majesté recevant une leçon d'hindoustani du Munshi Hafiz Abdul Karim CIE » (CIE signifie chevalier de l'Empire indien). Questionné par Reid, le photographe répond que le Munshi a exigé la publication de cette photo dans le numéro spécial du jubilé.

Le médecin en informe Victoria qui lui répond par note : « … Vous n'auriez pas dû prendre cette initiative sans m'en parler. Il risque maintenant d'en résulter de pénibles conséquences pour moi car le Munshi vous considère comme son ennemi mortel. » Dans l'après-midi, elle lui envoie une lettre de quatorze pages, expliquant qu'elle regrette la publication de cette photo, qu'elle regrette l'hostilité de sa maison contre elle, qu'elle regrette d'avoir parlé au Munshi…

Dans cette année où le monde entier se prosterne devant elle avec dévotion et affection, sa vie est empoisonnée par ce maître chanteur indien dont, par un orgueil bien hanovrien, elle refuse de se séparer pour ne pas perdre la face.

Au printemps 1898, le Munshi nargue à nouveau la cour et décide de faire profiter son ami, le diabolique Raffiudin Ahmed, de la vie de palace à Cimiez. Cette fois, Salisbury se rend à Windsor pour mettre en garde la reine contre les dangers qu'elle court en laissant venir ses Indiens en France où la presse risque « de la tourner en ridicule ». Raffiudin est rayé des listes, mais le Munshi arrive à Cimiez quelques jours après le train royal. Victoria rédige une note que Reid devra produire en cas de conflit. L'Indien a bien droit à son landau personnel comme par le passé… et la reine ne tolérera aucune parole malheureuse de la cour.

Il n'y a pas d'incident. Victoria profite avec Béatrice de vacances sans nuages à l'hôtel Excelsior Regina où, comme l'année précédente, quatre-vingts chambres ont été réservées pour une suite de soixante-dix-sept personnes. Un téléphone relie Sa Majesté à tous les autres appartements. Victoria refuse de s'en servir mais, depuis un an, elle a accepté que cet appareil soit installé à Windsor, Osborne et Balmoral.

Chaque matin, les femmes de chambre apportent les gerbes de fleurs dans son salon. Au cours de ses séjours, la reine n'en a refusé qu'une, en provenance de Monte-Carlo, capitale du jeu et du vice. Chaque soir, des chanteurs viennent sous ses fenêtres lui donner une aubade de mélodies napolitaines en terminant par *Funiculi, Funicula*. Victoria leur fait remettre des pièces de monnaie.

Dans une voiturette tirée par deux chiens, un unijambiste guette ses passages sur la route de Villefranche. Elle le connaît depuis 1895 et trouve ses chiens si attendrissants qu'il reçoit, à chaque fois, une pièce de dix francs. Une aubaine, car, cette année, elle ne tient pas en place.

Lenchen réside à la villa Liserb. La reine s'y rend souvent le matin pour se promener dans le jardin en *pony-chair*. Elle va à plusieurs reprises à Beaulieu chez lord Salisbury. Félix Faure se repose dans un hôtel voisin. La reine l'invite. Bertie, à son habitude, arrive en retard et le président français, vexé, doit attendre quelques minutes avant de monter l'escalier. Victoria alors se lève de son fauteuil et s'avance avec sa canne pour l'accueillir. Elle reçoit, pour le thé, la jeune reine Wilhelmine des Pays-Bas avec sa mère, la reine Emma. Wilhelmine a hérité du trône d'Orange à l'âge de dix ans. Elle en a aujourd'hui dix-huit et attendrit Victoria : « Elle est si simple, digne et jolie, avec une charmante expression, un teint frais et une fine silhouette. Son air d'extrême jeunesse me rappelle ma propre accession au trône quand j'avais son âge… »

Elle assiste à une fête champêtre, *lou festin di cougourdoun* (la fête des courgettes), qu'elle termine par une excursion au pittoresque vieux village de Tourette. Lors d'une fête des enfants, sa voiture est couverte de fleurs. Elle rit.

Le jeudi saint, elle regarde passer la procession catholique dans les rues de Nice. Elle rencontre l'évêque, Mgr Chapon, à qui elle demande de transmettre ses « sentiments de sympathie au pape Léon XIII » qui se remet d'une grave maladie.

Affie est en rade de Villefranche à bord de son yacht la *Surprise*. Il souffre d'une crise d'hémorroïdes. On l'opère d'urgence. La reine lui envoie un télégramme. Son fils doit être très prudent après cette alerte et ne plus jamais voyager sans un médecin : « Bertie pense comme moi que c'est indispensable. » Le docteur Reid lui a avoué six mois plus tôt qu'Affie boit trop, qu'il devrait suivre une cure de désintoxication et renoncer à toute vie sociale.

Elle lui rend visite sur son yacht puis à son château de Fabron où il termine sa convalescence.

La reine rentre en mai pour apprendre la mort de Gladstone, le 19, jour de l'Ascension. Elle l'a rencontré pour la dernière fois à Nice, il y a un an. Le vieillard avait bougonné : « Je veux bien voir Sa Majesté si elle en exprime le désir. » Victoria n'avait pas réagi. Louise, amie comme Bertie des enfants Gladstone, avait invité le Great Old Man à prendre le thé à l'hôtel Excelsior Regina et avait suggéré de terminer leur conversation à l'étage supérieur avec sa mère. La reine avait serré la main de Gladstone et embrassé sa femme.

Dans toutes les églises, les pasteurs prononcent l'éloge du leader libéral. Le doyen de Cambridge termine son homélie par une note de malice : « La grandeur de Gladstone était plus propre à séduire un roi qu'une reine. » Victoria en convient volontiers même si le pays pleure autant que pour Peel. Le cercueil est transporté par train spécial jusqu'à la station de métro de Westminster. Depuis Wellington, il n'y a pas eu de funérailles aussi grandioses. Les cordons du poêle sont tenus par Bertie et son fils Georgie, Salisbury et Rosebery. De Balmoral, la reine envoie à son fils un télégramme furieux pour lui demander sur quel exemple ou sur quel conseil il a pris une telle initiative. Bertie réplique qu'il n'y a pas de précédent et qu'il n'a eu besoin du conseil de personne.

À Vicky, Victoria écrit : « Je ne dirais pas que c'était "un grand Anglais". C'était un homme intelligent, plein de talents, mais il ne s'est jamais battu pour l'honneur et le prestige de la Grande-Bretagne. Il a perdu le Transvaal, il a abandonné Gordon, il a détruit l'Église irlandaise, il s'est efforcé de séparer l'Angleterre de l'Irlande et de dresser les classes sociales les unes contre les autres. Le mal qu'il a fait ne se réparera pas facilement. »

Pourtant de bonnes nouvelles arrivent du Soudan où le général Herbert Kitchener tente de venger la mort de Gordon. En avril, à la bataille d'Atbara, trois mille soldats derviches ont trouvé la mort. Kitchener, lui, n'a perdu que cinq cent quatre-vingt-trois hommes. Depuis, l'Angleterre haletante suit la progression des troupes le long du Nil en direction de Khartoum.

Avec le jubilé de diamant, la célébration de l'empire est à son apogée. Sur toutes les lèvres, les chansons populaires mêlent l'impérialisme de Disraeli au mysticisme de Gladstone. Envoyés de Dieu, les Anglais ont pour mission d'étendre leur empire en apportant aux peuples la paix, la Bible et le régime parlementaire incomparable de la Grande-Bretagne.

Kitchener, le nouveau héros national, mesure un mètre quatre-vingts. Dans son visage anguleux, sa mâchoire est carrée, sa moustache épaisse et noire. Il est né en Irlande en 1850, mais un de ses grands-pères anglais a fait fortune dans le commerce du thé. Son père, officier des Indes, a élevé ses enfants avec une rigueur militaire. Son petit déjeuner devait être servi dans sa chambre à huit heures sonnantes. Derrière la porte, la bonne attendait avec le plateau pour entrer au premier coup d'horloge.

Nourri exclusivement de livres d'aventures et d'histoire qui l'ont convaincu de la supériorité de la race anglaise, Herbert Kitchener méprise les Français. Très religieux, il se méfie aussi des femmes. Envoûté par l'Inde de Kipling, il reste fasciné par les sables d'Orient et aime cette austère vie coloniale au milieu d'indigènes sur lesquels l'arrogance britannique se manifeste avec une implacable sévérité. Sa frugalité est légendaire dans les états-majors, excessive même selon ses supérieurs.

Économe aussi de la vie de ses hommes, il peut rester des jours avant d'engager une bataille. Il ne se pose qu'une question : comment vaincre l'ennemi à moindres frais ? Le 3 septembre, il remporte la bataille d'Omdurman qui lui ouvre les portes de Khartoum. Une nouvelle fois, canons et fusils anglais ont raison des lances des derviches. Kitchener ne compte que quarante-trois morts et quatre cent trente blessés. En face, c'est l'hécatombe : onze mille morts et soixante mille prisonniers dont beaucoup mourront faute de soins.

Sur les marches du palais où Gordon a été tué, l'officier britannique fait célébrer un service religieux. Il verse des larmes en écoutant le psaume favori du héros abandonné : *Demeure avec moi.*

Toute l'Angleterre pleure avec lui, mais de fierté : « Cette victoire est splendide », écrit la reine à Vicky. Deux jours plus tard, Kitchener apprend qu'à cinq jours de marche de Khartoum, une colonne française emmenée par le colonel Marchand a pris position à Fachoda, sur la rive occidentale du Nil. Partis à pied quinze mois plus tôt du port congolais de Loango sur l'Atlantique, les Français cherchent à accéder à Djibouti, en remontant le fleuve.

Kitchener envoie à Londres un télégramme : avec cinq bateaux et la centaine de Highlanders qu'il a sous ses ordres, il peut contraindre ses ennemis jurés à retirer le drapeau qu'ils viennent de planter sur ce morceau de désert. Leurs forces sont dérisoires : huit Français et cent vingt indigènes, épuisés par leur marche d'un an à travers l'Afrique.

Kitchener et Marchand se rencontrent et décident de s'en remettre à leurs gouvernements respectifs. Londres ne veut pas céder. Paris non plus. De Balmoral, Victoria envoie un télégramme à Salisbury. Elle recommande la fermeté, mais en même temps reconnaît que quelques arpents de sable ne méritent pas une guerre. À Eugénie, elle écrit : « Si la France et l'Angleterre devaient se battre pour Fachoda, je souhaiterais que Dieu me rappelle à lui. »

Kitchener rentre en Angleterre où l'attend un triomphe digne des généraux de la Rome antique. La reine lui confère la pairie et invite le nouveau lord à dîner à Balmoral. À quarante-huit ans, célibataire endurci, l'officier colonial préfère les soirées sous la tente aux dîners en grand uniforme à la cour. Heureusement Sa Majesté est intarissable sur la tragédie du pauvre général Gordon, délibérément sacrifié par Gladstone. Kitchener profite d'une pause royale pour expliquer que la victoire d'Omdurman lui a laissé sur les bras deux mille veuves soudanaises dont il ne sait pas quoi faire. « À quoi ressemblent-elles ? demande Béatrice. – Oh, à toutes les femmes ! Ce sont des moulins à parole ! »

La veille, le colonel Harrington a remis au roi Ménélik et à la reine Taitou d'Abyssinie un message sur cylindre que la reine a enregistré pour eux de sa jolie voix musicale. Harrington a l'ordre de le détruire après avoir actionné son phonographe devant le roi et la reine. Les deux souverains africains, subjugués, écoutent à plusieurs reprises cette voix royale qui a franchi les mers pour eux. Hélas ! pas pour la postérité, Harrington obéit aux consignes.

Avec la nouvelle année arrivent de mauvaises nouvelles de Cobourg. Élevé en Allemagne, loin de ses parents, le jeune Alfred, fils unique d'Affie et héritier du duché, s'est entiché d'une Irlandaise. Pendant des années, il a mené la même vie dissolue que son oncle Ernest et a contracté une maladie vénérienne. Après une terrible dispute avec sa mère, il tente de se suicider d'un coup de pistolet. Ses parents qui fêtent leurs noces d'argent l'expédient à Méran, en Autriche, malgré les avis défavorables des médecins. Le jeune homme ne survit pas à sa blessure. Il meurt seul dans les premiers jours de février 1899. Décidément, d'Allemagne vient beaucoup de tristesse. Une semaine auparavant, le jour des quarante ans de Willy, Victoria a écrit mélancoliquement dans son journal à propos de l'empereur : « Comme je regrette qu'il ne soit pas plus prudent et moins impulsif à son âge. »

De plus en plus, ses regards se tournent vers la France. Le 18 février, un nouveau président, Émile Loubet, remplace Félix Faure qui vient de mourir à l'Élysée dans les bras de sa maîtresse : « On dit que c'est un homme honnête et respectable qui n'a jamais pris violemment parti contre Dreyfus », constate Victoria soulagée. La transition s'est faite sans incidents. Mais horrifiée par l'injustice qui frappe le capitaine Dreyfus, la reine réclame à son ambassadeur à Paris une dépêche quotidienne sur « l'Affaire ». Elle a même songé à annuler son voyage annuel à Nice.

Le Figaro, entre des pages entières consacrées aux débats de la Cour de cassation sur le cas Dreyfus, annonce pourtant l'arrivée de la reine d'Angleterre pour le dimanche 12 mars.

Cette fois, Victoria traverse la Manche non pas sur son yacht mais sur un paquebot de ligne, le Calais-Douvres, qui a été complètement redécoré pour elle. Le navire, sans drapeau, entre en rade de Boulogne escorté de dix contre-torpilleurs et de l'aviso *Irène*. Une heure plus tard, Victoria monte à bord de son train composé de neuf voitures. Comme d'habitude, une centaine de personnes sont du voyage, ravies d'échapper aux brouillards londoniens.

Avant son départ, Bigge a tenté d'expliquer que ces royales transhumances devenaient fort coûteuses. Il a suggéré à Sa Majesté de réduire sa suite. Victoria a commencé par protester puis a demandé qu'on lui soumette la liste des innombrables dames d'honneur, habilleuses, coiffeuses, pages, écuyers, cuisiniers, Indiens qui l'accompagnent depuis cinq ans. Le lendemain, elle a rendu le papier après avoir noté dans la marge : « None »*.

L'hôtel Excelsior Regina est retenu pour six semaines. Quand la reine débarque à Nice, c'est la cour d'Angleterre qui s'y transporte avec son étiquette, ses audiences et les promenades quotidiennes en voiture à âne.

C'est aussi l'occasion de retrouvailles familiales et princières. Béatrice et Lenchen entourent leur mère. Sur son yacht, Bertie est bientôt rejoint par Alix et deux de leurs filles. Affie s'entretient avec sa mère de la succession de Cobourg. Il aimerait que le duché échoie à Arthur. Mais Willy a déclaré que son oncle devrait alors porter l'uniforme allemand. Finalement, c'est Charlie, le fils de Léopold, qui héritera du duché : « Je n'ose pas penser à ce que le pauvre papa aurait éprouvé si cet héritage avait été perdu. » Vicky, de Bordighera, vient passer une journée. Elle a fait cet hiver une chute de cheval et souffre de la colonne vertébrale : « Jamais, il n'y a eu à l'hôtel autant de princes et de princesses », s'exclame Marie Mallet, dame d'honneur de la reine.

Au début de son séjour, Victoria apprend avec soulagement qu'après des mois de tractations, l'Angleterre et la France ont signé à Londres un accord sur Fachoda. Paris a cédé mais au milieu de la tempête dreyfusarde, les journaux n'ont guère de place pour s'indigner. Elle tient à assister aux funérailles du préfet de Nice,

* Personne.

avec qui elle entretenait des relations « si délicates ». On l'en dissuade pourtant de crainte de manifestations inamicales.

Sans remords, la souveraine profite alors du doux soleil, de la vue splendide, des desserts aux fraises et des concerts improvisés. Leoncavallo vient un soir interpréter des extraits de son opéra *I Pagliacci* et de *La Bohème* de son confrère Puccini : « Il joue de façon exquise et se dépense beaucoup. » Seules les pétarades des automobiles qu'elle déteste gâchent un peu son bonheur. Elles semblent être plus nombreuses sur la Côte d'Azur que dans le reste du monde.

La veille de son retour, après avoir fait distribuer des cadeaux et des photos dédicacées à l'officier de police français chargé de sa sécurité, aux employés de la gare et de la poste, Victoria rend une dernière visite à Salisbury dans son magnifique manoir de Beaulieu. Les cyprès et les oliviers se détachent sur le bleu de la mer, les bougainvillées couvrent les murs blancs des villas, les roses, le thym, les figuiers parfument l'air léger du printemps : « Cela me peine de retourner vers le nord sans soleil, mais je suis si reconnaissante de tous les plaisirs que j'ai trouvés ici », écrit-elle le soir dans son journal avec une pointe de mélancolie. Elle ne reviendra plus en France.

26.

Dans son éternelle robe de veuve, la vieille dame, presque invalide, est l'objet d'une adulation universelle. Ses sujets craignent tant de la voir mourir qu'ils se précipitent dès qu'elle apparaît à la gare de Paddington pour l'apercevoir une dernière fois. Elle s'en étonne encore ! « Il y avait une multitude de gens dehors. Nous ne parvenions pas à comprendre pourquoi et pensions qu'il devait se passer quelque chose mais il s'avéra que c'était simplement pour me voir... », écrit la reine après s'être rendue en voiture fermée sur la tombe de sa chère lady Ely.

Timide, longtemps dépressive, manquant de confiance en soi, Victoria n'a jamais recherché l'hommage populaire. Chaque marque de révérence, chaque attention, chaque message d'affection la touche comme au premier jour de son règne. Le 24 mai 1899, pour son quatre-vingtième anniversaire, jour de fête nationale dans tout l'empire, elle reçoit quatre mille lettres et il faudrait presque les lui lire toutes. Après avoir reçu des délégations, écouté leurs messages, elle regarde défiler son fils Arthur à la tête de la garde écossaise. Ces hommes grands et beaux dans leur kilt, marchant au son des cornemuses et des fifres, c'est un spectacle dont elle ne se lassera jamais.

De la part des First Life Guards, elle a reçu quatre-vingts roses. Ah ! les fleurs, les soldats, la musique, voilà toutes les joies de Victoria ! Elle porte le plus beau nom qui puisse enchanter une nation ! Et ce nom illustre son règne...

Comme à chacun de ses jubilés, il fait un temps dont l'Angleterre n'a pas l'habitude. Alors que le soleil illumine les prairies de Windsor, elle se rend au mausolée pour déposer des fleurs au pied du tombeau chéri : « Comme mon Albert se serait réjoui devant toutes ces marques d'amour et de loyauté ! » Elle reste à jamais convaincue que ce lien exceptionnel entre la souveraine et son peuple est l'œuvre du prince consort. Albert savait qu'un pays se gouverne non par des discours mais par des valeurs, le travail, le sérieux, la piété, la famille, la fidélité. Il avait aussi compris que la Bible serait, en ce XIXe siècle, le ciment de l'unité nationale et de la paix sociale en Angleterre.

Victoria est le vivant contraire d'Albert. Sensuelle, elle aime l'amour, les fêtes, le théâtre, la danse, le chant, les rires, l'alcool, la bonne chère, les fleurs et par-dessus tout le mouvement de la vie. L'autoritaire et doctoral prince germanique la traitait en enfant, en malade. Il n'est pas sûr qu'il éprouvait pour elle de l'amour, mais il s'est tué à la tâche pour qu'elle devienne une grande reine. Elle adorait sa beauté. Les nuits délicieuses faisaient oublier les disputes, gommaient les différences de caractère. Mais après vingt-deux ans de vie commune, véritable roi, l'omniprésent Albert l'a laissée plus désemparée que le jour de son avènement.

Tous les gentlemen du royaume s'étaient émerveillés de l'assurance avec laquelle elle avait lu son premier discours. Depuis son veuvage, au prix de terribles dépressions, elle s'est accrochée aux principes d'Albert, étouffant sa nature fantasque et gourmande, se méfiant de son fils aîné qui lui ressemble trop. C'est Albert qui réclamait des jeunes filles vertueuses comme demoiselles d'honneur à son mariage, c'est Albert qui a interdit aux divorcés les portes de Buckingham. Non pas « victorien », ce siècle de vertueuse hypocrisie a été en tous points « albertien ».

Aujourd'hui, jour de ses quatre-vingts ans, elle a retrouvé son entrain de jeune reine. Ses vacances niçoises lui ont rendu vitalité et allégresse. Après le grand dîner en famille, Victoria s'assied au premier rang des fauteuils installés dans la galerie de Waterloo. On joue pour elle deux actes de *Lohengrin* chantés par les illustres frères Jean et Édouard de Reszke. Elle aime Wagner presque autant que le bel canto italien et pour les mêmes raisons : le lyrisme poussé jusqu'à l'excès l'enchante.

Seule tristesse, Vicky n'a pu venir. Elle souffre d'un lumbago qui l'immobilise. Sa fille aînée lui apprendra bientôt qu'elle est atteinte d'un cancer.

La reine a refusé d'inviter Willy. Elle lui a écrit en lui proposant de venir plutôt à Osborne en juillet. Son petit-fils a répondu par une longue lettre dans laquelle il accuse le francophile Salisbury de vouloir creuser le fossé entre les deux pays cousins, l'Allemagne et l'Angleterre, dont il porte simultanément les uniformes. Victoria l'a rappelé à l'ordre : « Je doute fort qu'un souverain se soit jamais adressé en de tels termes à un autre souverain surtout quand il s'agit de sa propre grand-mère et de son Premier ministre. » Elle y a joint les réponses de Salisbury à chacun des griefs de Willy. Dans un post-scriptum à Vicky, elle a ajouté : « Il ne me viendrait pas à l'idée d'écrire une seule ligne de ce style-là au sujet de ses ministres. »

Trois jours plus tard, elle est à Balmoral. Comme chaque année à pareille époque, son premier geste est d'aller déposer une couronne sur la tombe de John Brown. Elle place les fleurs elle-même, ce qu'elle ne fait que pour les princes de la famille royale. Il gèle, mais ce n'est pas Victoria qui s'en plaindrait : « Ah ! si je pouvais avoir le quart de son énergie... Elle n'a jamais été en meilleure santé ni de meilleure humeur dans toute sa vie », s'exclame Marie Mallet.

Un cirque est de passage, la reine le fait venir et rit aux éclats devant les pitreries des clowns et des animaux savants. Pourtant sa vue a encore baissé. On a installé l'électricité à Balmoral, mais cette lumière l'éblouit. Le professeur Pagenstecher lui prescrit régulièrement des nouvelles gouttes qui sont sans effet. Elle ne supporte pas que Béatrice lui lise trop distraitement les dépêches en sautant des phrases.

Sa grande joie est d'avoir auprès d'elle ses deux petites-filles, Thora, la fille de Lenchen, et Ducky, l'épouse d'Ernie de Hesse qui est aussi peu grande-duchesse que possible. Elle dessine des papiers peints et des chintz et déclare qu'elle préférerait vivre dans un simple cottage anglais plutôt que dans les affreuses forteresses allemandes. Son mariage avec son cousin, qui a plus de goût pour les palefreniers que pour les femmes, est un échec, mais, pas plus que pour Louise, la reine, en mémoire de son bien-aimé, ne veut entendre prononcer le mot « divorce ». En revanche, elle n'accepte pas que le prince Aribert d'Anhalt maltraite sa femme Marie-Louise, sœur de Thora : « Dites à ma petite-fille de rentrer chez moi. V.R.I. », écrit-elle abruptement.

Si elle ne voit plus clair, ses convictions restent plus vivaces que jamais. Tout l'été, elle se passionne pour les rebondissements judiciaires de l'affaire Dreyfus. Le 9 septembre, elle apprend « que le pauvre Dreyfus vient d'être à nouveau condamné par cinq voix à deux ». Elle envoie à Salisbury un télégramme en clair : « Aucun mot ne saurait traduire mon horreur... Si seulement toute l'Europe voulait bien crier son indignation ! Je suis sûre que cela se paiera cher ! »

La déclaration de guerre du président Kruger, le 11 octobre, la révolte tout autant. En mai, elle a reçu une pétition portant la signature de 21 684 Uitlanders qui se plaignent de manquer des libertés élémentaires au Transvaal. Une conférence entre Kruger et Milner, le haut-commissaire anglais en Afrique du Sud, a échoué. Le 29 septembre, Salisbury a encore expliqué à Victoria : « Il est impossible de ne pas penser que l'objectif des Boers est de fonder une république sud-africaine composée du Transvaal, de l'État libre d'Orange et de la colonie du Cap de Votre Majesté. »

Depuis juin, le gouvernement envoie des troupes au Cap. Le 5 octobre, avant son départ de Balmoral, la reine reçoit le général Buller qui a été nommé commandant en chef en Afrique du Sud. Elle le trouve « bourru ». Avec le gouvernement, elle pense qu'il s'agit d'une expédition coloniale classique comme l'Angleterre en mène sur les cinq continents pour maintenir sa puissance impériale.

Mais, dans son ultimatum, le tenace Kruger demande à l'Angleterre de retirer toutes les troupes qui commencent à encercler le Transvaal et celles qui font route vers l'Afrique du Sud. Si aucune réponse satisfaisante ne lui parvient avant cinq heures du matin, le 11 octobre, il considérera ce silence comme une déclaration de guerre.

Depuis l'échec du raid de Jameson, deux ans plus tôt, Rhodes et Chamberlain n'attendent que ce nouveau prétexte pour prendre leur revanche. Mais les régiments qui débarquent sont sous-équipés et leurs généraux se chamaillent. En face, les Boers ont l'avantage du nombre avec une armée de quarante à cinquante mille hommes, plus du double des troupes anglaises. Et ils connaissent le terrain. Conscient de sa force, Kruger attaque immédiatement sans attendre l'arrivée des renforts britanniques. Les Boers passent à l'offensive à l'est, à l'ouest et au nord, encerclant et isolant les villes de Ladysmith, Kimberley, Mafeking. Pour la première fois, l'empire anglais est combattu par des chrétiens européens et en est profondément humilié. La mobilisation s'accélère.

Avant de quitter Balmoral la reine passe en revue les Gordon highlanders qui vont embarquer : « J'ai senti ma gorge se serrer en repartant… J'ai pensé que ces hommes si beaux ne rentreraient peut-être pas tous. »

À plus de quatre-vingts ans, son ardeur guerrière est plus forte que ses infirmités. Dès son arrivée à la gare de Windsor, elle se rend directement à la caserne de Spital inspecter trois escadrons de la cavalerie royale. Le *Times* s'émerveille de son endurance physique et note que pour une fois elle fait passer au second plan son « confort ordinaire ». À Bristol, elle inaugure un nouvel hôpital dans une ville couverte de drapeaux. La fille d'un pasteur lui ayant écrit qu'un paralytique aveugle habite au bord de la route qu'elle emprunte, elle fait ralentir sa voiture devant la maison et lui envoie un billet de cinq livres qu'elle juge plus utile que sa photo. À son retour, comme à l'aller, elle demande que son train roule doucement pour que les foules puissent la voir. Salisbury se propose de taxer de six pence la pinte de bière pour financer l'effort de guerre. Victoria l'en dissuade pour ne pas alourdir « le fardeau de la classe ouvrière ».

Prévu depuis des mois, le voyage officiel de Willy tombe au plus mauvais moment. L'Allemagne se déchaîne contre l'impérialisme britannique et soutient bruyamment les Boers qu'elle ravitaille en canons et en fusils. Le 20 novembre, l'empereur s'installe à Windsor avec femme, enfants et son ministre des Affaires étrangères, von Bülow. Ce même jour, la femme de Salisbury meurt et le Premier ministre se fait remplacer par son neveu, Arthur Balfour.

Le lendemain, Victoria donne un grand banquet. Von Bülow la voit arriver : « Une petite vieille dame, pas impressionnante, portée dans un fauteuil doré par quatre Hindous. Le Kaiser marchait respectueusement au côté de sa grand-mère… Cette femme à la tête d'un grand empire qui piquait du bout de sa fourchette ses pommes de terre pour choisir les plus tendres, me rappelait nos simples vieilles de Hanovre, de Hambourg ou du Holstein… »

En décembre, la reine annule son séjour à Osborne où elle a l'habitude de passer les fêtes. Pour Noël, elle a fait envoyer des tricots aux soldats. Ayant appris que les officiers se les approprient, elle leur commande des boîtes de chocolat en fer blanc ornées de son effigie. Les hommes se les disputent et certains refusent jusqu'à deux mois de solde plutôt que de s'en séparer.

Pour l'Angleterre, la guerre tourne au désastre. Le général Buller a divisé ses troupes en trois corps de bataille qui, à tour de rôle, sont décimés dans une série d'escarmouches et de raids. Les victimes se comptent par milliers. L'orgueil britannique est en berne : « Nous avons perdu tant d'amis », se lamente Bertie.

La seconde semaine de décembre est baptisée *black week*. À Londres, le brouillard est si épais que les passants déchiffrent mal les manchettes noires des journaux. Le 15 décembre, Buller, qui a traversé la rivière Tugela pour reprendre Ladysmith, a dû se retirer précipitamment face à l'obstination des Boers. Le royaume est submergé de chagrin et de honte. L'Europe applaudit. Sir Redvers Henry Buller est surnommé « sir Revers ». Il devient la risée du monde.

La reine pleure en lisant les longues listes quotidiennes de morts. Elle fait coller dans des albums les photos des beaux officiers tués au combat. Elle déclare à Salisbury : « J'espère qu'on va enfin m'écouter et envoyer là-bas lord Roberts et lord Kitchener comme je le demande depuis le début. » Elle se plaint de la « faiblesse » de son Premier ministre, beaucoup moins attentionné. Elle enrage de ne pouvoir lui insuffler un peu de l'énergie dont elle déborde.

Deux jours avant Noël, lord Roberts, âgé de soixante-neuf ans, s'embarque enfin sur le *Dunnotar Castle.* Le prince de Galles accompagne jusqu'au quai le nouveau commandant en chef qui porte une redingote noire et un chapeau haut de forme en signe de deuil. Il vient de perdre son fils unique à la bataille de Colenso et cette mort l'a durement secoué. Kitchener sera son chef d'état-major. Les deux généraux arrivent au Cap le 10 janvier et prennent immédiatement la direction des opérations.

Quinze jours plus tard, les troupes anglaises subissent un nouveau revers à Spion Kop. Les pertes sont énormes : mille sept cents morts, blessés ou disparus. Dans la chaleur de l'été sud-africain, la puanteur est telle que les Boers ne peuvent s'installer dans la ville qu'ils viennent de conquérir.

Mais, le 15 février, Kimberley est repris et, le 26 février, lord Roberts gagne, à Paardeberg, sa première grande bataille. Le général boer Cronje se rend avcc six mille hommes, femmes et enfants. Deux jours plus tard, Buller entre en vainqueur à Ladysmith.

Il reste Mafeking, toujours encerclée. « Mafeking », ce nom est sur toutes les lèvres depuis le début du conflit. Il deviendra le symbole de la bravoure britannique. Sur la ligne de chemin de fer, la ville est un point stratégique avec ses ateliers de réparation et ses entrepôts militaires. À l'intérieur, le général Baden-Powell tient bon avec des trucs de boy-scout. Il a entouré la ville de boîtes noires reliées entre elles par du fil de fer et signalées par des petits drapeaux rouges pour faire croire qu'il s'agit de mines. Il répond aux grenades allemandes lancées par les Boers avec des boîtes de conserve pleines de poudre. Afin de soutenir le moral des deux mille civils et militaires assiégés, il a aussi créé un journal, le *Mafeking Mail*, dans lequel il publie des chansons patriotiques et des pamphlets comiques contre *Creaky*, le canon géant sorti des usines Krupp que les ennemis ont fait venir de Pretoria.

Les dévots Boers observent un strict sabbat et les combats s'arrêtent le dimanche. Les Britanniques essaient de se détendre ce jour-là en jouant au cricket, en organisant des courses ou des représentations de théâtre. Dans toute l'Angleterre, les pasteurs font monter les prières pour Mafeking, désormais assiégée par la moitiée de l'armée boer.

Le 8 mars, la reine traverse Londres pour remercier la capitale de son effort de guerre. De la City, le carrosse pousse jusqu'au quartier populaire de Blackfriars dont les habitants ont financé un régiment de volontaires par une souscription de cent mille livres. Le 9 mars, elle se rend dans les quartiers élégants du West End où elle reçoit le même accueil enthousiaste et affectueux.

Elle demande que les épouses et les familles des soldats n'aillent pas gêner les troupes en Afrique du Sud. L'agence Cook organise déjà des voyages sur les champs de bataille. Elle-même a renoncé à se rendre en France alors qu'elle regrette tant son « Midi ensoleillé et fleuri ». Mais la presse française multiplie les sarcasmes contre « l'oppresseur britannique » et les caricaturistes dessinent la reine d'Angleterre pataugeant dans des flaques de sang, sa couronne remplacée par un casque. Elle ira en Irlande où elle n'a pas mis les pieds depuis 1861 : « L'idée vient de moi tout comme celle d'annuler mon voyage. Cela fera plaisir et cela fera du bien. » Elle tient à exprimer sa gratitude aux soldats irlandais pour leur bravoure en Afrique du Sud.

Son bateau accoste à Kingstown le 4 avril. Pendant deux heures et demie, son landau découvert traverse les faubourgs pauvres jusqu'à Dublin. Elle a fait broder des trèfles d'argent sur sa coiffe et son ombrelle.

Installée pour trois semaines dans le palais du vice-roi, elle visite des hôpitaux, des couvents, des écoles et même le zoo. Certains jours elle parcourt plus de trente kilomètres. Il y a des banderoles pour encenser ses « mille vertus » et aussi des huées, heureusement couvertes par les sabots des chevaux.

Elle s'endort souvent pendant la journée et rentre épuisée à Londres. Pourtant elle continue à parcourir, en chaise roulante, les hôpitaux et les rangées de lits où les blessés se dressent pour la saluer. Le 19 mai, elle visite le Wellington College où Drino, le fils de Béatrice, fait ses études lorsqu'on lui annonce la levée du siège de Mafeking. C'est le délire. Les élèves confectionnnent à la hâte une banderole : « Vive la Reine de Mafeking. »

Londres n'a pas connu une telle folie depuis les victoires de Wellington. Les rues se remplissent d'hommes et de femmes qui rient, se serrent la main et s'embrassent sans même se connaître. La bière coule à flots. On se croirait au carnaval.

À l'occasion de son anniversaire, cinq jours plus tard, on engage à Balmoral six nouvelles secrétaires pour répondre aux télégrammes de félicitations. Elle est partie en Écosse pour se reposer. Mais elle continue d'être informée heure par heure de la situation en Afrique du Sud. Le 31 mai, les troupes entrent dans Johannesburg et, le 5 juin, Roberts et Kitchener font triomphalement le tour de Pretoria à cheval.

Quelques semaines plus tard, Kruger s'enfuit en Europe. Lord Roberts rentre en Angleterre en laissant à Kitchener le commandement des troupes en Afrique du Sud. Pour le gouvernement comme pour le peuple, la guerre est finie. Victoria met en garde Salisbury en lui répétant les mots pessimistes de lord Roberts : « J'aimerais pouvoir dire à Votre Majesté que la guerre doit bientôt prendre fin. Mais, pour le moment, les Boers semblent vouloir s'acharner. »

Les Anglais ont eu six mille morts. Les Boers sept mille, mais envers et contre tout, ils poursuivent la guérilla contre les unités britanniques. Kitchener fait ouvrir dans tout le pays des camps de concentration dans lesquels sont enfermées les Boers en famille : on comptera entre vingt mille et vingt-huit mille morts parmi les détenus. Trente-cinq ans plus tard, Hitler s'inspirera des méthodes de Kitchener.

En juillet, Victoria donne sa garden-party à Buckingham où se pressent cinq mille personnes désireuses d'apercevoir l'éternelle gardienne de la couronne et de la grandeur impériale. Avec Alix, elle fait deux fois le tour des pelouses dans sa *pony-chair* tirée par deux petits chevaux blancs. Sa vue est si mauvaise qu'elle ne reconnaît ses invités que lorsqu'on lui souffle leurs noms. Les nobles lords évoquent une fois de plus son éventuelle abdication.

Elle souffre d'indigestions et d'insomnies. Mais se plaint surtout de ne plus être aussi active : « Je me repose maintenant tous les jours après le déjeuner. Il paraît que cela doit me faire du bien, mais c'est une perte de temps. » Sa petite fille chérie, Victoria de Battenberg, vient de mettre au monde son dernier enfant et la reine a demandé que ce bébé porte son nom « quel que soit son sexe ». C'est un garçon qui sera baptisé Louis, Francis, Albert, Victor. Ses parents l'appelleront Dickie. Il sera Louis de Mountbatten, le dernier vice-roi des Indes. Lors du baptême, quelques jours plus tard, la reine le tient pendant toute la cérémonie dans ses bras. En se débattant, il fait tomber ses nouvelles lunettes cerclées d'argent.

À Rosenau, Affie se meurt d'un cancer de la langue. Sa femme Marie est venue à Windsor début juillet avec sa fille Baby B. Elle a seulement parlé à la reine de la dernière cure à Herculesbad qu'Affie n'a pas bien supportée. En fait, on le nourrit à l'aide d'une canule. Le 24 juillet, un télégramme annonce à Osborne que son état est désespéré.

Il s'éteint après plusieurs jours de coma, dans le paradis thuringeois d'Albert : « Je trouve qu'ils n'auraient jamais dû me cacher aussi longtemps la vérité », soupire la reine. Un de plus qui s'en va… Quelques jours plus tard, son fils aurait fêté ses cinquante-cinq ans. Autrefois, la famille se réunissait toujours à Osborne pour son anniversaire et les drapeaux décoraient le chalet suisse. Elle se rappelle avec tendresse l'enfant inventif et enthousiaste devant ses maquettes de bateau. Après la mort d'Albert, elle l'a trop peu vu. Depuis quinze ans, il était, à Malte, commandant en chef de la flotte de Méditerranée, et, depuis sept ans, duc de Cobourg. À Pâques, ils se retrouvaient sur la Côte d'Azur. Trop rarement…

Le lendemain, Tino, gendre de Vicky et prince héritier de Grèce, arrive avec Bertie à Osborne : « Hélas, les nouvelles qu'il m'apporte de ma Vicky chérie ne sont pas bonnes. » Le 26 août, fidèle aux anniversaires des vivants et des morts, elle célèbre celui d'Albert. Elle écrit à sa fille aînée qu'au milieu de toutes ses peines, elle se souvient « de la journée si charmante de Saint-Cloud, la belle avenue avec les drapeaux. L'Empereur avait donné à papa chéri un superbe tableau, *La Bataille* (de Meissonnier), et l'impératrice, une jolie coupe ciselée… »

Elle est à Balmoral quand le malheur la frappe à nouveau. Cette fois, sa petite fille Thora de Schleswig-Holstein lui apprend en larmes que son frère Christian, le cher Christle, a succombé à Pretoria à une crise de dysenterie. Il aurait dû rentrer dans trois semaines, après s'être battu bravement… Dans ses lettres, il se réjouissait déjà de revoir ses amis, la famille et ses chiens. « Lenchen idôlatrait ce fils », note Victoria les yeux pleins de larmes en pensant au jeune prince si charmant, si serviable. Christle proposait toujours avec tant de gentillesse de pousser son fauteuil roulant… Elle en perd l'appétit, ne peut plus rien avaler, à part des soupes au lait : « Ce qui est très éprouvant, c'est de rester assise à table pour les repas sans rien manger. » Pour qu'elle dorme, on lui donne de la poudre de Douvres, un mélange d'opium et d'ipécacuanha.

Toutes ces morts, toutes ces vies d'hommes fauchées ont raison de son énergie qui, il y a un an encore, faisait l'admiration du *Times*. À sa dame de chambre, elle confie pourtant : « Après la mort du prince consort, j'ai souhaité mourir, mais maintenant je veux vivre encore et faire ce que je peux pour mon pays et ceux que j'aime. » Dans une lettre à son mari, Marie Mallet écrit que ce n'est pas la première fois que la reine lui répète cette même phrase et elle pose la question : « Je me demande si elle ne craint pas de voir le prince de Galles lui succéder. »

Assurément, elle redoute l'avenir. Bertie a été le drame d'Albert, et peut-être même la cause de sa mort. Depuis trente ans, son fils aîné est au centre de toutes les colères, de toutes les dépressions de Victoria. De tous ses regrets, de tous ses remords, de tous ses soucis. Tant de trônes autour d'elle sont tombés, en France ou en Allemagne. Cet été encore le roi d'Italie a été assassiné !

Persuadée qu'un complot anarchiste menace toutes les têtes couronnées, elle tremble désormais chaque fois qu'un de ses fils ou petit-fils prend le train.

En réalité, le prince de Galles est aussi populaire qu'elle et beaucoup plus qu'Albert. Comme son vertueux père, il s'occupe des logements sociaux. Son entrain, sa jovialité, son goût de la vie en font surtout un très bon diplomate. Mais, avec obstination, la reine refuse de reconnaître ses qualités.

À Balmoral, elle le convoque avec Arthur. Lord Wolseley doit être remplacé à la tête des armées. Elle veut que son fils lui succède. On lui a refusé cette nomination une première fois, au départ de son cousin George de Cambridge. À présent, elle y tient. Avec Arthur à la tête des armées, la couronne serait à l'abri d'une catastrophe. Mais Salisbury est en pleine campagne électorale. Et lord Roberts, vainqueur des Boers, si populaire ! C'est lui et non Arthur qui est nommé commandant en chef : « Il fait triste et sombre », écrit la reine dans son journal le 6 novembre, au moment de son départ.

Cette fois, son séjour à Balmoral ne l'a pas « bonifiée ». Elle a tant maigri qu'à Windsor ses couturières sont obligées de rétrécir ses robes noires. Une semaine après son retour, son médecin, Reid, fait part de ses inquiétudes au prince de Galles. Mais elle ne veut pas faiblir. Tant qu'elle durera, la monarchie durera ! Elle reçoit des religieuses irlandaises qui ont tenu sous les bombes de Mafeking, une délégation de cent blessés d'Afrique du Sud et, à la fin du mois, rassemble ses forces pour passer en revue son régiment des First Life Guards de retour du Cap. Elle assiste même au déjeuner avec les officiers. Elle ne renonce pas non plus à ses promenades quotidiennes, même si elle somnole sous les plaids.

Le 2 décembre, Reid écrit à Bertie : « Elle n'est plus ce qu'elle était. Je commence à craindre qu'elle ne remonte plus la pente. » Elle parle pourtant de son voyage à Nice. Les médecins sont réservés : « Cela ne serait pas dépourvu de danger et mérite sérieuse réflexion. »

Ses enfants croient que la formidable vitalité de leur mère reprendra bientôt le dessus. Le médecin de Bertie, sir Francis Larking, lui recommande de boire un peu de lait et de whisky plusieurs fois par jour comme stimulant.

Mais Victoria ne mange plus. Un soir, les domestiques oublient même le plat de nouilles qu'elle a demandé, et la laissent sans dîner. Son visage au repos est d'une tristesse épouvantable : « Ne me sens pas bien quoiqu'on dise que je vais mieux. » Elle tient pourtant à visiter à Windsor une exposition des industries d'Irlande. Et le 12 décembre, Béatrice l'emmène faire des emplettes à une vente de charité irlandaise à l'hôtel de ville.

Le 14 décembre, anniversaire de la mort d'Albert, elle se recueille au mausolée. Le lendemain, comme d'habitude elle part pour Osborne. Sa vieille amie Jane Churchill lui tient compagnie dans son wagon-salon. Elle est frappée par l'épuisement de la reine : « On dirait une mourante », déplore lady Jane.

Hélas, c'est la mort de sa plus fidèle compagne depuis quarante-six ans que l'on annonce à Victoria le jour de Noël. Pendant la nuit, Jane Churchill est morte dans son sommeil d'un arrêt du cœur. Cette fois, c'est bien le dernier lien des jours heureux avec Albert qui disparaît.

La veille, on l'a roulée dans le salon *Durbar* pour lui faire admirer le sapin illuminé. Mais elle a à peine distingué les bougies. Elle n'a pas assisté au dîner de famille. Elle a pris son repas seule dans sa chambre, un peu de bouillon, du lait chaud et des biscuits Benger. La nuit, prostrée dans son lit sans réussir à dormir, elle a écouté la tempête, les rafales de vent et la pluie gémir et cogner contre les fenêtres.

Vicky, clouée dans son lit, lui a envoyé une loupe. Elle dicte une lettre à Béatrice pour la remercier : « Je n'ai pas été très bien mais rien qui puisse t'inquiéter et mon pouls n'est pas mauvais. J'ai pu sortir un peu presque tous les jours. Tes sœurs ont dû t'écrire et te donner les nouvelles d'ici, sans aucune espèce d'intérêt. J'espère pouvoir t'écrire moi-même la prochaine fois. »

Le 1er janvier, elle va mieux. Avec Arthur, elle part visiter l'hospice militaire de l'île de Wight. Le lendemain, elle remet la Jarretière au général Roberts qui est à peine plus grand qu'elle. Elle tient à ce que le cérémonial habituel soit respecté dans ses moindres détails. Ensemble, ils parlent de leurs morts d'Afrique. Roberts fait un portrait élogieux du prince Christle et elle l'écoute décrire la tombe à Colenso de son fils « assassiné » par les Boers. Avant de repartir, il lui présente les six Indiens de sa garde qu'elle trouve « fort beaux ».

Le vendredi 11 janvier, le soleil brille et elle peut faire une promenade le matin.

Le lendemain, Chamberlain arrive par un épais brouillard : « Sa voix était aussi distincte que d'habitude et son intelligence intacte », déclare le ministre des Colonies à qui l'on avait brossé un tableau alarmant de l'état de la reine. Le dimanche, Lenchen lui lit les dépêches. Elles font une promenade avant d'assister au service religieux.

Le 14 janvier, la page de son journal reste blanche pour la première fois depuis 1832. Elle a reçu de nouveau lord Roberts. Il l'a vue tellement mal qu'il est parti sans lui dire au revoir.

Le 15 janvier, elle sort une dernière fois en compagnie de sa belle-fille Marie, la veuve d'Affie.

Le 16 janvier, Reid la juge si bas qu'il fait avertir ses enfants. Elle a pourtant toute sa tête. Elle se lève à six heures du soir et fait envoyer un ordre officiel à son ambassadeur à Berlin afin qu'il refuse une décoration que l'empereur d'Allemagne veut conférer à sa grandmamma. Elle ne pardonne pas à son petit-fils son soutien aux Boers.

Le 17 janvier, pour la première fois les journaux mentionnent sa maladie. Elle ne quitte pas son lit de la journée, ne sort de sa léthargie que pour demander à Lenchen si le public ne s'est pas inquiété de ne pas l'avoir vue faire sa promenade. À huit heures du soir, Reid appelle en consultation un spécialiste de Londres. Les deux médecins diagnostiquent une légère attaque cérébrale. Elle parle avec difficulté.

Le vendredi 18 janvier, les enfants sont convoqués. Arthur est à Berlin. Reid envoie à l'empereur d'Allemagne une dépêche confidentielle : « D'inquiétants symptômes sont apparus qui causent ici une considérable anxiété. » Arthur décide de rentrer sur-le-champ mais déconseille à son neveu de l'accompagner. Willy répond : « La place du petit-fils aîné de la Reine est auprès d'elle. » Son train les emmène en Hollande où ils affrètent un navire des postes néerlandaises car le yacht impérial a du retard. L'empereur envoie à son oncle Bertie un télégramme pour le prévenir de son arrivée à Londres.

Le prince de Galles assiste à un dîner chez sa grande amie, la flamboyante Agnès Keyser. Il ne se décommande pas de peur d'alarmer le public. Il accourt le lendemain à Osborne. L'état de la reine s'étant amélioré, il repart pour Londres accueillir Arthur et Willy, s'arrêtant en route à Marlborough House afin de revêtir un uniforme allemand.

Le conseiller spirituel et ami de Victoria, Randall Davidson, évêque de Winchester, traverse le Solent en sens inverse pour se rendre au chevet de sa souveraine. À minuit, elle est au plus mal.

Mais le dimanche 20 janvier au matin, elle parle à son médecin :

– Suis-je un peu mieux ?

– Oui, Votre Majesté.

– Alors je voudrais Turi.

On porte sur le lit son loulou de Poméranie. Un sourire passe sur son visage.

Les reporters du monde entier commencent à affluer dans l'île de Wight. Ils se mettent en faction derrière les grilles d'Osborne à l'affût des voitures qui entrent et sortent.

Le lundi 21 janvier, le prince de Galles, son frère Arthur et l'empereur d'Allemagne arrivent à midi. Chacun séparément, le médecin les conduit devant le grand lit à baldaquin. La reine sommeille. Le soir, Reid emmène à nouveau Bertie dans la chambre de sa mère. Après son départ, Victoria porte à ses lèvres la main du médecin, croyant étreindre celle de son fils. On lui demande si elle désire voir le prince de Galles. Elle articule : « Oui. » Bertie revient à son chevet, lui parle. Elle murmure : « Embrasse-moi. »

Le 22 janvier, à neuf heures et demie du matin, elle est au plus mal. La famille entoure le lit tandis que Randall Davidson récite les prières et que le médecin essaie de la ranimer avec de l'oxygène. Chacune à son tour, Lenchen, Louise et Béatrice prononcent les noms de tous les membres de sa famille réunis dans la chambre, en évitant de mentionner celui de Willy qui se tient au chevet de sa grand-mère. Reid se penche vers Bertie : « Ne faudrait-il pas lui dire que son petit-fils, l'Empereur d'Allemagne, est ici aussi ? – Non, cela l'agiterait beaucoup trop. »

En fin de matinée, à la stupéfaction de ses médecins, elle va mieux. La famille sort de la chambre pour la laisser se reposer. Elle reste seule avec les infirmières. Vers midi, Reid demande à Bertie s'il peut emmener Willy auprès de sa grand-mère : « Certainement, et dites à l'Empereur que c'est le désir du prince de Galles. »

« Votre Majesté, votre petit-fils l'Empereur est ici. Il est venu vous voir parce que vous êtes très malade. » Victoria sourit et hoche la tête. Ils restent seuls cinq minutes. Après le départ de Willy, elle murmure : « L'Empereur est très bon. »

Elle est à nouveau très faible. À quatre heures de l'après-midi, le médecin publie un bulletin officiel : « La Reine se meurt. »

Dehors, la tempête fait toujours rage. La famille entre doucement dans la chambre pour former un cercle autour du lit. Cette fois, Willy passe son bras droit valide derrière l'oreiller de sa grand-mère pour aider le médecin à soutenir le buste désormais si léger de Victoria. Pendant deux heures et demie, il ne bouge pas, forçant l'admiration de ses oncles et tantes. « Elle a sombré comme un grand navire », dira son gendre Lorne.

En ce mois de janvier, la nuit tombe déjà sur l'île balayée par la pluie. Les journalistes enfourchent leurs bicyclettes et se ruent vers les téléphones de Cowes. Le ministre présent, Arthur Balfour, vient de signer le communiqué : « La Reine est morte paisiblement à dix-huit heures trente. »

Le silence tombe sur l'Angleterre. Dans les maisons, les parents réprimandent les enfants qui chantent. Dans les rues, les passants marchent la tête baissée. Dans les églises, les pasteurs récitent des psaumes. Dans les usines, les métiers à tisser commencent à dévider des miles de drap noir.

Victoria repose dans son lit entourée des fleurs qui ont ensoleillé sa vie. L'empereur demande que l'on réalise un masque mortuaire. Mais les princesses s'insurgent : leur mère aurait refusé. Deux peintres ont l'autorisation de dessiner le visage apaisé, la robe de soie blanche barrée de l'ordre de la Jarretière. Mais la famille ne laisse jamais un Allemand de la suite de Willy seul dans la chambre royale.

La reine a confié ses instructions à son médecin. Elle a refusé d'être placée dans une chapelle ardente. Elle ne voulait pas que le public défile pour la dévisager une dernière fois. Elle a demandé que l'on mette dans son cercueil, en dehors des photos d'Albert et de ses enfants, la robe de chambre de son bien-aimé, le manteau du prince brodé par Alice et le moulage de sa main. Reid prie la famille de sortir et, avant de refermer le cercueil, dépose, selon les désirs de Victoria, une photo de Brown dans la main gauche de la souveraine et une mèche de cheveux de l'Écossais dans un écrin qu'il recouvre des fleurs de la princesse de Galles pour les rendre invisibles.

Sur la mer, les navires de guerre font une haie d'honneur. Le ciel offre à Victoria un soleil d'été. À bord du plus petit de ses yachts, l'*Alberta*, le cercueil drapé de blanc traverse le Solent sur une estrade rouge. Sa famille suit à bord du *Victoria and Albert*, de l'*Osborne* du prince de Galles, le *Hohenzollern* de l'Empereur fermant le cortège. Victoria a demandé que tous, princes et princesses, soient habillés de blanc. Depuis quarante ans, elle attendait ce « jour béni », ce jour où elle irait rejoindre Albert.

Dans le train qui l'emmène jusqu'à la gare Victoria, les stores sont baissés. Au passage du convoi, les gens s'agenouillent dans les champs. À Londres, l'étendard royal flamboie au-dessus de l'affût de canon qui traverse les rues décorées de cachemire violet et de nœuds de satin blanc. Les pas des chevaux joints aux roulements des tambours, le cliquetis des épées sur les étriers, les salves de canon composent une symphonie wagnérienne : « Spectacle unique », écrit, de sa chambre à l'hôtel Savoy, Claude Monet à sa femme : « Dans tout ce noir de la foule, ces cavaliers en manteaux rouges, ces casques, enfin ces quantités d'uniformes de tous les pays… Mais que cela ressemblait peu à un enterrement ! D'abord pas de crêpe, pas de noir, toutes les maisons ornées d'étoffes mauves, l'affût de canon traîné par de magnifiques chevaux et Guillaume II qui m'apparut d'un maigrelet stupéfiant. Je m'attendais à lui voir une belle allure. Quant au roi Édouard VII, épatant à cheval et de grande tournure. Cela du reste était superbe. Quel luxe d'or et de couleurs… J'en avais presque mal aux yeux. »

À Windsor, après un bref service à la chapelle St. George, la dépouille reste trois jours dans la petite chapelle de l'Albert Memorial. Submergé de fleurs, le cercueil frappe tous les regards. Il est si petit !

Le 4 février 1901, Victoria repose pour toujours sous le dôme d'azur et d'or du mausolée. Elle avait fait sculpter son gisant de marbre blanc en même temps que celui du prince consort. Son visage s'incline doucement vers son mari. Albert, lui, regarde l'horizon. Elle l'aimait. Il a fait d'elle la dernière reine.

Épilogue

Le premier soin de Bertie, devenu le roi Édouard VII, fut d'effacer toutes les ombres qui pouvaient ternir la légende de Victoria. Quelques heures après la mort de sa mère, il exigea du Munshi qu'il rende documents et lettres de la reine que l'Indien avait en sa possession. Il les fit brûler dans la cheminée en présence d'Alix et de Béatrice. En échange, il consentit à le laisser entrer dans la chambre mortuaire pour qu'il puisse voir la reine une dernière fois. Après la mort du Munshi en 1909, d'autres papiers, trouvés à Agra dans la maison que Victoria avait donnée à son pseudo-secrétaire, furent également détruits.

Pour Brown, la tâche était presque impossible. Les journaux, même à l'étranger, avaient abondamment évoqué l'intimité scandaleuse de la reine d'Angleterre et de son Écossais en kilt. La monumentale statue en bronze de Brown qui trônait sur la pelouse de Balmoral fut immédiatement retirée et cachée aux regards, au fin fond des bois. D'autres bustes et souvenirs furent détruits. On ne laissa dans le cabinet de toilette d'Osborne que les photos où le beau John est entouré de ses frères. Les lettres et les billets écrits de la main de Victoria furent systématiquement recherchés et brûlés. En septembre 1904, le fils du médecin de Balmoral, le docteur Profeit, tenta de monnayer des lettres manuscrites que la reine avait écrites à son père au sujet de Brown. Le docteur Reid fut chargé de la négociation qui dura six mois. Le 8 mai 1905, Reid nota triomphalement dans son journal : « George Profeit est venu et m'a remis une pleine boîte contenant plus de trois cents lettres de la Reine, certaines d'entre elles fort compromettantes. » Le médecin les remit à son tour en main propre au roi « qui s'en montra fort satisfait ». On ignore le montant de la somme versée pour mettre fin à ce chantage.

Mais comment purger la mémoire de tous les habitants de Balmoral et de Crathie, témoins quotidiens des danses, des promenades, des pique-niques, des séjours dans la retraite de Glassalt Shiel ? En Écosse, dans le voisinage du château royal, la tombe de Brown reste encore aujourd'hui une « attraction » signalée par l'office du tourisme. Et l'affection portée par la reine à son cher ghillie n'est l'objet d'aucune interrogation. Il s'agit d'une simple et belle histoire d'amour. On comprend que les enfants de la reine n'aient pu le supporter. Béatrice réécrivit entièrement le journal de sa mère à partir de la mort du prince consort.

Remerciements

Pour nous avoir accueillis pendant des jours et parfois des semaines, nous avoir conseillés et aidés, nous devons de chaleureux remerciements à :

– la Bodleian Library, à Oxford
– les Archives Royales de Belgique, à Bruxelles
– les Archives du château d'Ehrenbourg à Cobourg
– les Archives du « Times » à Londres
– les Archives du « Figaro » à Paris
– les Archives de la « Gazette de Lausanne » à Genève
– l'Office du Tourisme de Braemar, en Écosse.

Photocomposition : Nord Compo
59650 Villeneuve-d'Ascq

Impression réalisée sur CAMERON par

BUSSIÈRE CAMEDAN IMPRIMERIES

GROUPE CPI

à Saint-Amand-Montrond (Cher)

pour le compte des Éditions Robert Laffont
en octobre 2000

N° d'édition : 41100. — N° d'impression : 004803/4.
Dépôt légal : octobre 2000.

Imprimé en France